市政与环境工程系列研究生教材丛书
高等学校"十二五"规划教材

环境毒理学研究技术与方法

主　编　李永峰　王　兵　应　杉
副主编　李　超　张植平　郜　爽
主　审　周雪飞

哈尔滨工业大学出版社

内 容 简 介

本书主要介绍环境毒理学的实验基础理论和方法以及新兴现代毒理学技术。各位编者在长期实践所用讲义的基础上,参考了近几年来国内外出版的有关环境毒理学教材与实验技术的教材和专著,结合近年来环境毒理学的发展和环境保护工作者对于实验指导书的强烈要求编写而成。本书分为三篇:环境毒理学常用研究方法,基础毒理学实验,综合性毒理学实验。

本书可作高年级本科生、研究生的教学用书,亦可作为科研人员的研究实验用书和相关专业人士的培训教材。

图书在版编目(CIP)数据

环境毒理学研究技术与方法/李永峰,王兵,应杉主编.—哈尔滨:哈尔滨工业大学出版社,2011.10
ISBN 978-7-5603-3402-8

Ⅰ.①环… Ⅱ.①李…②王…③应… Ⅲ.①环境毒理学-研究方法 Ⅳ.①R994.6-3

中国版本图书馆 CIP 数据核字(2011)第 212168 号

策划编辑	贾学斌 王桂芝
责任编辑	李广鑫
出版发行	哈尔滨工业大学出版社
社　　址	哈尔滨市南岗区复华四道街10号 邮编150006
传　　真	0451－86414749
网　　址	http://hitpress.hit.edu.cn
印　　刷	黑龙江省委党校印刷厂
开　　本	787mm×1092mm 1/16 印张23 字数554千字
版　　次	2011年10月第1版　2011年10月第1次印刷
书　　号	ISBN 978－7－5603－3402－8
定　　价	45.00元

(如因印装质量问题影响阅读,我社负责调换)

《市政与环境工程系列研究生教材丛书》编审委员会

名誉主任委员　任南琪
主　任　委　员　周　琪
执行主任委员　李永峰
委　　　　员　（按姓氏笔画顺序排列）
　　　　　　　马　放　冯玉杰　王　鹏　王爱杰　王晓昌
　　　　　　　刘广民　刘鸣达　刘勇弟　孙德志　李玉文
　　　　　　　李盛贤　吴晓芙　张国财　张　颖　汪群惠
　　　　　　　郑天凌　季宇彬　周雪飞　赵　丹　赵庆良
　　　　　　　赵晓祥　姜　霞　徐春霞　徐菁利　黄民生
　　　　　　　曾光明　楼国庭　蔡伟民　蔡体久　颜涌捷

《环境毒理学研究技术与方法》编写人员与分工

主　编　李永峰　王　兵　应　杉
副主编　李　超　张植平　郜　爽
主　审　周雪飞
委　员　李永峰：第1~3章　　　魏高亮：实验28~35
　　　　王　兵：4~6章　　　　郜　爽：实验36~45
　　　　应　杉：7~10章　　　　王　兵：实验46~55
　　　　郭东璞：11~12章　　　王德鑫：实验56~65
　　　　张植平：实验1~10　　　刘方婧、王东阳：实验66~70
　　　　张　敏：实验11~20　　 郭东璞、王德鑫、王兵：
　　　　李　超：实验21~27　　 图表制作与资料整理

前　言

环境毒理学是运用物理学、化学、医学和生命科学等多种学科的理论和方法，研究各种环境因素，特别是化学污染物对生物有机体的损害作用及其规律的一门新兴边缘学科。它是研究和理解环境与健康、环境与生态平衡、环境与生物多样性等重要问题的工具和手段，是环境科学和毒理学的一个分支。其主要任务是研究环境污染物质对机体可能发生的生物效应、作用机理及早期损害的检测指标，为制定环境卫生标准做好环境保护工作提供了科学依据。因此，学习和掌握环境毒理学的基本理论和方法，对于认识环境问题的实质并寻求解决环境问题的途径是必不可少的。

本书主要介绍环境毒理学的实验基础方法以及研究技术。作者在长期实践所用讲义的基础上，参考了近几年来国内外出版的有关环境毒理学教材与实验技术的教材和专著，结合近年来环境毒理学的发展和环境保护工作者对于实验指导书的要求而编写的。本书分为三大部分，从环境毒理学常用研究方法、基础毒理学实验、综合性毒理学实验三部分来阐述环境毒理学的主要内容。李永峰、王兵和应杉任主编，李超、张植平和郜爽任副主编，周雪飞任主审。

本书的出版得到东北林业大学研究生精品课程建设项目(2010)、上海工程技术大学主持的"上海市科委重点科技攻关项目(No.071605122)"和东北林业大学主持的"溪水林场生态公园的生态规划与建设项目(No.43209029)"的技术成果和资金的支持，特此感谢！由于编者业务水平和编写经验有限，书中难免存在不足之处，希望有关专家、老师及同学们随时提出宝贵意见，使之更臻完善。具体事宜可与李永峰教授联系(mr_lyf@163.com)。

编　者
2011 年 8 月

目 录

第一篇 环境毒理学常用研究方法

第1章 毒理学实验的一些基本操作 3
1.1 动物的准备 3
1.2 动物分组 6
1.3 毒物的准备 7
1.4 生物材料的采集和制备 8
1.5 实验动物的解剖检查 12
1.6 实验动物的处死法 13
1.7 预备实验 13

第2章 常用染毒技术 15
2.1 染毒途径的选择 15
2.2 经口染毒法 15
2.3 注射染毒法 16
2.4 吸入染毒法 17
2.5 气管注入法 19
2.6 经皮(黏膜)染毒法 19

第3章 毒理学研究的实验设计与统计分析 20
3.1 毒理学实验研究设计的原理和方法 20
3.2 毒理学研究资料的统计分析方法 30
3.3 毒理学实验的统计学要点 43
3.4 毒理学研究的统计分析软件 45
3.5 统计学意义、生物学意义和毒理学意义 47
3.6 毒性实验的常用参数 49
3.7 实验结果的判断 50
3.8 毒理学实验的影响因素 53

第4章 急性毒性实验 56
4.1 急性毒性实验概述 56
4.2 哺乳动物的急性毒性实验 57
4.3 水生动物毒性实验 62

第5章 毒物蓄积的研究方法 64
5.1 物质蓄积的研究方法 64
5.2 功能蓄积的研究方法 65
5.3 蓄积率的测定方法 66

第6章 亚慢性和慢性毒性实验 67
6.1 亚慢性毒性实验 67
6.2 慢性毒性实验 69

第7章 致癌性实验 72
7.1 长期动物实验 72
7.2 短期筛检方法 74

第8章 致突变性实验 77
8.1 理论概念 77
8.2 致突变作用后果 78
8.3 致突变实验环境样品的采集和前处理 79
8.4 常用的致突变实验法 80

第9章 致畸性实验 87
9.1 基本概念 87
9.2 致畸实验 88

第10章 转基因动物模型 95
10.1 非靶向整合 95
10.2 基因打靶 96
10.3 转基因动物的鉴定和保种 96

第11章 化学物质的毒理学安全性评价程序 100
11.1 毒理学安全性评价程序的内容 100
11.2 现有的化学物安全性毒理学评价程序 103

第12章 毒理学替代法 109
12.1 替代法的概念 109

12.2 替代方法的验证 …………………………………………………………… 110

第二篇 基础毒理学实验

实验1 动物实验的一般操作技术 ……………………………………………… 115
实验2 鱼类的急性毒性实验 …………………………………………………… 121
实验3 经呼吸道急性染毒实验 ………………………………………………… 124
实验4 经口急性毒性实验 ……………………………………………………… 126
实验5 单细胞凝胶电泳技术 …………………………………………………… 129
实验6 枝角类急性毒性实验 …………………………………………………… 133
实验7 重金属对鱼肝过氧化氢酶的影响 ……………………………………… 136
实验8 环境内分泌干扰物的筛选——人体乳腺癌细胞(MCF7)的增殖实验 … 139
实验9 蚕豆(vivia faba)根尖微核测试技术 …………………………………… 142
实验10 水生生态系统藻类毒性实验 …………………………………………… 145
实验11 生物标志物实验——水生动物谷胱甘肽转移酶活性测定 ………… 149
实验12 发光菌的生物毒性测试方法 …………………………………………… 153
实验13 原生生物刺泡突变实验 ………………………………………………… 157
实验14 蚯蚓急性毒性实验 ……………………………………………………… 159
实验15 斑马鱼胚胎发育实验 …………………………………………………… 163
实验16 血清乳酸脱氢酶活性的测定 …………………………………………… 166
实验17 肝微粒体制备及苯胺羟化酶活力的测定 ……………………………… 169
实验18 水生蚤类繁殖实验 ……………………………………………………… 172
实验19 藻类生长抑制实验 ……………………………………………………… 174
实验20 微宇宙生态系统毒性实验 ……………………………………………… 178
实验21 中宇宙生态系统毒性实验 ……………………………………………… 180
实验22 小鼠腹腔巨噬细胞吞噬实验 …………………………………………… 182
实验23 血清谷丙转氨酶的测定 ………………………………………………… 185
实验24 动物骨髓细胞染色体畸变分析 ………………………………………… 188
实验25 鼠伤寒沙门菌营养缺陷型回复突变实验 ……………………………… 191
实验26 哺乳动物长期致癌实验 ………………………………………………… 195
实验27 以杆状病毒为载体的真核基因表达 …………………………………… 197
实验28 致敏实验 ………………………………………………………………… 200
实验29 哺乳动物致畸实验 ……………………………………………………… 203
实验30 大鼠体外全胚胎培养实验 ……………………………………………… 207

实验 31　变态反应检测实验——皮肤变态反应测定 …………………… 211
实验 32　生殖毒性实验 …………………………………………………… 214
实验 33　神经毒性评价实验——迟发性神经毒性实验 ………………… 217
实验 34　心血管毒理学体外研究实验 …………………………………… 222
实验 35　皮肤变态反应和皮肤光毒性实验 ……………………………… 224
实验 36　皮肤接触性荨麻疹实验 ………………………………………… 228
实验 37　宿主抵抗力实验 ………………………………………………… 231
实验 38　淡水螺的毒理学实验 …………………………………………… 236
实验 39　农药对蜜蜂的毒性安全评价 …………………………………… 238
实验 40　杀虫剂抑制昆虫乙酰胆碱酯酶活性的测定 …………………… 241

第三篇　综合性毒理学实验

实验 41　根据消化细菌的相对代谢率检测环境污染物的综合生物毒性 …… 245
实验 42　气相色谱法测定牛乳中有机磷类农药残留量 ………………… 249
实验 43　体外哺乳动物细胞染色体畸变实验 …………………………… 251
实验 44　鼠伤寒沙门氏菌/哺乳动物肝微粒体致突变性实验 …………… 255
实验 45　杀虫剂对昆虫表皮的穿透作用测定 …………………………… 262
实验 46　杀菌剂对菌体物质合成的测定 ………………………………… 264
实验 47　除草剂对植株体内乙酰乳酸合成酶活性的影响 ……………… 266
实验 48　农药对鸟类的毒性安全评价 …………………………………… 268
实验 49　农药对蚯蚓的毒性安全评价 …………………………………… 271
实验 50　植物酶类对污染的响应 ………………………………………… 275
实验 51　农药对土壤微生物呼吸作用的毒性安全评价 ………………… 279
实验 52　哺乳动物经口毒性实验 ………………………………………… 281
实验 53　梨形四膜虫的毒性实验 ………………………………………… 284
实验 54　有机磷农药对乙酰胆碱酯酶活性的体外抑制实验 …………… 287
实验 55　紫露草微核实验 ………………………………………………… 290
实验 56　有机磷农药对鱼 Na^+-K^+-ATP 酶的影响 …………………… 293
实验 57　紫露草雄蕊毛突变生物测试 …………………………………… 296
实验 58　人体外周血淋巴细胞姐妹染色单体互换实验 ………………… 298
实验 59　大肠杆菌感受态细胞的制备与转化 …………………………… 302
实验 60　双向电泳法评估海洋环境中过氧化物酶体增殖污染物 ……… 306
实验 61　FRAP-PCR 检测环境污染物引起的基因表达的改变 ………… 310

实验 62   果蝇伴性隐性致死实验 …………………………………………… 314

实验 63   整体原位杂交检测环境干扰下组织特异性基因的表达 ………… 317

实验 64   浮萍的生态毒理学实验 …………………………………………… 321

实验 65   T 淋巴细胞功能检测实验 ………………………………………… 329

实验 66   哺乳动物细胞体外恶性转化实验 ………………………………… 336

实验 67   普鲁卡因小鼠腹腔注射 LD_{50} 的测定 …………………………… 339

实验 68   RLGS 检测基因突变 ……………………………………………… 342

实验 69   单细胞凝胶电泳 …………………………………………………… 347

实验 70   环境微生物菌群指纹图谱的建立 ………………………………… 351

第一篇
环境毒理学常用研究方法

第一章

第1章 毒理学实验的一些基本操作

为了保证毒理实验顺利有效地进行,在实验前需要做好充分的准备。这一章就实验动物的准备、毒物的准备和动物生物材料准备等相关事宜作详细的介绍。

1.1 动物的准备

实验动物的准备是毒理学研究工作中的重要基础,它是获得正确实验研究结果的先决条件之一。实验中常选用温血动物,如兔、豚鼠、大鼠、小鼠,有时也用猴、狗、猫等稍微大一些的动物。实验动物的准备工作按程序包括选择实验动物、编号与标记、固定和麻醉等主要步骤。

1.1.1 选择实验动物

1. 种属的选择

所选择的实验动物首先一定要在机体反应上尽量近似于人体,满足实验的要求;其次要尽量选择易获得、易饲养、易管理的动物作为毒理学实验的材料。可根据受检物质的化学结构、理化性质,查阅同系物或类似毒物的毒理资料,选择最敏感、最合适的动物作为实验对象。

由于种属的差异,不同实验动物对同一毒物的毒性反应并不一致。例如,苯对兔作用可引起白细胞减少及造血器官发育不全,这一现象改变和对人体的作用相似,但是在狗身上却出现完全不同的反应,即白细胞增多及脾脏和淋巴结增殖;苯胺及其衍生物能在狗、猫、豚鼠身上引起与人体相似的病理变化,产生变性血红蛋白,但在兔身上却不易产生变性血红蛋白,而在小鼠身上则完全不产生。不同种属的动物对同一毒物在反应上的差异,要求人们一定要选择在机体反应上尽量近似于人体的实验动物,这无疑需要一个大量资料积累的过程才能做到。但是,不同动物对同一毒物的不同反应,有时可在一定程度上能更好地阐明毒物的作用机理。为此,当对毒物作用尚不清楚的化学物质进行实验研究时,最好选用几种不同种属的动物进行实验,必要时可先用小动物进行实验,并在此实验结果基础之上再在大动物(如狗、猴等)身上进行复验。

借助已有的大量毒理学研究资料,可以根据实验要求直接选择适宜的实验动物。

(1)研究气体、蒸气对黏膜的刺激作用时,猫是最好的选择。

(2)研究毒物对皮肤的局部作用,最好选用豚鼠或兔,因为它们的皮肤对刺激物的反应近似于人。

(3)研究过敏性反应时,最好选用豚鼠,因为豚鼠易于致敏。动物接受致敏的程度顺序为:豚鼠>家兔>狗>小鼠>猫。

(4)狗、猫适用于观察致呕吐作用的实验研究,草食动物如兔、豚鼠不易产生呕吐。

(5)研究外界环境因素引起机体体温过高及体温过低的反应,常使用兔或猫。对于体温调节不稳定的动物如大鼠、小鼠则不适用这样的实验。

(6)狗、兔、大鼠易出现血压变化,是研究高血压病理的良好实验动物。

(7)在研究物质的致癌作用时,常用的实验动物是小鼠和大鼠。应注意,由于不同种系自发性肿瘤的发病率不同,因此可影响诱发肿瘤的实验结果。

(8)研究慢性中毒损害实质性脏器的毒物时,最好选用小鼠,因为其实质性脏器特别容易罹患病变。

2. 个体选择

动物对毒物的反应存在个体差异。为了减少实验误差,在动物的选择上,除了注意种属选择外,还应注意个体选择。个体选择包括动物年龄、体重、性别、生理状态和健康状况5个方面。

(1)年龄。幼年动物由于组织和生理功能方面未发育成熟,其中枢神经系统、肾功能、血脑屏障作用、血浆蛋白的结合能力以及某些酶系统的活性等都较成年动物差,因而对毒物一般比成年动物敏感。在实验研究中应根据研究目的来选择适龄的动物。在急性实验中,为了观察毒性或中毒症状,最好选用成年动物。

(2)体重。在同一批实验中,选用动物体重尽可能一致,若体重相差悬殊,则易增加动物反应的个体差异,从而影响实验结果的正确性。

(3)性别。同一群体中,不同性别的个体对实验毒物的感受性有所不同,应在实验中根据目的加以考虑。实验若对动物性别没有特殊要求的话,一般选用雌雄各半。

下面介绍几种实验室常用的实验动物的性别鉴定方法:

①大鼠和小鼠的性别鉴定,见表1.1。

表1.1 雌鼠和雄鼠的鉴别

雄 性	雌 性	备 注
生殖器离肛门较远,阴部有毛,生殖器呈圆尖形突出,会阴处有睾丸,有时升入腹腔	生殖器离肛门较近,生殖器和肛门间无毛,生殖器呈圆形且有凹槽和阴道开口,胸腹部有明显的乳头(大鼠6对,小鼠5对)	仔鼠性别主要以生殖器距肛门远近来鉴别,雄性距离远,雌性距离近

②豚鼠的性别鉴定。一只手捉拿动物,另一只手扒开其靠生殖器孔的皮肤,雄性动物则在圆孔中露出性器官的突起,雌性动物则显出三角形间隙,成年的雌性豚鼠还可见到两个乳头。

③家兔的性别鉴定。实验者可轻轻地将兔头夹在左侧腋窝下,左手按住动物腰背部并固定一个后肢,右手向后拉动物的尾巴并夹在无名指与中指之间,而后用拇指与食指轻轻把生殖器附近的皮肤扒开。雄兔则可见一圆形孔中露出圆锥形稍向下弯曲的阴茎(幼年动物则不明显,但可看到凸起物)。气温高时雄性的家兔睾丸可离开腹腔进入阴囊。雌兔有一条朝向尾巴的长缝,呈椭圆形的间隙,且间隙越向下越窄,此即为阴道开口处,此外雌兔有较大的8~12个乳头。

(4)生理状态。动物的生理状态,如怀孕、哺乳等对实验结果造成很大的影响,因此通常实验均不宜采用处于特殊生理状态的动物进行。但为了某种特定的实验目的,如阐明毒物对生殖功能和后代的毒作用,则大鼠、小鼠是最适用的实验动物,因为它们全年都有发情周期的循环,并且生殖周期短,便于进行实验观察。

(5)健康状况。动物的健康状况对实验结果正确与否有直接的影响。健康的动物体型丰满,发育正常,被毛浓密有光泽且紧贴身体,眼睛明亮活泼,行动迅速,反应灵敏,食欲良好。对于慢性实验用的动物,尤其是大动物,除了上述一般观察外,应对每只动物作全身仔细的健康检查,主要检查项目包括眼睛、耳、鼻、皮肤、头部、胃肠道和神经系统等。一时的健康检查,还不能完全确定动物是否健康,因为有些疾病在潜伏期,常无明显症状。一般在实验前,选好的动物需有7~10天的预检,并可使动物适应新的饲养条件。

1.1.2 实验动物的标记编号

实验动物选好后必须标记编号,良好的标记方法应满足标号清晰、耐久、简便、适用的要求。标记的方法很多,下面介绍几种常用的简单的实验动物标记方法。

1. 皮毛涂色法

常用于大鼠、小鼠、豚鼠等实验动物。即以苦味酸饱和酒精溶液(黄色)代表个位数;中性红(或品红)溶液(红色)代表十位数,涂在动物体表特定部位的皮毛上,并且不同部位代表不同数目,如图1.1所示。

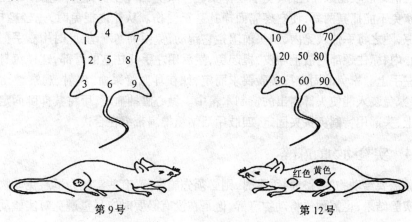

图1.1 大白鼠和小白鼠的标记图示

2. 剪耳标记法

在动物耳朵边缘不同部位剪口或耳朵不同部位剪一小孔,以代表一定的数序。此种标记方法清楚,保存时间长,因此比较适用于较长期进行实验观察时采用。

3. 烙印法

用刺激钳在动物耳上刺上号码,然后用棉签蘸着溶在酒精中的墨黑在刺号上加以涂抹,烙印前最好对烙印部位预先用酒精消毒。

4. 金属号牌标记法

用金属制的号牌固定于实验动物的耳上,大动物可系于颈上,对于猴、狗、猫等大动物有时可不作特别标记,只记录它们的外表和毛色即可区分不同个体。

1.1.3 实验动物的捕捉及固定

实验动物的正确捉拿和固定,不但可以避免由于过强的刺激和动物的损伤而影响实验结果的正确性,而且还可防止实验人员被动物咬伤,保证实验人员的安全,从而保证实验的顺利进行。常用的小鼠、大鼠及家兔的捉拿固定方法如下。

1. 小鼠

用右手抓住鼠尾，提出后立即放在铁丝笼或粗糙的板面上，而后右手将小鼠缓缓后拉，拉到恰好与鼠要向前爬行的力相反而使其固定，此时可用左手的拇指和食指捏住小鼠耳后枕颈部皮肤即可提起，掌心向上而将鼠体置于掌心中，用无名指和小指将鼠尾压住。此时小鼠即被固定，可以进行灌胃、注射等各种实验操作。操作熟练后，可采用左手一手抓取法，更为方便快捷，右手可不必放下注射器等器具。

2. 大鼠

提取大鼠时，不宜突然袭击式地去抓它，这样手指容易被咬伤，取用时，应轻轻抓住其尾巴后提起，置于实验台上，将其放入大鼠固定盒中固定，这样可进行尾静脉取血或注射。如要作腹腔注射或灌胃操作时，实验者应戴上帆布手套，右手轻轻抓住大鼠的尾巴向后拉，左手抓紧鼠二耳和头颈部的皮肤，并将鼠固定在左手中，右手即可进行操作。

3. 家兔

家兔性情一般较温顺而胆小，捉拿动作要轻。家兔二耳较长，但并不能承担全身重量，因此捕捉家兔不能抓其两耳，使它疼痛而挣扎甚至受伤。从笼内捉兔时，先轻轻打开笼门，勿使其受惊，随之将手伸入笼内，从头前阻拦它跑动，兔便匍匐不动，此时用右手把二耳轻轻地压于手心内，抓住颈部的被毛与皮，提起兔，然后用左手托住它的臂部，这样兔身的重量大部分落于左手上。家兔的固定按实验要求而定，如在耳血管采血、注射、观察瞳孔及呼吸变化时，可将家兔装入能使头部露出的特制木箱中。做心脏抽血时，可将其仰卧固定在简易木质手术台上，头部用特制兔头夹固定，四肢用活结粗棉扁带绑在台边。

1.1.4 实验动物的麻醉

当实验需要给动物实行外科手术时，则必须先施麻醉，有些实验为了避免动物的剧烈挣扎而影响实验结果，也需预先将动物麻醉，但是在没有必要时应尽量避免对实验动物使用麻醉药物。

麻醉药物有挥发性的和非挥发性的。挥发性的麻醉药中最常用的是乙醚，麻醉方法分为开放法和封闭法两种。开放法是用脱脂棉浸湿乙醚后，放在小烧杯中，置于动物口鼻部，或将乙醚滴在口罩上，使其吸入；封闭法是将实验小动物置于一密闭容器中，该容器中预先放置浸泡过乙醚的棉团，乙醚挥发后使动物吸入而致麻醉。对猫、狗、兔、大鼠及小鼠均适用本法。但在麻醉过程中应有专人密切观察动物的呼吸是否过快或过慢、太深或太浅甚至不规则，以免动物因麻醉过度而死亡。

常用的非挥发性麻醉药有乌拉坦、巴比妥钠、戊巴比妥钠、苯巴比妥钠、硫贲妥钠等。这些动物麻醉药物的剂量及用法，需要根据动物的具体情况而定。

1.2 动物分组

为了求得剂量和反应的关系，动物分组就必须采取随机化的原则，即用实验设计所规定的方法，使每只动物都有同等机会被分配到各个处理组中去，而不附加其他选择的条件。因为分组过程纯粹是一个人为的现象，如果不用随机化原则，就会在有意或无意中夸大各组之间的差别,给实验结果带来一定的偏差,甚至导致得出错误的结论。另外,数理统计上所有的公式或用表,尤其是显著性测验的公式等,都是依据随机化的原则制订的,如果违背了随机化的原则,就不能正确地应用它来帮助人们分析实验现象的本质。

随机分组的方法很多。完全随机分组法是比较常用的一种分组方法。最简单的是采用抽签或摸有色小球等方式进行分组,而比较理想的方式是利用随机数字表(表1.2)方法进行分组。

有时根据实验要求,需要把实验动物事先区分为几个区组,就是把同类型、同性质或同条件(如同窝、同年龄、同性别等)的实验动物作为一个区组,再把区组内各个个体随机分配到各个实验组中去,这就是随机区组。由于同一区组内动物个体差异较小,因此就能突出地反映出实验组间的差别,而各区组间的差异可从实验误差中分离出来,这样可以大大减少实验误差,从而提高实验结果的可靠性。

表1.2 完全随机设计举例(分3组)

动物编号	1	2	3	4	5	6	7	8	9	10	11	12	13	14	15	16	17	18
随机数字	14	23	49	46	21	62	45	34	22	19	22	64	61	73	20	63	83	76
以3除后余数	2	2	1	1	3	2	3	1	1	1	1	1	1	2	3	1	2
组 别	乙	乙	甲	甲	丙	乙	丙	甲	甲	甲	甲	甲	甲	乙	丙	甲	乙

1.3 毒物的准备

1. 毒物物理常数

在评价毒理实验结果和采用估算方法去推算最高允许浓度时,常需用到毒物的某些物理常数,如相对密度、溶解度、蒸气压、挥发度、沸点、熔点、凝固点、旋光度、折射率、油/水分配系数、水/气分配系数等。它们与毒物的作用均有一定关系。此外,在配制染毒用的毒物时,同样需要了解该毒物的物理常数。

在多数情况下,毒物的物理常数都是可以在相关资料上查到的,但有些混合毒物和新化学物质的物理常数,往往需要毒理工作者自己做些粗略测定或依据经验公式进行估算。

2. 剂型及溶剂

为使毒物能够通过一定途径染毒,常需要制成不同的剂型。比如:①对于毒性较高的液态毒物,染毒剂量仅几微升,可稀释成一定容量的液体,用0.25 mL或1 mL注射器给药;②刺激性或腐蚀性较大的毒物,原液对局部作用比较严重,适当稀释后,可减少对局部的损伤,以利于观察全身的作用;③有些固态毒物不便给药,可根据实验要求,配制成溶液、乳剂或混悬剂等。动物染毒常用剂型参见表1.3。皮肤染毒用的剂型,除水溶液、混悬液、油剂、乳化剂外,还可应用软膏、糊剂等,需要根据实验目的和受检毒物的性质而选择。

作为溶剂或助剂的物质需要满足一些基本条件:①其本身毒性要小,LD_{50}一般应大于15 000 mg/kg;②不与受检毒物产生增毒或减毒作用;③不影响毒物的吸收;④无特殊的刺激性或气味。此外,有些实验还有某些特殊要求,如观察毒物对脂代谢影响的实验,不宜用油剂作为稀释剂,注射液的pH值应调节为4~9等。

表1.3 动物染毒常用剂型

剂 型		适用毒物	优 缺 点
溶剂	水	能溶于水的固态或液态毒物	无毒,吸收快,无联合毒性,易取,但非水溶性物质不能应用
	稀盐酸	不溶于水、油,易溶于稀盐酸的毒物	吸收快,灌胃时接近胃液条件,不适用注射
	有机溶剂	不溶于水、油,易溶于有机溶剂毒物	吸收快,但要考虑溶剂本身的毒性影响
混悬液		不溶于水的固态毒物	吸收慢,对相对密度大于1的毒物亦可应用
油 剂		脂溶性毒物	吸收慢,对挥发性毒物可减少配制和染毒过程的损耗
乳 剂		不能溶解的毒物	比油剂、混悬液吸收快,挥发性毒物在配制过程中的损耗较多

1.4 生物材料的采集和制备

1.4.1 血液的采集

在毒理学研究中,常需采集实验动物的血液进行常规检查或某些生物化学分析,故必须掌握血液的正确采集、分离和保存的操作方法。检验血液可了解毒物对血液系统本身的作用,反映毒物对全身各器官系统功能的影响,测定血中毒物及其代谢产物的浓度,可了解毒物吸收、代谢、蓄积和排出的动力学。检验所需采取的血量一般较少,因此,操作人员除应注意选择适当的方法和工具外,在采血过程中必须细致认真,从而保证所抽取的血样能正确地反映血液的实际情况。

一次采血量过多或采血过于频繁,都可影响动物健康,造成贫血,甚至死亡。因此,正式实验前,一定要确定适宜的采集方法和采血量。常用实验动物的最大安全采血量与最小致死采血量如表1.4所示。

表1.4 实验动物的采血量

动物品种	最大安全采血量/mL	最小致死采血量/mL
小鼠	0.10	0.30
大鼠	1.00	2.00
豚鼠	5.00	10.00
兔	10.00	40.00
猴	15.00	60.00

采血方法主要根据实验目的和所需血量以及动物种类进行选择。凡用血量较少的检验,如红细胞、白细胞计数,血红蛋白测定,血液涂片以及酶活性微量分析法等,可刺破组织取毛细血管的血。当需血量较多时可做静脉采血,若需反复多次,应自远离心脏端开始,以免发生栓塞而影响整条静脉的正常采血。毒理实验中有时也需动脉采血,例如,在研究毒物

对肺功能的影响、血液酸碱平衡、水盐代谢的紊乱时,需要比较动脉、静脉血氧分压,二氧化碳分压和血液 pH 值,以及 K^+、Na^+、Cl^- 等离子浓度,此时必须采集动脉血样。

采血时需要注意以下几个方面:①采血场应有充足的光线,室温夏季最好保持在 25~28 ℃,冬季 15~20 ℃ 为宜;②采血用具和采血部位一般需进行消毒;③采血用的注射器和试管必须保持清洁干燥;④若需抗凝全血,在注射器或试管内需预先加入抗凝剂。

以下是几种实验室常用的实验动物的采血方法:

1. 小鼠、大鼠采血法

(1) 尾尖采血。当所需血量不多时采用本法。固定动物并露出尾巴,将鼠尾部毛剪去并将其消毒,然后浸在 45 ℃ 左右的温水中数分钟,使尾部血管充盈。再将尾部擦干,用锐器(刀或剪刀)割去尾尖 0.3~0.5 cm,让血液自由滴入试管或用血红蛋白吸管吸取。集血结束后用消毒棉球压迫止血。本法可对小鼠每次采血 0.1 mL,大鼠 0.3~0.5 mL。

(2) 眼眶静脉丛采血。采血者的左手拇和食指从背部较紧地握住小鼠或大鼠的颈部(要防止动物窒息,大鼠采血时需带上纱手套),采血时左手拇指和食指轻轻压迫动物的颈部两侧,使眼眶静脉丛充血,右手持连接 7 号针头的 1 mL 注射器或长颈(3~4 cm)硬质玻璃滴管(毛细管内径 0.5~1.0 mm),使采血器与鼠面成 45° 的夹角,沿眼内眦正中稍下方刺入,刺入深度小鼠约 2~3 mm,大鼠 4~5 mm。当感到有阻力时立即停止推进,同时,将针退出约 0.1~0.5 mm,边退边抽。当得到所需的血量后,立即将玻璃管拔出,同时解除颈部的压力,以防止术后穿刺孔出血。本法采血量大鼠每次 0.5~1.0 mL,小鼠约为 0.2~0.3 mL。如短期内需重复采血,则宜从两眼轮换采血为好。

(3) 心脏采血。这是在实验用血样质量要求较高,采血量又较多时采用的采血方法。鼠经麻醉或固定后,触摸出心区搏动最明显处,用碘酒、酒精消毒皮肤,右手持连有 5 号、6 号针头的注射器,沿搏动最明显处的肋间垂直刺入心脏取血,操作时需有人合作。小鼠一次可采血 0.5~0.6 mL,大鼠约 0.8~1.2 mL。亦可将动物作深度麻醉,打开胸腔,暴露心脏,用针头刺入右心室,做开胸一次死亡采血。

(4) 断头采血。对采血后拟处死的动物,可以采用本方法。用左手握住鼠的背部,让颈部露出,右手用剪刀将头迅速剪断,血液即可从颈部流出,以容器收集所需的血样。

2. 豚鼠采血法

(1) 耳缘剪口采血。将耳消毒后,用锐器割破耳缘,在切口边缘涂抹 20% 柠檬酸钠溶液防止血液凝固,则血可自切口自动流出,进入采血容器,取血后用棉球压迫止血。本法可采血 0.5 mL 左右。

(2) 心脏采血。动物经麻醉后,用左手抓握固定,或由助手协助固定,腹朝上,触摸并找到心脏搏动最强部位,然后进行皮肤消毒,沿肋间垂直穿刺进针,刺入深度约 2 cm,针进入心脏后,手指可感到心脏的跳动,若针刺入心室,血液则随心搏自然流入注射器,鲜红的血液表示刺入左心室,暗红色表示刺入右心室。如进针不成功应尽快退针,不宜反复穿针。每次采血量不应超过 6~7 mL,隔 2 周后才可再次采血。

3. 家兔采血法

(1) 耳静脉采血。本法为最常用的取血法之一。可以作多次反复取血用,所以保护耳缘静脉,防止发生栓塞就显得特别重要。将兔放入仅露出头部及两耳的固定盒中,或由助手抓住,选用静脉清晰的耳朵,将耳静脉部位毛去除,用 75% 酒精消毒,待干,用手轻轻弹拍兔耳使静脉扩张,即用针头穿刺静脉,血即滴出,以试管盛接或作涂片。若所需血量较多可压住耳缘静脉根部,血滴量可增加,采血完毕,用于药棉压住穿刺孔,待血凝为止。一次最多可采血 5~10 mL。

(2)心脏采血。除需特殊固定外,采血操作方法基本与豚鼠相同。一般 2 kg 体重的家兔,每次抽血不宜超过 20 mL,且须饲养 2~3 周后才能再次进行抽血。

1.4.2 尿液的收集

在毒理实验中,常需要收集实验动物的尿液,以进行外源化学物及其代谢产物的含量和尿液中异常成分的检验。实验动物的尿液收集方法大体上可分为连续收集法和一次收集法两种。

1. 尿液的连续收集动物

动物(大鼠、小鼠、猫和兔)的慢性或亚急性毒理实验中,常需要收集 24 h 或某特定时间内的实验动物尿液。为此常用代谢笼配上粪尿分离漏斗收集尿液。动物置于特制的代谢笼里,笼的下面放置玻璃的粪尿分离漏斗与代谢笼的锥形漏斗口连接,侧口接一只 150~200 mL 的集尿容器。小鼠尿液的连续收集,可采用简便的集尿器。这种简易装置可由锥形漏斗、铜丝网、塑料盖、刻度离心管等部分组成(图 1.2)。锥形漏斗上覆盖铜丝网以防粪便漏下,小鼠置于此铜丝网上,上面盖上钻有很多直径 3~4 mm 透气孔的塑料盖。此盖用橡皮筋和铁丝小钩与锥形漏斗的套环连接而固定。小鼠的尿液通过漏斗流入刻度离心管内。

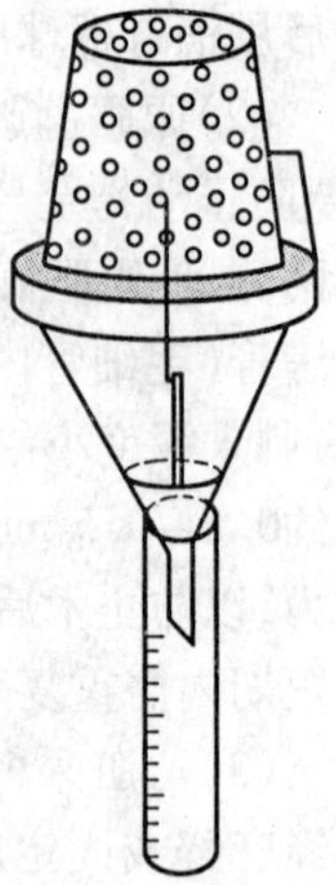

猫和兔连续集尿装置的组成与大鼠的基本相同。但代谢笼常需用铁丝和搪瓷制成。集尿的容器要大一些。

图 1.2 简便小鼠集尿器

猴的留尿一般用高 70 cm、宽 40 cm、底为 40 cm×40 cm 的矩形铁丝笼,安放在高 50 cm、面积 43 cm×43 cm 的正方形搪瓷三角漏斗上来收集。漏斗上交叉铺设两层塑料丝网。漏斗口下端接一个 500 mL 集尿容器。狗及其他较大动物也可用上述方法收集尿液。

2. 一次性尿液收集

在实验研究中,有时为了某种实验目的,要求每间隔一定的时间收集一次尿液,以观察毒物排泄的情况。此种情况下,需要采用迫尿法、导尿法和输尿管插管法等方法来收集尿液。

迫尿法也就是用力压迫膀胱,迫出尿液,这种方法适用于兔、猫。导尿法是借助膀胱导尿管实施的,较为常用,适用于兔、猫、猴和狗等动物。输尿管插管法需要借助外科手术,将导管插入输尿管内并将尿液引出,这种方法适用于兔、猫、狗和猴等动物。

3. 收集尿液的注意事项

(1)尿液成分的浓度随尿量和毒物排出特点、膳食性质而改变。在不同时间内采集的尿液,分析结果往往不一致。因此,在动物实验时,除特殊需要外,实验期间膳食要求成分一致,并且必须在一特定时间内完成尿液的收集。

(2)尿液收集器必须保证能把粪、尿分开,防止粪便污染尿液。标本容器必须洁净,其容量视动物而定。

(3) 标本收集后,须在新鲜时进行检验,若需放置时间较久,则须贮放在冰箱或加入适当的防腐剂。

(4) 分析尿中金属离子时,代谢笼等应避免用金属材料制成,集尿容器最好选用聚乙烯材质的。

(5) 为了满足实验所需尿量,可以在收集尿液前,灌喂适量的水及青菜。

1.4.3 粪便的收集

动物粪便是毒理实验中经常需要采集的分析样本,其目的是分析粪便中的毒物及其代谢产物的含量,或者是测定蛋白质和脂肪经肠道的吸收率,以了解毒物对消化器官功能的影响。

对小鼠、大鼠、兔、猫等小型动物粪便的收集,可以利用代谢笼和粪尿分离器,同时收集动物的粪和尿。对于狗、猴等体型较大的实验动物,可通过个别关笼饲养即可。采集粪便时,要选择粪块外观形态新鲜、完整的,装入清洁容器。分析前把被污染的表层粪剔去,取内层粪分析。

收集的粪便应是新鲜的,不可混有尿液或其他物质。若粪便中出现黏液、脓血等,则必须全部采集。盛粪容器需洁净,不可有任何化学消毒剂存在,一般用涂蜡纸杯比较适宜。如有必要,也可用灌肠法收集粪便,但由于粪便标本过度稀释或混有灌肠用液,常常因此影响分析结果,故不宜作为常规方法。

1.4.4 呼出气的收集

在毒理实验中,常需收集动物的呼出气进行毒物浓度、呼出气中氧和二氧化碳含量的分析,以研究毒物在动物体内的吸收和代谢以及毒物对肺功能的影响。例如,收集暴露于乙醇、二硫化碳、三氯乙烯、氟烷烃等易挥发性化学物的动物呼出气,并分析其组分,可以用来反映机体与毒物的接触程度以及了解毒物的吸收和代谢情况。

收集兔、猫、狗和猴等动物的呼出气时,需先将动物固定,用玻璃面罩将动物的鼻和嘴扣住,再把面罩与呼吸活瓣相接,呼吸活瓣可将进气和呼出气分开,并从不同的管口排出(图1.3)。呼气口连一根橡皮管与一个较大的橡皮囊相连通,以贮存呼出气。对于体型较小的动物,如小鼠、大鼠、豚鼠等,可将动物装于密闭的玻璃小室内,在小室一端装一个仅能让新鲜空气进入的吸气瓣,在另一端装一个仅能使气呼出的活瓣,这两个活瓣随动物的呼吸运动而活动,呼出气可通过橡皮管与贮气囊相连。

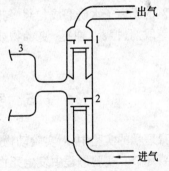

图1.3 动物呼出气的收集装置
1—出气活瓣;2—进气活瓣;3—面罩

若需要收集不同时间的呼出气,可采用5 mL注射器,刺入出气橡皮管采气。采气完毕,将注射器针头拔出并立即插入软木塞或用眼药水瓶塞套住注射器头(需先将针头卸下)密封即可。

1.4.5 其他体液的采集

（1）精液的采集。研究毒物对雄性动物生殖系统的作用时，精液的观察非常重要。常用采集精液的方法有人工阴道法、按摩法、刺激法及麻醉法等，亦有人采用阴道内精液吸取法、海绵吸收法和瘘管法等。

（2）唾液的采集。一般可用食饵诱使唾液分泌，再从口腔内收集。如研究唾液量和质的微变化，可用手术造瘘，引出唾液。

（3）胃液的采集。一般用插胃管吸取胃液，但需要在禁食6 h后抽取。

（4）胆汁、胰液、肠液的采集。胆汁、胰液、肠液的采集均需手术造瘘后采集。

1.4.6 实验动物组织匀浆的制备

组织匀浆的制备以及在匀浆技术的基础上发展起来的亚细胞结构分离技术，如线粒体、微粒体和溶酶体等的分离及制备，是毒理学实验中非常重要的技术之一。制备组织匀浆的常用设备有：匀浆器、电动搅拌器、常速（0~6 000 r/min）制冷（0~4 ℃）离心机和高速冷冻离心。匀浆器又可分为全玻璃制成的和研磨头由聚四氟乙烯制成的两种，后者比较适用于分离亚细胞结构。

1. 应用于酶活力分析的组织匀浆制备

动物断头后，立即取出组织并置于干冰内保存。如不需保存，可将取出的组织直接置于表面皿上，轻轻除去表面的凝血及结缔组织等附属物，再经冰冷生理盐水洗涤几次，然后滤干水分并称取一定质量的组织。接着，在表面皿上将其剪成碎块并置于盛有一定量冰冷缓冲液浆管中，然后加以研磨。匀浆管在研磨时需用冰水浴夹套。研磨后经离心机分离，取上清液测定肝组织匀浆的酶活力，如对谷丙转氨酶（GPT）和谷草转氨酶（GOT）活力的测定。

2. 应用于组织毒物萃取的组织匀浆制备

组织的预处理与用于酶分析的匀浆制备相同，但匀浆不一定在冷冻条组织块上操作，与适宜比例的无离子水研磨成匀浆，匀浆不必离心。但有时需要水解，使其转变为游离状态，再加入萃取剂，振荡、抽提，使毒物或代谢产物进入萃取剂，从而达到组织与之分离的目的。

1.5 实验动物的解剖检查

在毒理学的实验中，对实验动物进行大体解剖，观察各脏器有无异常，是病理形态学检查的重要环节。实验过程中发生死亡的动物或是实验终止经处死的动物，都应及时解剖并观察，否则由于组织腐败、自溶、影响实验观察结果的正确性。

1. 动物的解剖操作

在进行解剖检查前，首先复查动物的编号、实验组别、称体重，然后进行一般的体表状况的观察。将动物放在解剖台（板）上仰卧固定，用纱布蘸取5%来苏尔液或普通水，湿润胸和腹部的皮毛。左手用有齿镊子将趾骨联合前的皮肤提起剪一横口，然后用圆头剪刀从开口处沿腹中线直至颈部，剪开皮肤和胸腹部肌肉，并以这条线起向四肢剪开，分别翻开至两侧，以暴露腹腔，仔细观察及记录腹膜、肝脏、胃、脾、肠、双肾、肠系膜等脏器的情况，如有无出血、化脓、粘连、颜色异常、渗出液的量及性质、肿块等。随之用圆头剪以倒"V"字形剪口开至肋骨,自下而上斜至颈部,剪下前胸部分;仔细地观察及记录胸部各脏器的情况。

2. 内脏器官的摘出

观察各脏器的位置、形态、外观情况后,可采用一起移出或按一定顺序个别摘除方法取出。一起移出方法,首先是从喉头处将气管及食管、血管一起切断,而后用止血钳夹住拉起,从背脊部和胸腹腔壁自上而下逐步剥离一起取出。若按个别器官顺序摘除,则从腹腔开始,先取脾脏,然后从横膈处切断食管及近肛门的直肠,将胃、胰、肠一起取出,最后取肝脏和肾脏。胸腔脏器则先取出心脏,再取肺及甲状腺等。由于有头骨的保护,脑的摘出比较麻烦,使动物取俯卧位固定于板上,用剪自鼻至枕部沿正中线剪开皮肤并剥离而露出整个颅壳,而后依据动物大小,用正中矢状切口或水平环状切口,将颅骨切开,用镊子小心地将一块块的颅骨剥除,至使整个脑露出。用眼科剪刀剪断脊髓及颅底各神经,即可将脑取出。

3. 内脏器官的肉眼观察检查

实质器官重点是观察脏器的颜色、形状大小、有无肿胀、肿块、充血、出血、坏死、软硬度、表面及边缘有无异常;切开后切面有无外翻、粘连,各种结构层次是否清晰等。空腔器官主要是观察其内容物的量和性质,黏膜有无水肿、充血、溃疡、坏死等变化。动物经解剖及脏器观察检查后,即可选取标本进行固定,留待制作组织切片进行显微镜观察。

1.6 实验动物的处死法

对实验动物进行处死,总的要求是处死的时候尽量快速,以操作简便为原则,不使动物机体发生与毒理实验无关的病理变化。处死的常用方法,根据实验的目的要求及动物种类不同而定。

1. 脱颈椎法

适用于对小动物(大、小白鼠)处死。用左手拇、食指捏住头颈部,右手抓住尾巴用力向后一拉,把脊髓与颈椎处拉断,动物立即死亡。

2. 断头法

适于对大、小白鼠进行处死,详见本章第四节的"断头采血法"。

3. 麻醉法

将动物放入预先洒有麻醉剂(如氯仿或乙醚)的密闭容器内,使动物吸入过量的麻醉剂致死。体型较大的动物则须用注射麻醉剂法进行。

4. 空气栓塞法

用注射器向动物静脉内迅速注入一定量的空气,使动物血管内形成大量气栓而致死。此法适用于大动物的处死。

1.7 预备实验

为了保证毒理实验的顺利进行,防止人力、物力的浪费,在正式实验进行前先做些小规模、短时间的预备实验,以探索实验动物、染毒剂量及观察指标和方法等的选择是否切合实际,并进行必要的技术训练,是非常必要的。预备实验一般主要完成以下几个任务。

(1)选择合适的实验动物。不同动物种属对各种毒物敏感性可有较大差异,例如,研究苯胺类衍生物对血红蛋白的影响,采用小鼠为实验动物可能难以见到血红蛋白的变化,而猫、狗或豚鼠的变化较灵敏。在预备实验中如发现所选动物不敏感,应及时进行调换。

(2)设计染毒剂量及其分组。在预备实验中可根据实验要求摸索适宜的染毒剂量。还观察所用指标在预备实验中的初步反应,并了解指标的变动大致范围,一般认为个体差异大时,每组动物应多些,反之,动物可少些。

(3)操作技术的检验和训练。因为操作技术是否严密、熟练,可直接影响实验结果的准确性,所以在正式实验前,必须对采用的观察指标和操作方法,通过预备实验加以检验和熟练。

(4)发现新线索、新指标。仔细观察实验动物在预备实验中的反应,常可发现某些有意义的变化,根据这些有意义的变化,补充正式实验的观察指标。

第2章 常用染毒技术

2.1 染毒途径的选择

外源化学物的毒理学实验研究,主要是以哺乳动物为中毒模型来进行的。因此,动物染毒的技术是毒理学研究工作者必须熟练掌握的一门基本技术。环境毒理学研究中最重要的染毒方法为吸入染毒和经皮肤染毒,灌胃、气管注入、注射(腹腔、静脉、肌肉、皮下)等途径也比较常用,有时根据实验的特殊要求或毒物的特性,也采用皮下或组织内埋藏、滴眼等染毒方式。必要时亦可采取对离体组织、细胞的试管内染毒法,以观察它们在环境毒物直接作用下的各种变化。

染毒途径主要根据实验目的进行选择,同时需要考虑各方面的因素。

(1) 人群接触环境毒物的实际情况。为了使动物毒理实验结果更能反应人体中毒的实际情况,动物染毒途径尽可能与相关人群接触环境毒物的实际情况相似。例如,在一些化工生产车间,毒物主要以气体或蒸气与工人接触,在毒理实验时,应采用吸入染毒的途径;又如,在农药喷洒时,往往既有皮肤沾染,又有经呼吸道侵入,此时则应综合考虑呼吸吸入和经皮浸入两种染毒途径。

(2) 毒物的理化性质。实验动物的染毒途径还必须根据环境毒物的理化性质进行选择。例如,气态毒物仅适用于吸入染毒,一般不能灌胃或注射;不溶性固体不能采用注射染毒法;易被胃液破坏的毒物不适于灌胃染毒;有些高沸点液体,不易挥发到一定要求的实验浓度(除发生成为烟雾状态),如采用吸入途径染毒比较困难。此外,有些挥发性较强的液体(如 CS_2、乙醚等),有时亦考虑用注射或灌胃方式来代替吸入染毒以观察毒物对机体的某些影响。

(3) 受检毒物的来源。动式吸入染毒(气体、蒸气或粉尘)实验对毒物的消耗量很大,在受检毒物来源有限、毒物样品较少时,显然这种方法是不适宜的。此时,可根据具体情况采用经气管注入、灌胃、注射或静式吸入染毒等方式,以做出初步毒性鉴定。

另外,在时间紧、人员少、设备条件简陋的情况下,灌胃及注射方式较适用。这样,可对环境毒物做出初步毒性鉴定,或同时创造条件再做吸入或经皮染毒实验。

总之,要根据实验的具体情况来选择染毒途径。

2.2 经口染毒法

对不挥发性液体和固态毒物,常用消化道染毒的方法来研究毒性程度和对机体的作用。尤其是具有刺激性的毒物不宜于皮下、肌肉和腹腔注射,一般只能经口和静脉注射。毒物在胃肠的吸收量和吸收速度取决于胃的内容物、毒物的理化性质和毒物剂型、浓度等因素。有些毒物虽不溶于水,但却能在胃液中溶解,因而也能被吸收入血液。例如,某些铅的氧化物在胃液中能发生变化而促进吸收。经消化道染毒时,要求动物空腹,一般在染毒前禁食 4 h 以上。经口染毒法主要有灌胃、喂饲、滴入和吞咽4种方式。

灌胃法常被用于确定某种化学物质的绝对毒性。液体物质可经稀释或不经稀释直接灌胃，固态毒物可制成各种剂型灌入胃内。具有催吐作用的毒物不宜给狗、猫、猴灌胃，但可以给鼠和兔灌胃。一些常用的灌胃量为：小鼠为0.2~1 mL、大鼠为1~4 mL、豚鼠为1~5 mL；兔、猫为5~10 mL，最多不超过20 mL。在用狗和猴做实验时要根据体重大小进行适当增减。

喂饲法就是将毒物和食物或饮水混在一起做成毒饵喂给动物，水溶性毒物可加入饮水使动物自然摄取。采用此法时需要注意，受检毒物应属不易挥发、不易破坏、不与食物起化学作用、没有特殊气味的化学物。掺入有毒物质的饲料或饮水，应尽量使动物全部吃掉，待吃完后再给一般饲料。动物24 h的饮水量随着季节、环境条件、食物的成分等有差异，实验前需注意考察。毒物掺入饮水的染毒方法，对大鼠和小鼠较为适宜。

经口滴入法一般是用金属或硬塑料管接上注射器，也可用吸管、移液管等，将有毒液体直滴入动物口腔。滴入的毒物应送至咽部，让动物自行吞咽下去。为了不使滴入的毒物流出口外，可将毒物配成淀粉糊剂。为了保证滴入的毒物全部进入动物胃内，在毒物滴入口腔之后，可给予动物较喜爱吃的食料，如兔给些青菜，猫、狗给些肉类食物等。

经口吞咽适用于较大型的动物，如兔、猫、狗等。这一方法就是将毒物按照一定剂量，事先装在药用胶囊内，直接送至动物口腔，为避免胶囊被动物咬碎或吐出，应将胶囊直接送至咽部，便于动物吞入，使毒物直接进入胃。

2.3 注射染毒法

注射染毒时，要求毒物对局部组织损害不能太大，如果有严重局部刺激或损害，则不宜选用此种方法，注射染毒法有腹腔注射、肌肉注射、皮下注射和静脉注射等方式。狗、猫、兔等动物腹腔注射可在动物腹部下约1/3处略靠外侧（这样可避开肝及膀胱），将注射器针头垂直刺入腹腔，将针筒回抽，如无回血及尿液，表示针头未刺入肝脏和膀胱等处即可进行注射。进行腹腔注射时应注意：针头刺入部位不宜太近上腹部或太深，以免刺破内脏，针头与腹壁所成的角度不宜太小，否则容易刺入皮下；而且所用针头不可太粗，以免药液从注射孔流出。

不溶于水而混悬于油或其他溶剂中的毒物，常选用肌肉注射的染毒方法。注射部位一般都采用动物的臀部。注射时，将臀部注射部位被毛剪去（小动物可不必剪毛），注射器连接的细针头由动物臀部皮肤表面垂直刺入肌肉，回抽一下如无血，即可进行注射。狗等大动物一般采用此法，当给小鼠、大鼠等小动物做肌肉注射时，还可将针头刺入颈背部外侧并将药液注入。

不同的实验动物在进行静脉注射染毒时，需要选择不同的注射部位。给大鼠、小鼠注射一般选择尾静脉，因为此处的两根尾静脉（左右两侧）比较固定，容易注入。兔的注射一般通过耳静脉进行。给狗注射时，可选择小隐静脉或头静脉。小隐静脉在后肢胫部下1/3的外侧浅表皮下，由前侧方向后延伸。此静脉只隔一层皮肤，浅而易滑动，注射时针头刺入不可太深，且方向一定要与血管平行。头静脉在前肢内侧面皮下，靠前肢内侧外缘延伸，比后肢小隐静脉还粗些，且易于固定，因此一般常用此静脉做静脉注射或采血。

皮下注射一般选择背部或后腿皮下。豚鼠、大鼠、狗、猫等动物的背部皮肤较厚，注射器针头不易进入，一般不选用。狗、猫多选大腿外侧，豚鼠选后肢大腿内侧或小腹部，大鼠可在尾根背部，兔可在背部或耳根部注射。

皮内注射法应用于观察皮肤血管通透性的变化。将一定量某些放射性同位素溶液、颜料或致炎症物质等注入皮内，观察其消失速度及局部血液循环的变化，作为皮肤血管通透性观察指标之一。方法是将动物注射部位的毛剪去（防止剪破皮肤），将注射器针头先刺入皮下，然后向上挑起直至看到透过真皮为止；然后注入一定量药液，当药液注入皮内时，可见到皮肤表面马上出现白色橘皮样隆起，证明药液确实注射在皮内。

2.4 吸入染毒法

吸入染毒是研究环境化学物毒理非常重要的方法，污染物在车间与环境空气中最高允许浓度的制订也以吸入染毒实验的结果为主要依据。吸入染毒是将实验动物放在有毒蒸气、气体、气溶胶或粉尘的环境内，使毒物经呼吸道进入机体。吸入染毒的方法比较多，常用的有动式吸入染毒法、静式吸入染毒法和面罩吸入染毒法等。必要时还得进行生产现场或模拟吸入染毒实验。

1. 动式吸入染毒法

动式吸入染毒是借助染毒柜进行的，即采用机械通风装置，连续不断地将新鲜空气和毒物送入染毒柜，并排出等量的污染气体，使染毒的浓度相对稳定。染毒时间不受染毒柜气体容积的限制，可避免实验动物缺氧、二氧化碳积聚、湿度增加等因素的影响。此法需有一套发生毒物、控制浓度和含毒空气的净化装置，实验用毒物的消耗量较大，适用于急性、亚急性和慢性实验。图2.1为动式染毒柜装置示意。

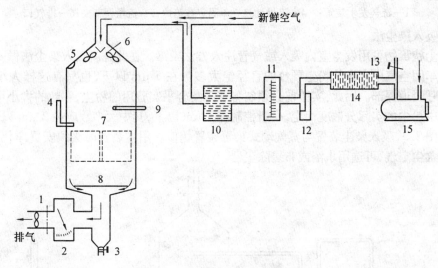

图2.1 动式染毒柜装置示意

1—气体流量阀；2—气体流量计；3—污物排放口；4—干湿球温度计；5—照明器；6—碰撞式混匀器气体混匀风扇；7—动物笼；8—污物盘；9—采样孔；10—挥发性液体雾化器；11—气体流量计；12—气流压力稳定器；13—气体流量调节夹；14—过滤器；15—鼓风马达

2. 静式吸入染毒法

静式吸入染毒是在具有一定气体容积的密闭容器中进行的，也可以在专门的染毒柜中进行，不过此时染毒柜要求完全密封，不能与外界有气体交换。染毒时，将实验动物放在某一密闭容器（染毒柜）内，加入一定量的毒物，造成一定浓度的含毒空气，在规定时间内观察实验动物的毒性反应。

在静式染毒时,多数实验是先将动物放入密闭容器内,再导入毒气或有毒蒸气。因此,密封容器内的毒物浓度需要经过一定时间后才能达到实验要求的浓度水平。为克服这一缺点,可用一钟罩将实验动物扣住,放在染毒柜底部,在柜内毒物达到实验浓度后将钟罩吊起,使动物开始吸入染毒。也可用拉板、活门等方式,使染毒柜内达到实验浓度后,再将动物迅速送入(或翻入)染毒柜,这种方法可避免染毒柜内毒物外溢。

3. 面罩染毒法

动式和静式吸入染毒法是将动物整体放入染毒容器中,而有些有毒气体和蒸气在较高浓度下,可经无损伤皮肤吸收,从而会增加实验结果分析的复杂度。而面罩染毒法可以有效避免动物经皮肤吸收的可能性,是观察毒物吸收、分布、转化规律等常用的吸入染毒法。图2.2为动物(兔)面罩染毒法装置示意。可根据染毒的不同要求来选择毒物发生装置,如蒸气可用雾化器,粉尘采用扬尘器,气体可稀释后染毒。实验时应注意检查面罩的密封性,不能漏气。

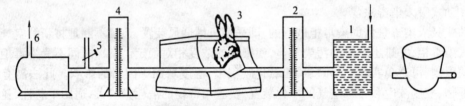

图2.2 动物(兔)面罩染毒法装置示意
1—毒气发生装置;2,4—流量计;3—兔固定在箱内;5—流量调节夹;6—排气口

4. 吸入染尘法

粉尘状毒物可用发尘室内吸入或气管注入方法染毒。在此先就吸入染尘法做一简介。

在车间空气中存在的粉尘颗粒的直径绝大多数在 5 μm 以下,也只有这样大小的尘粒能进入呼吸道深部。因此,实验前必须制备和采集合乎实验用的粉尘,颗粒的大小可根据车间空气中粉尘的实际分散度而定,一般控制在 5 μm 以下,其中大多数应在 2 μm 以下。

如图2.3,吸入染尘装置与蒸气动式染毒装置相似。用本装置时必须安置净化器,净化排放的含尘空气,可选用水浴或布袋除尘器。

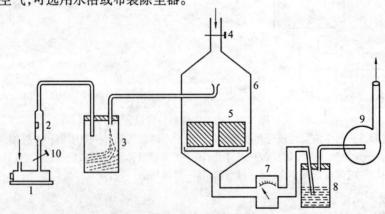

图2.3 吸入染尘装置示意
1—鼓风马达;2—转子流量计;3—旋风式粉尘发尘器;4—染尘柜进风阀门;5—动物笼;
6—染尘柜;7—流量计;8—除尘器;9—抽风机;10—转子流量计调节阀

2.5 气管注入法

气管注入是毒理学动物实验常用的染毒方法之一,具有简单易行、无需复杂设备,毒物用量较少,染毒剂量准确,形成中毒或肺尘埃沉着病(旧称尘肺)病理模型速度快等优点。但是该法也存在一定缺陷:①气管注入与自然吸入的毒作用可能有差异,不能发挥上呼吸道的自卫作用;②操作易造成损伤,如操作不当可导致动物窒息甚至死亡。所以,该法一般仅限于急性染毒实验,不宜用做慢性染毒或尘。

气管注入法可采用经喉插入法、气管穿刺法、暴露气管穿刺法3种方式。经喉插入法是将吸入注射器内的毒物,经喉头、声门插入气管内染毒。大鼠、豚鼠多采用这种染毒方式。气管穿刺法是经皮肤刺入气管内注射毒物,常用于兔、狗、猴等动物。狗、猴需麻醉而兔则不必。暴露气管穿刺法需要切开皮肤,分离肌肉,暴露气管,对气管穿刺染毒;各种动物均可采用,但主要应用于小鼠。气管内注入的药液容量,大鼠和豚鼠不宜超过1.5 mL,兔约为5 mL,小鼠应少于0.2 mL。

2.6 经皮(黏膜)染毒法

在生产车间或在偶发事件的局部环境中,很多液体、固体乃至呈气态、蒸气状态存在的环境污染物质,能经无损皮肤进入机体。刺激性毒物可引起呼吸道黏膜、眼黏膜及皮肤的刺激作用。因此,研究化学物质经皮进入的能力以及其刺激性的强弱,对于确定相应的预防措施有很大的实际指导意义。

动物的皮肤在解剖学上和机能上均与人的皮肤有显著差别。家兔和豚鼠对毒物作用的反应与人的皮肤最相近,因此常用这些动物做实验,有时也用大鼠涂皮及小鼠做浸尾实验。

经皮染毒,一般需在染毒的局部皮肤上先行去毛。常用方法有剪毛法、剃毛法、拔毛法和脱毛法。去毛部位视不同动物及实验要求而定。最常选用的是背部正中线两侧,大鼠、小鼠有时选用腹部。去毛的面积取决于毒物的特性及动物的大小,一般占体表面积10%~15%左右。如毒物毒性小,则尽可能使涂药面积加大。常用的涂药面积小鼠约为2 cm×2.5 cm,大鼠和豚鼠约为4 cm×5 cm,兔约为10 cm×15 cm。一般是在实验前一天进行去毛,观察24 h后检查去毛区确认无损伤时即可进行实验。

许多环境化学物能引起职业性皮炎及化学烧伤,因此研究新化学物质的局部作用是毒理学鉴定的一个必要的组成部分。做局部实验主要用兔和豚鼠,其染毒方式有斑贴法、兔耳法和结膜囊染毒。

斑贴法是将纱布剪成一定大小的方块或圆片,用受检物质沾湿后(不宜过湿),紧贴于动物实验部位,上盖一层油布或油纸,外面粘一层胶布,放置12~24 h后解开,观察反应。

兔耳法选择白色家兔为实验动物,两耳去毛,用一耳做实验,一耳做对照。在实验侧耳朵内外涂上实验物质或将兔耳浸入受检液体内一定时间(如5,10,20,30 min)。涂抹或浸入物质后,每日观测皮温、皮肤颜色、外形、有无增大或有无水肿,同时观察恢复情况。

结膜囊染毒常用兔做实验动物,也可选用豚鼠。实验时将一滴被检液体滴入受试动物的一侧眼结膜囊内,观察有无局部作用,另一侧做对照。记录充血、水肿、流泪、怕光、角膜、结膜和眼球损害的程度以及恢复的时间。结膜囊染毒除用来观察毒物对黏膜的损害外,还可提供毒物是否会损害眼及经黏膜吸收的资料。

第3章 毒理学研究的实验设计与统计分析

实验设计(experimental design)指的是为实验研究制订出一个通盘的、周密的、安排合理的、科学性强的设计方案,将实验对象随机地分配到两个或多个组中,对实验对象施加某种干预或处理因素,观察比较不同处理的效应,它是科研的先导,是执行科研项目的指南,是确保研究结果准确、可靠的前提。

在毒理学实验中,由于生物个体差异较大,导致毒理实验的结果常常是分散的。为了通过有限的实验数据,概括出一种药物或毒物对生物体作用的普遍规律,就必须实施周密的实验设计,用最少的人力和物力,获得最可靠的结果;并借助生物统计学方法对实验资料进行统计分析,探明受试的外源化学物对生物体作用的共同性、必然性。通过研究设计,可控制实验误差,从而保证研究结果准确;利用尽可能少的工作量反映实验的普遍规律,少走弯路,避免不必要的工作;在科研设计时就考虑到动物数量、分组方式、剂量比例、染毒方式和顺序、间隔时间、重复次数等方面怎样符合统计学原理,可保证实验数据的可统计性,提高其利用率。现代科学研究尤其强调研究设计、研究实施和资料统计分析三者的连贯与统一,本章将着重介绍毒理学研究设计的原理和方法,毒理学资料的统计分析、研究设计等。

3.1 毒理学实验研究设计的原理和方法

3.1.1 实验研究的三大要素

实验研究具有三个最基本的要素,即处理因素、受试对象和实验效应。例如,观察某种毒物对小鼠的急性毒性并测定其半数致死量(LD_{50}),某种毒物就是处理因素,小鼠则为受试对象,小鼠的死亡即实验效应。

3.1.1.1 处理因素

处理因素指的是研究者根据研究目的而施加于受试对象的刺激。毒理学研究中的处理因素主要是外源化学物。

然而在毒理学研究中,除了"处理因素"对实验结果产生影响外,还有一些"非处理因素"(又称干扰因素)也会对实验结果产生影响。例如,进行某种毒物对小鼠的急性毒性实验,受试毒物是处理因素,而实验室或动物房的温度、湿度、通风条件以及光照等,是可能影响实验结果的因素,它们是毒物作用的条件,就是非处理因素。进行研究设计时,在确定处理因素的同时,应根据专业知识和实验条件,尽可能地认识到可能对研究结果产生影响的重要的非处理因素,并通过研究设计排除、控制或削弱其对实验结果的影响。

1. 处理因素的分类

可根据其性质,将处理因素分为以下几个方面:①化学因素,如毒物、粉尘、药剂等。②物理因素,如噪声、振动、温度、射线等。③生物因素,如寄生虫、细菌、病毒、生物制品等。④其他因素,如动物的饲养条件、受试对象的性别、年龄和疾病等。

2. 处理因素的数目与水平

研究设计时,常根据处理因素的数目分为单因素设计和多因素设计两类。

(1) 单因素设计。指的是每次实验只观察一个处理因素的效应。其优点是:目标明确,简单易行,条件好控制,结果一目了然。缺点是:设计效率低,每次只能解决一个问题,如果要分析的处理因素多,就要分别进行多次研究,这样不仅耗时又耗材,而且实验中的不确定性因素也会增多。通常在进行单因素设计时,处理因素虽只有一个,却可有几个"水平"(或等级),探讨同一处理因素不同剂量的效应大小,如观察某药物大、中、小剂量的毒性,则该药是处理因素,大、中、小剂量是三个水平。单因素多水平的实验可参照多因素设计的原理进行设计。通常要求围绕研究目的,明确实验中的主要处理因素进行实验设计。

(2) 多因素设计。指的是在一次实验中,同时观察多种处理因素的效应。其优点是:设计效率高,每次可解决多个问题,尤其是探讨处理因素间的相互作用。缺点是:设计复杂,实验条件不好控制,实验结果的统计分析也较复杂。在多因素设计时常采用随机区组设计(randomized block design)、析因设计(factorial design)、拉丁方设计(Latin-square design)、正交设计(orthogonal design)等方案。

(3) 处理因素的强度。实验研究中处理因素的强度应适度,过大易伤害研究对象或实际上无法使用,过小则难以观察到应出现的效应。处理因素的强度主要是剂量问题。在设计时除了要考虑每一次给予的剂量外,还要考虑施加于受试对象的处理因素的次数和一共给予的总量以及蓄积毒性的问题。如将处理因素分成等级,就是前面说的不同水平。从理论上讲,毒理学实验处理因素的剂量,根据实验目的可在最小有效剂量到最小致死剂量范围之内进行选择。

3. 处理因素的标准化

处理因素的性质、强度和染毒方法等应通过查阅文献和预实验找出各自的"最适条件",然后制订出有关的使用规则,并应相对固定。对化学试剂,还应规定试剂的生产单位、批号、纯度和配制常规。在正式实验过程中处理因素应自始至终保持一致,不能因任何原因中途改变,这叫做标准化。其目的是,使处理因素的条件始终一致,所获得的资料具有可比性(甚至不同实验室之间的数据也可以进行比较),有利于分析处理因素与研究结果之间的关系,保证科研结论的可靠性。例如受试毒物配制成溶液或掺在饲料中时,一定要测试该毒物的稳定性。

3.1.1.2 受试对象

受试对象是根据不同的研究目的而确定的,可以是人、动物或微生物,也可以是取自人或动物体的材料,如器官、组织细胞和生物大分子(DNA、酶、受体)等。受试对象可以是正常的,也可以是有病理改变的。在实验进行前就必须明确规定作为受试对象的条件,以保证受试对象的同质性。所有满足该条件的对象就是研究的总体,接受该实验的对象就是研究的样本。只有在样本具有对总体的代表性时,实验研究的结果才具有普遍性和推广价值。

1. 受试对象应具备的条件

受试对象首先必须对处理因素较敏感,对处理因素产生的实验效应具有一定的特异性,对处理因素产生的反应较稳定,作为受试对象的实验动物还要求价格便宜、易于获得、易饲养和繁殖。通常根据上述条件规定选择受试对象,并确定相应的选择标准和排除标准。

2. 选择受试对象要考虑的因素

受试对象为动物时要考虑种属、品系、窝别、性别、年龄、体重、健康状况及病理模型的病情轻重等。受试对象为人时，除种族、地域、性别、年龄等一般条件外，还需着重考虑社会因素，如职业、爱好、生活习惯、居住条件、经济状况、家庭情况和心理状态等。受试对象为离体器官、组织或细胞时，要考虑采样部位、取样条件、新鲜程度、保存方式及培养条件等。

3. 受试对象的标准化

受试对象的标准化，即要在设计中明确规定受试对象的组成、标准、来源及选择方法等方案和条件，并在研究的全过程中不轻易变动。受试对象的标准化对研究结果有着极为关键的影响。受试对象应根据研究目的而定，设计时应提出确定选择标准的依据或理由。如受试对象为病理模型动物，应制订出形成病理模型的常规方法、病理强度以及强度的判定标准。若受试对象是健康的动物，如研究各种正常的常数或生理、生化正常值等时，应制订出样本选择方案，以及做哪些检查以排除某些可能有干扰的因素。

4. 受试对象的均衡性

受试对象的均衡性是指全部受试对象在各方面的一致程度，一致程度越好则均衡性越高。均衡性高的优点是受试对象背景一致，个体差异所致的误差较小，易于将实验效应突出地显示出来，而且研究结论明确；但需注意的是受试对象越均衡集中，研究结论的推广与适用范围就会越窄。

另外，在进行毒理学研究时还要考虑受试对象的例数，即样本量或样本大小的问题，如每组的动物数、细胞数、平皿数等。

3.1.1.3 实验效应

实验效应指的是处理因素作用于受试对象产生的结果。

一般是通过适宜的、具体的、客观的指标来进行观察、检测。选定实验指标和测定方法是科研设计中至关重要的问题，通常要从以下几个方面进行考虑。

1. 指标的有效性

指选用的指标与研究目的之间有本质联系，能确切地反映出处理因素的效应，这是作为研究指标必须具备的首要条件。通常应以专业知识为基础，通过查阅文献或理论推导来确定指标的有效性，但最可靠的办法还是通过预实验或用标准阳性对照来验证指标的有效性。

2. 指标的客观性

要尽量选用客观的指标，如体重、病理切片和大多数化验数据等，因为客观指标不容易受主观因素影响；通过受试对象的回答或症状描述得到的，以及研究人员自行判断或通过体检所获得的结果都是主观指标。主观指标易受到受试对象和研究人员的心理状态、启发暗示和感官差异的影响，由此得出的实验结果说服力大大下降，在科研设计中尽量少用主观性指标。有时一些指标看似客观，实际上却受主观因素的影响，如眼底镜的检查、细胞形态学检查等，可由检查人员掌握标准不同而异。为了消除和减少在指标观察过程中的偏性(bias)，在研究中要采用盲法(blinding)。如果研究者知道分组情况，而受试对象不知道自己属于哪一组，称单盲法。如果研究者和受试对象都不知道每个对象分配到哪一组，这需要第三者来负责安排、控制整个实验，则称双盲法。

3. 指标的准确度和精密度

准确度是指实验结果与真实值相符合或接近的程度。实验结果越是接近真实情况，准确性就越高。精密度是指重复进行多次实验,所获得结果间彼此接近或符合的程度,即观察值与其平均值的接近程度。无论是准确度还是精密度,其水平高低都显示了研究质量的好坏,一般要将准确度和精密度控制在专业规定所容许的范围内。医学研究中大部分指标的准确性和精密性是密切相关的。既准确又精密的指标最好;准确而不精密者其次;精密而不准确或既不准确又不精密的数据皆不可取。

4. 指标的灵敏性

灵敏性高的指标是指能如实地反映研究对象体内出现微量效应变化的指标,提高指标的灵敏性是检出实验效应微量变化的关键环节,有利于揭示研究问题的本质。提高指标灵敏性的主要手段是改进检测方法和实验仪器,如引进分子生物学检测技术等可大大提高毒理学实验的灵敏性。

5. 指标的特异性

特异性表明处理因素与实验效应的明确联系,特异性高的指标易于揭示出事物的本质,且不易受其他因素的干扰。特异指标的重要意义是多个非特异指标也无法替代的。如胆碱酯酶活性的检测在有机磷化合物毒理学研究中是其他检测指标所不能代替的。

6. 选择指标的数目

科研设计对指标数目的多少没有具体规定,要依研究目的而定。指标过多,会导致抓不住主要矛盾;指标过少,又会遗漏重要的研究信息,降低了研究的效益。一般要求所选择的指标皆能反映实验效应的本质,可从不同角度来描述实验效应。

7. 指标的标准化

跟处理因素一样,对实验指标的取样部位、取样时机、检测方法和结果判别标准等都应进行标准化,即在研究之前先规定好观察各指标的常规方法,如观察方法、标准、时间、记录法及记录格式等,其目的是使所获得的资料能准确反映实验效应,保证该研究具有可比性和可推广性,保证科研结论的可靠性,有利于重复验证处理因素与研究结果之间的关系。

3.1.2 实验设计的统计学原则

为了在实验研究中能有效地控制随机误差,避免或减少各种非处理因素对实验产生的干扰,以较少的实验对象取得较多可靠的实验数据,达到经济高效的目的,我们在进行研究设计时必须遵循以下几个基本的统计学原则,也就是对照、随机、重复和均衡。

3.1.2.1 对照

有比较才能显示出差别,对照是比较的基础。在实验研究中设立对照组,由于对照组与实验组除处理因素不同外,其他实验条件均完全相同,也就是说对照组与实验组的非处理因素完全相同。通过比较实验组与对照组的效应,消除和削弱非实验因素的影响,而衬托出实验组处理因素真正的效应大小。通过设立对照组还可消除或减少实验操作的误差。

1. 对照的条件

毒理学实验等研究中设立的对照必须具备以下条件,否则不但对照无效,而且常会更易造成假象,导致得出错误的结论。

(1)对等。为使组间具有"可比性",要求除处理因素外,对照组具备与实验组对等的非处理因素,这是对照的最基本要求。因此应注意以下三方面的对等:①观察对象方面。动物的年龄、性别、体重、窝别、品系、种属、健康状况等要一致。②实验条件方面。动物的饲养条件、实验室或动物房的温度、湿度、通风条件等要一致。③操作或观察者方面。假如由两个人操作或由两个人观察结果,绝不允许一个人专门操作或观察实验组,另一个人操作或观察对照组,而应每人操作或观察每组的一半。总之,组间对等的程度越好,非处理因素的影响抵消得越多,这样处理因素的效应越能突出地表现出来。

(2) 同步。在时间方面,为了保证组间一致性,要求实验组与对照组在整个实验研究过程中始终处于同一时间和空间,组间实验平行进行。

(3) 专门设置。在每一个研究中都应为实验组设立专门的对照组,不得借用以往的结果或其他研究的资料或文献资料作为对照组,否则,由于不同步、不对等、缺乏可比性而失去对照的意义,甚至产生错误的结论。

(4) 例数相等。通常对照组的例数不应少于实验组。统计理论表明,当各组的例数相等时,组间合并误差最小,效应差值的显著性也最高,能更好地发现处理因素的实验效应。

2. 对照的类型

在实验研究中,通常应该根据研究目的和研究条件,选择适当的对照形式,在一个实验中必须至少设立一个对照组。

(1) 空白对照。即对照组不施加任何处理因素,但其他实验条件应与实验组相同,这种对照组叫做空白对照组。例如,进行动物致癌实验,在实验组加入可疑致癌物,对照组不加该可疑致癌物,除此之外两组其他条件完全一致,观察肿瘤的发生。

(2) 实验对照。对照组施加某种处理因素,但不是所研究的处理因素。如观察甘草糖浆的止咳效果,是甘草、糖浆单独起作用,还是二者联合起作用。实验组用甘草糖浆,设两个对照组,其中一组用甘草水剂,另一组用糖浆,观察三组的疗效,这两个对照组即为实验对照。

(3) 阳性对照。采用实验效果已肯定的化学物作为对照组,应呈现阳性结果,用来判断实验方法是否正确,避免假阴性。如进行致癌、致畸、致突变实验时,一定要设立相应的阳性对照组。与阳性对照相反,效果已肯定为阴性的对照组,称阴性对照,用来控制实验方法的假阳性。

(4) 标准对照。不设对照组,而是用标准值或正常值作对照。比如,观察某种药物的解热效果,以正常人的正常体温值为标准。又如,实验组用甲药治疗某病,用以往治疗过同种病的乙药作为标准对照组,但乙药的疗效应是代表当时高水平的,绝不能用较低疗效的药物作对照,否则就人为地提高了实验组的疗效。实验研究一般多不用标准对照,因为两组的实验条件不对等,对比效果差。

(5) 自身对照。实验和对照针对同一受试对象进行。如在生物体左、右两侧分别给予处理因素和不给处理因素,观察某种毒物的致敏作用;或者观察染毒前后实验动物某种指标的变化。自身前后对照要谨慎,只有在被观察的评价指标随时间先后变化稳定且受试对象不受时间条件因素影响的情况下,才能用自身前后对照。当难以判断实验结果是由时间推移所致,还是由实验处理因素所引起时,不宜采用自身对照。

(6) 相互对照。各实验组之间进行相互对照。例如几种药物(新药与旧药)治疗同一种病,对比它们之间的治疗效果。

(7)历史对照。以本人或他人过去研究的结果与这次研究的结果作比较。历史对照因为组间可比性差,只有非处理因素影响较小的少数疾病或某些特殊实验才可应用。

3.1.2.2 随机

随机就是在抽取样本以前,要使总体中每个单位都有同等的被抽取的机会,从而使样本对总体有较好的代表性,并使其抽样误差的大小可用统计方法来估计。在实验研究时,无论抽样研究还是抽样分配都要遵守随机原则,所得资料才适合统计处理的需要。这是因为一般数理统计的计算方法是在随机化的基础上推演出来的。随机的目的就是提高组间的均衡性,尽量减少偏倚;随机化也是应用统计方法进行资料分析的基础;同时随机化也是实现均衡齐同的手段之一。

1. 随机的体现

在实验研究中,随机方法主要体现在抽样、分组和实施过程等方面。

(1)抽样随机。使总体中每个个体都有同等的机会被抽到样本中来,使样本对总体有较好的代表性,保证实验研究所得出的结论具有普遍意义和推广价值。

(2)分组随机。在实验研究时,要将受试对象分配成几个组,这时也必须用随机方法,使每个对象都有同等的机会被分配到各组中去,这就不至于人为地造成各组对象间的不齐同,以提高各组间的可比性。

(3)操作顺序随机。每个受试对象接受处理的先后顺序也要随机,以平衡实验操作顺序的影响。

凡一切可能影响实验结果的处理因素与非处理因素及条件都要注意随机化,以保证处理组间的均衡性和齐同性。

2. 随机的方法

随机化的方法有很多,如抽签、摸球、随机数字表等方法。在实验中广泛应用随机数字表进行随机化。随机数字表是随机化的重要工具之一。表内各数字之间相互独立,毫无关系。使用随机数字表可以从任何数字开始,按任何顺序读取,但应注明所选用的随机数字表的出处、开始数字的行数和列数以及读取随机数字的方向。

3.1.2.3 重复

重复指的是在相同实验条件下进行多次研究或多次观察,从而提高实验研究结论的可靠性和科学性。

1. 重复的体现

实验研究中的重复原则主要体现在以下几个方面。

(1)整个实验的重复。其目的是确保实验的重现性,提高研究结论的可靠性。真正的科学研究应该是经得起重复验证的。

(2)样本的重复。通过对一定数量的样本进行研究,发现处理因素与实验效应间的普遍联系,避免把个别情况或偶然、巧合现象当做必然的规律。在实验设计时要考虑样本大小的问题。样本含量过少,所得指标不够稳定,结论也缺乏充分的根据;样本含量过多,会增加实际工作中的困难,也不易做到对条件的严格控制,并且造成不必要的人力和物力的浪费。

统计设计的重要任务之一就是正确估计样本含量,在保证研究结论达到一定可信度的条件下,确定最少的实验样本含量。

(3)同一个体的重复观察。在实验时对受试对象进行重复测量,以测量结果的平均值作为最终观察值,可提高观察结果的精密度。

2. 样本含量的估计

样本含量是重复原则的重要体现,是用样本的研究结果推断总体参数的统计学保证,影响样本含量大小的因素很多,统计学上有专门的公式进行样本含量计算。一般说来,在毒理学研究中,可从以下几方面来提高实验效率,以较少的样本含量取得较好的重复性。

(1)实验组与对照组的例数相等时,实验效率较高,总例数可相应减少。例如同样取60只实验动物,实验组和对照组各30只,其实验效率必定高于实验组40只、对照组20只。

(2)计量资料的实验效率高于计数资料。计量资料的样本量可稍少于计数资料,若误差控制较好,设计均衡,每组10~30例具有可比性;计数资料的样本只能计算发生率和构成比,即使误差控制较好每组也要有20~100例,才能进行有效的组间对比。

(3)误差的大小。波动较大、误差大的实验数据所需的样本就要多些,结果稳定、误差小的样本例数可以少些。

(4)处理因素效应的强弱。处理因素的效应强,实验组的效应数据与对照组的效应数据差值就大,则所需样本的例数少,反之宜多。

(5)配对设计或自身对照的实验效率高于分组设计。由于同体自身对比和配对实验,生物个体变异对结果的影响较小,往往可由较少的例数就可以取得较好的统计效果,但要注意配对或同体自身对照设计是否合理,有无蓄积作用的影响等。

3. 毒理学研究中实验动物的基本例数

在毒理学实验中,样本含量的设定除了要按研究目的考虑统计学要求外,还要参照有关实验动物例数的习惯性规定,现在提供以下数据供参考。

(1)小动物(小鼠、大鼠、鱼、蛙等)。每组10~30只,计量资料每组不少于10只,计数资料每组动物数应酌情增加;若按剂量分成3~5个剂量组时,每组8只也可,但每个处理因素的动物总数不少于30只。

(2)中等动物(兔、豚鼠等)。每组8~20只,计量资料每组不少于6只,计数资料每组不少于30只。

(3)大动物(狗、猫、猴等)。每组5~15只,计量资料每组不少于5只,计数资料每组不少于10只。

3.1.2.4 均衡

均衡指的是实验组与对照组在非处理因素方面的条件均衡一致性。两组非处理因素越均衡一致,它们的可比性就越好,越能显示出处理因素的效应,从而减少非处理因素对结果的影响。为达到均衡的目的,在动物实验中,分配到各处理组的动物要在种属、窝别、性别、体重等方面保持基本一致。在实验研究整个过程中,实验组与对照组之间在实验条件和实验环境方面应保持一致,各组的实验操作尽量由同一个人在同一时间、同一空间进行,尽量减少误差。

3.1.3 毒理学研究常用的几种实验设计方法

根据研究目的,选用不同的实验设计类型,并用相应的统计分析方法进行资料分析。

3.1.3.1 完全随机设计(completely random design)

研究的处理因素只有一个,故又称单因素设计,但可具有两个以及多个水平,完全随机设计常用于比较两个样本或多个样本均数的差异。其优点是简单易行;其缺点是实验效率比较低,只能分析单一因素。

随机的方法可选用抽签法、查随机数字表、用计算机产生随机数据等。各组样本数量应尽量相等,至少也不应相差悬殊,否则会降低检验效率。毒理学实验所用动物例数一般不是很多,可用小型随机数字表。完全随机设计实验结果的统计分析方法,如为两个处理组的均数比较常用 t 检验或秩和检验,多个处理组的均数比较常用方差分析或秩和检验。

3.1.3.2 配对设计(paired design)

配对设计就是将受试对象按一定条件或某些特征配成对子,再随机分配到实验组或对照组。在动物实验中,常将窝别相同、性别相同、体重相近的动物配成对子。另一种配对设计是同体自身配对设计,即分别在受试对象左、右不同部位或时间先、后进行实验。其优点是受试对象间的个体差异小,处理组间均衡性好;局限性是由于配对条件比较严格,实践中有时不易达到要求。如果是自身前后对照,只有在被观察的评价指标随时间先后变化稳定且受试对象不受时间条件因素影响的情况下,才能进行自身前后配对。

例 3.1 试着将 10 对动物随机分入甲、乙两个处理组。

先将受试动物编号,1.1 为第 1 组第 1 只,1.2 为第 1 组第 2 只,其他类推。

在随机数字表中任取一个随机数字,规定单数取甲、乙顺序,双数取乙、甲顺序。现取到 7,6,4,3…则分别将动物 1.1 和 1.2 分至甲组和乙组,而 2.1 和 2.2 分别分至乙组和甲组,余类推。

配对设计的实验结果,通常用配对 t 检验或秩和检验进行分析。

3.1.3.3 随机区组设计(randomized block design)

随机区组设计亦称为配伍组设计。它是配对设计的扩大,是将几个条件相同或近似的受试对象组成配伍组(即区组),再将每一配伍组的各受试对象随机分配到各处理组。每个配伍组的受试对象数目取决于处理组的数目。如果一个实验安排了 4 种不同处理,那么每个配伍组就应有 4 个受试对象。其优点是每个配伍组内的受试对象有较好的同质性,缩小了受试对象间的个体差异,能提高实验效率,最大限度地满足各处理组间的均衡性,比完全随机设计更容易发现处理组间的差异;其缺点是要求配伍组内受试对象数与处理组数相同,实验结果若有缺失值,将降低统计效能。当配伍组中受试对象数为 2 时,就是配对设计。

例 3.2 将体重相近的 12 只小鼠配成 4 个配伍组(区组),每个配伍组 3 只小鼠,分别给予 A、B、C 三种药物。

先将 12 只小鼠配成 4 个配伍组,1~3 号为第 1 配伍组,4~6 号为第 2 配伍组,7~9 号为第 3 配伍组,10~12 号为第 4 配伍组。

在随机数字表中取随机数字,任指一数为提示数,设为 54,则第 5 行第 4 列的 13 被定为开始数。由左向右依次取数,每次依次读取3个随机数字,排序后得到的顺序号1、2、3即对应处理组号A、B、C(表3.1)。

表3.1 随机区组设计举例

配伍组	1			2			3			4		
动物编号	1	2	3	4	5	6	7	8	9	10	11	12
随机数字	13	52	60	24	19	94	47	46	41	90	08	55
排序号	1	2	3	2	1	3	3	2	1	3	1	2
处理组	A	B	C	B	A	C	C	B	A	C	A	B

注:配伍组设计的实验结果通常用配伍组方差分析的方法进行统计处理。

3.1.3.4 拉丁方设计(Latin-square design)

完全随机设计只考虑一个处理因素,随机区组设计在考虑处理因素的同时,还增加了配伍因素。如果实验过程涉及3个因素,各因素间无交互作用且水平数相等,即可用拉丁方设计。将3个因素按水平数 r 排列成 $r \times r$ 的随机方阵,如3×3拉丁方,4×4拉丁方。规定行、列和字母代表三个因素及其不同水平。在拉丁方阵的同一行或同一列均无重复字母,故设计效率较高,可用较少的实验次数获得较多的信息,大大减少实验次数,尤其适合于动物实验和实验室研究,但要求处理数等于拉丁方的行数或列数,一般实验不容易满足此条件,而且要求数据完整,否则统计处理很困难。通常,拉丁方设计实验数据可用方差分析比较处理因素各水平的差异。

例3.3 为研究A、B、C代表三种中药和生理盐水D(对照)对兔凝血功能的影响,16只雄性家兔被分为4组,每组4只,以不同的顺序进行实验,以血浆复钙凝血时间为指标,资料如下,比较3种中药对血浆复钙凝血时间是否有显著性影响。按4×4拉丁方设计进行实验,见图3.1。

A、B、C、D为四种不同的处理

兔 组号	顺序1	顺序2	顺序3	顺序4
1	C	D	A	B
2	D	A	B	C
3	A	B	C	D
4	B	C	D	A

图3.1 4×4拉丁方设计方案

3.1.3.5 析因设计(factorial design)

当实验研究涉及两个及两个以上处理因素产生实验效应时,需要分析各处理因素的单独作用以及处理因素间的交互作用对效应产生的影响,此时可用析因设计的方法进行实验。析因设计是将两个或多个因素的各个水平进行排列组合,交叉分组进行实验,用于分析各因素间的交互作用。根据因素数和水平数不同,可有2×2、2×3、3×4、2×2×2等组合,其中2×2是最简单的一种。

例 3.4 使用两种药物对 12 只小鼠的腹水瘤进行治疗,A 药分为两个水平(A1 为有、A2 为无),B 药也分为两个水平(B1 为有、B2 为无),实验框架见图 3.2。

B 因素	A 因素	
	A1(有)	A2(无)
B1(有)	A1B1	A2B1
B2(无)	A1B2	A2B2

图 3.2 2×2 析因设计实验框架

即有四种组合,按照随机分配的原则,将 12 只携带腹水瘤的小鼠随机分为 4 个组。
A1B1:A(有)+B(有); A1B2:A(有)+B(无)
A2B1:A(无)+B(有); A2B2:A(无)+B(无)
每组重复进行 3 次实验或 3 只小鼠同时进行实验。

对析因设计的实验结果,可以用方差分析的方法进行统计分析,分别分析 A、B 两因素的主效应和 A、B 两因素的交互效应。

3.1.3.6 正交设计(orthogonal design)

当实验研究涉及 3 个和 3 个以上因素,而且各因素间可能存在交互作用时,可用正交设计进行实验。它利用一套规格化的正交表,将各处理因素及其水平数之间的各种不同的组合进行均匀搭配,可用较少的、有代表性的处理组合,提供充分的信息,分析各处理因素的主效应及不同因素交互作用,是一种高效、快速的多因素设计方法。通常,首先确定处理因素的数目及其水平数;确定有无交互作用;根据上述情况选取正交表。正交表 $L_k(m^J)$,L 表示正交表,k 表示实验次数,m 表示各因素的水平数,J 表示处理因素加上交互项的个数。例如,$L_8(2^7)$ 指最多可安排 7 个两水平的处理因素做 8 次实验的正交表。$L_9(3^4)$ 指表示最多可安排 4 个三水平的处理因素做 9 次实验的正交表。

例 3.5 为研究 4 种分别为两水平的毒物 A、B、C、D 经胃肠道吸收的情况,应用正交设计进行该实验,见表 3.2。

表 3.2 正交设计举例

试验	A	B	C	D	吸收率
1	1	1	1	1	0.65
2	1	1	2	2	0.74
3	1	2	1	2	0.71
4	1	2	2	1	0.73
5	2	1	1	2	0.70
6	2	1	2	1	0.73
7	2	2	1	1	0.62
8	2	2	2	2	0.67

注:对于正交设计实验的数据可用方差分析进行分析。

首先,选用适合的正交表,由于有 4 个两水平的因素,故只能选择满足上述条件的实验

次数最少的 $L_8(2^7)$ 正交表。将 A~D 因素分别安排在第 1、2、4、7 列上，每次实验的吸收率则放在最后一列上。1、2 代表处理因素的两个水平。

3.2 毒理学研究资料的统计分析方法

毒理学工作者掌握统计学的基本概念和分析方法，不仅有利于正确地进行实验设计，而且通过对实验数据进行归纳整理和统计分析，可从有限的实验数据，概括出一种药物或毒物对生物体作用的普遍规律，得出有价值的研究结论。如何正确地选择统计分析方法以及正确理解统计学结论，将直接影响到对毒理学研究结果的评价。针对毒理学研究数据分析中常见的问题，下面简要介绍常用的统计分析方法及其基本原理。

3.2.1 毒理学研究的数据类型

1. 计量资料(measurement data)

在毒理学研究中，通过对观察单位用定量的办法测量某项指标数量大小所得到的资料，称为计量资料。如测量人的身高(cm)、体重(kg)、血压(mmHg 或 kPa)、血红蛋白(g/L)、血液中胆固醇(mmol)等。对这一类资料常用的描述性指标有平均数、标准差。推断性分析有 t 检验、u 检验、方差分析、相关与回归分析等。

2. 分类资料(categories data)

将观察对象按某种属性或类别分组，然后清点各组的观察单位数目所得到的资料，如实验动物的性别分雌、雄，毒理实验结果分阳性、阴性，血型按 A、B、AB、O 四型分类等，这一类资料常用的描述性指标有构成比、率和相对比及率的标准误差等；推断性分析主要有 u 检验、χ^2 检验、Poisson 分布等。

3. 等级资料(ranked data)

将观察单位按某种属性的不同程度分组，统计各组的观察单位数目所得到的资料，称为等级资料。例如，疗效判定为痊愈、显效、有效、无效；病情分轻、中、重；毒理学实验室检测结果分 −、±、+、++、+++、++++ 等，它们之间只有等级、程度上的差异，这一类资料常用的描述性指标为几何均数、对数标准差；推断性分析有 Ridit 分析、秩和检验等。

4. 数据类型转换

数据类型的互相转化，例如血红蛋白属计量资料，若按血红蛋白正常与异常分为两组，资料便转换为计数资料；又如病人某症状的记分为分类资料，若将记分分成轻、中、重三型，资料便转换为等级资料，在多因素分析中有时需要将定性指标数量化，如将分多项的治疗结果转化为评分，分别用 0,1,2,3…表示，则可按计量资料进行处理。

3.2.2 统计描述

1. 计量资料的统计描述

统计描述就是用表、图和数字的形式概括原始资料的主要信息。统计表的特点是详细、精确；统计图显得直观；而采用统计描述指标其综合性更好。

(1) 频数表(frequency table)及其编制方法：①找出观测值中的最大值(largest value)、最小值(smallest value)和极差(range)；②根据极差大小确定组段和组距(class interval)，将

其分为 10 个左右的组段。③列表划记落在各组段内的观察值个数即可得频数表。

根据编制出的频数表即可了解该变量的频数分布特征,包括:①集中趋势(central tendency)和离散趋势(tendency of dispersion);②对称分布(symmetric distribution)和偏态分布(skewed distribution)。用直方图可直观形象地描述频数分布的情况。

(2) 集中趋势 描述计量资料集中趋势的指标主要有算术均数、几何均数和中位数等。

①算术均数(mean)。简称均数,适合于对称分布的资料或近似正态分布资料的描述。计算方法有:

a. 直接法。

$$\bar{x} = \frac{x_1 + x_2 + \cdots + x_n}{n} = \frac{\sum x}{n}$$

b. 加权法。用于数据量太大时或资料已经整理成频数表时。

$$\bar{x} = \frac{\sum f \cdot x}{\sum f}$$

②几何均数(geometric mean)。适合于经对数转换后近似对称分布的原始变量,如抗体滴度、细菌计数等,常用于微生物学和免疫学指标。

$$G = \lg^{-1}\left(\frac{\lg x_1 + \lg x_2 + \cdots + \lg x_n}{n}\right)$$

几何均数的计算可参考算术均数的计算,唯一不同之处是计算几何均数前需将变量取对数,然后将结果取反对数而还原。

③中位数(median)。指的是将变量数值按大小次序排列,居于中间位置的数值就是中位数。有 50% 的观察值小于它,有 50% 的观察值大于它。适合于所有类型的数据,对于非对称分布、分布不清楚或末端开口的资料,有时只能计算中位数。计算中位数常用频数表法,见表 3.3。

表 3.3　某市大气中 SO_2 日平均浓度

浓　度	频　数	累计频数	累计频率/%
25 ~	39	39	10.8
50 ~	67	106	29.4
75 ~	64	170	47.1
100 ~	63	233	64.5
...	...	...	...
325 ~	3	361	100.0

$$M_d \approx L + \frac{i}{f_x}\left(\frac{n}{2} - \sum f_L\right) = 100 + \frac{25}{63}\left(\frac{361}{2} - 170\right) = 104.17$$

(3) 离散趋势。常见的几种描述离散程度的指标是:极差或全距,四分位间距,方差与标准差,变异系数。

①极差或全距(range)。

极差 = 最大值 - 最小值

②四分位间距。适合于描述非对称分布数据的离散程度。
$$四分位间距 = P_{75} - P_{25}$$
中位数是 P_{50},因此四分位数的计算类似中位数。
$$P_x = L_x + \frac{i}{f_x}(nx\% - \sum f_L)$$

③方差与标准差。适合于对称分布或近似正态分布资料,能充分利用全部个体的信息。

总体方差
$$\sigma^2 = \sum (x_i - \mu)^2 / N$$

总体标准差
$$\sigma = \sqrt{\sum (x_i - \mu)^2 / N}$$

样本方差
$$s^2 = \frac{\sum (x - \bar{x})^2}{n-1}$$

样本标准差
$$s = \sqrt{\frac{\sum_i (x_i - \bar{x})^2}{n-1}} = \sqrt{\frac{\sum_i x_i^2 - (\sum_i x_i)^2 / n}{n-1}} \quad (直接法)$$

$$s = \sqrt{\frac{\sum_i f(x_i - \bar{x})^2}{n-1}} = \sqrt{\frac{\sum_i fx_i^2 - (\sum_i fx_i)^2 / n}{n-1}} \quad (加权法)$$

④变异系数(CV)。适用于比较两资料的变异程度大小,如果变量单位不同或均数差别较大时,直接比较无可比性,可用变异系数进行比较。
$$CV = \frac{s}{\bar{x}}$$

2. 分类资料统计描述

对分类变量资料进行统计描述的一般步骤,先对观察测量得到的变量值(即观察值)进行分类汇总(即"计数"),得到分类资料频数表(属于绝对数指标),再在此基础上计算相对数指标,并对分类变量资料进行正确的描述。

(1)常用的相对数指标指的是两个或多个指标之间通过比较而得到的指标,也称相对数(relative number),包括比、构成比、率等。

①比(ratio),又称相对比,其基本计算公式为比 $= A/B$,说明 A 为 B 的若干倍或百分之几。A、B 可为绝对数、相对数或平均数。如某市某年工业污染区(Ⅰ区)人群呼吸道疾病发病数为 2 433 人,商业居住区(Ⅱ区)人群呼吸道疾病发病数为 3 033 人,则Ⅱ区与Ⅰ区呼吸道疾病发生数之比为 3 033/2 433 = 1.25 : 1。

②构成比(proportion),又称构成指标,用来说明事物内部各组成部分所占比重,其计算公式为
$$构成比 = \frac{某一组成部分的观察单位数}{同一事物各组成部分的观察单位总数} \times 100\%$$

如上例中,若全市的呼吸道疾病发病数为 12 884 人,则工业污染区人群的呼吸道疾病发病例数占全市呼吸道疾病发病数的比重为 2 433/12 884 × 100% = 18.9%。

③率(rate),又称频率指标,用来说明某现象发生的频率或强度。

计算公式为

$$率 = \frac{发生某现象的观察单位数}{可能发生某现象的观察单位总数单位} \times k$$

k 可为 100% 或 1 000‰、100 000/10 万等。如上例工业污染区人群的年平均人口数为 636 723 人，则工业污染区人群该年呼吸道疾病的发病率 = (2 433/636 723)×100 000/10 万 = 382.11/10 万；商业区人群平均人口为 3 728 512 人，其呼吸道疾病的发病率为 (3 033/3 728 512)×100 000/10 万 = 81.34/10 万。可知工业污染区人群发生呼吸道疾病的相对危险度是商业区的 4.70 倍。

（2）应用相对数时应注意的问题。

①计算相对数时，分母不宜过小。

②构成比和率不能相互混淆，构成比和率的区别见表 3.4。

表 3.4　构成比和率的区别

项目	构成比	率
概念	说明事物内部各组成部分所占比重	说明某现象发生的频率或强度
合计	必为 100%	率不能直接相加
改变	任一部分比重增减会影响其他部分	某一分率改变对其他率无影响

③求平均数或总率时，分子、分母应分别相加。

④注意资料同质性、可比性。

⑤样本率或构成比的比较应建立在随机抽样的基础上，并且要作假设检验。

（3）动态数列。动态数列是一系列按时间顺序排列的统计指标（可以是绝对数、相对数或平均数），用以说明事物在时间上的变化和趋势。常用的分析指标有：

①绝对增长量，有累计年增长和逐年增长之分。

②定基比描述变化趋势，环比用来描述指标的逐年波动情况。

③平均发展速度和平均增长速度，平均发展速度 $= \sqrt[n]{a_n/a_0}$，即第 n 年指标除以基期指标的商再开 n 次方；平均增长速度 = 平均发展速度 − 1（或 100%）。

（4）率的标准化。率的标准化（standardization）可在比较总率时消除混杂因素（即内部构成不同）的影响，用标准化法将资料变换为具有符合可比的条件。通常需要标准化的指标有人口死亡率、病死率、发病率等，常见的混杂因素有年龄、病情等。率标准化法的计算步骤如下：

①选取标准。常选用全世界、全国或本地区范围较大人群作为标准，此类标准最好。实践中也常用标准化组的合计作为标准，这样做非常简单。有时也会任选一组被标准化组作为标准，这样做的效果比较差。

②选用方法。根据现有数据选用直接法或间接法。

a. 直接法。已知标准人口数或标准人口年龄构成，被标准化组需要知道各年龄组的率。当已知标准组的年龄组人口数时，标准化率 P' 是第 i 个年龄组人口数 N_i 与第 i 个年龄组的死亡率 P_i 乘积的和除以总人数 N 的商。当已知标准组的年龄组人口构成时，标准化率 P' 是各年龄组人口构成 N_i/N 与该年龄组死亡率乘积的和。

b. 间接法。标准组已知死亡率，被标准化组要已知人口数和死亡总数。此时标准化率

P' 是标准组死亡率与标准化死亡比(SMR)的乘积。其中标准化死亡比(SMR)是被标准化组实际死亡数与预期死亡数的比。

③应用中的注意事项。应注意的是标准化率没有实际意义,仅能作比较之用;资料若为样本资料,则标准化率的比较仍需做假设检验;当各年龄组的率有明显交叉时不宜用标准化法。

3.2.3 参数估计

由样本指标来说明总体特征,即利用样本信息推断总体信息的过程称为统计推断。统计推断包括两方面的内容:参数估计和假设检验。参数估计即利用样本的统计量(均数 $\bar{x}$、标准差 s、率 p 等)推断总体参数(总体均数 μ、总体率 π 等)。

医学研究中运用统计分析方法的目的之一,是用样本研究的结果推断总体的情况,如职业冶炼工人尿中金属硫蛋白含量的均数 μ、某药物治疗职业中毒患者的有效率 π。μ 和 π 称作总体参数。估计总体参数的方法有两种:点值估计和可信区间估计。点值估计是通过样本均数或样本率进行估计,即分别用 $\bar{x}$ 和 p 作为 μ 和 π 的估计值。由于存在抽样误差,这种估计方法显然不准,尤其当样本数量较少时。

①点值估计。样本均数 $\bar{x}\rightarrow$+总体均数 μ,样本率 $p\rightarrow$总体率 π。

②可信区间(confidence interval,CI)。是按预先给定的概率(通常是 95%)来估计总体参数所在的范围。

③总体均数 μ 的 95% 可信区间:$\bar{x}-t_a s/\sqrt{n}$,$\bar{x}+t_a s/\sqrt{n}$。

④总体率 π 的 95% 可信区间:$p-1.96\sqrt{p(1-p)/n}$,$p+1.96\sqrt{p(1-p)/n}$。

3.2.4 假设检验

1. 假设检验的意义

假设检验(hypothesis testing),也称显著性检验(significance test),它是统计推断的重要内容。假设检验是先对总体的参数或分布做出某种假设,假设两组样本分别代表的两总体均数(或总体率)相同,然后选择适当的检验方法,根据样本对总体提供的信息,计算统计量 t、u、χ^2、F 等,与临界值(t_a、v、$X^2_{a,v}$)比较判断得到概率(P 值),再根据概率的大小推断此假设成立或是不成立,其结果有助于研究者做出决策、采取措施。随着决策论思想的发展,在统计推断的过程中提出了无效假设和备择假设,并引入第一类错误和第二类错误的概念,逐渐形成了系统的假设检验理论。

在毒理学实验中,常需要对某毒物的各项指标做出统计推断的结论,并判断毒理学研究实验的结果(样本均数或样本率)是否来自某一已知总体?或两样本均数(或率)是否来自同一总体?当两组均数(或率)有差异时,存在两种可能性:是由于随机误差(抽样误差)而造成两均数或率存在差异;或是由于真正的差异(非同质总体的),并且不能完全用抽样误差来解释。至于如何判断属于哪一种可能,这就需要进行显著性检验。

2. 假设检验的步骤

(1) 建立无效假设(H_0)(nuU hypothesis)和备择假设(H_1)(alternative hypothesis)。根据分析目的及资料类型的不同,检验方法也有所不同。同时还要考虑是单侧检验(one-sided test)还是双侧检验(two-sided test),若两组比较,要求推断两组总体均数有无差别,不关心甲组是否高于乙组(或甲组是否低于乙组),应选择双侧检验。若根据专业知识,已知甲组不会低于乙组,可选用单侧检验。一般双侧检验比单侧检验常用。同时还需确定检验的显著性水平(significance level),一般常用 0.05(或 0.01)。

(2)选择检验方法和计算统计量。不同的分析目的和不同的资料类型,需要选择不同的检验方法及其计算统计量的公式。一般计量资料常用的统计量有 t、u、F 值,分类资料有 χ^2、u 值,而等级资料有 t、u、$Ridit$ 值等。

(3)确定概率 P。由样本信息计算出来的统计量与显著性水平临界值(即 t_a)进行比较,可判断 H_0 成立的概率的大小,据此推断假设是否成立。

(4)做出推断性结论。结合专业知识做出符合客观实际的结论,注意统计结论一定要与毒理学研究意义相结合。如 $P>0.05$,无统计学意义,应分析是否与观察的样本量过小有关,或与显著性水平的选择有关,特别是当 P 值在显著性界限值附近时,下结论更要慎重,必要时应增加样本量再进行假设检验。

3. 假设检验的注意事项

(1)毒理学研究结果的比较,一定要注意对比组间的基线状态资料是否具有可比性,即除了研究因素(比如实验用药)外,其他可能影响实验结果的条件(非实验因素)在两组间一定要均衡(齐同可比),例如两组的性别、年龄、病型分类、病情轻重、病程长短等,均应齐同。

(2)选择计算统计量的方法时,一定要注意样本提供的信息条件是否符合公式的适用条件,统计设计和资料类型等方面是否满足统计学的要求,如配对设计与完全随机设计应用不同的检验,如果将配对设计资料用成组比较的 t 检验处理,不但浪费资料的信息,甚至有可能得出错误的结论。

(3)作统计推断时,下结论不能绝对化,因为是否拒绝无效假设,决定被研究事物有无本质差别,当 $t>t_{av}$ 时,$P<0$,拒绝了 H_0,但并不一定 H_0 就肯定不成立,当 $t<t_{av}$,$P>\alpha$,接受了 H_0,也并不一定 H_0 就一定成立。无论是接受或拒绝 H_0,都有可能犯错误,这与样本大小、显著性水平的确定都有关,特别是统计量很接近临界值时下结论要慎重。值得注意的是对检验结论做出判断时,下结论也不能绝对化,因为我们的假设是以同一总体做随机抽样为前提条件的,对于从同一总体做随机抽样时,出现大于临界值 t_{av} 的 t 值的机会是很少的,称为"小概率事件",小概率事件在一次实验中是不容易出现的(但是也不排除在一次实验中会发生)。如果在一次实验中发生了"小概率事件",自然要怀疑无效假设,而做出无效假设不成立的判断,这时就有可能犯错误,拒绝了真实的假设,这叫犯第一类错误(或称 α 错误);反过来,也有可能假设是不真实的而接受了它,这时也会犯错误,这类错误叫第二类错误(或称 β 错误)。无论是接受假设还是拒绝假设都有可能犯错,所以下结论时不能绝对化。

(4)统计上差异有无"显著性",仅是统计术语。两组比较,其差异有统计学意义,并不代表两组实际的差异大小,$P<0.05$(或 $P<0.01$),与事先确定的显著性水平有关,当 $P<0.05$ 时,表示两组来自同一总体的可能性很小,因此拒绝了 H_0。

(5)在进行假设检验时,关于取单侧还是双侧检验,α 水平取多大,都是在实验方案设计时根据分析目的事先确定好;报告结论时一定要结合专业,并写出统计量及概率 P 的具体范围。

4. 毒理学研究的结论与统计推断的关系

(1)显著水平 α 的确定。毒理学研究实验要求实验组与对照组除了研究因素(受试因素)不同外,其他可能影响研究结果的非实验因素,两组都应相等或尽可能相近,以保证两组的均衡性,两组进行实验前的比较,α 可取大一点,一般可取 0.1(或 0.05);进行两组或多组实验效应差异的比较,为了平衡两类误差,统计学上 α 一般取 0.05(或 0.01)。

(2) P 值与样本量和 α 的关系。P 值是根据统计量与显著性水平 α 相对应的临界值比较得到的概率范围,当 α 确定时,临界值可由统计表查到,若统计量<临界值,则 $P>\alpha$;如 $\alpha=0.05$,$P>0.05$,则接受 H_0,表示两组差异无统计学意义,即可以认为两组疗效相同(对判定两组疗效是否相同应进行等效性检验)。P 值的大小也与 α 的大小和样本含量的大小有关,当样本含量偏小,α 也偏小时,P 值往往会偏大;当 α 增大,或增加样本含量,可能会出现 $P<\alpha$,差异有显著性的结果,这时下结论要慎重,研究者应结合毒理学研究的实际情况做出客观的判断。严格地讲,α 和样本含量的大小均在实验方案设计时就要确定好,不得在统计分析时再人为限定。

5. 统计差别与科学差别

统计上的差别定义为由于偶然因素造成差别的可能性很小(或不可能),而科学上的差别指的是在科学上确实存在某种必然的差别。这两个定义的不同点在于统计上的差别与偶然因素(概率)有关,而科学上的差别与偶然因素无关。当我们说统计上的差别,是指这个差别的重现率高。

一个实验通常有以下四种可能性:①既有统计差别也有科学差别;②只有统计差别而无科学差别;③只有科学差别而无统计差别;④两种差别都不存在。

如果结果是①或④,那么结论是显而易见的。然而,有很多统计差别与科学差别不相符的情形,这种矛盾在毒理学研究人员与生物统计工作者之间造成混乱和争论,而造成矛盾的主要原因可能是变异较大或样本量不够。

6. 单侧检验与双侧检验

为了评估毒物间效应的差别,通常设检验假设 H_0 为无差别,备检验假设 H_1 为有差别,这就是双侧检验。而某些情况,如果设检验假设 H_0 为无差别,而备择检验假设 H_1 是药物比安慰剂好,这种检验就是单侧检验。

例如,如果双侧检验是在显著性水平为 5% 时进行的,那么我们拒绝检验假设无差别而接受备择检验假设药物有效的概率是 2.5%;反之,如果是单侧检验,则拒绝无差别而接受药物有效的概率是 5%,与双侧检验相比较,单侧检验可使得较多没有疗效的药物得以通过。必须要注意的一点是,当显著性水平为 5%,把握度是 80% 时,双侧检验比单侧检验所需的样本量增加 27%,所以单侧检验相对来说要比较经济。

3.2.5 常用的假设检验方法

1. 计量资料假设检验的方法

(1) 两小样本($n<30$)均数的比较。两小样本均数比较的 t 检验要求两样本均服从正态分布(normal distribution)、方差齐性(homoscedasticity)。采用统计软件进行计算时统计软件自动进行方差齐性检验(homoscedasticity test),若甲、乙两组方差齐性,可采用成组比较的 t 检验的计算结果。若两组方差不齐时,选用校正 t 检验(t' 检验)计算结果;否则不可采用 t 检验,宜用秩和检验(rank sum test)。

(2) 两大样本($n>30$)均数比较。当样本含量较大时,t 分布趋向于正态分布,此时可以

采用两组比较的 u 检验。

(3) 配对资料的 t 检验。在毒理学研究实验中,经常用到配对 t 检验(pairedt test),常见的配对设计有:同一批实验对象实验前后的配对数据;同一批实验动物的两个部位如左、右侧背部皮肤上做敏感实验测得的一对数据;同一批受试对象用两种方法(两种仪器、两种条件)检测的结果;如将同性别、同年龄、同病型、同病程的动物配成对子,分别用两种疗法治疗,观察其疗效。如果疾病不是自愈性疾病,对同一受试对象治疗前后的对比分析,这类资料都宜采用配对 t 检验处理。

在作自身对照(自身前后配对)的 t 检验时,下结论一定要慎重,因为同一个体在经历一段时间后,即使不作任何处理(治疗),或处理(治疗)毫无作用,所得指标也可能有变化,甚至有上升或下降的倾向性,为了鉴别这种情况,毒理学研究实验中需设立一个平行对照组,这样实验组和对照组在实验完成后就有4组数据,即实验组观察前后和对照组观察前后的数据,为了比较客观的评价实验组与对照组的疗效,可分别求出两组的变化值(差值)或变化率((疗前值-疗后值)/疗前值=变化率)、平均变化值或平均变化率及标准差,再进行两组间的 t 检验,也可用两组治疗前后的差值(变化值)的均数进行 t 检验,如果用两组治疗后的均数进行 t 检验,下结论时一定要慎重,因为这种处理没有利用治疗前和前后变化的信息。用前后差值的平均变化率比较,比用前后变化值(差值)的均数比较更能提高检验效能(表3.5),但必须注意进行变化率的组间比较,随着检验效能的提高,假阳性的可能性也会增大。

表3.5 甲、乙两组治疗前后指标分值的比较

组别	例数	疗前值	疗后值	前后差值	前后差值变化率
甲组	25	85±19	81±16	−4.0±5.2	−5.6%±5.5%
乙组	25	73±28	75±21	1.70±8.8	1.9%±7.9%
组间 t 值		1.77	1.14	2.65($P<0.05$)	3.90($P<0.05$)
方差齐性 F 值				2.86($P<0.05$)	2.06($P<0.05$)

(4) 多组样本均数比较及两两比较毒理学研究实验中,探讨某种新毒物的不同剂量与对照组效应的比较时,这就是多组均数的比较,此时就可采用方差分析(analysis of variance,ANOVA);使用方差分析时,仍然要考虑各组样本均数是否服从正态分布、方差是否齐性,可先用 χ^2 检验作多组间的方差齐性检验,若方差齐性($P>0.05$),可计算 F 值,当 $P<0.05$ 时,再进行各组间的两两比较,各组间的两两比较常用 q 检验。若进行多个实验组(如不同剂量)与一个对照组均数间的两两比较,可采用最小显著差法(侧重在减少第二类错误)或新复极差法(侧重在减少第一类错误);如果方差齐性检验时结果为 $P<0.05$,表示各组方差不齐,此时可对各组变量进行变换,使方差齐,再进行方差分析,但有时数据的方差经变换后仍不齐,此时可选择进行多组资料比较的秩和检验及两两比较。

2. 分类资料假设检验的方法

(1) 实验组与对照组率的比较毒理学研究实验中,常需比较实验组与对照组之间总有效率的差异,当两组样本较大($n>100$),而率又不太小时(比如 np 或 $n(1-p)$ 均大于5),此时率的分布近似正态分布,可选择两率比较的 u 检验或 χ^2 检验(Chi-square test)。

u 检验适用于大样本资料两率的比较,而四格表 χ^2 检验对大、小样本量的资料均适用

$$\chi^2 = (ad-bc)^2 n / (a+b)(c+d)(a+c)(b+d)$$

但四格表 χ^2 检验公式也有其适用条件:

①当总例数 $n>40$,各组理论数 $T>5$ 时,可直接计算 χ^2 值。

②当总例数 $n>40$,$1<T<5$ 时,由于理论数偏小,往往使得 χ^2 值偏大,此时可应用四格表 χ^2 值校正公式。用 χ^2 值专用计算公式计算的结果比未校正公式 χ^2 偏大。

$$\chi^2 = (|ad-bc|-n/2)^2 n / [(a+b)(c+d)(a+c)(b+d)]$$

③当总例数 $n>40$,但有理论数 $0<T<1$,或总例数 $n<40$,有实际观察数为 0 的情况,此时应采用 Fisher 确切概率法直接算出概率 P。

(2)多个样本率的比较。当行数(或列数),或行列数均大于 2 时,称行×列表或 $R\times C$ 表,$R\times C$ 表计算 χ^2 值时,要求小于 5 的理论数的个数不能超过基本格子的 1/5。可用公式

$$\chi^2 = n[\sum (A^2 / N_r \times N_c) - 1]$$

毒理学研究实验中,对两组资料的某些分布特征或两组资料不同等级的构成进行比较,可用 $R\times C$ 表 χ^2 检验,但对于单项有序行列表资料的比较不能简单地采用 χ^2 检验,最好采用 Ridit 分析或秩和检验,以反映不同等级的效应。

(3)小概率事件的比较。

①Poisson 分布。对于毒理学研究中的一些发生概率较小的事件,如微核率、肿瘤自发率等,常用 Poisson 分布进行拟合,其发生概率为: $P(X) = e^{-\mu} \cdot (\mu^X / X!)$,$X = 0, 1, 2, \cdots$,$\mu = n\pi$ 为平均值,X 为单位时间(或面积、容积等)某事件的发生数,e 为自然对数的底,约 2.718 28。当 $X \leq 50$ 时,总体均数 95% C.I 可直接查 Poisson 分布 μ 的可信区间表,当 $X > 50$ 时,95% C.I 的计算公式为 $X - 1.96\sqrt{X}$、$X + 1.96\sqrt{X}$。

②样本均数与总体均数的比较,可直接计算概率进行推断;或当 $\mu \geq 20$ 时,用正态近似法进行 u 检验:

$$u = \frac{X - u_0}{\sqrt{u_0}}$$

③两样本均数的比较,当 $\mu \geq 20$ 时,按正态近似法进行 u 检验。

当两个观察单位相同时,$u = \dfrac{X_1 - X_2}{\sqrt{X_1 + X_2}}$。

当两个观察单位不同时,需先将观察单位化为相同,$u = \dfrac{X_1 - X_2}{\sqrt{X_1/n_1 + X_2/n_2}}$。

例 3.6 用某毒物进行小鼠微核实验,15 只动物分成 3 个组,每组检查 5 000 个细胞,空白对照组 5 只动物 5 000 个细胞中共发现有微核细胞 4 个,微核率为 0.8‰;1/4 LD_{50} 组共发现有微核细胞 12 个,微核率为 2.4‰;阳性对照组共发现有微核细胞 189 个,微核率为 37.8‰,试进行三组动物微核率的比较。

1/4 LD_{50} 组与空白对照组比较: $u = \dfrac{12 - 4}{\sqrt{12 + 4}} = 2.0$,$P < 0.05$,两组差异有显著性意义。

1/4 LD_{50} 组与阳性对照组比较: $u = \dfrac{189 - 12}{\sqrt{189 + 12}} = 12.5$,$P < 0.01$,两组差异有高度显著性意义。

结果表明该毒物的 $1/4\ LD_{50}$ 剂量已有显著增高微核率的作用。

3. 等级资料假设检验的方法

（1）非参数统计（nonparametric statistics）。在毒理学研究实际工作中，对于某些资料的总体分布类型往往是不知道的，资料的数据形式往往是按等级分组，处理这类资料就需要借助于另一种不依赖总体分布的具体形式的统计方法，这类方法无需对总体的参数进行估计，也不需要对总体的参数进行检验，这类方法称非参数统计法，非参数统计方法的主要优点是：不拘于总体分布（总体分布未知或已知）；计算简便；对于不能精确测量的资料，如等级资料，或分布极端偏态、预分析等均可采用。非参数统计方法的主要缺点是：若资料适宜用参数分析方法，采用了非参数方法处理，常常会损失资料的部分信息，降低检验效率，特别是当用参数法其统计量接近临界值时要慎用。

（2）Ridit 分析（relative to an identified distribution, Ridit analysis）。Ridit 分析是用于处理多类有序资料的一种统计方法。是一种关于等级资料进行实验组与标准组比较的假设检验方法，其基本思想是先确定一个标准组，通常将以往积累的资料或样本含量相当大的资料作为特定的总体，标准组 R 值的均数 $\overline{R}$ 标为 0.5，由实验组计算出的可信区间若包括 0.5，则接受假设，可以认为实验组来自标准组所在的总体，差异无显著性，若可信区间不包括 0.5，则拒绝假设，可以认为实验组来自标准组的可能性很小，实验组与标准组之间的差异有统计学意义。

Ridit 分析要求标准组的例数要多，有时在毒理学研究中很难办到，为了比较两组效应的差别，可用两组合并的频数作为标准组的频数，计算各等级的 $Ridit$ 值，再求 u 值。

①两组比较的 Ridit 分析，公式为

$$u = \frac{\overline{R_1} - \overline{R_2}}{\sqrt{S_{\overline{R_1}}^2 + S_{\overline{R_2}}^2}}$$

用近似法，以 1/12 估计 S_R^2

$$u \approx \frac{\overline{R_1} - \overline{R_2}}{\sqrt{\frac{1}{12} \times \left(\frac{1}{n_1} + \frac{1}{n_2}\right)}}$$

②多组比较的 Ridit 分析，公式为

$$x_{k-1}^2 = 12 \sum n_i (R_i - 0.5)^2$$

查 $k=1$ 的 x^2 值表，推断 P 值的大小，并做出统计推断。

对于等级资料，不能用 X^2 检验，因为它是两组单向有序等级资料，但可采用两组等级资料的秩和检验，计算出秩和检验统计量 T，然后查表判断得到概率 P。如果样本量较大，超出查表的范围，可将 T 代入公式计算 u 值，如果相同秩次较多时，还需对 u 进行校正。

4. 等效性检验（equivalence test）

在临床毒理学研究中，当要判断两种药物或两种疗法的效果是否接近或相等，这时可采用等效性检验。

等效检验必须规定一个有毒理学研究意义且比较合理的等效差值 Λ，对同一资料，如果选择的 Λ 值不同，等价检验的结果也不同。Λ 一般由本专业专家结合成本效应来估计，如两率比较，Λ 值一般不应超过对照组样本率的 20%，如对照组样本率为 75%，则 $\Lambda < 0.15$

(0.75×0.2=0.15);对计量资料,当 Λ 难以确定时,以可用标准差的 1/5~1/2,以也可用标准均数的 1/10 来估计。

等效检验条件:①必须 $\Lambda>\delta$(δ 为两样本率差值);②应先作一般 u 检验,当 $P>\alpha$ 时,再进行等效检验。

(1)两样本率比较的等效性检验。两样本率比较的等效性检验可用 u 检验,要求两样本含量相对要大,且 np 或 $n(1-p)$ 均要大于5。公式为

$$u=(\Lambda-|P_1-P_2|)/S_p$$

式中:Λ 为等效差值;P_1、P_2 为两样本率;S_p 为两样本率合并标准误。

$$S_p=\sqrt{P_c(1-P_c)(1/n_1+1/n_2)}$$

式中:P_c 为两样本合并的率。当 P 接近 α 时应考虑校正。

校正公式为

$$u=\frac{\Lambda-|P_1-P_2|-(1/n_1+1/n_2)/2}{S_p}$$

先作一般的 u 检验,$u=0.29$,$P>0.05$,两组率差异无显著性,是否可认为两种药物疗效相等? 应进行等效性检验后才能做出判断。

令 $\Lambda=0.1$,$\alpha=0.05$,则

$$u=(0.1-|0.83-0.81|)/\sqrt{0.82(1-0.82)(1/106+1/59)}=1.28$$

本例进行校正:

$$u=[0.1-|0.83-0.81|-(1/106+1/59)/2]/\sqrt{0.82(1-0.82)(1/106+1/59)}=1.07$$

$u=1.07$,$P>0.05$,差异无显著性,故不能认为复方 I 号治疗铅中毒的疗效等价于对照组,建议必要时增加样本含量,继续观察。资料列于表 3.6。

表 3.6 复方 I 号治疗铅中毒的疗效比较

组 别	总有效数	无效数	合计数	总有效率/%
治疗组	88	18	106	83.02
对照组	48	11	59	81.36
合 计	136	29	165	82.42

(2)两样本均数比较的等效性检验。公式为

$$t=(\Lambda-|\bar{x}_1-\bar{x}_2|)/S_{x_1-x_2}$$

式中:t 为等效差值;$\bar{x}_1$、$\bar{x}_2$ 分别为实验组与对照组的均数;$S_{x_1-x_2}$ 为两样本的差异标准误。

例 3.7 不同计量复方硫酸亚铁治疗改善某职业中毒患者贫血状况的实验(表 3.7)。

表 3.7 不同计量复方硫酸亚铁治疗改善某职业中毒患者贫血状况的实验

计量	例数	治疗前后血红蛋白差值/(g·L^{-1})	
		$\bar{x}$	S
每日 10 mg	112	37.0	22.9
每日 20 mg	107	40.0	16.7

先作一般的 t 检验,$t=1.103$,$P>0.05$,差异无显著性,可作等效性检验。

设 $\Lambda=20.1/2=10.05$,$S_{x_1-x_2}=2.719$。
$$t=(10.05-|37.00-40.01|)/2.719=2.593$$
$$t=2.593,P<0.01$$

故每日 10 mg 剂量可以代替每日 20 mg 剂量治疗某种职业中毒的患者,改善其贫血状况。

5. 直线回归与相关(linear regression and correlation)

(1)直线回归的概念。直线回归是处理两变量(其中至少有一个是随机变量)间线性依存关系的一种统计方法。它是由每一对观察值用数理统计方法求得一直线方程,此直线方程可表达两变量间依存变化的数量关系,但该方程并不像数学上完全确定的函数关系那样一一对应,它是估计的,具有某种不确定性,故称直线回归方程。它的用途有两方面:①建立两变量间依存关系的直线回归方程;②由直线回归方程通过已知变量(容易测定的)估计未知变量(难测定的)等。

(2)直线回归方程的建立及应用。根据最小二乘法原理求得回归方程的系数,例如回归系数(regression coefficient)$b=-10.32$,截距(intercept)$a=47.18$,建立回归方程
$$Y=47.18-10.32X$$

对回归系数进行假设检验,$F=61.28$,$P<0.05$,差异有显著性,可以认为 X 与 Y 间有直线回归关系:

直线回归方程的应用:①描述两变量间相互依存关系。②利用回归方程进行预测,将预报因子(测得值即自变量 X)代入回归方程,对预报量(应变量 Y)进行估计。③利用回归方程进行统计控制,即利用回归方程进行逆估计,要求应变量 Y 在一定范围内波动,可以通过 Y 控制自变量 X 的取值范围。

(3)直线相关的概念和意义。在分析两个事物间的关系时,研究者常常需要了解两变量是否有相关关系存在,这种关系的密切程度如何?是正相关(随 X 的增大,Y 也相应增大),还是逆相关(随 X 的增大,Y 反而减少),这就要由相关分析来回答。相关分析是通过计算相关系数(coefficient of correlation),用相关系数来表达两变量间关系的密切程度和相关方向的。

(4)直线回归与相关的应用注意事项。

①进行直线回归与相关分析时一定要有实际意义,观察值应是同质的,不能随便把两组毫无关系的观察值作回归与相关分析,这就需要研究者对两变量有充分的认识和了解。

②回归分析时,若 X 为自变值(如给药剂量),那么 Y 一定是随机且服从正态分布的应变量,若 X 和 Y 都是随机变量,要求 X 和 Y 服从双变量正态分布。

③回归方程的适用范围一般以 X 的取值范围为限,超出范围可能会导致严重错误,因此,该范围不能随意外延扩展。

④一般进行分析时应先作散点图,观察散点的排布趋势有无直线关系(有的可能是曲线关系),若有,可进一步计算 r、b、a。

⑤毒理学研究实验研究数据仅是样本资料,必然存在随机误差(抽样误差),因此对 r、b 应作假设检验。

6. 多元统计分析(multivariate statistical analysis)

(1)多元分析的概念。多元分析也称多变量分析,是用于研究多因素和多指标的一种统计方法。该方法常用于流行病学、病因学研究、计量诊断研究中疾病与危险因素的关系,病因与疾病的因果联系,疾病的分类、判别等方面。在毒理学研究实验研究中,影响毒物效应的因素很多,而这些因素之间有时还有交互作用。影响实验效应的因素通常有性别、年龄、病型、病程长短等,这些问题可应用多变量分析的方法来进行处理。多元分析不仅可以同时考虑多个因素对动物生理、病理变化及疾病发生、发展的影响,还可以分析多因素间的交互作用。

(2)常用的多元分析方法。

①多元回归与相关分析(multiple regression and correlation analysis)。主要用于分析变量间的相互关系的一种分析方法,可用于疾病的影响因素、病因学研究、计量诊断及疾病的预测预报等问题。

②因子分析(factor analysis)。是用较少的综合的主要"因子"取代为数较多的原始指标(变量),使其相关信息的损失尽量少,它可利用少数的综合因子揭示大量数据中所蕴藏的某些医学信息(如生理意义、毒理学研究意义),从而对相关信息做出合理的解释。

③聚类分析(cluster analysis)。是利用物以类聚的方法,在尚不知事物类别时对它进行分类,能为毒理学研究疾病分类(或疾病诊断指标归类)提供合理的解释。

④判别分析(discriminant analysis)。是根据已经总结出来的类别,建立判别函数,对观察单位应属于哪一已知类别进行判断,提供一个疾病在计量诊断上的方法。

多元统计方法涉及的数学知识较多,计算比单变量统计分析复杂得多,对样本含量也有一定要求,一般一个自变量应有5~10例样本含量,如10个自变量,样本含量应在50~100例之间,在分析时还要注意变量的数据类型、分布等,有时还有必要对数据类型进行适当的转换,结合专业知识对统计分析的结果做出合理的解释。一般都是利用计算机来处理数据,随着医学统计学的发展和计算机应用普及,有一些统计软件包如SAS、SPSS、EPI、PEMS等可提供多元分析之用。

3.2.6 LD_{50}的计算

计算LD_{50}的方法很多,在此介绍最常用的改良寇氏法,又称Karber法。该法利用剂量对数与死亡率呈S形曲线的特征进行LD_{50}及其95%可信区间的估计。本法要求设定5~6个剂量组,各计量组的组距呈等比级数,每个组实验动物数相等,一般为10只,并要求死亡率呈近似正态分布,最低计量组的死亡率小于20%,最高剂量组的死亡率大于80%。

计算公式为

$$\lg LD_{50} = D_m - i(\sum p - 0.5)$$

$$S_{\lg LD_{50}} = i\sqrt{\sum \frac{pq}{n}}$$

LD_{50}的95%可信区间为$\lg^{-1}(\lg LD_{50} \pm 1.96 S_{LD_{50}})$。

式中,D_m为最大计量组的对数值;i为相邻两个计量对数的差值;p为各组死亡率;q为各组存活率;$\sum p$为各计量组死亡率总和;n为每组动物数。

例3.8 农药敌百虫腹腔注射小鼠死亡资料(表3.8)。

表3.8 农药敌百虫腹腔注射小鼠死亡资料

剂量/(mg·kg^{-1})	动物数(n_i)	死亡数(r_i)	死亡率(p_i)
300	10	0	0.0
360	10	2	0.2
432	10	5	0.5
518	10	7	0.7
622	10	10	1.0

$$\lg LD_{50} = D_m - i(\sum p - 0.5) = \lg 622 - \lg 1.2(2.4 - 0.5) = 2.6433$$

$$LD_{50} = \lg^{-1} 2.6433 = 439.84 \text{ mg/kg}$$

$$S_{\lg LD_{50}} = 0.0197$$

LD_{50}的95%可信区间为$\lg^{-1}(\lg LD_{50} \pm 1.96 S_{\lg LD_{50}}) = 402.43 \sim 480.74$ mg/kg。

LD_{50}霍恩法测定结果,可查表获得LD_{50}值及其95%可信区间。有关表格及LD_{50}的其他计算方法详见文献(李寿祺,2003年),这里不再赘述。

3.3 毒理学实验的统计学要点

样本的代表性要求具有同质性,即各处理组和对照组的非实验因素的条件均一致,为此,各实验单位(动物或培养物)的分组及整个实验的全部操作都应遵循随机化原则。利用形态学指标的毒理学实验,必须采用盲法观察结果,以消除实验者观察结果的偏性。样本应有足够的大小和适当的重复次数,以估计处理之间、实验室内和实验室间的变异性。一般可根据显著性水准、检验把握度、容许误差、总体标准差等来估计样本的大小。

严格执行毒理学实验设计的上述要求,才可能得到可靠性和重复性良好的结果,也是进行正确的统计学评价的基础。良好的质量保证和实验设计可以监控系统误差,而统计处理则用来确定随机误差。

毒理学实验的数据通常是由剂量水平和相应观察值组成的二维关系型数据。毒理学实验处理组与阴性对照组观察值均数的比较,根据实验结果(指标)的变量类型是数值变量(计量资料)还是分类变量(计数资料),选用不同的统计分析方法。如果资料可拟合某种分布,则适用于参数检验,其敏感度和效率高于非参数检验。如资料不能拟合某些已知的分布,则应进行数据转换,以满足正态性和方差齐性。如果任何变换都不能改善数据的分布,可能存在个别可疑值,应予以识别和剔除。另一方面,可使用不依赖总体分布模型的非参数统计分析,见图3.3。

一种毒理学实验资料可以有若干种正确的统计学分析方法,但可能不存在唯一正确的方法。其原因主要是表面上不同的统计学分析方法常以相同的统计学概念和模型为基础;另一方面,利用不同的统计学方法来评价毒理学实验资料缺乏比较研究。

(1)表3.9为各处理组与阴性对照组两两比较和多个处理组与阴性对照组比较常用的统计学方法。

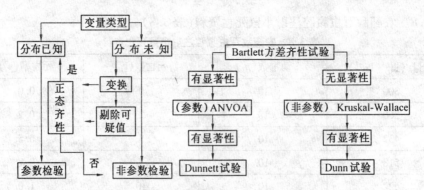

图 3.3 毒理学实验的数据统计分析流程图

表 3.9 各处理组与阴性对照组两两比较和多个比较的统计学方法

类型	连续性数据,正态分布		离散型数据		分布未知
	方差齐	方差不齐	二项分布	泊松分布	
处理组与阴性对照组两两比较	T 检验 Dunnett 检验(1995)	T' 检验改进的 Dunnett 检验(1980)	卡方检验 Fisher 确切概率法,u 检验平方根反正弦转换,再用 Dunnett 检验(1986)	U 检验 Suissa 和 Salmi 法(1989)	非参数法,如 Wilcoxon 秩和检验
多个处理组与阴性对照组比较					非参数法,如多重比较秩和检验(Steel, 1959)

剂量-效应关系和剂量-反应关系是毒理学研究的重要内容。急性毒性(LD_{50})就是典型的剂量-反应关系研究,LD_{50} 是统计学的点值估计和区间估计。在其他毒理学实验中的阳性剂量-效应关系和剂量-反应关系的确定也应通过统计学处理和判定,尽管可以用各处理组与阴性对照组两两比较和各处理组间两两比较,发现高剂量组与中、低剂量组及对照组间差别有显著性,中剂量组与低剂量组和对照组间差别有显著性,低剂量组与对照组间差别无显著性,来证明有剂量-反应关系;但这种方法的效率较低。剂量-效应关系和剂量-反应关系的判定可以分为定性和定量统计学两大类。剂量-效应关系和剂量-反应关系的统计学定性分析即为趋势检验,而统计学定量分析则为模型拟合。趋势检验是检验对自变量 X 规定的水平,反应的观察值增高或降低的趋势的显著性。当自变量 X 为定量数据时,则可进行模型拟合,即剂量-反应关系的定量研究。

趋势实验(trend testing),剂量为 X;反应为 μ_i,当有 $X_0 < X_1 < \cdots < X_k$,无效假设为 $H_0: \mu_i = \mu_0 = \cdots = \mu_k$,备择假设为 $Ha: \mu_0 \leq \mu_1 \leq \cdots \leq \mu_k$ 或 $\mu_0 \geq \mu_1 \geq \cdots \geq \mu_k$ 单调上升或单调下降趋势。如反应 μ_i 为连续资料服从正态分布,当 X_i 为定量数据,则可选用简单的线性回归或加权线性回归;如反应值为离散资料服从二项分布或泊松分布,可选用 Cochran-Afruitage 趋势检验;如果样本所属的总体分布未知,则可利用非参数法 Jonckheere-Terpstra 趋势检验(Jonckheere,1954)。

在毒理学数据的统计学方法中最主要的发展是剂量-反应关系的统计学方法、超离差(overdispersion)计数资料的统计学方法及广义线性模型(generalized linear model)。这些方法可以利用统计程序包如 SAS、SPSS、Genstat 等来实现。对趋势检验和模型拟合等统计学方法可参阅有关统计学专著。

质量控制图：毒理学实验中各种实验室检验应采取措施进行质量控制，可参照临床实验室制作质控图(control chart)，旨在直接观测误差趋势，便于及早采取措施，预防和杜绝不合格的实验报告。

3.4 毒理学研究的统计分析软件

3.4.1 常用的统计软件包

1. SAS 软件

SAS(statistics analysis system)最早由美国两位北卡罗来纳大学的生物统计学研究生编制，并于1976年成立了SAS软件研究所，正式推出了SAS软件。SAS是用于决策支持的大型集成信息系统，但该软件系统最早的功能仅限于统计分析，至今，统计分析功能也仍是它的重要组成部分和核心功能。SAS现在的版本为9.2版，大小约为1G。经过多年的发展，SAS已被全世界120多个国家和地区的近30 000家机构所采用，直接用户则超过300万人，遍及金融、医药卫生、生产、运输、通讯、政府和教育科研等多个领域。在英美等国，能熟练使用SAS进行统计分析是许多公司和科研机构挑选人才的条件之一。在数据处理和统计分析领域，SAS系统被誉为国际上的标准软件系统，并在1996～1997年度被评选为建立数据库的首选产品。在此仅举一例：在以苛刻、严格著称的美国FDA新药审批程序中，新药实验结果的统计分析规定只能用SAS进行计算，其他软件的计算结果一律无效，哪怕只是简单的均数和标准差也不行！由此可见SAS的权威地位。

SAS系统是一个组合软件系统，它由多个功能模块组合而成，其基本部分是BASE SAS模块。BASE SAS模块是SAS系统的核心，承担着主要的数据管理任务，并管理用户使用环境，进行用户语言的处理，调用其他SAS模块和产品。也就是说，要运行SAS系统，首先必须启动BASE SAS模块，它除了本身所具有数据管理、程序设计及描述统计计算功能以外，还是SAS系统的中央调度室。它除了可单独存在外，也可与其他产品或模块共同构成一个完整的系统。各模块的安装及更新都可通过其安装程序非常方便地进行。SAS系统具有灵活的功能扩展接口和强大的功能模块，在BASE SAS的基础上，还可以增加以下不同的模块而增加不同的功能：SAS/STAT(统计分析模块)、SAS/GRAPH(绘图模块)、SAS/QC(质量控制模块)、SAS/ETS(经济计量学和时间序列分析模块)、SAS/OR(运筹学模块)、SAS/IML(交互式矩阵程序设计语言模块)、SAS/FSP(快速数据处理的交互式菜单系统模块)、SAS/AF(交互式全屏幕软件应用系统模块)等。SAS有一个智能型绘图系统，不仅能绘各种统计图，也可以绘出地图。SAS提供多个统计过程，每个过程均含有极丰富的任选项。用户还可以通过对数据集的一连串加工，实现更为复杂的统计与分析。此外，SAS还提供了各类概率分析函数、分位数函数、样本统计函数和随机数生成函数，使用户能方便地实现特殊统计要求。

初学者在使用SAS时必须要学习SAS语言。SAS的Windows版本根据不同的用户群开发了几种图形操作界面，这些图形操作界面各有特点，使用时也非常方便。SAS的最大优点是数据预处理功能非常强,能进行数据的检索、整理、修改等,也可将计算的中间结果用于下一步的分析。软件的统计处理功能包含描述性统计、方差分析、回归与相关分析、非参数统计、协方差分析、典型相关分析、聚类分析、判别分析、典型判别分析、因子分析、主成分分析、逐步回归、logistic 回归、Probit 分析、对应分析、非线性回归、生存分析、Cox 比例风险模型、截尾数据的非参数回归、时间序列分析和三维图表制作等。

2. SPSS 软件

SPSS(statistical package for the social sciences),即"社会科学统计软件包"。随着 SPSS 产品服务领域的不断扩大和服务深度的增加,SPSS 公司已于 2000 年正式将英文全称更改为 Statistical Product and Service Solutions,意为"统计产品与服务解决方案",标志着 SPSS 的战略方向正在做出重大调整。

SPSS 现在的最新版本为 11.03,大小约为 200 M。它是世界上最早的统计分析软件,于 20 世纪 60 年代末研制,1984 年 SPSS 总部首先推出了世界上第一个统计分析软件微机版本 SPSS/PC+,开创了 SPSS 微机系列产品的开发方向,迄今 SPSS 软件已有 30 余年的成长历程。全球约有 25 万家产品用户,它们分布于通讯、医疗、银行、证券、保险、制造、商业、市场研究、科研教育等多个领域和行业,是世界上应用最广泛的专业统计软件。在国际学术界有条不成文的规定,即在国际学术交流中,凡是用 SPSS 软件完成的计算和统计分析,可以不必说明其算法,由此可见其影响之大和信誉之高。

和 SAS 相同,SPSS 也由多个模块构成,在最新的 11 版中,SPSS 一共由 10 个模块组成,其中 SPSS Base 为基本模块,其余 9 个模块为 Advanced Models、Regression Models、Tables、Trends、Categories、Conjoint、Exact Tests、Missing Value Analysis 和 Maps,分别用于完成某一方面的统计分析功能,它们均需要挂接在 Base 上运行。除此之外,SPSS 11 完全版还包括 SPSS Smart Viewer 和 SPSS Report Writer 两个软件,它们并未整合进来,但功能上已经完全是 SPSS 的辅助软件。

SPSS 最突出的特点就是操作界面极为人性化,输出结果美观漂亮(从国际的角度看),它使用 Windows 的窗口方式展示各种管理和分析数据方法的功能,使用对话框展示出各种功能选择项,只要掌握一定的 Windows 操作技能,粗通统计分析原理,就可以使用该软件为特定的科研工作服务,是非专业统计人员的首选统计软件。

SPSS 主要分析与统计功能有:数据的探索性分析,描述性统计,列联表分析,二维相关,秩相关,偏相关,方差分析,非参数统计,多元分析,协方差分析,典型相关分析,聚类分析,判别分析,典型判别分析,因子分析,多元回归,非条件 Logistic 回归,Probit 分析,对应分析,非线性回归,生存分析,对数线性模型,多元方差分析,时间序列分析和 2-D、3-D 图表制作等。该软件的学生版本对分析数据有变量和例数的限制,非常适用于统计学的教学。

3. EPI INFO 2002

EPI INFO 是专门为流行病学调查所设计的。不过很特别的一点是:它是 CDC 编制、WHO 为发展中国家提供的免费软件,设计时充分考虑了发展中国家的国情(所以对系统的要求非常低)和疾病调查数据的特点,能很方便地对数据进行贮存、核对、连接,当然也可以进行各种常用的流行病学统计分析,是到研究现场收集数据、进行预分析的极好软件。该软件国内已有其 5.0 的汉化版。最新的 EpiInfo 2002 版本采用 VB 6.0 编制,在数据接口、兼容性、界面的友好性等方面有了质的飞跃,但和以前的老版本一样是免费软件,大家可以从

CDC 官方网站上直接下载。

4. 其他统计软件

除了上述软件外，还有很多统计软件，包括 Stata 7.0 for Win 9X、S-Plus 2000 for Win 9X、Statistica 6.0 for Win 9X、MiniTab 13 for Win 9X、NCSS&PASS 2001 for Win 9X、E-GRET for Win 9X、EPICURE for Win 9X、MLwiN for Win 9X、WinBugs for Win 9X、XLSTAT for Win 9X、WinStat for Win 9X、PEST 4.0 for SAS 等，各软件皆有其特点，有兴趣者可进行有关软件的深入学习。

3.4.2 应用统计软件进行数据分析的一般步骤

1. 建立数据库

建议用 visual foxpro 6.0 建立数据库。多数统计软件能读取 dBASE、acces、excel 等数据库文件。当数据库类型与使用的统计软件不相衔接时，就需根据使用的统计软件中的统计方法的要求，将数据库作适当的转换，以使其能方便地用于各种统计软件。大多数统计软件都带数据的转换、预处理的功能，方便用户直观操作。

2. 数据的预处理

根据计算的需要，对某些变量重新编码(recoding)，或将变量值等级进行合并、变换变量类型、对数据库进行分割或合并等处理等。为了合理处理数据，多数情况下，数据的预处理常与探索性分析交替进行。

3. 数据的探索性分析

数据在进行正式的统计分析之前，应先进行探索性分析以了解各变量的一般情况，诸如数据的描述性统计、数据是否为正态分布、变量间的关系等，以决定下一步采用的数据处理方法及可能的数据统计分析方法。可用的探索性分析方法包括：①列出并分析变量的频数分布表或图；②了解数据的分布情况；③分析变量的最大值、最小值；④分析变量的茎叶图、盒形图、散点图等；⑤列出简明的二维或多维交叉表。

4. 按方案进行统计分析

根据统计分析计划的安排进行分析。统计软件的每一统计方法都有其相应的应用条件以及对数据格式的要求，进行统计分析时应参考探索性分析的结果，选用适当的统计方法，而且要熟悉软件的要求。对统计分析结果及有关的参数，应结合专业知识做出适当的解释和取舍。

3.5 统计学意义、生物学意义和毒理学意义

在评价毒理学实验的结果时，应综合考虑统计学意义和生物学意义。统计检验的假设是关于总体特征的假设，检验方法是以统计量的抽样分布为根据的，得到的结论是概率性的，不是绝对的肯定或否定，不等同于有或无生物学/毒理学意义。

通常，在评价毒理学实验的结果时要解决 3 个问题：①是否具有统计学意义；②是否具有生物学意义，即是否是真实的效应；③是否具有毒理学意义，即是否是有害效应。对毒理学实验结果做出科学的判断和解释，应该根据统计学分析的结果、生物学知识和经验。

一般来说，具有统计学意义是具有生物学意义的必要条件之一。正确地利用统计学假

设检验的结果有助于确定实验结果的生物学关联。在判断生物学意义(即生物学重要性)时,可考虑以下步骤。

(1) 纵向比较。此参数的改变有无剂量-反应关系。化学物毒作用的剂量-反应关系是毒理学研究的基本假设。当某参数的改变存在阳性剂量-反应关系,就可认为此参数的改变与受试物染毒有关,具有生物学意义。

(2) 横向比较。此参数的改变是否伴有其他相关参数的改变。例如,生化参数很少是彼此独立的,单个剂量组的一个参数有统计学显著性的改变一般不认为有生物学意义,除非此改变为其他参数改变所支持。如没有骨髓、脾组织学改变或没有高铁血红蛋白生成,则单有红细胞计数的改变是没有生物学意义的。同样,在免疫毒理学中,单有淋巴细胞计数的改变不伴有淋巴结组织学改变也可能是没有生物学意义的。

(3) 与历史性对照比较。由于目前尚无公认的实验动物参考"正常"值,应由本实验室利用相同品系的实验动物和相同的溶剂,进行至少10次最近的独立实验的阴性(溶剂)对照的资料构成,以其均值±1.96SD 误作为参考值的范围。同时进行的阴性对照应在历史性对照的均数±3SD 范围之内,否则应重新实验。另有认为:凡某种观察值与对照组比较,差别具有统计学显著性($P<0.05$),并符合下列情况之一者,即可认为已偏离正常参考值范围,属于有害作用。①其数值不在正常参考值范围之内;②其数值在正常参考值范围之内,但在停止接触后,此种差异仍持续一段时间;③其数值在正常参考值范围之内,但如机体处于功能或生化应激状态下,此种差异更加明显。应该指出,后两种情况需要附加的实验设计。

另外,还有一些其他的考虑,如处理组与对照组两组均数之差值应超过检测误差的两倍以上。某些血液生化指标(如 AST、ALT 等)的测定值升高才有生物学意义。

当处理组数据与阴性对照组比较差别有显著性,并且经分析认为是与处理有关的生物学效应时,应进一步判断其为有害效应还是非有害效应。这在本书第一章已有所论述,决定一种效应是否为有害作用需要专家的判断。不同指标或参数的生物学意义和重要性是不同的。

在分析和综合评价实验结果的统计学意义和生物学意义时,可能遇到四种情况,见表3.10。在此表中,第Ⅰ和第Ⅳ种情况最为常见,第Ⅰ种情况是无统计学意义也无生物学意义,第Ⅳ种情况是有统计学意义也有生物学意义。但是有时在实验结果中会出现第Ⅱ和第Ⅲ种情况。

表 3.10 毒理学实验结果的统计学意义和生物学意义

生物学意义	统计学意义	
	无	有
无	Ⅰ	Ⅲ
有	Ⅱ	Ⅳ

第Ⅲ种情况是有统计学意义但无生物学意义。例如在某个亚慢性毒性实验中,中剂量组动物血液白细胞计数低于阴性对照组,差别有显著性($P<0.05$),而高剂量组和低剂量组动物血白细胞计数与阴性对照组比较差别无显著性($P>0.05$)。由于在此实验结果中未出现剂量-反应关系,因此中剂量组血白细胞计数降低可能是由于偶然因素造成的,没有生物学意义。但是,如果仅在高剂量组动物血白细胞计数降低,与阴性对照组比较差别有显著性

($P<0.05$)时,必须仔细地核实高剂量组的资料。如果资料无任何疑问,可认为此变化可能具有生物学意义。最好是重新进行一个亚慢性毒性实验,并加大受试物的剂量,如果能够观察到剂量-反应关系,则说明此剂量组血白细胞计数降低是有生物学意义的;如果加大受试物剂量没有观察到剂量-反应关系,才可以说此剂量组血白细胞计数降低没有生物学意义。因此,在判断实验结果的生物学意义时,有无剂量反应关系是关键。有统计学意义但无生物学意义的情况,更常见的是因为实验设计不良所致。

第Ⅱ种情况是具有生物学意义但无统计学意义,这可能是因为该事件的发生是极端罕见的,例如在哺乳动物致癌实验中,在染毒组中出现对照组中没有的肿瘤类型,尽管从统计学上此种肿瘤的发生率很低,与对照组比较差别无显著性($P>0.05$),但还应该认为是有生物学意义的。

利用一种以上的实验动物,当某种效应在一个物种出现而在另一物种不出现,或一个物种远比另一物种敏感时,则使结果的解释复杂化,难以确定以哪个物种的实验结果外推到人最为合适。除非有足够的资料(通常是比较毒动学或毒效学资料)可以表明最合适的物种,一般是以最敏感的物种来确定 NoAEL 和安全限值。

3.6 毒性实验的常用参数

环境毒理学研究的首要任务是揭示各种污染物的毒性大小及其对生物体的潜在危害程度,即对污染物要多大浓度或多少剂量进入机体可使之中毒,多大浓度才符合安全标准。对上述问题要做出可靠的结论,对污染物的毒性必须用统一的指标或参数表示,而且它们在量的概念上必须具备同一性和等效性,实验方法也应力求统一。

外来化学物的毒性大小及比较不同化学物的毒性,通常应用一些毒性参数,在比较不同化合物的毒性时,所用的毒性参数在量的概念上必须具备同一性和等效性。以下是一些常用的毒性参数。

(1)致死剂量或浓度(letllal dose,LD 或 letllal concentration,LC)

表示一次染毒后引起受试动物死亡的剂量或浓度。但在一群体中,死亡个体的多少有很大程度的差别,所以对致死量还应进一步明确下列几种概念。

①绝对致死剂量或浓度(absolute lethal dose,LD_{100};absolute lethal concentration,LC_{100})表示一群动物全部死亡的最低剂量或浓度。

②半数致死剂量或浓度(median lethal dose,LD_{50};median lethal concentration,LC_{50})是指能引起一群动物的50%死亡的最低剂量或浓度。

③最小致死剂量或浓度(minimum lethal dose,MLD;minimum lethal concentration,MLC)是指能使一群动物中仅有个别死亡的最高剂量或浓度。

④最大耐受剂量或浓度(maximal tolerance dose,LD_0,maximal tolerance concentration,LC_0)是指能使一群动物虽然发生严重中毒,但全部存活无一死亡的最高剂量或浓度。

(2)半数效应剂量(median effective dose,ED_{50})。半数效应剂量指外源化学物引起机体某项生物效应发生50%改变所需的剂量。例如以某种酶的活性作为效应指标,整体实验可测得抑制酶活性50%时的剂量(ED_{50}),离体实验可测得抑制该酶活性50%时的化学物浓度称为半数抑制浓度(median inhibition concentration,IC_{50})。IC_{50}也可用其反对数(P_{I50})表示。

(3)最大无作用剂量(maximal effect level)。指化学物在一定时间内,按一定方式与机体接触,按一定的检测方法或观察指标,不能观察到任何损害作用的最高剂量。外来化合物对机体的损害作用或毒作用表现为引起机体发生某种生物学变化。一般说来,此种生物学变化随剂量的递减而减弱。当外来化学物的剂量减到一定量但尚未到零时,生物学变化已达到零,即不能再观察到外来化学物所引起的生物学变化,此剂量即为最大无作用剂量。

最大无作用剂量是评定外来化合物毒性作用的主要依据,并可以其为基础,制订人体每日容许摄入量(acceptable daily intake,ADI)和最高容许浓度(maximum allowable concentration,MAC)。所谓每日容许摄入量系指人类终生每日摄入该外来化学物对人体不致引起任何损害作用的剂量。最高容许浓度是指某一环境污染物可以在环境中存在而不致对人体造成任何损害作用的浓度。

(4)最小有作用剂量(minimal effect level,MEL)。最小有作用剂量也称中毒阈剂量(toxic threshold level)或中毒阈值(toxic threshold value),指外源化学物按一定方式或途径与机体接触时,在一定时间内,使某项灵敏的观察指标开始出现异常变化或机体开始出现损害作用所需的最低剂量。最小有作用浓度则表示环境中某种化学物能引起机体开始出现某种损害作用所需的最低浓度。

严格地说,不是"有作用"剂量或浓度,而是"观察到作用"的剂量或浓度。因此,MEL应确切称为最低观察到作用剂量(lowest observed effect level,LOEL)或最低观察到有害作用剂量(lowest obsenred adverSe effect level,LOAEL)。同一项观察指标所测到的剂量或浓度,随不同的观察方法而有不同。随着科学的发展,新的更灵敏的指标和方法也在不断出现。因此,最小有作用剂量和浓度有一定的相对性。

(5)毒作用带(toxic effect zone)。一种根据毒性和毒性作用特点综合评价外来化合物危险性的指标。常用的有急性毒作用带(acute toxic effect gone)和慢性毒作用带(chronic toxic effect zone)。

①急性毒作用带=半数致毒量/急性毒性最小有作用剂量。此比值越大,则急性毒性最小有作用剂量与可能引起死亡的剂量的差距就越大,此种外来化学物引起死亡的危险性就越小;反之,则引起死亡的危险性就越大。

②慢性毒作用带=半数致毒量/慢性毒性最小有作用剂量。此比值越大,表明引起慢性毒性中毒的可能性越大;反之,引起慢性中毒的可能性越小,而引起急性中毒危险性则相对较大。此种表示方法亦可用于亚慢性毒性作用(亚慢性毒作用带)。

3.7 实验结果的判断

实验结果的判断对任何学科的实验来说都是至关重要的,而对于生命科学实验,包括毒理学和遗传毒理学则尤为重要,因为受试生物体的变异性大,且有关因素不易控制,所以同一观察终点在不同实验室,或在同一实验室的不同时间所获实验结果都可能有差异。众所周知,所有的测量都存在变异,其变异主要来自两个方面:其一,测量操作误差;其二,受试系统中生物体的个体差异和同一个体不同时间的生物学变化。这类问题是任何实验中都会存在的,这里不作详细讨论,而重点讨论与毒理学实验结果判断有关的问题。

主要对单个实验的设计、操作、观察过程、实验结果统计分析、引出的结论等进行检查和判断它们的合理性、可靠性和可信性。有一些实验国内或国际上已制订实验规范的，只要按规范逐项进行检查和评价即可，但不少实验尚无统一的规范，就需用实验通用规则或标准进行评价。

3.7.1 实验检查

毒理学实验一般需设阴性对照，包括空白对照和溶剂对照，必要时也设阳性对照。对实验结果波动较大的实验系统，判断实验结果是否为阳性时还需参照实验室积累的阴性对照结果，称为历史性阴性对照。受试物测试获阴性结果，如无阳性对照则很难下结论，因为所得的实验结果有可能是实验系统存在缺陷导致的。

体外实验中，受试化学物的上限浓度一般应达到一定的毒性浓度或饱和浓度，否则阴性结果不予承认，因为在增高受试浓度后很可能获得阳性结果，但是细胞死亡率应不低于30%。

观察的样本数受实验而异，例如 SCE 体外实验每档浓度观察 30 只分化染色合适的、染色体展开良好的细胞即可，而染色体畸变分析每档浓度至少观察 100 只细胞的核型，微核实验则要观察统计 2 000~3 000 只细胞。操作过程采用单盲法或双盲法，同一个操作或结果经过第二人复核过的，一般说来，观察误差会少些，结果的可靠性也较高。实验结果在同一实验室和不同实验室获得重现，则实验结果的偶然性减少、可靠性提高，故此，如 Ames 实验要求至少重复一次。

已知大多数诱变剂和致癌物需经代谢活化后才能表现出遗传毒性。所以应注意测试系统是否具有代谢活化系统。在缺乏代谢活化系统下获得阴性效应，则还需要在增加活化代谢系统后再次测试其遗传毒性，看是否还能获得阴性效应。

3.7.2 实验结果判断标准

在判断实验结果为阴性效应或阳性效应时也会出现分歧，问题主要在于所采用的评价标准的不同。有人根据实验组与对照组比较，只要统计学差别有显著意义，就认为是阳性结果。但有人认为除此之外，还必须有剂量-反应关系或剂量-效应关系，缺一不可。此外，还必须参考历史性阴性对照，即小样本阴性对照值的波动范围，才能对实验结果做出正确的评价。文献中有果蝇隐性致死实验(SLRL)的例子。例如在某实验室中，根据 50 000 只果蝇积累的阴性对照资料，其 SLRL 频率为 0.20%。单个实验用 1 000 只果蝇做实验，并列的阴性对照组 SLRL 为 0.12%，最高浓度组 SLRL 为 0.30%。此频率为并列对照的 2.5 倍，可认为是阳性反应结果，而与历史对照频率相比，仅为 1.5 倍，则可认为实验组 0.30% 不是阳性效应。再根据未见剂量-反应关系，正确的判断是阴性效应。

SCE 计数与染色体畸变分析相比，重复性好，没有主观性，但是由于 SCE 的毒理学意义尚不清楚，所以 SCE 实验常被归为 DNA 初级损伤的一般终点。由于 SCE 方法简便，国内外广泛用它鉴定化学物的诱变作用。有不少研究者只根据实验组与阴性对照组具有统计学上的显著差异，即判断为阳性效应，认为这种差别具有生物学意义。因此 SCE 实验较其他细胞遗传学实验，甚至其他诱变实验都敏感，即别的实验为阴性效应，SCE 实验可显示阳性效应，或 SCE 实验在较低受试剂量下即获得阳性效应。总结分析国内外现有 SCE 的资料，可以看出这样常常会过高估计受试物的遗传毒性作用。据我们的经验,在人群的监测中 SCE 频率除统计学上有差别外,观察组至少应是对照组的 1.5 倍(在体外实验中应提高到 2 倍)的差别才有意义,如再能确定剂量-效应关系,则判断为阳性效应的结论更为可靠。这个评判标准是根据 SCE 历史性阴性对照的波动范围和阳性对照组 SCE 频率增高可以达到的最低水平而提出的。

在对职业人群检查时,选择每组人数在 10~15 就已足够,每个受检对象分析 30 个细胞,记录每个细胞的 SCE 数,最后以每个细胞的 SCE 数的均值表示各受检者的 SCE 频率。在计算观察组和对照组 SCE 频率时以各个体的 SCE 频率为单位,再求每组的均值。统计处理时以受检人数为样本数。有许多生活因素也可引起 SCE 增高,所以在研究职业有害因素时必须防止干扰因素的作用,对照组的人选,除研究因素外,最好与观察组人选尽量配对选择。

在判断实验结果是否为阳性效应时,有些测试系统存在按经验法则提出的结果判断标准,即确定一个水平,低于这个水平的判为阴性,高于这个水平的判为阳性。例如,平板掺入法 Ames 实验判断阳性效应的准则之一是:平均每皿回变菌落数为溶剂对照的 2 倍,即超过 1 倍就认为实验结果为阳性。为非程序 DNA 合成实验我们也曾提出参照 Ames 实验的上述准则。血清癌基因蛋白 P21 用做接触致癌物的职业人群生物监测标志物,有人提出受检者的 P21 蛋白量为对照组的 5 倍,即超过 4 倍时可判断为阳性效应,才表示受检者 P21 癌基因有过度的表达。

3.7.3 假象的识别与排除

这类问题在体外测试中较多见,体内动物实验中比较少见,但也存在。我们曾发现在测试一种农药的诱变性时,当受试物溶于植物油中获阴性结果,在配制成混悬液时获阳性结果。分析原因发现原来配制成油剂的农药,大部分随粪便排出,吸收很少。在另一个动物实验中,受试物掺入饲料中喂饲大鼠,因饲料带有异味造成大鼠拒食,因此无法达到实验设计剂量。如果不仔细观察大鼠进食量,就会造成将受试物判断为无效应的错误。有人用小鼠测定某化合物的急性毒性,用乙醇做溶剂,而溶剂乙醇的给药量足以引起小鼠死亡,结果将溶剂的毒性误认为是受试化合物的毒性,导致得出错误的结论

体外实验在遗传毒理学研究中已成功地广泛应用,但所选用浓度不当往往是遗传毒性测试中最严重的缺陷。例如在细胞遗传学测试中,由于受试浓度过高引起培养液渗透压或 pH 值的改变,致使细胞染色体断裂数增多。在不影响渗透压的浓度下或培养液 pH 值校正在 7.0 左右时,染色体断裂数趋向于正常。在浓度选择时受试物对靶细胞的毒性测试预备实验是必须做的。测试浓度一般可在细胞存活率的 30%~100%之间选择。

如果实验者对实验基本原理缺乏认识,常会被实验假象所迷惑。例如用 Ames 实验测试中草药提取液或尿液中代谢产物的诱变性时,由于受试样品中含有一定量的组氨酸而导致回变菌落数明显增多,显示 Ames 实验阳性效应,而当其中残留的组氨酸去除后,则回变菌落数不再增多。有时也会发生相反的结果,例如用 Ames 实验筛选抗突变的物质,由于受试物对鼠伤寒沙门菌的毒性或抑菌和杀菌作用,在阳性诱变剂加受试物后回变菌落数明显降低,甚至低于对照组。上述两种假象,对熟知 Ames 实验原理的实验者并不难识别和排除。因为回复突变菌落数取决于平板上营养缺陷型细菌的最终数目,即它们生长背景的状

况。平板上最终细菌生长数决定于组氨酸浓度。因为受试样品中含有组氨酸,细菌背景生长过盛,回变菌落数也随之而增高。在第二种情况下,受试物有抑菌或杀菌作用,使背景生长不良,回变菌落数因此而减少,造成有抗突变作用的假象。这些情况表明,正式实验前要对受试物作毒性实验,在回变菌落数计数时必须观察一下平板上细菌的背景生长,只有背景生长的正常平板,其读数才是有意义的。

3.8 毒理学实验的影响因素

3.8.1 机体因素

毒性效应的出现是外来化学物与机体相互作用的结果,因此机体内环境的许多因素都可影响化学物的毒性。

1. 种属、品系与个体感受性差异

毒物的毒性在不同动物种属间包括动物与人之间常有较大差异。如人对阿托品的敏感性要比兔大15倍,而士的宁对兔的毒性却比人大得多。再如苯可引起兔白细胞减少,而对狗则引起白细胞升高;p-萘胺能引起人和狗的膀胱癌,但对大鼠、兔和豚鼠则不能。"反应停"能对人和兔有致畸作用,对其他哺乳动物则不能。同一种属的不同品系之间对毒物的感受性往往在质和量上存在很大差异,例如小鼠吸入同一浓度的氯仿,结果DBA2系死亡率为75%,DBA系为51%,CH系为32%,BALC系为10%,其他6种品系为0%。

同种属同品系的个体之间仍然存在感受性的差异,在量的差异上有时可相差达100倍。

动物的种属、品系与个体感受性差异,主要是由于代谢的差异,即活化能力或解毒能力的酶系不同所引起的。

2. 年龄

幼年的动物,由于组织和生理功能方面未发育成熟,故中枢神经系统、肾功能、血脑屏障作用、血浆蛋白的结合能力以及某些酶系统的活性等都较成年动物差,因而对毒物的敏感性就高。人及动物在老年对毒作用的感受性也提高,通常是用排泄能力及生物转化能力降低来解释,也许还与体脂增加及体内水分减少有关。

3. 性别

性别不同对某些毒物的感受性可不同,可能是由于激素对某些酶的活性有影响,从而影响了毒物的生物转化所致,如一定剂量的氯仿对雌鼠可以耐受,而对雄鼠可引起死亡。若将雄鼠去势,或给予雌激素,或给雌鼠以雄激素则可消除此种差异。

4. 饮食营养状况

饮食营养状况不佳,可影响动物对毒物的耐受性,因为必需的脂肪酸或蛋白质缺乏可使MFO活性降低,从而影响各种外来化学物在体内的代谢转化,对毒作用产生影响。

维生素A、C或E缺乏也可抑制MFO活性,但维生素B缺乏有相反的作用,维生素A缺乏会增加呼吸道对致癌剂的感受性。

5. 健康状况

毒物主要在肝脏代谢,一般来说,肝脏疾病会影响肝脏的解毒功能,从而使一些在肝脏中进行生物转化的毒物的毒性增强。这是因为毒物转化成毒性较弱的代谢物的过程变慢的缘故。动物的其他疾病亦会影响动物对毒物的毒性反应,如有呼吸系统损害的动物,对刺激性气体及飘尘的反应增强。缺血性心肌病患者,对 CO 的毒性感受性增高。肝脏是毒物在体内转化的主要器官,而肾脏是多种毒物的排泄途径,故肝、肾功能不良者接触毒物时,这两个脏器易于受损,或因造成毒物在体内蓄积而易发生中毒。

6. 遗传因素

关于遗传因素影响人体对毒物的反应,已有很多研究。主要表现在先天性代谢性疾病以及原因不明的特殊体质,可对某种化学物质产生异常反应。如患遗传性红细胞葡萄糖-6-磷酸脱氢酶缺乏症,对某些化合物(如苯、苯肼、乙酰苯胺等)比较敏感,接触后容易发生溶血。

7. 精神心理因素

现代科学研究表明,良好的精神心理环境能启动人体一切自我调节的控制系统(例如神经系统、内分泌系统和免疫系统等)以增强抗病能力;而精神忧愁、悲伤的情绪,则会削弱抗病能力,导致疾病的发生。

3.8.2 环境因素

毒物只有在一定条件下才显示其毒性。生活与劳动环境中存在的一切物理因素与化学因素,都有可能成为毒物产生毒性的条件。

3.8.2.1 化学物的联合作用(joint action of chemicals)

在人类环境中,污染物往往不是单一的,多种外来化学物同时或先后作用于机体所引起的毒作用,称为外来化学物的联合作用。

1. 联合类型

外来化学物同时进入机体所产生的生物学作用,与各化合物单独进入机体所产生的生物学作用并不是完全相同的。多种化学物间对机体产生的联合作用主要分为下列几种类型:

(1)相加作用。指多种化学物的联合作用等于每一种化学物单独作用的总和。化学结构比较接近、或同系物、或毒作用靶器官相同、作用机理类似的化学物同时存在时,易发生相加作用。如按一定比例,用一种化学物替代另一种化学物,混合物的毒性无改变。

(2)协同作用与增强作用。协同作用(synergistic effect)指几种化学物的联合作用大于各种化学物的单独作用之和。例如,四氯化碳与乙醇对肝脏皆具有毒性,如同时进入机体,所引起的肝脏损害作用远比它们单独进入机体时严重。

如果一种物质本身无毒性,但与另一有毒物质同时存在时可使该危害物的毒性增加,这种作用称为增强作用(potentiation)。例如,异丙醇对肝脏无毒性作用,但可明显增强四氯化碳的肝脏毒性作用。

化学物发生协同作用和增强作用的机理很复杂。有的是各化学物在机体内交互作用产生新的物质,使毒性增强。例如亚硝酸盐和某些胺类化合物在胃内发生反应生成亚硝胺,毒性增大,且可能为致癌剂。有的化学物的交互作用是引起化学物的代谢酶系发生变化,例如马拉硫磷与苯硫磷联合作用,有报道对大鼠增毒达 10 倍、狗为 50 倍。其机理可能为苯硫磷可抑制肝脏分解马拉硫磷的酯酶所致。诱导酶的改变,尤其是 MFO 系的诱导与抑制更需注意。例如动物在经苯巴比妥给药后肝 MFO 系被诱导,再给以溴苯,溴苯氧化增强毒性增大。此外致癌化学物与促癌剂之间的关系也可认为是一种协同作用。

(3) 拮抗作用。指几种化学物的联合作用小于每种化学物单独作用的总和。凡是能使另一种化学物的生物学作用减弱的物质称为拮抗物(antagonist)。在毒理学或药理学中,常以一种物质抑制另一种物质的毒性或生物学效应,这种作用也称为抑制作用(inhibition)。例如,阿托品对胆碱酯酶抑制剂的拮抗作用、二氯甲烷与乙醇的拮抗作用。两种化学物联合作用的毒性,小于单个化学物的总和。

拮抗作用的机理也很复杂,可能是各化学物均作用于相同的系统或受体或酶,但其之间发生竞争,例如阿托品与有机磷化合物之间的拮抗效应是生理性拮抗;而肟类化合物与有机磷化合物之间的竞争性与 AChE 结合,则是生化性质的拮抗。也可能是在两种化学物之中一个可以激活另一化学物的代谢酶,而使毒性减低,如在小鼠先给予苯巴比妥后,再经口给有效磷,使后者 LD 值增加一倍以上,即久效磷毒性降低。

(4) 独立作用。独立作用指多种化学物各自对机体产生不同的效应,其作用的方式、途径和部位也不相同,彼此两种或两种以上化学物由于对机体作用的部位不同、靶器官不同、受体不同、酶不同等,而且化学物的靶位点之间的生理学关系较为不密切,此时各化学物所致的生物学效应表现为各个化学物本身的毒性效应,称之为独立作用。例如乙醇与氯乙烯联合给予大鼠,能引起肝细胞脂质过氧化效应,且呈相加作用。但深入研究得知,乙醇是引起肝细胞的线粒脂质过氧化,而氯乙烯则是引起微粒体脂质过氧化,实为独立效应。

如果观察的毒性指标是死亡,则两种化学物的联合毒性,相当于经过第一种化学物的毒作用后存活的动物再受到第二种化学物的毒作用。

外来化学物的联合作用是一个复杂而又非常重要的问题,在实际工作中,应注意外来化学物对机体的联合作用,联合作用的评定方法和作用机理还有待进一步研究。

3.8.2.2 联合作用类型的评定方法

化学物联合作用类型的评定,一般采用急性毒性实验,测定单个化合物和混合物的 LD_{50},再按下述两种方法进行判断。

本法首先按 LD_{50} 常规测定方法,分别测得各化合物各自的 LD_{50} 值,并从各化合物的联合作用是相加作用的假设出发,计算出混合物的预期 LD 值,然后再通过实验求出实测化合物的 LD 值,最后计算出 K 值。

联合作用系数(K) = 混合物的预期 LD_{50}/混合物实测 LD_{50}

如果混合物中的各化合物的联合毒性作用是相加作用,其 K 值应等于1。但通常测定 LD_{50} 值有一定波动范围,所以 K 值也会有一定波动。为此,提出了两种评定联合作用类型的 K 值范围。一般认为 K 值在 0.4~2.5 之间为相加作用,$K<0.4$ 为拮抗作用,$K>2.5$ 为协同作用。

3.8.3 物理因素

物理因素即外环境进行的联合作用。几种化学物在环境中共存时发生相互作用而改变其理化性质,从而使毒性增强或减弱。如烟尘中的三氧化二铁、锰等重金属,它们是 SO_2 氧化成 H_2SO_4 的最好触媒,它凝结在烟尘上形成硫酸雾,其毒性比 SO_2 大2倍。再如酸遇到含有砷或锑的矿石、废渣等可产生毒性很高的砷化氢或锑化氢,从而引起急性中毒事故。有些化学物在与某种环境因素(如温度、压力等)相互作用,才出现毒性变化,如有机氟聚合物在加热时会发生热裂解,而产生多种无机和有机氟的混合物。

第4章 急性毒性实验

4.1 急性毒性实验概述

世界上有越来越多的新的化学物质被人工合成,并通过废水、废气以及固体废弃物等不同的途径进入环境。这些新的化合物是否有毒,毒性程度如何,可通过哪些途径进入生物体内,毒性作用特点怎样,对这些问题,有的可查到资料,有的则需要通过现场调查研究和实验室急性毒性测量其一次或短时间(acute toxicity test),以便为现场防护措施提供理论依据和为进一步毒理研究和制订最高容许浓度打下基础。

急性毒性实验(acute toxicity test)是基于急性毒性的定义而设计的用以观察急性毒性的实验方法。急性毒性实验处在对外源化学物质进行系统毒理学评价研究的初始阶段,包括经口、吸入、经皮和其他途径等急性毒性,研究急性毒性效应表现、剂量-反应关系、靶器官和可逆性,对阐明化合物和其他产品的毒性作用具有重要意义。

4.1.1 急性毒性实验概念

所谓急性毒性(acute toxicity)就是使生物机体一次或24 h内多次接触外源化学物所引起的毒性效应,这种毒性效应可以反应在不同的组织水平上,包括组织、器官和系统的损害,出现中毒的临床症状,甚至死亡。急性毒性实验概念中有几个问题要注意,即急性接触的次数、中毒效应接触的时间和中毒效应的强度。

4.1.2 急性毒性实验目的

归纳起来,实验目的有如下几个方面:

(1)测试和求出毒物的致死剂量以及其他急性毒性参数,通常以LD_{50}为最主要的参数,并根据LD_{50}值进行急性毒性分级。

(2)通过观察动物中毒表现、毒作用强度和死亡报告情况,初步评价毒物对机体的毒效应特征、靶器官、剂量-反应关系和对人体产生损害的危险性。

(3)为亚慢性、慢毒性实验研究以及其他毒理实验提供接触剂量和观察指标选择的依据。

4.1.3 急性毒性实验的内容

急性毒性实验是毒理学研究中最初步的工作,是我们了解外源化学物质对机体产生急性毒性的主要依据。急性毒性的内容应包括:

(1)急性毒性测定。主要目的是确定一次染毒的半数致死剂量(LD_{50})或半数致死浓度(LC_{50})。

(2)经皮肤染毒实验。主要考察受检外源化学物质能否经皮肤进入体内,必要时还需确定经皮染毒的半数致死量。

(3) 局部作用实验。通过使受检外源化学物质直接接触皮肤及眼结膜等实验,研究其对生物体局部有无刺激、腐蚀及其他毒害作用。

(4) 中毒症状的观察。根据染毒动物症状及体征,粗略了解毒物作用的程度和可能作用的部位。

(5) 功能及病理组织学检查。选择必要的功能指标,寻求毒作用剂量与功能改变的关系,确定急性阈剂量(acute threshold dose);通过病理组织学检查,进一步了解毒作用部位及毒害程度。

4.2 哺乳动物的急性毒性实验

4.2.1 半数致死量(LD_{50}、LC_{50})的测定

半数致死量又称致死中量,指引起一群个体50%死亡所需剂量。毒物的半数致死量常通过灌胃、注射(腹腔、皮下及静脉等)染毒实验测得,具挥发性的毒物,通常需要测定其经呼吸道吸入的半数致死浓度。可经由皮肤吸收的毒物,也需测定其经皮染毒的半数致死剂量。所以,染毒途径需要根据受检毒物性质及实验要求具体确定,但半数致死量的测定步骤及计算方法基本相同。

1. 动物准备

外源化学物 LD_{50} 或 LC_{50} 的测定一般采用小动物,如小鼠、大鼠、豚鼠等,经由皮肤吸收的毒物的 LD_{50} 的测定亦用兔测定。实验动物应预先观察7天左右,以了解其健康状况及正常活动状态。正式实验时,按随机原则分组,一般分成5~6个实验组(必要时还需准备对照组),每组5~10只动物(小鼠多用10只)。

2. 剂量选择

LD_{50} 或 LC_{50} 的测定需通过若干剂量组同时给药,最后经数理统计算出 LD_{50} 或 LC_{50} 的值。通常用5~6个剂量组,各组间剂量差距可按等差或等比级数设计,组距大小随毒物的毒作用带宽窄而异,常按等比级数1.2~1.5设计,目的是使各剂量组动物的死亡率分布在50%上下。对于没有测试记录的化学物,其剂量选择可先按同系物毒性或文献资料加以估计,也可先用少量动物(比如每组2只);以组距较大的一系列剂量进行预备实验,根据找出致死作用剂量范围,再设计出正式实验的剂量组。

如果剂量选择合适,其他条件也控制得好,则可得到比较理想的实验结果,即一半组数的动物死亡率大于50%,另一半小于50%。但由于生物的个体差异及其他因素的影响,一次实验结果有时难以达到满意的效果,甚至出现小剂量死亡率高,大剂量死亡率低的倒置现象;如倒置现象十分显著,则应从动物选择、药物配制、操作技术及实验条件等方面查找原因并加以克服,重复实验。

3. 药液配制及染毒

实验给药的剂型,可根据受检化学物的溶解性能,采用水溶液、混悬液、油剂或乳剂。由于许多化学毒物不溶或难溶于水,也不易溶于油脂,而有机溶剂又多具有一定毒性,故在实验中常配制成乳剂或混悬剂。

在非吸入染毒实验中,各剂量组多按单位体重给予等容量药液的方法给药,所以需要首先确定单位体重给药容量(如小鼠、大鼠灌胃或腹腔注射的常用剂量为每10 g体重0.1~0.2 mL),然后按实验设计的最大剂量组药液浓度,计算配制50 mL乳剂所需毒物量,配成第1号药液,再按设计的组距,逐组稀释,分别配制出第Ⅱ号、第Ⅲ号、第Ⅳ号、第Ⅴ号、第Ⅵ号药液。等容量给药法可以保证不同剂量组动物接受相同容量的药液,排除了容量差别可能造成的影响。给药时可按每相差1 g体重增减0.01 mL计算,操作方便,也是实验室经常使用的方法。除等容量给药法外,还可用等浓度法,即将药液配成最高剂量组浓度,各剂量组动物均用同一药液,给药量按设计组距递减。此法不如等容量法简便、合理,使用较少。

急性毒性测定一般可不用设置对照组,但如配制实验用液中用到新溶剂、新助剂,或实验终、结需做病理组织学观察时,则应有对照组。实验动物染毒时,应同时给予对照组动物等容量空白乳液。

4. 症状观察

染毒开始后应观察并记录实验动物的中毒症状、生理状况变化和死亡情况。观察时间可根据实验目的、毒作用特点等,确定为几小时、几天、一周或两周,但一般不超过两周。

由于不同毒物的毒性作用特征各不相同,故除了观察一般状况及呼吸、循环功能的改变外,还应注意某些特异现象。啮齿类动物中毒后常见症状及发生部位如表4.1所示。

表4.1 啮齿类动物中毒常见症状及发生部位

系统和器官	中毒后常见的表现
中枢神经系统与神经肌肉系统	体位异常,叫声异常,活动增多和呆卧少动,肌颤,痉挛,麻痹,后肢无力,运动失调,管状尾,对外界刺激反应过敏或迟钝
植物神经系统	瞳孔扩大,流涎,流泪,出汗
呼吸系统	鼻孔溢液,鼻翼煽动,呼吸深缓,呼吸过速,张口或腹式呼吸
泌尿生殖系统	会阴部污秽、有分泌物,阴户或乳腺肿胀,阴茎突出,遗精
皮肤和被毛	皮肤充血,紫绀,被毛蓬松,污秽
眼睛	眼球突出,充血,角膜混浊,血性分泌物

注:引自孟紫强主编,《环境毒理学》,2000。

5. 病理学检查及其他指标观察

中毒可导致实验动物病理组织学改变,因此应对中毒死亡动物及时进行病理学检查,观察器官是否有淤血、出血、水肿或其他变化,并对有变化的脏器做病理组织学检查。对存活动物在观察期满后也应做病理学检查。

如果需要,毒性实验可进一步增加观察项目,如对体温、心跳和脑电的测试以及某些理化指标的检查。但需注意的是,这些指标的测试和检查,不能使用测试半致死量的动物,需要单独设计实验,制造中毒模型。

6. 结果评价

实验观察期满后,要及时整理实验结果,确定受试毒物的绝对致死剂量或浓度(LD_{100}或LC_{100},LD_{95}或LC_{95})、最小致死剂量或浓度(MLD或MLC,LD_5或LC_5)和最大耐受剂量或浓度(LD_0或LC_0),并经统计学处理,算出半致死剂量或浓度(LD_{50}或LC_{50})。LD_{50}或LC_{50}的计算方法有概率单位法(probit method)、图解法(litchfild and wilococon method)、平均致死量法

（又称冠氏法）、最小二乘法等，这些具体算法本书不再详细介绍。

LD_{50} 或 LC_{50} 算出来后，注明所用动物品种、性别、染毒途径、观察时间，如果是吸入染毒，还应注明吸入时间、测定浓度及计算浓度等。在实验条件基本相同的情况下，可与同系物或其他毒物比较，亦可与毒物急性毒性分级表所示毒性分级比较分析，对受试毒物的急性毒性进行评定。

4.2.2 急性阈剂量的测定

急性阈剂量（acute threshold dose）系指毒物经一次染毒后使机体产生不良作用的最小剂量，是用于评价毒物非致死性损害的参数。测定阈剂量的关键是确定适当的观察指标，然而指标的选择应根据毒物对机体的作用性质、实验目的和具体条件来定。

1. 观察指标的选择

每一种毒物每一项指标均有其阈浓度，但由于各种机能对同一物质作用的敏感性是不同的，因此，用某一种方法所测得的阈浓度，就可能与其他方法所测得的阈浓度有差别。确定引起机体改变的阈剂量，应根据毒物和实验动物的特性采用不同的生理、生化及形态学的指标。以下是一些可以借鉴的原则：

①在选择测定阈浓度的指标时，首先要由该毒物作用的机理来决定。比如，二氧己烷中毒的第一阶段发生肝肾综合征，此时，引起肝、肾最初的形态学改变的浓度可能是较敏感的阈浓度。

②对于毒作用特点比较清楚的毒物，可选择该毒物作用引起的最敏感反应为指标，如有机磷农药可用胆碱酯酶活性变化为指标。

③对于新的化学物质，首先选用整体状态及非特异性作用指标，如活动能力、应激状态、条件反射等。

④对于刺激性气体和蒸气，也可测定其刺激阈浓度或嗅觉阈浓度。

⑤以引起动物条件反射活动变化为指标，测定中枢神经系统改变的阈浓度。

2. 实验方法

（1）游泳实验。游泳实验主要是通过观察动物的活动能力，以揭示不同剂量的毒物对机体体力影响的程度，是研究阈剂量（或浓度）比较的常用指标。

实验动物一般选用小鼠或大鼠。实验装置一般采用口径约 60~80 cm 的方形或圆形水槽，如有光电记录设备则更理想。水深不应少于动物体长（尾除外）的 5 倍。水温 20 ℃ 左右，各组动物实验时水温及其他条件应该完全一致，同时进行实验，以确保可比性。实验时将动物放入水中，动物则被迫在水中游泳，记录每只动物自放入水中至口鼻沉没到水下 5 s 的时间，即游泳时间。在游泳过程中还要记录游泳速度、游泳姿势等。两腿直伸、运动减少被认为是神经肌肉受到损害的表现。健康成年鼠的游泳时间可能很长，为节约时间，可给实验动物增加一定负荷，如在尾根敷系小铅块或铅条（质量可为体重的 10%），或适当降低水温。根据同一组内每只动物的游泳时间计算出每组动物游泳时间的平均值，比较染毒组与对照组游泳时间和速度以及游泳姿势上的差异并对实验结果进行评价。

（2）刺激阈实验。刺激性气体或蒸气，对上呼吸道、眼睛和口腔等器官的黏膜会产生局部刺激作用，通过观察毒物在不同浓度下引起的刺激症状，可以找出毒物引起刺激症状的最低浓度，即阈浓度。

这类实验的实验动物多用猫。实验首先选用健康动物数只,置于染毒柜内,染毒30 min。染毒期间应进行空气采样分析。观察指标除一般刺激症状,如流泪、流涕、喷嚏、呛咳等以外,主要观察动物的流涎出现时间及严重程度,可以用"-"表示无唾液分泌,用"+"表示有少量唾液流到口唇周围,用"++"表示唾液成滴流出;唾液呈水柱状流出时用"+++"表示。如出现唾液呈水柱状流出时,应立即将动物从染毒柜取出,降低毒物浓度后重做实验;反之,如未见动物有任何刺激症状,则应加大浓度后再做实验。将50%以上动物出现"+"以上程度的刺激症状的最小浓度作为阈浓度。

4.2.3 局部作用实验

局部作用实验用于研究一些化学物质引起的接触性皮肤和黏膜症状,如炎症和烧伤等,是毒理学实验常用方法之一。动物局部安全性实验替代方法的研究已涉及皮肤腐蚀性和刺激性实验、经皮吸收实验、眼刺激性和腐蚀性实验、皮肤致敏性实验和光毒性实验等,其中鸡卵绒毛尿囊膜实验、组织工程皮肤、细胞毒实验等方法,由于其可以较好地反应化学物质对皮肤的安全性,近年来已被广泛应用于皮肤安全性评价。

1. 急性皮肤刺激/腐蚀实验

皮肤是机体最大的器官之一,经皮吸收是环境毒物进入机体的一个主要途径。皮肤保护机体免受外界干扰从而维持内环境稳定,它直接参与调节体温以及水分平衡、代谢和免疫调节等多项重要生理功能,故皮肤对毒物的反应对于机体生存至关重要。腐蚀性化学物质可通过扩散或腐蚀性角质层的方式对角质层下面的细胞产生毒性,这是实验方法的基本原理。受试物直接作用于人皮肤模型表面,经过特定的接触时间之后,测定细胞活性,如果细胞活性低于所规定阈值,可被鉴定为具有腐蚀性。为了确定化学物质对哺乳动物的皮肤是否具有刺激或腐蚀作用,可进行急性皮肤刺激或腐蚀实验(acute dermal irritation/corrosion test)。一般选用白色豚鼠或家兔作为实验动物,实验前24 h将实验动物背脊柱两侧的毛脱掉,其范围约为3 cm×3 cm左右。取配制好的毒物溶液0.5 mL,滴在2.5 cm×2.5 cm大小的4层纱布上,将带药纱布敷贴在一侧皮肤上(亦可将毒物直接涂于皮肤上),覆盖油纱布;另一侧涂溶剂做对照,并用无刺激性胶布和绷带包裹固定。

接触毒物4~24 h后用温水洗去残留毒物,在除去毒物24 h、48 h及72 h后,观察涂抹部位的皮肤反应。在规定的间隔时间内观察记录刺激作用的程度,做出详细描述,并对刺激作用给予全面完整的评价。

2. 急性眼刺激/腐蚀实验

眼部刺激物可导致结膜的炎症,包括血管扩张充血。由于水分渗出而导致水肿、黏液等分泌物增多,导致视力模糊,若不及时处理、治疗,可导致继发感染。刺激物亦可使泪液增多,改变泪液膜的完整性,如溶剂类的一过性刺激物还可破坏前角膜泪液膜中的脂质部分。

急性眼刺激/腐蚀实验(acute eye irritation/corrosion test)即结膜囊染毒实验。实验常选用家兔或豚鼠为实验动物,将受试化学物0.1 mL滴入一侧眼结膜囊内,用手将眼睑压住,使闭眼几秒钟,另一侧眼滴生理盐水做对照。记录滴药后1,12,24,48,72和96 h的局部反应,如充血、水肿、流泪、怕光、角膜、结膜和眼球损害的程度以及恢复的时间等。以规定的时间间隔观察刺激或腐蚀作用的程度,同时做进一步描述,以便对刺激作用给予全面、完整的评价。观察时应用荧光素钠检查角膜损害程度,用裂隙灯检查角膜透明度和虹膜纹理改变。

眼生理特点的复杂性决定了发展在体兔眼刺激实验体外代替方法的困难性。目前已有几种方法被提议用于替代体兔眼刺激实验,它们包括:红细胞实验、血红蛋白变性实验、基于鸡胚绒毛膜尿囊膜的鸡卵绒毛膜尿囊膜实验、绒毛膜尿囊膜血实验、鸡胚绒毛尿囊膜台盼蓝染色实验方法等,但这些实验都不能完全代替体兔眼刺激实验。人组织模型是体外培养的人上皮细胞和适当的支持物组成的三维结构模型,在结构上模拟在体角膜组织,通过观察细胞毒性和细胞功能来改变预测受试物的眼刺激性,目前主要有如眼角膜细胞三维培养模型等。

4.2.4 急性联合毒性的测定

急性联合毒性的测定一般是根据受试化学物单独染毒时的毒性,按简单的相加作用估计联合染毒时的预期毒性,然后与联合染毒时实测的毒性相比,确定联合作用的方式。观察毒物的作用可采用死亡率,也可以用生化和生理等指标。

1. 过筛实验

为了初步阐明两种(或数种)毒物的联合作用,每组用 10~20 只小鼠或大鼠,经口或腹腔注射每种毒物,剂量为 LD_{50} 的一半。观察一定时间后,统计死亡率。如死亡率大于或等于 80%,表示有增毒作用;若死亡率大于 30% 而小于 80%,表示是简单的相加作用;若死亡率小于或等于 30%,则表示有拮抗作用。

当测定 LD_{50} 和测定联合毒性的条件差异较大时,应设对照组,同时测定两种受试毒物用 LD_{50} 一半剂量单独染毒时的死亡率。评价时,以两种毒物联合染毒时的死亡率为实测死亡率(O),而两种毒物单独染毒时的死亡率之和为预期死亡率(P)。$O/P \geq 1.6$ 为增毒作用,$1.6 > O/P \geq 0.6$ 为相加作用,$O/P < 0.6$ 为拮抗作用。

2. 混合毒物 LD_{50} 的测定方法

(1) 按 LD_{50} 常规测定方法,分别测得各受试毒物的 LD_{50}。

(2) 按各毒物的等毒性比例混合。例如,毒物 A 的 LD_{50} 为 100 mg/kg,毒物 B 的 LD_{50} 为 300 mg/kg,则实验混合毒物中 A、B 等毒性的质量之比应为 1:3,即 A 在混合毒物中占 1/4,B 占 3/4。

(3) 测定混合毒物的 LD_{50} 时,可以选择 A 和 B 各自 LD_{50} 一半剂量之和作为中间剂量组(本例中为 200 mg/kg,即 50 mg/kg 的 A 加上 150 mg/kg 的 B),选择较大组距按等比级数向上和向下推算几组。如果估计是相加作用,可向下、向上各推算两组;如果可能是增毒作用,则可向下多设几组;如果可能是拮抗作用,则可向上多设几组。

(4) 混合毒物的 LD_{50} 计算方法与单一毒物的相同。剂量以混合毒物的量表示,由于混合毒物中各毒物有一定的比例,所以只要将上述剂量乘各毒物的比例,就可分别求得各毒物的剂量。

(5) 混合毒物联合作用类型的评定。

3. 阈值水平的联合毒性测定

当急性致死水平的联合毒性测定表明混合毒物之间有增毒作用时,有必要进一步研究小剂量混合毒物的联合毒性。例如,研究有机磷和氨基甲酸酯农药的联合毒性,可以用血浆和红细胞胆碱酯酶的抑制作为指标,分别测得各自的阈剂量(一般以胆碱酯酶被抑制 20% 为标准),然后给一组动物同时用两种农药的阈剂量染毒,测定血浆和红细胞胆碱酯酶活力,若活力抑制超过40%以上可认为是增毒作用,小于40%则表明无明显的增毒作用。

需要注意,环境化学物的联合毒性作用方式可随观察指标的不同而有差别,所以实验结果不宜任意外延。

4.3 水生动物毒性实验

一些水生生物对水质变化非常敏感,反应显著。因此,在环境毒理实验中为实验动物,特别在制订污水排放标准时,常进行水生生物的急性毒性实验。在此介绍鱼类毒性实验和甲壳动物实验两种方法。

4.3.1 鱼类毒性实验

1. 动物选择

实验用鱼必须具有一定区域代表性,便于在实验条件下饲养,对化学物质较为敏感。短期实验多采用中国的青鱼、草鱼、鲢鱼及鳙鱼四大养殖淡水鱼,一般体长在7 cm以下为宜。较长期的实验多采用金鱼,一般在3 cm以下,体长最长不应超过最小体长的1.5倍。选择行动活泼、体色光泽、鱼鳍完整舒展、逆水性强和食欲好的健康鱼,在实验室内观察1周后再使用。

2. 实验条件

实验容器采用玻璃缸或白搪瓷桶,其盛水量以每条鱼2~3 L水为宜。水中溶解氧不能低于4 mg/L,可用清洁的河水、湖水或放置3天以上的自来水。水的pH值为6.7~8.5为宜,冷水温度为12~18 ℃,温水温度为20~28 ℃,水温变化为±2 ℃。

3. 半数耐受浓度的测定

半数耐受浓度(TLm)或半数存活浓度的测定实验设计与哺乳动物的LD_{50}测定基本上相同。先通过预备实验确定100%致死浓度和不引起死亡的最大浓度,然后以此浓度范围,按1:(0.65~0.9)的等比级数确定5~7个浓度组,另加一空白对照组,每组10~20尾鱼,染毒48~96 h。染毒开始前8 h经常观察,以后可做24,48,72和96 h的定期观察,记录中毒反应及死亡时间。死亡鱼立即取出解剖并进行病理检查。实验期间保持溶解氧、pH值、水温等的稳定。根据24,48,96 h各组鱼的死亡数,按LD_{50}计算方法,求出相应时间的TLm。

4.3.2 甲壳动物实验

淡水水质监测常用的甲壳动物是水蚤(Dophnia sp.),现以其为例进行如下介绍。

1. 水蚤幼虫的准备

选用同龄、同性、同一母体的幼体作为实验用蚤。获取方法:实验前3天,先从池塘捞取水蚤,在预先准备好的培养液中(马类培养液、白菜汁、干酵母和马铃薯汁液)进行人工养殖;用吸管吸取个体大、性成熟的孤雌性生殖母体,移到内放塑料网的玻璃缸中;塑料网孔径1.5 mm,水蚤母体置于网上,加培养液继续培养;初生的幼蚤体小,可通过塑料网孔落到下层,母体留在塑料网上,以此将幼体与母体分离。24 h后取出幼体单独培养,再经48 h后即可用于实验。

2. TLm 的测定

将喂养 48 h 的幼蚤吸至培养皿中,计数,挑选健康的个体备用。采用与测鱼的 TLm 相似方法做预实验,再设不同剂量组与对照组,每组 10 个水蚤。记录 24,48 和 96 h 的死亡水蚤数,然后按 LD_{50} 的计算方法求出相应时间的 TLm 值。

4.3.3 藻类急性毒性实验

藻类是一种原植体植物(thallophytes),是水体中的初级生产力。如果有某种有害的化学物质进入水体,藻类的生命活动将会受到影响,生物量也会发生改变。通过测定藻类的生物量,可评价有害物质对藻类生长的作用,反映对水体中初级生产营养级的影响以及对整个水生生态系统的可能的综合环境效应。常用的测试指标有:光密度、细胞数、叶绿素含量及细胞干重,其中细胞数及光密度应用简便,重复性好,不需要昂贵仪器,应用最为普遍,是藻类毒性实验中最主要的测试指标。

第5章 毒物蓄积的研究方法

低于中毒阈剂量的外源化学物,反复多次地与机体持续接触,经一定时间后机体表现出明显的中毒症状,即称为蓄积毒性作用(accumulative toxicity action)。这种蓄积毒性作用,是由于外源化学物进入机体的速度大于自机体消除的速度,而使外来化学物质在体内的量不断地累积,达到了使机体引起毒性作用的阈剂量所致。环境污染物在体内的蓄积作用,是引起亚慢性和慢性毒性作用的基础。因而蓄积毒性作用是评估环境污染物毒性作用的常用指标之一,也是制订其环境卫生标准的重要参考依据。因此,在环境毒理学实验中,阐明外源化学物有无蓄积作用及其程度是非常有意义的。

环境污染物的蓄积毒性作用有两种情况:①环境污染物不断进入机体内,其吸收量大于排出量,使其在体内的量逐渐积累增多,此种量的蓄积称为物质蓄积;②不断进入机体内的环境污染物,反复作用机体,引起机体一定结构或功能的变化,并逐渐累积加重,最后导致出现损害作用,这种蓄积称为功能蓄积。

5.1 物质蓄积的研究方法

进入血液的环境化学物大部分与血浆蛋白或体内各组织成分结合,积聚在特定部位。有的化学物对积聚的部位可直接发挥毒性作用,生物机体接受某种污染物质过程中,若吸收超过排泄以及转化,则会出现该污染物质在体内逐渐增加的现象,称生物蓄积。蓄积程度与吸收、分布、代谢转化和排泄等过程有关。其中污染物对生物膜的通透力及其与格组织亲和力的差异是影响污染物在体内分布的主要因素。

外源化学物在体内蓄积的量与机体在单位时间内吸收和消除的量有关。任何毒物,其连续吸收产生的体内蓄积量并非可以无限增加,而是存在一定的极限。大量实验表明,毒物在体内蓄积的极限值与其在单位时间内的吸收量成正比关系。当毒物吸收和消除的过程呈现动态平衡时,虽然每单位时间仍有相同剂量的吸收,但体内的蓄积量已不再增加,即毒物的蓄积达到了极限。因此,其极限值还与毒物在体内的消除速度,即生物半衰期(亦称生物半减期或生物半排出期)有关。生物半衰期($T_{1/2}$)短的外源化学物,达到极限所需的时间也就越短。

每个单位时间(如每天)的毒物吸收量相对恒定时,毒物在体内的蓄积过程呈现出如图5.1所示的典型规律。也就是说,如果以生物半衰期为时间单位将毒物给予实验动物,经过第1个生物半衰期后,体内蓄积量可达到极限值的50%,第2个生物半衰期后为75%,第3个生物半衰期后为87.5%,依此类推。一般毒物的蓄积量经过6个生物半衰期后,基本上就已达到了蓄积极限,此时理

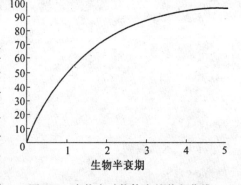

图5.1 毒物在动物体内的蓄积曲线

论上蓄积量为极限值的 98.4%。

除吸入染毒外,毒物在体内蓄积的极限值可以按以下公式估算,即

$$A = a \times T_{1/2} \times 1.44$$

式中:A 为蓄积的极限值;a 为毒物吸收量;$T_{1/2}$ 为生物半衰期。

因此,在实验中只要测得受试毒物的 $T_{1/2}$ 及每个生物在半衰期内的毒物吸收量,即可大致知道它在体内蓄积的动态。

吸入染毒时,当环境中毒物的浓度保持相对恒定时(如生产现场或动式吸入染毒),毒物在体内的蓄积也存在一定的极限值,其测定方法在此不再介绍。

5.2 功能蓄积的研究方法

毒物的功能蓄积程度常用蓄积系数 K 表示。K 是分次染毒所引起某效应之总量 $ED_{50(n)}$ 与一次作用时所得相同效应的剂量 $ED_{50(1)}$ 的比值,即

$$K = \frac{ED_{50(n)}}{ED_{50(1)}}$$

测定蓄积系数的实验一般用小鼠或大鼠,常用的观察指标有死亡和受试毒物对机体的特异性损害等。当以死亡为指标时,K 值可用下式表示,即

$$K = \frac{LD_{50(n)}}{LD_{50(1)}}$$

测定 K 值的常用方法有:固定剂量连续染毒、剂量定期递增染毒和 20 天蓄积实验法。实验先按常规方法测定受试动物的 LD_{50} 或 ED_{50},此即 $LD_{50(1)}$ 或 $ED_{50(1)}$;然后另取动物进行 $LD_{50(n)}$ 或 $ED_{50(n)}$ 的测定。

1. 固定剂量连续染毒法

实验分 2~4 组,每组动物 10~20 只,各组动物每天固定用 $1/20 \sim 1/2 LD_{50}$ 的剂量连续染毒,直至半数实验组动物死亡。如果分次染毒剂量总和已达 5 个 LD_{50},而动物即使尚未到达半数死亡,表明受试毒物的蓄积作用并不明显,实验也可结束。分次染毒剂量为 $1/20 LD_{50}$ 时,实验时间可长达 100 天,分次染毒剂量为 $1/10 LD_{50}$ 时,实验亦可长达 50 天。

2. 剂量定期递增染毒法

取实验动物一组(约 20 只),每天染毒 1 次,以 4 天为一期。染毒剂量每期递增一次,开始第一期的剂量为 $1/10 LD_{50}$,后按等比级数 1.5 倍逐期递增。每天的染毒剂量如表 5.1 所示。

表 5.1 剂量定期递增染毒法的染毒剂量

项 目	染毒时间序列						
	第 1~ 4 天	第 5~ 8 天	第 9~ 12 天	第 13~ 16 天	第 17~ 20 天	第 21~ 24 天	第 25~ 28 天
每天染毒剂量	0.1	0.15	0.22	0.34	0.50	0.75	1.12
4 天染毒剂量	0.4	0.60	0.88	1.36	2.00	3.00	4.48
累积染毒剂量	0.4	1.00	1.88	3.30	5.30	8.30	12.80

实验期限最长只需 28 天。一般连续染毒 20 天,若动物死亡仍然未达半数,此时染毒总剂量已达一次 LD_{50} 的 5.3 倍,即 K 值已大于 5.0,实验也可结束。若实验期间动物发生半数死亡,则可按表 5.1 查得相应的染毒总剂量,即蓄积系数。

依据实验求得的 K 值,与蓄积系数强度分级比较,即可对受试物的蓄积作用做出评估。$K<1$,为高度蓄积;$1<K<3$,为明显蓄积;$3<K<5$,为中度蓄积;$K>5$,为轻度蓄积。

3. 20 天蓄积实验法

选用大鼠或小鼠为实验动物,按 LD_{50} 的 1/20、1/10、1/5、1/2 及 0(溶剂对照)随机分成 5 组,每个剂量组雌雄动物各 10 只。每天对动物进行染毒 1 次,连续 20 天,并观察停药后 7 天内的死亡情况。结果评价:$K<3$,为强蓄积性;$K \geq 3$,为弱蓄积性。如果 $1/20 LD_{50}$ 组有死亡,且存在剂量-反应关系,则可认为受试物有较强的蓄积性;LD_{50} 组未出现死亡,则认为该化学物质无明显蓄积性。

5.3　蓄积率的测定方法

测定蓄积率常用的实验动物为小鼠或大鼠。测定时将动物分为两组,每组 50 只左右。一组为预给组,动物先预给一次一定剂量的毒物,经 24 h 或 48 h 后,按常规测定 LD_{50};另一组为对照组,动物不预给毒物,与甲组同时测定 LD_{50},然后比较两组动物 LD_{50} 的大小,以估计毒物在预给组动物中的蓄积程度。可用如下公式来计算蓄积率,即

$$蓄积率 = \frac{对照组 LD_{50} - 预给组 LD_{50}}{预给剂量} \times 100\%$$

根据预给毒物 24 h 后测得的 LD_{50} 所计算的蓄积率,称 24 h 蓄积率,余类推。常用的是 24 h 和 48 h 蓄积率。为了避免这种不合理现象,有时用对照组与预给组 LD_{50} 之差的绝对值表示毒物的蓄积量,计算公式为

$$蓄积量 = 对照组 LD_{50} - 预给组 LD_{50}$$

第6章 亚慢性和慢性毒性实验

亚慢性毒性(也称亚急性毒性)指机体在相当于1/20左右生命期间,少量反复接触某种有害化学和生物因素所引起的损害作用。所谓"少量"是相对的,没有明确的剂量范围的下限。但是剂量上限应小于相应的LD_{50}值。在接触过程中,要求每次(日)接触的剂量一般相等。人类通常接触的环境污染物,其水平往往低于急性中毒剂量,不易发生急性中毒,但长期反复接触可引起慢性中毒。有些化学物虽然没有急性毒性或急性毒性极低,但由于有较强的蓄积作用,也易引起慢性中毒。因此,测量和评价化学物的慢性毒性对预防人类发生慢性中毒或慢性有害影响具有重要意义。为查明化学物的慢性毒性,通常首先进行蓄积实验,初步判断有无慢性作用的可能,然后进行亚慢性毒性实验,主要是探讨亚慢性毒性的阈剂量或阈浓度和在亚慢性实验期间未观察到毒效应的剂量水平,为慢性毒性实验选择观察指标,确定估计染毒剂量提供依据。

6.1 亚慢性毒性实验

研究受试动物在其1/20左右生命时间内,少量反复接触受试物后所致损害作用的实验,称亚慢性毒性实验(subchronic toxicity test)或亚急性毒性实验(subacute toxicity test),亦称短期毒性实验(short term toxicity test)。以大鼠为例,平均寿命为两年,即24个月,因此,亚慢性毒作用实验的接触期为1~2个月左右。而在环境毒理学与食品毒理学中一般所要求的连续接触为3~6个月,而在工业毒理学中认为1~3月即可。这是考虑到人类接触大气、水和食品污染物的持续时间一般较久,而在工业生产过程中接触化合物仅限于人一生中的工作年龄阶段,且每日工作不超过8小时之故。实验目的是在急性毒性实验的基础上,进一步观察受试物对机体的主要毒性作用及毒作用的靶器官,并对最大无作用剂量及中毒阈剂量做出初步确定。此外,亚慢性毒性实验的结果,也可为慢性实验设计选定最适观测指标及剂量提供直接的参考。有时通过急性毒性实验和参考其他有关资料,已基本掌握受试物的亚慢性毒性损害情况,则可省略亚慢性毒性实验而直接进行慢性毒性实验。

6.1.1 实验动物及分组

亚慢性毒性实验选用的实验动物,应是急性毒性实验证明的对受试物敏感的动物种属和品系,同时还应考虑与慢性毒作用实验中预计使用的动物种属和品系相同。一般要求选择两种实验动物,啮齿类和非啮齿类各一种,以便于全面了解受试物的毒效应。

实验时一般选用健康、年幼的动物,家兔和猫体重1~2 kg,狗体重5~8 kg,小鼠体重为15 g左右,大鼠体重100 g左右。按随机原则分组,各实验组动物体重均值应相近,各种动物体重应控制在组平均体重的±20%范围内。一般设3~4个剂量组和一个对照组,每组动物数一般大鼠为20~40只,家兔和猫为10~30只,狗为6~8只,猴为2~4只,雌雄各半。由于实验时间长,为保证实验顺利,可以每组多加一定数量的动物,实验结束时动物数达到能够有效评价受试化学物毒作用的数量。同时还可多设一个剂量组,对于结果的解释比较有利。

6.1.2 染毒剂量及实验期限

染毒剂量的选择是否恰当,是亚慢性实验成败的关键。适宜的染毒剂量,要求高剂量组可致实验动物明显的中毒反应,但不会引起动物死亡;中剂量组产生轻微的毒效应,相当于亚慢性毒性的阈剂量;低剂量组应不产生任何毒效应,相当于亚慢性的最大无作用剂量。另设一组为对照组。一般用 LD_{50} 或 LC_{50} 的 1/80~1/50 作为亚慢性实验剂量。在测试期内,要求每天的染毒剂量相等。

在环境毒理学范畴,亚慢性毒性实验一般要求连续接触毒物 3~6 个月。现有学者主张进行实验动物 90 天喂饲实验为亚慢性毒性实验,即将受试物混合物放入饲料或饮水中,动物自然摄取连续 90 天。这是由于有研究报道认为动物连续接触外来化合物 3 个月,其毒性效应往往与再延长接触时间所表现的毒性效应基本相同,故不必再延长接触期限。相应地主张呼吸道接触可进行 30 天或 90 天实验,每天 6 小时,每周 5 天。经皮肤实验进行 30 天。

6.1.3 染毒途径

亚慢性毒性实验中接触外源化学物的途径,应尽量模拟人类在环境中实际接触的方式或途径,此外还应与预期进行慢性毒作用实验的接触途径相一致。亚慢性实验中动物接触外源化学物的途径,具体有经胃肠道(经口)、呼吸道及皮肤接触三种。具体的染毒途径应根据实验目的和毒物性质的不同,选择不同的染毒途径。常用喂饲法或饮水法。将受试物均匀地拌入饲料中,让动物自由摄食。必要时应定期监测饲料或饮水中的受试样品浓度,观察其稳定性。实验之初密切观察动物是否拒绝自动摄入拌药饲料,应尽早改为其他方式染毒,如灌胃。饮水法是将水溶性的无异味的毒物溶于饮水中,让动物自由饮用。这种方式前提是无异味。经口灌胃方法的给药量较准确,故常被采用。另外还有吸入和经皮染毒,可以根据需要选择。

实验过程中,每日应定时染毒,使实验动物血液(体液)中毒物浓度稳定,保持每日相似的生物效应。

6.1.4 观察指标

观察指标可分为一般性指标和病理学检查,而一般性指标又可分为一般综合性指标和一般化验指标。

(1)一般综合性指标是非特异性观察指标,它是外来化合物对机体毒性作用的综合性总体反映。一般综合性指标主要观察受试动物的一般活动、中毒症状以及死亡情况。每周称重 1 次,记录饲料或饮水量,以及排便量,并在此基础上计算食物利用率(即动物每食入 100 g 饲料所增长的体重克数)和生长率(各组每周摄入食量与体重增加之比),以及脏器湿重与单位体重的比值(脏器系数)。脏器系数的意义是指实验动物在不同年龄期,其各脏器与体重之间重量比值有一定规律;若受试化合物使某个脏器受到损害,则此比值就会发生改变,可以增大或缩小,因此,脏器系数是一个灵敏、有效和经济的指标。

实验动物在接触外源化学物过程中所出现的中毒症状及出现各症状的先后次序、时间均应记录和分析,尤其对动物被毛色泽、眼分泌物、呼吸、神态、行为等需注意观察。这类资料经过分析,有利于探讨受试化合物损伤的部位及程度。

(2)一般化验指标主要指血液和肝、肾功能的检验。通常血液学检验常规项目包括:血红蛋白(Hb)、红细胞数(RBC)、白细胞数(WBC)、血小板数以及与凝血功能有关的指标。血生化检验包括:丙氨酸氨基转移酶(ALT)、天门冬氨酸氨基转移酶(AST)、血清总蛋白(TP)、尿素氮(BUN)、肌酐(Cr)、甘油三酯(TG)、总胆固醇(TC)等。必要时,还可测钾、钠、钙或根据毒物作用特点选择其他指标。有时还需要在实验中期进行血液生化指标检测。肝、肾功能常规项目包括谷丙转氨酶、谷草转氨酶、血清尿素氮、尿蛋白定性或定量以及尿沉渣镜检等。

(3)实验结束时,处死所有动物并进行尸检。如未见明显病变,可将高剂量组和对照组的主要脏器进行病理学检查,发现病变后再对较低剂量组相应器官组织进行检查,包括心、肾、肝、脾、肺、肾上腺、甲状腺、垂体、前列腺、胸腺、睾丸(连附睾)、前列腺、卵巢、子宫、胃、十二指肠、回肠、结肠、胰腺、膀胱、淋巴结、脑、脊髓、胸骨(骨和骨髓)、视神经等。实验过程中死亡或濒死的动物亦应进行组织病理学检查。

6.1.5 数据处理

数据处理与评价实验结果一般以表格形式总结,内容包括各组动物数、出现损伤的动物数、损伤类型和每种损伤动物的百分比,对不同数据类型,如计量指标或计数指标,选择合适的统计学方法进行分析,处理组与对照组结果比较,得出科学结论。一般从 90 天亚慢性毒性实验可得出未观察到有害作用剂量(NOAEL)和观察到有害作用剂量(LOAEL),主要中毒表现和毒作用的靶器官,为慢性实验提供资料。

6.1.6 注意事项

(1)饲料及掺药饲料注意事项。在将受试物掺入饲料或饮水时,可采用先配母料,逐步稀释的方法。在加入受试物前,饲料必须已经过加工完毕,切不可加入受试物后再进行烘烤、消毒等处理。配好的饲料贮存时间不应超过 1 周。在实验前要对饲料及饮水进行必要的检查、测定,防止其中含有毒有害物质,影响实验结果。

(2)合理营养。由于亚慢性毒性实验期限较长、染毒剂量低,受试物引起的毒效应多数比较轻微,缺少特异性。因此必须防止由于营养失调造成的生长发育异常及生理、生化指标的变化,以致加重或掩盖了受试物引起的毒效应,干扰正确的评价。

(3)加强动物饲养管理,防止疾病产生。亚慢性毒性实验期限较长,动物又处于染毒条件下,容易并发其他疾病,影响对受试物引起的毒效应的辨认,所以在实验中应加强动物饲养管理,防止疾病产生。

6.2 慢性毒性实验

慢性毒性实验(chronic toxicity test)是指以低剂量外源化学物长期给予实验动物,观察其对实验动物所产生的毒性效应的实验。其目的是确定外源化学物的毒性下限,即长期接触受试化学物可以引起机体危害的阈剂量和无作用剂量,为进行该化合物的危险性评价与制定人接触该化合物的安全限量标准提供毒理学依据,如最高容许浓度和每日容许摄入量等。

6.2.1 实验动物及分组

慢性实验使用的实验动物与亚慢性实验动物相同,有利于研究的连续性。实验动物最好纯系甚至同窝动物均匀分布于各剂量组。实验动物的年龄应低于亚慢性实验,选用初乳的动物为宜,如出生3周内的、体重为10~12 g的小鼠,或出生3~4周、体重为50~70 g的大鼠。要求雌雄各半。一般设3个染毒剂量组和1个对照组,必要时另设一个溶剂对照组,即无作用剂量组、阈剂量组、发生比较轻微毒性效应的剂量组(此为最高剂量组),对于结果的解释比较有利。

6.2.2 染毒剂量

最大剂量组应引起明显的毒性反应,最低剂量组则不应出现毒性作用,在此两组中间再设1~3个剂量组。一般可根据亚慢性毒性实验资料,一是以亚慢性阈剂量为出发点,即以亚慢性阈剂量或其1/5~1/2剂量为慢性毒性实验的最高剂量,以这一阈剂量的1/50~1/10为慢性毒性实验的预计阈剂量组,并以其1/100为预计的慢性无作用剂量组;一是以急性毒性的LD_{50}剂量为出发点,即以LD_{50}的1/10剂量为慢性实验的最高剂量。以LD_{50}的1/100为预计慢性阈剂量,以LD_{50}的1/1 000为预计的无作用剂量组。组间剂量差一般以5~10倍为宜,最低不小于两倍。

6.2.3 染毒途径

主要经胃肠道(经口)、呼吸道及皮肤接触三种,具体的有喂饲法、饮水法、灌胃法和涂肤法等。但需强调,在染毒期间一定要保证合理饮食及适宜的温度和湿度等环境条件,以防止由于外界环境的不适而引起实验动物不应有的死亡,使实验更具有说服力。

6.2.4 观察指标

慢性毒性实验的观察指标基本与亚慢性实验相同。另需注意以下几点:

(1)在染毒前对动物的一些预计观察指标,如血、尿、肝、肾常规检查及某些生化指标应进行测定,既利于染毒后比较,又可对动物健康状况进行筛选。凡是指标差异过大的动物应废弃。

(2)在染毒期间进行定期指标观察时,对照组和各剂量组应同步进行,同期比较。

(3)实验结束后,最好将最高剂量组与对照组的部分动物继续留养1~2个月,以对已显现变化的指标进行追踪观察,有助于探讨受试化学物对实验动物有无后作用及损伤是否可以恢复。

6.2.5 实验评价

通过慢性毒性实验所获得的结果,可依据敏感观察指标出现异常的最小阈剂量,找出该受试物慢性毒作用的最大无作用剂量,为受试物能否应用或为制订环境卫生标准提供最重要的参考依据。观察与表达慢性毒性还可使用慢性毒作用带这一参数,其含义为急性阈剂量与慢性阈剂量的比值,此比值越大表明受试化学物越易于发生慢性毒害。

6.2.6 实验报告

不同规范要求的实验报告具体内容有一些差异,一般包括下列内容:实验开始和结束时间;受试物;实验动物名称、数量、饲养条件;动物分组情况、染毒方法、染毒剂量和染毒期限;体重;各项临床检查结果;大体解剖及组织病理学检查所见;每组动物死亡数、死亡日期、实验结束时动物存活情况;相关靶器官、毒作用性质与特点;剂量-效应关系和剂量-反应关系;以本实验获得的 LOAEL 和 NOAEL 为依据,评价受试物的慢性毒性大小,从而为建立人群长期安全接触水平提供重要依据。

第7章 致癌性实验

致癌性实验(carcinogenic test)是检验受试物及其代谢产物是否具有致癌作用或诱发肿瘤作用的慢性毒性实验方法,有时可与慢性毒性实验同时进行。利用完整动物进行长期实验,仍是致癌实验的重要方法。这一方法比较可靠,但过程长,费时费力,而且受到许多因素的影响。判断对人群有致癌作用的环境因素或环境致癌物,必须有人群流行病学调查和动物实验的研究资料。致癌实验的工作,目前还是通过整体动物实验来完成的。近年来一般选用敏感动物或至少采用两种动物进行实验。致癌剂量组包括两种剂量,其中,最高剂量采用毒性实验的最大耐受量。致癌性判别是一项极其重要、慎重而又复杂的工作。限于节约时间、人力、物力的原因,一般在进行长期动物诱癌实验前,先进行致突变实验、恶性转化实验,据此对该化学物的致癌性进行初步推测。在此基础上,进一步开展动物长期诱癌实验和短期中期致癌实验,并结合人群流行病学研究资料,才能对化学物致癌性做出评价。

7.1 长期动物实验

7.1.1 实验动物的选择

长期动物实验应选用抗病力强、容易饲养、肿瘤自发率低、寿命长、对受试物敏感的动物。不同品系易感性有时可有明显差别,一般正规的实验要求有两种或两种以上的动物,动物年龄一般选用刚断乳动物。最好同时应用两性动物测试,雌雄各半,但也可以仅用一种性别先试。

7.1.2 动物数目

如选用啮齿类小动物为实验动物,要求每组50只,如两性同用,则雌雄各半。考虑到在实验过程中,实验动物会因疾病、中毒及意外事例而损失一些,过少会影响实验的准确性。但是过多的动物,会使工作量加大,照顾不及,反而降低实验的质量。应用狗、猴等较大动物做实验时,数目可酌减。

7.1.3 剂量分组与对照

一般设计3个剂量组。高剂量最好采用最大耐受量,即不会致死、也不引起可能缩短寿命的毒性表现和病理改变或与对照组相比体重下降不大于10%的剂量,低剂量最好高于人类实际能接触剂量。长期动物实验除了不予特殊处理和仅用辅剂处理的两种阴性对照外,还应设阳性对照,这是和一般毒性实验的不同之处。阳性对照使用已知的致癌物,测试受试动物或实验过程能否致癌,要求阳性对照所获肿瘤率与受试的最高剂量组相仿。阳性对照的设置要防止与受试组之间发生交叉污染,最好隔离饲养。为弥补实验过程中受试动物的早期死亡,可以增设新的受试组,还可在实验开始时多设阴性对照或阴性对照组的动物数略大一些,以做备用。

7.1.4 染毒途径

染毒途径尽量选择类似或接近于人类接触受试物的方式。一般染毒方式如下：

1. 经口染毒

测试物拌和的饲料，一般可 2 周到 1 月制备 1 次，但若测试物的化学性质不稳定，或反应性很强，极易变质，则只能在应用前拌和，拌和的食料不能久放，或可改用胶囊给药。饲料的混合一定要均匀。幼鼠的相对进食量比成年鼠要大，所以若按体重计算给药量，则在前 10 周内要配制含不同浓度毒物的饲料。

2. 皮肤涂敷

大鼠、豚鼠、狗对皮敷致癌物极不敏感，所以皮肤涂敷实验一般采用小鼠或兔。染毒时，用电动剪发刀剃去背颈部的毛发，隔天涂敷测试物，每周 1~3 次。测试物可配成溶液，选取不同浓度。实验中要同时观察动物有无全身中毒征兆，因为受试物可以通过皮肤吸收、舌舔食及间接污染饲料笼具后再被摄入。

3. 注射

本法利用不溶或缓溶的制剂，注射大鼠腋部或腹股沟处皮下或肢体肌肉。易溶制剂会迅速吸收，结果使动物遭受全身作用而不是局部作用，所以不宜使用。注射染毒一般次数少，操作处理比较方便，但需同时设置注射溶剂的对照。另外，胸腔、腹腔注射，在个别情况下，如研究石棉引发间皮瘤时，也有应用。

长期动物实验除以上主要染毒方法外，有时还会用到埋藏植入法、吸入法以及气管注射法等，具体方法主要根据受试物的特性进行选择。

7.1.5 实验时间

一般取断乳动物，在新的环境短时期饲养后即可开始实验。测试化学物可以连续给予或间断给予。连续给予可以将受试化学物掺入饲料中，使动物每天摄食；间断给予如果是皮肤染毒，可每周敷涂 2~3 次，若为注射给予，可每周 1 次，植入则仅进行 1 次。

染毒时间和实验周期为了使实验动物接触可疑致癌物的期限足够长，通常这种实验从动物断乳后不久开始。实验期限大鼠为 2 年(104 周)，小鼠和地鼠为 1.5 年(96 周)。在整个实验期，动物一般应持续给受试物，也可给受试物大鼠一年半，小鼠一年后停止，然后再观察半年。

如果对照组或低剂量组动物死亡率达 75%，各组存活动物可处死并终止全部实验。不管动物死亡率如何，大鼠实验不能持续 130 周以上，小鼠不能持续 120 周以上，地鼠不能持续 100 周以上。

7.1.6 指标观测

1. 常规观察

实验头 3 个月每周称一次动物体重，以后每两周称一次。每天观察两次动物，发现死亡、垂死的和临床异常的动物，应详细记载。

2. 肿瘤发生情况

记录肿瘤出现时间、部位、大小、数目、外形、硬度和发展情况。

3. 病理学检查

凡肉眼能辨认的肿瘤或可疑的肿瘤组织均应记录,包括其所在的脏器的部位、大小、形状、颜色、硬度、与正常组织界限及肿瘤组织本身有无出血、坏死,也要注意非肿瘤性病变。对肿瘤组织、可疑肿瘤组织及肉眼不能判断性质的其他病变均作病理组织学检查。

4. 肿瘤发生率

肿瘤发生率按下式计算,即

$$肿瘤发生率 = \frac{实验终了时患肿瘤动物总数}{有效动物总数(最早出现肿瘤时的存活动物总数)} \times 100\%$$

还可以计算良性、恶性肿瘤发生率及二者的总发生率。

5. 潜伏期

从实验开始到各实验组第一例肿瘤的发现这一段时间作潜伏期。

7.1.7 结果评判

发现第一例肿瘤时存活的动物数确定为有效动物数,各种分析指标都以该动物数作为基数计算。

1. 病理学检查结果

病理检查结果可分几种情况,其意义也不同。

(1) 如为恶性肿瘤,则可肯定为阳性结果。

(2) 如仅出现良性肿瘤,则受试物有极大的怀疑,它仍可能是致癌性的,应另设计实验做进一步的检测。

(3) 如仅发现癌前期变,性质上还不属于肿瘤,而有很大可能发展成为肿瘤,也需进一步再做实验。

(4) 如病理检查仅发现与肿瘤无关的病变,则需探明是否与受试化学物有关。

2. 主要评价指标

(1) 肿瘤发生率是本实验最重要的指标,指实验结束时患瘤的动物占有效动物数的百分比,用%表示。要求计算肿瘤总发生率、恶性肿瘤总发生率、各器官或组织肿瘤发生率,以及各种类型肿瘤发生率。

(2) 多发性是指一个动物出现多个肿瘤或一个器官出现多个肿瘤。一般计算每一组平均肿瘤数。

(3) 潜伏期指从动物接触致癌物开始,到出现第一个肿瘤的天数。致癌物剂量越大潜伏期越短。

除每组动物发生肿瘤数的统计之外,将各组概括起来看,如能得到明显的剂量-效应关系,则更有价值,这是对受试物具有致肿瘤性能的一个强有力证据。对染毒动物组与对照组之间的数据进行统计学处理后,如果任何一条若有显著性差异,存在剂量反应关系,即可认为受试物的致癌实验为阳性。

7.2 短期筛检方法

常用的短期筛检有 3 类:鼠伤寒沙门菌/哺乳动物微粒体酶实验(Ames 实验)、DNA 修复测定和细胞转化实验。下面分别予以简单介绍。

7.2.1 艾姆斯实验

艾姆斯(Ames)实验是由美国加州大学生物化学家艾姆斯等人经多年研究创建的,它利用经人工诱变了的微生物作为指示微生物,检测化学物质的致突变作用。

艾姆斯实验又称鼠伤寒沙门菌/哺乳动物微粒体实验(Salmonella typhimurium/ma mmal microsomal enzyme test)。它是利用鼠伤寒沙门菌(Salmonella typhimurzum)的组氨酸营养缺陷型菌株(His^-)发生回复突变的性能来检测被检物质是否具有致突变性。

鼠伤寒沙门氏菌(Salmonella typhimurium)的组氨酸营养缺陷型(his^-)菌株,在含微量组氨酸的培养基中,除极少数自发回复突变的细胞外,一般只能分裂几次,形成在显微镜下才能见到的微菌落。受诱变剂作用后,大量细胞发生回复突变,自行合成组氨酸,发育成肉眼可见的菌落。某些化学物质需经代谢活化才有致变作用,在测试系统中加入哺乳动物微粒体酶,可弥补体外实验缺乏代谢活化系统之不足。鉴于化学物质的致突变作用与致癌作用之间密切相关,故此法现广泛应用于致癌物的筛选。

具体地讲,具有组氨酸缺陷型的沙门菌株,均含有控制组氨酸合成的基因,当培养基中不含组氨酸时,它们便不能生长。当某些被检物质具有致突变性时,使细菌的特定部位发生基因突变而转变成具有合成组氨酸能力的野生型菌株(His^-)时,就又能在无组氨酸的培养基中生长了。常用的沙门菌株有 TA1535、TA1537、TA1538、TA100 和 TA98。

艾姆斯实验方法有预实验和标准实验两种。将受试物、实验菌株培养物和 S-9 混合液加到顶层培养基中,混匀后铺在最低营养平皿上,37 ℃培养 48 h,计数可见菌落数。判断阳性结果的标准是,如每皿回变菌落数为阴性对照的每皿回变菌落数的两倍以上,并有剂量-反应关系,即认为此受试物为鼠伤寒沙门氏菌的致突变物。

S-9 混合液是用多氯联苯诱导的大鼠肝匀浆 9000Xg 上清液(S-9)加上 NADP 及葡萄糖-6-磷酸等辅助因子,作为代谢活化系统。如不加 S-9 混合液得到阳性结果,说明受试物是直接致突变物;加 S-9 混合液才得到阳性结果,说明该受试物是间接致突变物。

艾姆斯实验的灵敏度很高,甚至能检测出每升微克级或纳克级水平的致突变物。此方法不仅可检出单一物质,而且也能检出废水、废气、血液、粪便等复杂混合物中的致癌、致突变物质,能很好地反映污染物环境中多种物质联合作用的效应,而且还具有简易、快速、灵敏等优点。这种方法的不足之处是,只能测定具有突变作用的化学物质,对非致突变作用的物质不能监测。

7.2.2 DNA 修复测定

外界一些因素,如紫外线、X 射线、化学致癌剂等造成 DNA 的任何改变,可导致细胞死亡或引起子细胞的突变。DNA 修复(DNA repairing)其实就是细胞对内外诱变因素造成的 DNA 损伤和复制过程中发生非标准碱基的掺入,以及碱基错配所造成的 DNA 结构和序列错误的一种纠正功能和过程。DNA 修复是细胞对 DNA 受损伤后的一种反应,这种反应可能使 DNA 结构恢复原样,重新能执行它原来的功能;但有时并非能完全消除 DNA 的损伤,只是使细胞能够耐受这 DNA 的损伤而能继续生存。

机体接触致癌物后,DNA 修复合成功能将显著增强。因此,根据增强的程度,可确定受试物是否具有致癌作用。检测 DNA 损伤修复合成的方法很多,适于快速筛检的方法是使哺乳动物细胞接触受试物,并给予 DNA 合成所必需的前体物。很多化学物质可以造成 DNA 损伤,并引起切除修复。其切除修复的量表示修复损伤的量,是对化学致突变剂的间接指示,因为致突变和致癌的潜在性取决于未修复的损伤的量。下面简单介绍两种 DNA 修复测定方法:

(1)离心技术。可鉴别致癌剂和非致癌剂,能定量分析 DNA 损伤和修复,计算出全部细胞的修复能力。

(2)放射自显影技术。测定异常时序 DNA 合成此法简易,仅需少量细胞,一个样品约 200 只细胞;能用于人类细胞的检测,如淋巴细胞、皮肤活检纤维母细胞等;可用于分化的和未分化的细胞,在单个的细胞核内可见到 DNA 修复。但此法不能测出修复的损伤量,也不能区分单链和双链的断裂。

以上两种测定方法都能在短时期内完成,对化学致癌物的快速预筛具有一定价值,但仍不能代替动物致癌性的测试。

第8章 致突变性实验

致突变性实验是为了确定某种外源化学物对生物体是否具有致突变作用而进行的实验。致突变实验方法根据终点反应不同,可区分为基因点突变实验、染色体畸变和DNA损伤实验等。这些实验有的在体外进行,有的在体内进行,所使用的生物系统包括细菌、真菌、植物、昆虫、哺乳动物细胞或哺乳动物等。

8.1 理论概念

8.1.1 致突变作用

1. 基因突变

基因突变是DNA在分子水平上发生碱基对排列顺序或组成的改变,而此种改变只限于染色体内特定位点,故又称点突变(point mutation)。基因突变主要有两种类型,即碱基置换(base-pair substitution)和移码突变(frameshift mutation)。

(1)碱基置换。碱基置换是DNA多核苷酸链上某个碱基对被另一个碱基对所取代,引起错误配对。碱基置换又有颠换(transversion)和转换(transition)两种不同形式:

①颠换。即一个嘌呤为另一个嘧啶所取代,或一个嘧啶为嘌呤所取代,例如:
$$G:C \leftrightarrow A:T$$

②转换。指DNA的多核苷酸链上同类碱基之间的取代,即一个嘧啶为另一个嘧啶所取代,或一个嘌呤为另一个嘌呤所取代,例如:
$$G:C \leftrightarrow A:T$$

(2)移码突变。由于某些化学致突变物的作用使DNA碱基序列中,插入或缺失一对或几对(除了三对)碱基而引起密码编组的变动。

2. 染色体畸变

当细胞中的染色体受到化学致突变物作用后,以致出现了可用显微镜直接观察到的结构和数目的改变,称为染色体畸变。染色体畸变可分为染色体结构异常和染色体数目异常两大类。

(1)染色体结构异常。染色体在致突变物作用下,DNA结构的完整性遭到破坏,染色体或染色单体经过断裂、重换或互换机理可产生染色体畸变(chromosome aberration)及染色单体畸变(chromatid aberration)。可引起染色体或染色单位断裂,导致染色体结构异常的化学物质,称为断裂剂(clastogen)。

①染色体型畸变。即在染色体两条单体的同一位点上出现的结构异常。

断裂(break)。染色体的两条单体在同一位点上发生断裂而又未发生重接时,可产生一个无着丝点断片(acentric fragment)和一个异常的带着丝点染色体,断片离开原位,和异常染色体无线性关系。

缺失(deletion)。染色体断裂后,由于断片的丢失而失去了部分染色质及其携带的遗传信息所引起的结构变化。

倒位(inversion)。如果其中间断片发生180°倒转后,又重新接到染色体原来的两个断端上,造成染色体内部遗传物质的重新排列,称倒位。

易位(transloeation)。即两条非同源染色体同时发生断裂,然后互相交换断片,又重新与断裂节段相接而引起的结构变化。

重排(rearrangement)。即多个染色体发生断裂后的相互交换重接所形成的异常易位。

重复(duplication)。同一条染色体上增加了一个重复片段。

插入(insertion)。当一个染色体发生三处断裂的重接时,一个染色体臂内发生两处断裂所形成的断片插入另一臂断裂处的现象称插入。

②染色单体型畸变。染色单体型畸变的基本表现形式同染色体型畸变。

(2)染色体数目异常。各种生物的染色体都有 $2n$ 个染色体数目。有一套完整的染色体组,其染色体数目为 n,称为单倍体(haploid),不同种属的动物,其染色体数目不同。

在细胞分裂过程中,染色体分离障碍,可导致染色体数目异常,包括整倍体和非整倍体两类。以二倍体细胞为标准来命名。整倍体是染色体数目以染色体组为单位的增减,如单倍体、三倍体、四倍体等,三倍体以上的称为多倍体。非整倍体是指染色体数不是染色体组的整倍数。

8.2 致突变作用后果

突变本来是生物界的一种自然现象,是生物进化的基础。但由于人类对环境的过度干扰,环境中的致突变因素也随之加强,这些突变往往对大多数生物个体有害。

1. 体细胞突变

体细胞的突变,可引起各种病变,如肿瘤、畸胎、高血压等。因此,环境污染物如具有致突变作用,即为一种毒性的表现。

2. 生殖细胞突变

哺乳动物的生殖细胞如发生突变,可以影响妊娠过程,导致不孕和胚胎早期死亡等,并可传至后代。按突变不同的表达类型,可导致不同的后果。

(1)隐性致死。它是指子代从亲代那里各得一个隐性突变基因,成为可表达的纯合子而引起生殖障碍或死亡。

(2)显性致死突变。它在生殖细胞合子阶段或胚胎发育的早期即行表达,其结果是突变的细胞不能与异性细胞结合,或即使结合,合子也在发育成为成熟胎儿前死亡。它对基因库的影响很小,并可自行消失。

(3)存活突变。显性或隐性(纯合子)存活突变如果不引起胚胎死亡,就可能在后代表达,并使后代出现前述各种可遗传病。隐性存活突变,常以突变基因的杂合子传给后代,由于不表达,难以识别,但对基因库的遗传负荷有较大影响。

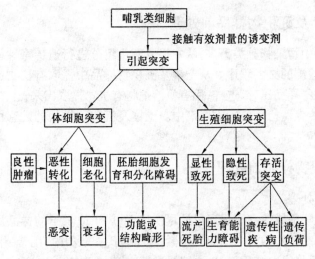

图 8.1 哺乳动物致突变的后果示意图
(引自:He mminki,1978 及 Sorsa,1980 经修改)

8.3 致突变实验环境样品的采集和前处理

合理的样品前处理方法是有效遗传毒性检测的必要前提。国家环保总局依据国内外文献,于 1992 年首先制定出《有机污染物遗传毒性检测的环境样品前处理规范》,并以国家标准的形式颁布。目的是制定污染物有机组分遗传毒性检测时环境样品前处理的技术要求,保证将检测结果的偏差减到最小。

8.3.1 大气可吸入颗粒物样品前处理

大气中包含有大量已被证明对人类有遗传毒性的物质,如大气中常可检出的醛、脂肪胺、芳香胺、烯烃、石棉、氮杂环、苯衍生物等。这些化学物质以气态、半气态或附着在颗粒物上的形式存在于大气中。进行遗传毒性检测时,它们的前处理方法是不同的。目前关于样品前处理方法的报道很多,对颗粒上的化学物质的前处理方法相对较成熟。

大气可吸入颗粒物样品前处理的主要程序是以大气可吸入颗粒物采样法采集一定量的样品,以适当的有机溶剂将附着在可吸入颗粒物上的污染物有机组分通过超声提取法或索氏提取法提取出来,再将提取液通过适当的蒸发方法浓缩、蒸干,并使提取物溶于遗传毒性检测所用的溶剂中。

8.3.2 地面水及废水样品前处理

许多水样,特别是地面水中的有机物含量极低,通常都低于遗传毒物的检测限,无法用水样直接进行检测。水样需经过一定程序的处理,才有可能进行生物检测。

水中有机污染物基本上可分为两大类:一类是水溶性低、挥发性强的有机物;另一类是水溶性相对高而挥发性低的物质。前者通常采用低温截留器采集、撞击式采集器的溶剂吸收或固体基质吸附;而后者目前主要是用有机溶剂提取。

8.3.3 土壤及沉积物样品前处理

土壤及沉积物中污染物种类繁多,从中提取有机组分进行遗传毒性检测是个复杂的技术问题,也是生物检测的必备程序。从土壤及沉积物样品中提取有机物的基本程序是将一定量的土壤或沉积物样品压碎、选样,用有机溶剂将有机物提取出来,经浓缩、蒸干后将所得有机物,再溶于遗传毒性检测所需的溶剂中。土壤及沉积物样品的贮存样品应尽量避免日光、潮湿、高温和酸碱气体等的影响。

8.3.4 动植物样品前处理

1. 植物样品前处理

先将洗净的植物鲜样放在干燥通风处尽快风干,风干或烘干的样品用剪刀剪碎后用磨碎机磨碎过筛。将制备好的样品用滤纸包紧,置于索氏提取器内,用苯-甲醇(4∶1)等适宜的溶剂进行提取,再将提取液用 K-D 浓缩器进行浓缩,并于 40 ℃水浴条件下用平稳氮气流将浓缩过的提取液吹干。再加入适量(1 mL 左右)DMSO 使提取物溶解,并稀释至适当浓度以备进行遗传毒理学检测。需要注意的是,提取液应于-20 ℃条件下避光保存,保存最长时间不能超过 3 周。

2. 动物样品前处理

将采来的样品洗净,鱼贝类剥去鳞或贝壳,将肉、某些脏器或部位的组织混匀捣碎,称取一定量样品并加等量的分析纯无水硫酸钠,研磨混匀放置 1 h 以上,用预先提取剂(乙醚)处理好的滤纸将其包裹,放入索氏提取器内,用乙醚连续抽提 8 h,用 K-D 浓缩器浓缩法对提取物进行浓缩,于 40 ℃水浴条件下用平稳氮气流将浓缩过的提取液吹干。

8.4 常用的致突变实验法

致突变性实验是为了确定某种外源化学物对生物体是否具有致突变作用而进行的实验。致突变实验方法根据终点反应不同,可区分为基因点突变实验、染色体畸变和 DNA 损伤实验等。这些实验有的在体外进行,有的在体内进行,所使用的生物系统包括微生物(细菌、真菌等)哺乳动物的细胞、昆虫乃至哺乳动物或植物等。

用微核实验来评价药物、放射线、有毒物质等对人体细胞或体外培养细胞遗传学损伤仍是一个直观有效可行的方法,在遗传毒理、医学、食品、药物、环境等诸多方面得到了广泛的应用。微核计数经济、迅速、简便,不需要特殊技能,可以统计更多的细胞并实现计算机自动计数。若采用核型稳定的细胞,确立统一的操作协议,进行实验室间的合作建立数据库,应用探针技术的微核实验很可能被纳入遗传毒理学实验。微核实验技术的种类很多,包括常规微核实验、细胞分裂阻滞微核分析法、荧光原位杂交实验与 DNA 探针与抗着丝粒抗体染色等方法。

8.4.1 微核实验

1. 微核概念

微核是胞浆内的染色质团块,有学者认为,微核是来自于细胞分裂后期的染色体迟滞。

在有丝分裂中期相,某些成分移向纺锤体极或被纺锤体牵引至纺锤体极,在此过程中,由诱裂剂造成的无着丝粒的染色质、染色体片段的移动迟滞而被包含在子细胞的胞浆中,然后这些迟滞的成分形成一个或几个次级核。由于它们比母核小,故被称为微核。纺锤体的损伤也会产生类似的结果。

2. 原理

一切进行分裂的细胞,在染色体断裂剂作用下均能产生微核,因此可用微核率的变化来检测诱变物,例如检测染色体断裂剂(诱裂剂)和纺锤体毒物等。微核在各种骨骼细胞内见到,但作为分析终点的细胞群,是在处理期间经历了最后的染色体复制和有丝分裂的成红细胞。在最后的有丝分裂阶段,成红细胞排出主核成为多染红细胞。这些细胞保持胞浆嗜碱性约24 h,成为正染红细胞,进入循环的周围血中。在骨髓中大量存在的多染红细胞可用以计数微核的存在与否。

由于这种测定方法比较简便、快速、可靠,目前已成为筛选化学致突变物的常用方法之一。微核检测可以通过哺乳动物体内细胞微核率检测实验和细胞培养微核实验进行,在此仅就啮齿类动物骨髓嗜多染红细胞(PCE)微核实验作如下介绍。

3. 实验方法

(1)实验动物。PCE 微核实验一般采用小鼠或大鼠作为实验动物。雌雄动物各半,不适宜选择老年动物。小鼠体重25 g 左右为宜。

(2)剂量及分组。为减少假阴性,筛选出弱断裂剂,实验中应尽量用高剂量。PCE 微核实验的最高剂量可达7 天 LD_{50} 的80%,若4 天内动物未死亡,则改用80% 4 天 LD_{50} 的剂量。每个实验至少设4 个组,2 个给药组,最高剂量为80% 7 天 LD_{50},另一个为40% 7 天 LD_{50},其他2 个组为阴性对照和阳性对照。

(3)给药途经。采用与人体接触或暴露相同的途径,如饮水和食品污染物采用经口染毒,或采用腹脉注射染毒。

(4)取材时间。如一次染毒,在给药24 h、48 h 和72 h 取材;二次染毒时,两次染毒间隔24 h,于第二次染毒后24 h、48 h 和72 h 取材。

(5)标本的制备。脱颈椎处死小鼠,立即取股骨骨髓于载玻片上,混匀,推片,吹干,固定,常规 Giemse 染色。

(6)微核计数。PCE 中微核的嗜色性与核质一致,典型的微核呈圆形,边缘光滑而整齐,直径常为红细胞(RBC)的1/20 ~ 1/5,偶尔呈椭圆形、肾形、马蹄形及环形,数目通常是一个,少数两个或两个以上。嗜多染红细胞中出现两个或更多个微核的,按一个微核细胞计数,计数200 个 PCE,同时计数见到的成熟红细胞 PCE/RBC 的值,可反映受试物对骨髓有无抑制。

4. 结果与评价

约99% 的动物,其多染红细胞微核率在0 ~ 0.4% 之间。一个大数量的阴性对照组均值范围是0.08% ~ 0.3%,单个动物的多染红细胞微核率正常值上限是0.4%,一组动物正常值上限是0.3%。测试所得值高于正常范围,就应用统计学方法对阴性对照组与各处理组进行统计学评价。

8.4.2 致死实验

8.4.2.1 显性致死实验

1. 原理

显性致死实验是检测受试物诱发哺乳动物性细胞染色体畸变所致胚胎或胎儿死亡的遗传毒性实验方法,是哺乳动物生殖细胞致突变体内标准实验之一,检测的遗传学终点是染色体完整性改变及染色体分离改变。显性致死是染色体结构异常或染色体数目增加或减少的结果,但也不能排除基因突变和毒性作用。一般以受试物处理雄性啮齿动物,然后与雌性动物交配,经适当时间后,处理雌性细胞病检查子宫内容物,以确定活胎或死胚胎数。如与对照组比较,处理组平均活胎数由统计学意义的减少或增加,并有剂量-反应关系,则可认为该受试物为哺乳动物性细胞的致突变物。这种方法比较简便,但不太灵敏。

2. 方法

(1) 一般选用性成熟的雄性小鼠或大鼠,随机分成 5 组,每组 10 只。3 个为实验组,阴性和阳性对照各 1 组。

(2) 染毒剂量。分急性(一次染毒)、亚急性(染毒 15 天)、慢性(染毒 3 个月以上)3 种方式。急性、亚急性实验的高剂量组,其剂量为 LD_{50} 的 1/10~1/3;中等和低剂量组为高剂量组剂量的 1/3 和 1/10。慢性实验最高剂量组的剂量为最大无作用剂量或人体摄入量的 100 倍。

(3) 染毒途径。一般为经口或腹腔注射染毒。阴性对照组仅给溶剂,阳性对照用甲磺酸乙酯或环磷酰胺或三乙撑三聚氰酰胺(TEM)。

(4) 投予 10 周后的第一周,每一雄鼠与两只性成熟的未染毒、未生育的雌鼠交配,第二周取另两只雌鼠交配;如此连续交配 6 周,以确定受试物对不同发育阶段精细胞的致突变作用。从交配的一周中间起 14 天处死,计算黄体数和活或死着床数、胎块数、死胎数及活胎数等。

胚胎鉴别如下:

活胎:完整成形、色鲜红,有自然运动,机械刺激后有运动反应。

早期死亡胚胎:胚胎形体较小,外形不完整,胎盘较小或不明显。最早期死亡胚胎会在子宫内膜上隆起如一小瘤。如已完全被吸收,仅在子宫内膜上留一隆起暗褐色点状物。

晚期死亡胚胎:成形、色泽暗淡,无自然运动,机械刺激后无运动反应。

用 Freeman Tukey 氏平方根转换式和 t 检验统计每一受孕雌鼠死着床数,以及经卡方测验一或一以上的和二或二以上死着床数的雌鼠数。

3. 指标与评价

显性致死效应评价的常用指标如下。

$$受孕率 = \frac{受孕雌鼠数}{交配雌鼠数}$$

$$平均着床率 = \frac{着床总数}{受孕雌鼠总数}$$

$$显性致死率 = \frac{黄体总数 - (着床总数 - 死胎总数)}{黄体总数}$$

$$着床前致死率 = \frac{黄体总数 - 着床总数}{黄体总数}$$

$$着床率 = \frac{着床数}{黄体数}$$

$$平均活胎率 = \frac{活胎总数}{受孕雌鼠总数}$$

$$着床后致死率 = \frac{死胎总数}{着床总数}$$

$$有一个以上死胎的孕鼠率 = \frac{有一个以上死胎的孕鼠数}{受孕雌鼠总数}$$

$$显性致死突变指数 = \frac{实验组着床后死亡数}{阴性对照组着床后死亡数}$$

应以表格的形式列出雄鼠数、孕鼠数和未受孕雌鼠数。应分别记录每次每对雌雄鼠交配的情况。对每只雌鼠而言,还应详细记录其交配周次、与之交配的雄鼠接触受试样品的剂量以及活胎率和死胎率情况。

显性致死实验阳性结果评价标准是:受试样品组受孕率或着床数明显低于阴性对照组;早期或晚期胚胎死亡率明显高于阴性对照组,并有明显的剂量-反应关系和统计学意义时。若统计学上差异有显著性,但无剂量-反应关系,则须进行重复实验,结果能重复者可确定为阳性。显性致死阳性表明在实验条件下受试样品对所用动物生殖细胞的具有遗传毒性。

阴性结果的评价标准为:进行实验的剂量之一,应是实验动物的最大耐受剂量。对单剂量染毒或数日每日染毒,连续的或每周交配共 8 周,对 8 周或更长期的染毒,交配 1 周共 4 次,至少分析 20 次妊娠。满足这些标准,最少两次实验有明确的阴性结果。阴性结果表明在本实验条件下受试样品对受试动物生殖细胞无遗传毒性。

8.4.2.2 果蝇伴性隐性致死实验

以果蝇作为遗传毒理学实验的指示生物有许多优点:①果蝇的染色体特点与人相似,是具有真核特性的生物;②能对分子水平到染色体水平各种遗传损害进行检测,可检测隐性致死突变、缺失、易位、染色体丢失、显性致死、不分离、重组等有关遗传损害;③繁殖期短,一代仅 10~20 天,价廉,易培养;④果蝇具有药物代谢能力,可与哺乳动物的代谢相比较。在果蝇各种遗传损害实验中,以果蝇伴性隐性致死(sex-linked recessive lethal,SL-RI)实验最为敏感,是最经济的检测生殖细胞突变的体内实验。该实验涉及约 600~800 个座位,观察指标比较客观。SLRL 检测的遗传学终点是 DNA 碱基顺序改变(基因正向突变)、多座缺失及染色体畸变。

1. 原理

果蝇的性染色体和人类一样,雌蝇有一对 X 染色体,雄蝇则为 XY。根据隐性基因在性遗传中的交叉遗传特征,即雄蝇的 X 染色体传给 F_1 代雌蝇。又通过 F_1 代传给 F_2 代雄蝇。位于 X 染色体上的隐性基因能在半合子雄蝇中表现出来。据此推断致死突变的存在。隐性致死基因在雄蝇半合子和雌蝇纯合子才表现致死,而在雄蝇异合子时表现型虽正常,但其雄性子代有一半死亡。

Basc 实验是最常用的。该实验是用受试物处理正常的圆、红眼野生型雄蝇,并和 Basc 原种雌蝇进行交配。所谓"Basc",就是 X 染色体带有 B(棒眼、显性)和 Wa(白-黄色眼,隐性)的基因标记。据此,利用眼色性状由 X 染色体上的基因决定,并与 X 染色体的遗传相关联的特征来作为观察在 X 染色体上基因突变的标记,故以野生型雄蝇(红色圆眼,正常蝇)染毒,与 Basc(Muller-5)雌蝇(淡杏色棒眼,在两个 X 染色体上各带一个倒位以防止 F_1 代把处理过的父系 X 染色体和母系 X 染色体互换)交配,如雄蝇经受试物处理后,在 X 染色体上的基因发生隐性致死,则可通过上述两点遗传规则于 F_2 代的雄蝇中表现出来,并借眼色性状为标记来判断实验的结果。即根据孟德尔分类反应产生四种不同表型的 F_2 代,有隐性致死时在 F_2 代中没有红色圆眼的雄蝇。

2. 实验方法

(1)预备实验对某一化学物质进行果蝇 SLRL 实验之前,根据需要做一些预备性实验是非常必要的。常用的预备实验如下:①毒性实验。目的是了解被试化学物质毒性的近似值。方法是以不同浓度受试物喂饲 24 h 或吸入一定时间后,将雄蝇移至有新鲜培养基的管内,再经 24 h 后计算存活蝇数,并与对照组比较,求出大致的 IC_{50}。②可口性实验。在培养管内放雄蝇(50 只),用含糖 1%~5% 的试液浸润滤纸,放入管内,观察吃食活动及毒性反应;同时,另取培养管放喂饲溶液及可食染色剂,检查果蝇肠道及粪便,确认进食情况。③繁殖能力测试。雄蝇接受被试物的途径及交配方法与 SLRL 实验所用方法相同。实验后观察后代数目,与对照组相比较,根据毒性和繁殖力实验的结果,决定受试物的剂量水平。④溶解度实验。如果受试物不溶于水,可溶于二甲基亚砜(DMSO)、乙醇、醋酸或丙酮。

(2)染毒方式。可通过口服、注射或直接暴露于气体或蒸汽染毒。受试样品经口喂饲也可以放入 1%~5% 的蔗糖溶液中,或必要时受试样品可溶于 0.7% NaCl 溶液。注射染毒可采用胸腔或腹腔注射。其中喂饲法较为方便而常用。喂饲法是在培养管中放滤纸,或在染毒瓶内放纱布,以 2% 糖溶液配制不同浓度的被试物质,将滤纸或纱布浸湿诱食。

(3)雄蝇用 3~4 天龄的野生型黑腹果蝇(drosophila melarogaster),雌蝇用 Basc(muller-5)品系 3~5 天龄的处女蝇。饲养环境温度控制在 25 ℃±1 ℃。原种与处女蝇培养原种需要孵得好、喂得好和充分成熟的果蝇。开始羽化后,清除管内所有成蝇,然后在 8~10 h 内收集的果蝇即为处女蝇。将处女蝇放入空指管中,每管不超过 20 只。雌蝇在孵出以后 3~5 天繁殖能力最强,用于实验杂交可获得最高产卵量。为避免拥挤,便于检查,创造好的饲养条件,每瓶存放雌蝇数不宜超过 20 只。瓶内若发现有孵化卵或新幼虫,说明混有非处女蝇,应予以淘汰。

(4)SLRL 实验使用 3~4 天的野生雄性成蝇进行化学物质的处理,受试物剂量约为 LC_{50} 的 1/2 或 1/4,设 2~3 个剂量组以及阳性和阴性对照。阳性对照组用 2% 的 0.015 mol/L 的甲磺酸乙酯糖水溶液喂饲雄蝇,间接作用致突变物以二乙基亚硝胺做阳性对照。阴性对照组以受试物的溶剂做阴性对照,接触方法、时间应与 SLRL 实验相同。

(5)交配程序及方法。为检测受试样品对生殖细胞不同阶段敏感性,将雄蝇在接触受试样品以后分别相隔 2~3 天与新处女蝇交配,总计 3 次,分别代表对精子、精细胞、精母细胞的效应。以一只经处理过的雄蝇按上述程序与每一指管 1~2 只处女蝇交配,再以所产 F_1 代按雄雌 1:1 或 1:2 进行 F_1~F_2 交配,12~14 天后观察 F_2 代,记录子代的致死数。实验的设计应具有预定的敏感性与测定的能力。每组的果蝇数量应符合实验设计的需要。通过阴性对照组观察自发突变频数,当实验组的突变率接近对照组突变率时,应重复实验进行验证。

3. 结果分析与判断

由 F_2 的观察结果,可根据以下标准进行判断。

(1) 根据下式计算致死率,即

$$致死率 = \frac{致死数}{致死数 + 非致死数} \times 100\%$$

处理组突变率明显大于自然突变率的 2 倍,并存在剂量-效应关系,可认为是阳性效应。自然突变率以适当未处理的对照组或根据实验室经验来确定。一般 SIRL 自然突变率可接受的范围为 0.1% ~ 0.3%。

(2) 每一试管(或每瓶)在多于 20 个 F_2 的个体(雌蝇和雄蝇均包括在内)中,有 2 只以上的红色圆眼野生型雄蝇出现为阴性;如果没有红色圆眼的野生型雄蝇出现为阳性,属致死突变。

(3) 不育:仅存雄、雌亲本而无仔蝇者。

(4) 每一试管的 F_2 个体如果确认少于 20 个,或只有一只野生型雄蝇者,为可疑。需进行 F_3 代的观察。

(5) F_2 代有一些致死阳性管,来源于同一只处理雄蝇,属于假阳性,代表 P 雄蝇分化的精原细胞的自发突变,最后计数时应剔除。

8.4.3 非常规 DNA 合成实验(unscheduled DNA synthesis, UDS)

生物活细胞具有修复 DNA 损伤的能力,当活细胞与化学物质接触后,若能诱导 DNA 修复现象出现,即可据此推断该化学物质能够损伤 DNA。所谓非常规 DNA 合成实验,就是利用无精氨酸饥饿法,以羟基脲抑制培养哺乳动物细胞 S 期的 DNA 合成,当对被受试物损伤的 DNA 进行修复时,培养液中的 ^3H-TdR 就会掺入培养细胞的 DNA。用放射自显影或液体闪烁仪测定 DNA 中 ^3H-TdR 的量,就可反映细胞可修复的 DNA 损伤。在此仅以人外周血淋巴细胞为例介绍 UDS 实验。

8.4.3.1 主要试剂

UDS 实验常用试剂有 RPMI 1640 培养液、小牛血清、肝素、淋巴细胞分离液、青霉素、链霉素、苯胺黑、羟基脲、^3H-TdR、二氯醋酸、无水乙醇以及闪烁液等。

8.4.3.2 实验设计

受试物溶于培养液,DMSO、乙醇或丙酮溶剂在培养液中的终浓度不应超过 1%。一般制备 5 个不同浓度样品,浓度范围至少相差 100 倍。最高浓度通过预备实验确定,是可以引起细胞毒性并抑制 ^3H-TdR 掺入的最低浓度,如果无法确定,则用饱和浓度作为最高剂量,每个浓度样应有 3 个以上平行样。阴性和阳性对照同样不可缺少。

8.4.3.3 测试步骤

1. 淋巴细胞悬液的制备

用无菌抗凝法采集静脉血并分离淋巴细胞,制成细胞浓度为 2×10^6 个/mL 的细胞悬液。

2. 测定淋巴细胞存活率

取细胞悬液,加 0.05% 苯胺黑,混匀(死细胞被染色)。高倍镜下计数,并计算细胞存活率。用受试物处理淋巴细胞悬液样品,重复上述操作,通过比较可判断受试物的细胞毒性。

3. 受试物处理和 ^{3}H-TdR 掺入

取 24 孔的培养板,每孔加淋巴细胞悬液 1 mL,20 μL 羟基脲,受试物及 S-9 混合液 0.25 mL,^{3}H-TdR 50 μL,37 ℃条件下培养 6 h。

4. 样品制剂和液闪测定

在抽滤下,将细胞转移至玻璃纤维滤膜上,依次用冷生理盐水、蒸馏水、10% 二氯醋酸、乙醇洗涤,固定、脱水、烘干后放入闪烁液,用液体闪烁仪测量每分钟衰变数。

8.4.3.4 结果统计和评定

在统计学中,t 值为样本均数与总体均数之差,相当于标准误差的倍数。如果统计学差异显著,并存在剂量-效应关系,或者没有剂量-效应关系,但在某一浓度下可显著诱发羟基脲抗性 ^{3}H-TdR 掺入的增加,可判为阳性。否则,判为阴性。

第9章 致畸性实验

化学污染物对生物生殖和发育有重要影响,在本章中我们将作以详细介绍。人或动物在胚胎发育过程中由于各种原因所形成的形态结构异常,称为先天性畸形或畸胎。遗传因素、化学因素、物理因素(如电离辐射等)、生物因素、母体营养缺乏或内分泌障碍等都可能引起先天性畸形。通俗地说,能引起胚胎发生畸变的化学物质称化学致畸原。化学致畸原作用于生殖细胞、胚胎或胎儿,可引起染色体断裂、细胞分裂障碍、核酸合成障碍、蛋白质合成异常、生物膜特性改变、水-电解质平衡失调以及酶抑制等反应。这些原发反应中的一项或多项都可导致细胞死亡、生物合成减少、形态形成障碍、组织破损或分化程序改变等,最后表现为胚胎死亡、生长迟缓、畸形和功能不全四个方面的缺陷,统称为胚胎毒性。致畸实验是检测受试外源化学物能否通过妊娠母体引起胚胎畸形的一种动物实验方法。

20 世纪 60 年代以前,化学物质的致畸作用未被人们注意。20 世纪 60 年代初,西欧一些国家和日本突然出现不少畸形新生儿。后经流行病学调查证实,主要是孕妇在怀孕期间服用镇静剂"反应停"(化学名 α-苯肽戊二酰亚胺,又称塞利多米)所致。于是许多国家规定,一些药物、食品添加剂、农药等农用化学品以及工业化学品必须进行各种致畸实验并证明安全后,方可正式使用。我国自 20 世纪 70 年代起也开始了对农药、食品添加剂、防腐剂和各种环境污染物的致畸研究。

9.1 基本概念

9.1.1 致畸作用(teratogenesis)

畸形(malformation)是指胚胎在发育过程中,由于受到某种因素的影响,使胚胎的细胞分化和器官的形成不能正常进行,而造成器官组织上的缺陷,并出现肉眼可见的形态结构异常者。致畸作用(teratogenesis)是指能作用于妊娠母体,干扰胚胎的正常发育,导致先天性畸形的毒作用。畸形(malformation)仅指解剖结构上可见的形态发育缺陷。具有畸形的胚胎或胎儿称为畸胎(terate)。畸胎学(teratology)是研究胚胎、胎儿和未成熟个体发育异常的原因、机理和表现的科学。广义的畸胎还应包括生化、生理功能及行为的发育缺陷。凡能引起胚胎发育障碍而导致胎儿发生畸形的物质称为致畸物或致畸原(teratogen)。目前已知有 1 000 多种环境因子可引起动物及人的畸胎,例如西维因、敌枯双、艾氏剂、五氯酚钠和脒基硫脲等。

9.1.2 化学致畸作用机理

有很多因素有致畸作用,例如辐射能和某些病毒感染,但主要是各种化学因素,即外来化合物的致畸作用。外来化合物致畸作用的机理目前尚未阐明,根据目前研究结果,初步认为主要有下列几种可能:

(1) 突变引起胚胎发育异常。环境污染物作用于生殖细胞的遗传物质(DNA)，使之发生突变，导致先天性畸形。生殖细胞突变有遗传性。化学物质作用于胚胎体细胞而引起的胚胎是非遗传性的。体细胞突变引起的发育异常除了形态上的缺陷外，有时还会产生代谢功能的缺陷，如酶分子的氨基酸组成的改变等。

(2) 体内一些重要的酶类的合成受到抑制，在胚胎发育过程中需要有很多专一性的酶，例如核糖核苷酸还原酶、DNA 聚合酶、二叶酸还原酶、碳酸酐酶等，如这些酶受到抑制或破坏，将会影响胚胎的正常发育，而导致胚胎畸形。

(3) 母体正常代谢过程被破坏，使子代细胞在生物合成过程中缺乏必需的物质，影响胚胎正常发育，以致出现生长迟缓及畸形。

(4) 生殖细胞在分裂过程中出现染色体不离开的现象，即在细胞分裂中期成对染色体彼此不分开，以致一个子细胞多一个染色体，而另一个子细胞少一个染色体，从而造成发育缺陷。

关于致畸机理，许多问题尚待深入探讨。

9.1.3 致畸作用的毒理学特点

1. 剂量-效应关系较为复杂

(1) 剂量-效应关系表现为不同的模式：①多种毒性表现同时存在；②主要致畸(低剂量即出现)；③仅有胚胎死亡。

(2) 致畸作用的剂量反应曲线较为陡峭。

(3) 物种差异以及个体差异在致畸作用中较为明显。

2. 器官发生期的胚胎对致畸物最为敏感

孕体发育阶段：着床前期、器官形成期、胎儿期以及围产期和新生儿发育等阶段。

胚胎对致畸作用敏感期主要在器官发生期，称为致畸危险期或关键期。但不同器官还各有特别敏感的时间。

9.1.4 致畸作用实验与评价

致畸作用是发育毒性中最重要的一种表现，所以外源化学物发育毒性的评定，主要是通过致畸实验。在致畸实验中除可观察到出生幼仔畸形外，也可同时发现生长发育迟缓和胚胎致死。传统常规致畸实验是评定外源化学物是否具有致畸作用的标准方法，多年来很多国家和机构都采用和推荐这一方法。

9.2 致畸实验

9.2.1 动物选择

致畸实验中所用的动物应符合实验动物的一般原则，即食性以及代谢过程要与人类接近，体型小、容易驯服、易饲养、易繁殖以及价廉等。选用的实验动物对大多数外源化学物的代谢过程应基本与人类近似，并具有与人类胚胎构造相似的胎盘。

从有利于实验进行的方面来说,实验动物妊娠过程应尽量短,以利观察;每窝产仔数较多,以便获得足够的标本。比较符合要求的动物是猴、狗等,符合经济实用要求的是兔、大鼠、小鼠及豚鼠。

据上述原则综合考虑,致畸实验可选用两种哺乳动物,一般首先考虑大鼠,此外可采用小鼠或家兔。大鼠受孕率高,每窝产仔8~10只,易于得到足够标本数;而且经验证明,大鼠对大多数外源化学物代谢过程,基本与人类近似,故可首先考虑。但大鼠对一般外源化学物代谢速度,往往高于小鼠和家兔,以致对化学致畸物耐受性强、易感性低,有时出现假阴性。大鼠在器官发生期初期,其胎盘具有卵黄囊,称为卵黄囊胎盘,有些外源化学物,例如锥虫蓝可以干扰通过卵黄囊胎盘对胚胎的正常营养过程,并因此致畸,出现阳性结果;而人类胎盘不具有卵黄囊胎盘阶段,不存在同样问题,所以有时此种结果对人类为假阳性。

小鼠自然畸形发生率较大鼠高,但低于家兔,对形成腭裂的致畸物更较敏感。家兔为草食动物,与人类代谢功能差异较大,妊娠期不够恒定,有时延长至36天,自然畸形发生率也较高。

9.2.2 剂量分组与动物交配处理

1. 剂量分组

由于致畸作用的剂量-效应(反应)关系曲线较为陡峭,斜率较大,最大无作用剂量与引起胚胎大量死亡以及母体中毒死亡的剂量极为接近。因此在确定剂量时,一方面要求找出最大无作用剂量以及致畸阈剂量;同时还要保持母体生育能力,不致大批流产和过多胚胎死亡;较多母体死亡也应避免,这在致畸实验中是一个极为关键的问题。

一般应先进行预试,预试的目的是找出引起母体中毒的剂量。

根据预试结果可以确定正式实验剂量。应最少设3个剂量组,另设对照组。原则上最高剂量组,即不超过LD_{50}的1/5~1/3,可以引起母体轻度中毒,即进食量减少、体重减轻、死亡率不超过10%。最低剂量组为LD_{50}的1/100~1/30,不应观察到任何中毒症状;中间剂量组可以允许母体出现某些极轻微中毒症状。其剂量与高剂量和低剂量成等比级数关系。

每组动物大鼠或小鼠为12~20只,家兔8~12只,狗等大动物3~4只。在一般常规实验中,除设有3个剂量组和1个对照组外,如受试物溶于某种溶剂或介质中给予动物,则另设溶剂对照组。有时为了更好地验证实验结果,另设阳性对照组。

2. 动物交配处理

选择一批性成熟、未交配过的雌雄动物,雌雄按1:1或2:1比例同笼交配。每日定期检查,如发现阴栓或检出精子,则表示动物受孕,此日定为孕期0天,次日为第1天,依次推算孕龄。准确确定受孕日对精确掌握动物接触受试物时间、最后处死动物及确定进行检查的日期非常重要。

由于致畸作用有极为明确的敏感期,应精确掌握动物接触受试物的时间。如提前在着床前接触,将影响受精卵的着床。如在胚胎发育的最初阶段,例如裂卵期和囊胚期接触受试物,往往可使胚胎死亡,不能造成畸形。如在器官发生期以后接触受试物,则各种器官已发育成熟,致畸作用不易表现。只有器官发生期的胚胎,对致畸物最为敏感,易于出现畸形。

9.2.3 染毒方式

1. 染毒途径

接触受试物的方式与途径应与人体实际接触情况一致,一般多经口给予,也可采用灌胃方式。在特殊情况下,也可采用腹腔注射法,效果与经口近似。为使剂量精确并便于操作,一般多用灌胃或腹腔注射方式对实验动物染毒。

2. 给药时间

给药时间一定要精准,过早可影响受精卵着床,过迟则对发育成熟的胚胎往往不能显示致畸作用。染毒的给药时间应选择胚胎对致畸原的易感期,即组织和器官分化早期。一般小鼠取受精后的 5~14 天,大鼠 7~15 天,兔 7~18 天。为了研究毒物对发育某一阶段的作用,可视实验要求采用不同染毒时间。表 9.1 列出了常用实验动物的着床期、胚胎器官形成期和妊娠期,可供实验参考。

表 9.1 几种实验动物的着床、胚胎器官形成和妊娠期(受精日算起)(引自蔡弘道,1990)

动物	开始着床/天	器官形成/天		妊娠时间/天
		开始	大部分完成日	
大鼠	4.5~5	7.5	16	20~21
小鼠	5.5~6	9	17	21~22
兔	7	7	20	30~32
豚鼠	6	11	25	65~68
狗	13~14	14	30	60~65
猴	9	20	45	164~170

9.2.4 实验动物的剖检

9.2.4.1 动物处死

实验动物的剖检时间,一般是在自然分娩前 1~2 日将受孕动物处死,剖腹取出子宫及活产胎仔。这样做是以防由于自然分娩后胎仔被咬伤或吃掉而影响实验结果的观察,并另行记录死胎及吸收胎。一般大鼠在受孕后第 19~20 天,小鼠第 18~19 天,家兔在第 29 天。为了进一步观察新生胎仔生长发育及生理功能情况,可保留约 1/4 的受试动物待其自然分娩,并根据需要进行随后的观察和实验。

9.2.4.2 检查

实验动物的检查可包括受孕动物检查、胎仔外观检查、胎仔骨骼检查和胎仔内脏检查等。

1. 受孕动物检查

受孕动物处死后立即从腹中线剖开,暴露子宫角,辨认子宫角内的活胎、死胎及吸收数,并从左侧子宫角上方开始,按顺序编号依次检查记录,直至子宫角右侧顶端。大致辨认后,取出子宫称重,从左侧子宫角开始,向右侧子宫角顶端依次取出其中活产幼仔、死胎、吸收胎,并检查记录黄体数。

2. 胎仔外观检查

活产胎仔从子宫取出后,按编号顺序逐一检查性别、体重、身长、尾长和全窝胎盘总质量。对活产胎仔由头部→躯干→四肢→尾部进行外观检查,确认有无畸形。常见的胎仔外观畸形可参考表9.2。

表9.2 常见的外观畸形(引自蔡弘道,1990)

部位	畸形的表现
头颅	脑突出(皮肤完整,但部分脑与脑膜通过颅骨缺损而突出,形成皮下不规则肿块) 露脑(头顶骨及皮肤均缺损,部分大脑向外生长) 脑积水(颅顶呈隆起状,脑室明显扩大) 小脑畸形 颅脊柱裂畸形(部分脑和脊髓暴露在外面) 单纯性脑膜膨出(皮肤完整、半透明、被充满液体的脑膜囊通过颅中线缺损而膨起)
鼻	鼻孔扩大或单鼻孔
眼	眼小、无眼或开眼;眼异位或不匀称
耳	无耳、小耳、耳异位
腭	腭裂(上颚当中部分裂开,甚至腭与鼻道相通)
颌	颌小、无颌、无口、唇裂
肢	肢短、畸形足
趾	多趾、少趾、短趾、并趾
脊	脊柱裂(为脊柱处呈带血的凹陷裂口) 脊柱膜膨出(脊柱呈水泡状鼓起) 脊柱骨缺失(发生于尾椎以上,则躯干可较正常短而肥) 脊柱侧凸
腹	脐疝、腹裂(部分或全部腹腔内脏从有缺陷的腹壁露出体外)
尾	短尾、卷尾、角形尾、无尾、螺旋状尾
肛门	肛门闭锁

3. 胎仔骨骼检查

骨骼是重点检查项目,通常将每窝活仔数目的2/3或1/2留做胎仔骨骼检查。其具体做法是:

(1)将留做骨骼检查的胎仔放入75%~90%乙醇溶液中固定3~5天。

(2)将固定好的胎仔置于1% KOH溶液中3~10天,直至肌肉透明,可见骨骼为止。

(3)用茜素红溶液处理后的胎仔进行染色,直至骨骼染成桃红色或紫红色为止。

(4)经染色后的胎仔骨骼,再置于透明液中进行透明脱水,若透明度不理想,可适当延长透明时间。

(5)常见的胎仔骨骼畸形见表9.3。

表9.3 常见的胎仔骨骼畸形

部位	畸形及特征	部位	畸形及特征
颅顶骨	缺损,骨化迟缓	腰椎	缺失,分裂变形
枕骨	缺损,缺失	四肢骨	多骨,缺失
颈椎骨	缺损,椎弓不连续,骨化迟缓	盘骨	缺失
胸骨	缺失或消失,骨化迟缓,点状或不到正常的一半	尾椎骨	缺失,椎弓不连续,融合
肋骨	多肋,少肋,短肋,分叉肋,波状肋,融合肋		

注:引自张铣等,《毒理学》,1997。

4. 胎仔内脏检查

胎仔内脏检查是将经外观检查后的活胎仔,按随机法将胎仔总数的1/2或1/3置于Bouin液(由饱和苦味酸溶液、40%甲醛溶液和冰醋酸按一定比例配制而成)中固定2周以上。之后先用自来水冲去固定液,将鼠仰放在石蜡板上,剪去四肢和尾,用刀片从头部到尾部逐段横切或纵切。按不同部位的断面观察器官的大小、形状和相对位置。

(1)经口从舌与两口角向枕部横切(切面1),观察大脑、间脑、延髓、舌及颚裂。
(2)在眼前面作垂直纵切(切面2),可见鼻部。
(3)从头部垂直通过眼球中央作纵切(切面3)。
(4)沿头部最大横位处穿过作横切(切面4)。
(5)沿下颚水平通过颈部中部作横切(切面5),可观察气管、食管和延脑或脊髓。以后自腹中线剪开胸、腹腔,依次检查心、肺、横膈膜、肝、胃、肠等脏器的大小、位置,查毕将其摘除,再检查肾脏、输尿管、膀胱、子宫或睾丸位置及发育情况。然后将肾脏切开,观察有无肾盂积水与扩大。

常见的胎仔脏器畸形见表9.4。

表9.4 常见的胎仔脏器畸形

部位	畸形及特征
脑	脑积水,并引起脑室扩大
腭	腭裂
舌	短舌,分叉舌
眼	少眼,小眼(两眼大小不等),无眼
心	右位,心室中隔缺损,单房室心,主动脉弓右位,大动脉横位
肺	气管食管瘘,肺倒位,少叶
肝	异位,少叶
膈	横膈缺损,并引起腹内脏疝或内脏侧位
肠	肠疝
肾	马蹄肾,肾积水,肾缺失,不对称异位,输尿管积水
生殖器	子宫缺失,睾丸缺失或隐睾,睾丸发育不全(单侧或双侧),两性畸形
膀胱	缺失

注:引自张铣等,《毒理学》,1997。

9.2.4.3 结果评定

在做致畸实验结果评定时,主要计算畸胎总数和畸形总数。在计算畸胎总数时,同一个活产幼仔出现 1 种或 1 种以上畸形均作为 1 个畸胎。在计算畸形总数时,在同一幼仔每出现 1 种畸形即作为 1 个畸形,依此类推。计算时还要对剂量-效应(反应)关系加以分析。更重要的是按下列指标将各剂量组与对照组结果进行比较。

活产幼仔平均畸形出现数:即根据出现的畸形总数,计算每个活产幼仔出现的畸形平均数。对较为重要的畸形,还可分别单独进行计数。在评定实验结果和进行实验组与对照组对比时,应该按每个母体为单位,即按每窝计算。在致畸实验中,每个母体或每窝是实验单位。

常用的评价指标主要有

$$活产幼仔平均畸形出现数 = \frac{畸形总数}{活产幼仔总数}$$

$$畸胎出现率(\%) = \frac{出现畸形的胎仔总数}{活产幼仔总数的百分率} \times 100\%$$

$$母体畸胎出现率(\%) = \frac{出现畸胎的母体数}{妊娠母体数} \times 100\%$$

计算出现畸形母体数时,同一母体无论出现多少畸形胎仔或多少种畸形,一律按一个出现畸胎的母体计算。

除了上述 3 种指标,还可以计算活产胎仔数、死胎率、吸收胎率等。根据上述指标,进行初步计算后,确定受试物是否具有致畸作用的最后结论时,尚需注意以下几点:

(1)任何结果必须通过统计计算方法进行剂量组与对照组对比;必须具有统计学意义才能认为是阳性结果。此外,还应充分注意到剂量-效应关系是否较为明显,较为明确者才可确定其致畸作用。

(2)致畸作用中动物物种和品系差异较为显著,因此要求在两种动物中进行实验。如果在一种动物观察到致畸作用,而另一种未观察到,从毒理学安全角度,可以认为该受试物仍具有潜在致畸可能性,尚需认真对待。尽量减少人类与其接触的机会。即使两种动物都未观察到致畸作用,也应对实验方法和实验过程进行认真检查,必须绝对可靠,才能做出不具有致畸作用的结论,对此应格外慎重。

(3)由于物种差异,对动物不具有致畸作用的外源化学物对人是否致畸的问题。即将动物实验结论推论到人,尚无理想可靠的方法。亦应格外认真对待。凡代谢情况及毒物动力学参数相近者,将动物实验结果推论到人,较为可靠。此外,还可利用流行病调查方法,进行人群调查,掌握在人群致畸作用的实际情况。在这种情况下,应特别注意人体的实际可能接触的剂量。

(4)应该掌握所用实验动物品系的自然畸形发生率。它与畸形之间有时较难明确区分。如出现长期以来在该品系实验动物未曾出现过的畸形,则应特别认真对待。但即便是实验动物出现的重要畸形类型在该品系实验动物中过去也常出现,也不能认为此项结果不具有阳性结果的意义,轻易做出不具有致畸作用的结论。若出现率高,又有特异性(如同部位发生率高)且有剂量-效应与剂量-反应关系,应作致畸论。

然而目前,由于种种原因,由动物实验结果直接推导于人受到很大限制,这是因为有数百种化学物质可引发胚胎死亡、畸形、生长迟缓和娩出后功能异常,然而人临床资料与之相符的例子却并不多。例如,某些动物实验证明有致畸作用的药物,如咖啡因、乙酰水杨酸及磺胺药等,人已长期应用,但未发现有肯定的致畸作用。一种可能的解释是,人所用剂量未达到可引发致畸作用的程度。鉴于还没有一种动物能完全反映人母体、胚胎和胎儿对致畸的敏感性,许多学者强调在环境化学物致畸实验中应用多种动物。

9.2.4.4 致畸物以及发育毒性作用物危险度评定

(1) 欧共体(EEC)和经济合作与发展组织(OECD)建议的致畸物分级标准。主要根据动物实验和人群调查资料,具体分级标准:

1级:已确定人类母体接触后可引起子代先天性缺陷;

2A级:对动物肯定致畸,但对人类致畸作用尚未确定因果关系;

2B级:动物实验结果肯定致畸,但无人类致畸资料;

3级:尚无结论性肯定致畸证据或资料不足;

4级:动物实验阴性,人群中调查结果未发现致畸。

(2)
$$致畸指数 = \frac{母体 LD_{50}}{胎仔最小致畸作用剂量}$$

这一比值越大,致畸作用越强,一般认为比值10以下者,不具致畸作用,10～100具致畸作用,100以上致畸作用强烈。

(3)
$$相对致畸指数(RTI) = \frac{成年动物最小致死剂量}{引起5\%活产胎仔出现畸形的剂量}$$

(4) 母体毒性与发育毒性比值,即对母体最低损害作用剂量(A)与胎仔最低损害作用剂量(D)之比(A/D)。一般认为A/D比值大于等于3时,则具有发育毒性危险性。比值越大,危险性越高,3以下者,相对危险性较低或不具危险性。在一般情况下,大多数化合物A/D比值均在3以下,以及1~2范围内。关于母体和胎仔最低损害作用的具体表现,在母体主要为体重增长减少,出现某些临床症状以及死亡,对胎仔则为致畸以及其他发育毒性表现。

第10章 转基因动物模型

转基因动物(transgenic animal)是分子生物学与胚胎工程结合,用实验导入的方法使外源基因在染色体基因组内稳定整合,并能遗传给后代的一类动物。外源基因称为转基因(transgene)。由于建立转基因动物时,外源基因可能只整合入动物的部分组织细胞的基因组称为嵌合体动物(chimera animal)。只有当外源基因整合入生殖细胞时,才能将其携带的外源基因遗传给子代,否则,外源基因将不能传给子代。

转基因动物培育的基本原理是利用分子生物学和胚胎工程的技术,将外源目的基因在体外扩增和加工并导入动物的生殖细胞或早期胚胎中,使其整合到染色体上(非靶向整合和靶向整合),当胚胎细胞被移植到代孕动物的输卵管或子宫后,可以发育成携带有外源基因的转基因动物。

培育转基因动物的主要技术包括:外源目的基因的构建与有效导入、胚胎细胞培养与移植以及外源目的基因表达的检测等。非靶向整合和靶向整合转基因动物如图10.1所示。

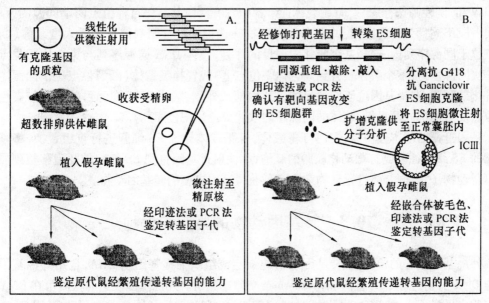

图10.1 非靶向整合(A)和靶向整合(B)转基因动物

10.1 非靶向整合

转基因重组子的构建通常包括编码区、启动子、增强子,以及终止序列、抗性选择序列、载体复制起始子等部分。在转基因重组子构建后,应在动物细胞证明重组子构件的活性。

基因显微注射法,又称DNA显微注射法,是最早发展、使用较为广泛的一种转基因动物培育方法。基因显微注射法即通过显微操作仪将外源基因直接用注射器注入受精卵,利用外源基因整合到 DNA 中,发育成转基因动物。以培育转基因小鼠为例,其培育程序或基本步骤包括:①目的基因的制备与纯化;②卵供体雌鼠和假孕雌鼠的准备;③超排卵与取卵;④基因显微注射;⑤受精卵移植和分娩;⑥目的基因的表达整合鉴定与检测;⑦建系。这种方法的优点是外源基因的导入整合效率较高,不需要载体直接转录目的基因,可导入的目的基因长度可达 100 kb,而且实验周期短;缺点是操作复杂、设备昂贵、不宜推广、被导入的目的基因是非靶向整合,拷贝数无法控制,易导致宿主 DNA 突变等。

目前已经发展培育转基因动物的技术方法还有反转录病毒感染法、胚胎干细胞(ES)介导法和精子载体导入法等。

10.2 基因打靶

基因打靶(gene targeting)包括基因敲除(gene knockout)和基因敲入(gene knoekin)。基本原理是利用外源 DNA 分子与细胞内染色体 DNA 间的同源重组精确,定点地将染色体某一特定基因的功能破坏(沉默)——敲除,或通过同源重组向细胞内染色体上引入一个有功能的新基因——敲入。基因打靶的条件是打靶胚胎干细胞(保留细胞全能性,可以在体外培养和遗传操作)和构建打靶载体(新霉素阳性筛选标志和单纯疱疹病毒胸腺嘧啶核苷激酶 HsV-tk 阴性筛选标志)。打靶载体通常都包含有两段与打靶目标位点两端同源的区域,中间一段不同且为目的序列,并带有某种药物筛选标记。打靶载体可为插入型载体(断裂位点位于同源序列内,选择基因紧邻同源目的序列,载体 DNA 同源序列与染色体靶位点发生一次同源重组,整个载体整合到染色体靶位点上)或置换型载体(断裂位点位于同源序列的外侧或两侧,选择基因位于同源目的序列内部或外侧,载体 DNA 同源目的序列与染色体靶位点发生两次同源重组,载体的同源序列取代染色体靶位序列)。

基因打靶的基本程序为:构建打靶载体,打靶载体导入 ES 细胞进行重组置换,将基因打靶的 ES 细胞注射到打靶动物胚胎的胚泡,将注射过基因打靶 ES 细胞的胚泡移植到假孕的打靶动物子宫,嵌合体打靶动物杂交育种获得基因打靶的转基因动物。

10.3 转基因动物的鉴定和保种

外源基因整合的检测,从转基因动物的细胞或组织抽提基因组 DNA,自用外源基因的特异 DNA 引物进行 PCR 检测和 Southern 杂交印迹分析。外源基因表达的检测可在 RNA 和蛋白质水平进行。在 RNA 水平检测可用 Nothern 印迹法,在蛋白质水平上可用 Western blottin9、ELISA 或放射免疫测定。为检测的直观和方便,在构建转基因重组子时可应用报告基因。应重视转基因动物的保种,应当具备完整的品系、遗传背景以及微生物控制等有关资料。

利用遗传工程技术建立的动物体内模型可对生理条件下一系列基因表达的生物学效应进行研究,在毒理学研究中希望利用这类模型:①更快地得到毒理学实验结果,需要更少的动物数,而且更能代表人类的反应;②研究与外源化学物作用模式和机制;③评估特殊亚人群的危险性,这些亚人群可能对某些疾病如某些类型的肿瘤具有遗传易感性。

1. 致癌性模型

鉴于对啮齿类动物两年致癌实验的批评,一直在发展替代测试系统和机制为基础的模型,小鼠转基因模型可能改善致癌测试和缩短其周期。

下面提到的 $p53^{+/-}$、T9.AC 和 ras H2 基因修饰小鼠模型都能购到。这三种模型都是基于与多种人类和啮齿类动物肿瘤有关的遗传因子而建立的,而且经 6 个月的处理,每种模型都能产生明显的肿瘤反应,而在溶剂对照或未处理对照组中却很少或没有肿瘤发生。

(1)癌基因活化模型:ras H2 转基因小鼠。多种遗传毒性致癌物可诱发 H-ras 原癌基因突变,引发靶组织细胞,因此导致肿瘤发生率增加。ras H2 转基因小鼠对前胃乳突状瘤、皮肤乳突状瘤和血管肉瘤发生了预期的致肿瘤易感性增加。但是,肺组织 H-ras 转基因却未出现预期的突变。

(2)改变基因调控的模型:T9.AC 转基因小鼠。此模型适用于研究经皮暴露,目前正在探讨扩展其用于其他暴露途径的可能。关于这个模型还存在争议,因为对于所观察到变化的机制缺乏确切的理解。

(3)肿瘤抑制基因模型:$p53^{+/-}$杂合基因敲除小鼠。该模型被认为是一种可以取代传统的慢性致癌实验重要的短期实验模型,因为已经显示在 p53 基因的正常结构、功能、调控及其蛋白产物所诱发的改变在人类致癌作用(50% 的人类肿瘤)中起很重要的作用。

(4)肿瘤抑制基因模型:PA-/-基因敲除小鼠 XPA 基因产物可以导致皮肤癌在紫外线诱发的 DNA 加合物的过程中起作用。

2. 致突变模型

与传统的体内生物测试相比,新的啮齿类动物致突变模型的优点在于可以提供以不同暴露途径(包括经口摄入)在多种组织和器官的致突变资料。另外,在实验室之间实验结果的一致性良好。文献报道最多的常用转基因致突变模型为 MutaTM mouse,Big Blu,LacZ plasmid mouse,gpt delta rodents,Use of the l cII transgene 等。Lambert 等对啮齿类用转基因致突变模型综述表明,对 105 种化学物(致癌物 92 种,非致癌物 13 种),模型预测致癌性的敏感性为 78%,特异性为 69%,阳性预测率为 95%,阴性预测率为 31%,总相符性为 77%。(Lambert IB,et al. Mutation Research 2005;590:1-280),并推荐转基因致突变模型用于法规毒理学。

3. 研究外源化学物代谢模型

为了阐明毒物代谢酶对外源化学物的活化和解毒作用,已发展了基因修饰小鼠品系。在已评价的急性毒性方面,这些品系的小鼠对某些化学物表现出不同的敏感性。

在小鼠该酶的内源性表达水平可以忽略的组织中,人类药物代谢酶的表达水平将有助于评价该酶在介导化学毒性中的作用。例如,在对弹性蛋白酶启动子进行控制后,转基因小鼠品系可在胰腺中表达人 CYP1A2,或利用上皮特异性角蛋白Ⅵ启动子可使人 GST Al 在小鼠皮肤表皮细胞中表达。

在基因敲除动物中,某个基因的敲除和失活使人们能研究这个基因及其产物在正常生理稳态中所起的作用,或在外源化学物的代谢和毒性的介导或调节中所起的作用。已有人用通过胚胎干细胞同源重组发展的 CYP1A2 基因敲除小鼠研究了咖啡因的代谢。CYP1Bl 基因敲除小鼠被用来表明 CYP1B1 在 7,12-二甲基苯并(a)蒽的致癌作用中的介导作用。CYP2E1 基因敲除小鼠已被用来研究苯的骨髓毒性及对乙酰氨基酚的毒性。利用 CYP2E1

和 CYP1A2 基因双敲除小鼠的研究表明两类 CYP 均与对乙酰氨基酚毒性有关,但 CYP2E1 起主要的作用。编码 GST P1 和 P2 的基因缺失小鼠致皮肤肿瘤危险性增加。

4. 其他非肿瘤的研究终点

(1) 研究外源化学物配体/受体途径的模型 通过应用基因工程受体缺失的小鼠或表达各种调节元件变异体的品系,急性和慢性毒作用的机制可以区分为配体/受体途径或受体非依赖途径。目前,毒作用机制研究主要集中在激素和药物或研究较多的有毒污染物,如二恶英的相互作用。

(2) 研究细胞因子介导的细胞损伤和修复模型,利用基因工程小鼠进行的研究,已经确定了在机体暴露于化学物后的急性毒性和组织再生过程中细胞因子作为介质的作用。特别值得一提的是肝脏损伤与再生模型,因为肝脏在外源化学物代谢和毒作用过程中起重要作用。

(3) 研究氧化损伤模型 超氧化物歧化酶活性增高的转基因小鼠模型已经发展,证明了超氧化物歧化酶活性增高对各种化学物所致神经毒性具有减金属硫蛋白(MT)基因的转基因和敲除小鼠用于 MT 的作用,发现用 MT 转基因小鼠对镉的抗性增加,MT 的基因敲除小鼠对镉、银、汞、顺铂及四氯化碳的毒性敏感性增强,对 7,12-二甲苯并(a)蒽的致癌易感性增加。用于生殖毒性研究的转基因动物有 ZP3 透明带硫酸糖蛋白基因敲除小鼠、雌激素受体基因或孕酮受体基因敲除小鼠和 DNA 甲基转移酶基因敲除小鼠等。

5. 优缺点和研究需要

目前在致癌性、致突变性和其他终点研究中越来越多地选用转基因动物模型。然而,模型本身以及这些模型的应用还有许多问题待阐明。

T9AC 小鼠显示某些啮齿类特有的和(或)该模型特异性部位的自发肿瘤发生率增加,则这些改变与人类危险性评定之间的相关性是有疑问的。在杂合的 T9AC 小鼠中,已观察到基因序列的改变可导致模型反应的缺失。对于所有模型来说,外源性遗传物质都可能引起模型基因组的不稳定性,导致模型反应发生改变。因此,在出现阴性反应时,需要确证受试物确实不具有致癌性,并且不是由于基因不稳定性引起的反应缺失。

在目前应用的致突变测试模型中,整合的报告基因并不是哺乳动物中天然存在的基因,因此,并不一定能代表环境或膳食中致癌物通常的突变靶基因。致突变实验还缺乏原位检测终点。对于传统的实验来说,重要的是了解肿瘤或疾病的本底发病率,特别是在某些自发发生率可能很高的肿瘤/突变模型中。但转基因小鼠研究的周期有限,如一般为 6 个月,可能导致可归因于自发本底肿瘤促长或增强的肿瘤很少,通常在转基因小鼠中这种肿瘤的形成至少需要 36 周。

国际生命科学学会和 US NIEHS 联合工作组(ILSl. Toxicologic Pathology 2001;29(Suppl.):1-351)得出结论认为,目前转基因动物模型在致癌性检测中的应用尚不令人满意,敏感性约 5/18,而叙利亚金黄地鼠胚胎细胞恶性转化实验为 11/12,转基因动物致癌模型还需要进行更多的验证工作。

显然,在未来的应用及在危害和危险性评定中,对来自于转基因动物的资料的认可将依赖于实验的经验积累及这些实验以适当的准确性预测人体危害的能力。有待进一步研究的问题如下:

(1) 利用转基因动物模型需要验证和正确应用,需要研究模型的合理应用、结果的解释，以及为管理的目的利用资料的方法。

（2）需评价所有模型的预测准确性及其有效检测广谱遗传毒物所需的实验期限。

（3）进一步评价目前所用动物物种对检测结果的影响。

（4）需要进一步研究确定 $p53^{+/-}$ 是否对遗传毒性致癌物具有选择性，并且精确确定该模型的作用机制。对 T9.AC 模型应通过经口途径评价各种遗传毒性致癌物和非遗传毒性致癌物的反应，包括完全的组织病理学检查，以确定 T9.AC 模型在人类危险性评定中的价值。

第11章 化学物质的毒理学安全性评价程序

20世纪以来,随着工业特别是化学工业的迅速发展,人工合成的化学物质的种类越来越多,据美国化学文摘(CAS)的统计,至1990年底其数量已达1 000万种之多,而且每年估计有千种以上新的化学物质相继投入生产和使用。这些化学物质在帮助人类的同时,大多数对人类的健康以及生态环境造成了严重的威胁。因此,对化学物质做出安全性评价对人类的健康生存具有重大意义。

通过对人类和动植物实验的观察,阐明某种化学物质的毒理及潜在的危害,对人类使用这种物质的安全性做出评价的研究过程称为毒理学安全性评价(toxicological safety evaluation)。它需要对某种物质的毒性及危害性要有深入的了解,并参考社会效益、经济效益、人群健康效益等方面的资料,以便为进行毒性实验及经过毒性实验后,对受试物综合分析取舍及生产使用的安全措施提供参考。

11.1 毒理学安全性评价程序的内容

11.1.1 毒理学安全性评价的概念

毒理学安全性评价是通过动物实验和对人群的观察,阐明某种化学物质的毒性及其潜在的危害,以便对人类使用该物质的安全性做出评价,并为确定安全作用条件制订预防措施决策提供依据的过程。

11.1.2 毒理学安全性评价的原则

在毒理学安全性评价时,对不同的化学物质要选择不同的评价程序,一般根据化合物的种类和用途来选择国家、地区和各级政府发布的法规、规定和行业规范中相应的程序。

在实际工作中,对一种化学物质进行毒理学评价时,需要采取分阶段进行的原则,即将各种毒理实验按一定顺序进行,明确先进行哪项实验,再进行哪项实验,目的是以最短的时间,用最经济的办法,取得最可靠的结果。实际工作中常常是先安排周期短、费用低、预测价值高的实验。

安全性评价程序大部分把毒理学实验划分为4个阶段,具体见表11.1。

一般情况下,第一阶段为急性毒性实验和局部毒性实验。急性毒性实验,主要是LD_{50}(LC_{50})或其近似值的测定,一般都要求用两种动物,染毒途径应为人体的可能暴露途径。有可能与皮肤、眼、黏膜接触的化学物还要求进行皮肤、黏膜刺激实验,眼刺激实验,皮肤致敏实验,皮肤光毒和光致敏反应实验等局部毒性实验。

第二阶段包括重复剂量毒性实验、遗传毒性实验和发育毒性实验。本阶段的实验目的是了解受试物与机体多次暴露后可能造成的潜在危害,并研究受试物是否具有遗传毒性与发育毒性。遗传毒性实验包括原核细胞基因突变实验、真核细胞基因突变和染色体畸变实验、微核实验或骨髓细胞染色体畸变分析等,应成组使用,以观察不同的遗传学终点,提高预测遗传危害和致癌危害可靠性。发育毒性实验主要是传统致畸实验。

表 11.1 几类化学物质毒理学评价阶段与实验项目

	农药	食品	化妆品	消毒产品
法规名称	《农药安全性毒理学评价程序》《农药登记毒理实验方法》GB15670—1995	《食品安全性毒理学评价程序和方法》GB15193.1—1994	《化妆品安全性评价程序和方法》GB7919—87	《消毒技术规范》第8章:消毒剂毒理实验的程序和方法
第一阶段	急性毒性实验,皮肤、眼、黏膜实验(皮肤刺激、致敏、光毒、眼刺激实验)	急性毒性实验	急性毒性实验,皮肤、黏膜实验(皮肤刺激、致敏、光毒、眼刺激)	急性毒性实验、皮肤、黏膜实验
第二阶段	蓄积毒性实验,致突变实验	遗传毒性实验,致畸实验,30天喂养实验	亚慢性毒性实验,致畸实验	遗传毒性实验,蓄积毒性实验
第三阶段	亚慢性毒性实验,代谢实验	亚慢性毒性实验,繁殖实验,代谢实验	致突变、致癌短期生物筛选实验	亚慢性毒性实验,致畸实验
第四阶段	慢性代谢实验,致癌实验	慢性代谢实验,致癌实验	慢性代谢实验,致癌实验	慢性代谢实验,致癌实验
第五阶段			人体实验(激发斑贴、试用实验)	

注:食品包括添加剂、新资源食品、保健食品、食品包装材料、消毒剂。

某些受试物在经过第一、二阶段的实验之后,根据实验结果、人可能的暴露水平和受试物用途,决定是否进行下一阶段的实验。

第三阶段包括亚慢性毒性实验、生殖实验和毒物动力学实验;亚慢性毒性实验用来进一步确定毒作用性质和靶器官,预测对人体的危害性,并为慢性致癌实验剂量、指标的选择提供依据。生殖毒性实验用以判断外源化学物对生殖过程的有害影响。毒理学实验可与其他的实验结合进行,有条件时,确定其相关的代谢酶和代谢产物。

第四阶段包括慢性毒性实验和致癌实验。慢性毒性实验的目的在于确定慢性毒作用性质和靶器官,确定慢性毒作用的 LOAEL 和 NOAEL,并对化学物的安全性做出评价。致癌实验用来确定对实验动物的致癌性。慢性毒性实验与致癌实验通常结合进行。

化妆品第五阶段为人体激发斑贴实验和试用实验。

由表 11.1 可见,由于不同种类的化合物与人类接触的方式和途径不同,对安全性的要求亦不尽相同,在具体执行时,需严格参照各类物质的有关法规。

每类化合物的安全性评价大致分为两个时期：一是正式投产前的毒理学评价；二是投产后要在使用人群中继续观察化合物的毒副作用。

一般地，某种化学品投产或销售之前，必须进行第一、二阶段的实验。凡属我国首创的化学物质一般要求进行第三阶段甚至第四阶段的某些项目实验，特别是对其中产量较大、使用面广、接触机会较多或化学性质有潜在毒性者，必须进行全部四个阶段的实验。

11.1.3 实验前的准备工作

11.1.3.1 收集受试物有关的基本资料

为了预测外源化学物的毒性、进行毒理学实验的设计，在毒理学实验前必须尽可能收集外源化学物的有关资料，如化学结构式、纯度、杂质含量、沸点、蒸气压、溶解性以及类似物的毒性资料、人体可能的摄入量等。有些样品的毒性可能受其中杂质成分的影响，所以进行毒性实验的样品必须是生产工艺已经确定，有代表性的样品，或者为实际生产使用或人类接触的产品。

1. 化学结构

化学结构往往决定着化学物质的毒性。同一类化合物，由于结构不同，其毒性也可能有很大差异，因此，往往可根据某化学物质的结构对其毒性做出初步估计。

2. 理化性质和纯度

化学物质的理化性质与其毒性也有一定关系。掌握其沸点、熔点、水溶性或脂溶性、乳化性或混悬性、贮存稳定性是非常有必要的。

3. 受试物的接触途径和摄入量

目的是了解人类接触受试物的可能途径及摄入的总量，全面权衡其利弊和实际应用价值，对该物质能否生产和使用做出判断，或从确保该物质的最大效益以及对生态环境和人类健康最小危害性的角度，寻求人类安全接触条件。

11.1.3.2 受试物样品及实验动物

进行毒性实验的样品，必须是生产过程（包括原料、配方）已经固定不变并且有代表性的样品，其成分规格必须稳定，应为实际生产使用和人类实际接触的产品。

毒物的毒性在不同的动物种属间常有较大差异，这就要求所选的动物种类对受试物的代谢方式尽可能与人类相似，在毒理学评价中最先考虑的是哺乳类的杂食动物。一般实验多采用大鼠，这是因为大鼠不仅食性和代谢过程与人类接近，而且对许多化学物质比较敏感且价格低廉、容易饲养。

11.1.4 安全性评价中需要注意的问题

影响安全性评价的因素多种多样，进行安全性评价时需要考虑和消除多方面因素的干扰，尽可能科学、公正地做出评价结论。

11.1.4.1 实验设计的科学性

化学物质安全性评价将毒理学知识应用于卫生科学，是科学性很强的工作，也是一项创造性的劳动,因此不能以模式化对待,必须根据受试化学物的具体情况,充分利用国内外现有的相关资料,讲求实效,科学地进行实验设计。

11.1.4.2 实验方法的标准化

毒理学实验方法和操作技术的标准化是实现国际规范和实验室间数据比较的基础。化学物质安全性评价结果是否可靠,取决于毒理学实验的科学性,它决定了对实验数据的科学分析和判断。如何进行毒理学科学的测试与研究,要求有严格的规范和评价标准。这些规范和基准必须既符合毒理科学的原理,又是良好的毒理与卫生科学研究实践的总结。美国FDA和EPA颁布了良好实验室规范(good laboratory practice,GLP),在GLP中,有一套细则,即标准操作规程(standard operation procedure,SOP)。

11.1.4.3 注意实验方法的局限性

每一项毒理学实验都有其自身的特点和观察终点,但都不能反映其全部的毒性特征。

11.1.4.4 评价结论的科学性

在做出安全性评价结论时,不仅要根据毒理学实验的数据和结果,还应综合分析社会效益和经济效益,并充分考虑其对生态环境的影响,权衡利弊,做出合理的评价。

11.2 现有的化学物安全性毒理学评价程序

自1982年以来,我国陆续颁布了有关的法律,相继制定出一些种类的化学物质的毒性鉴定程序和方法。我国是一个农业大国,农药的生产和使用量很大;接触的人数众多。为了保障广大生产者和使用者的健康,对农药的安全性评价是毒理学研究的一项重要任务。我国于1991年6月正式颁布了"农药安全性毒理学评价程序";1995年8月正式颁布了"农药登记毒理学实验方法"(1996年1月1日实施)。后者是作为中华人民共和国国家标准实施的。因此以下以农药为例,介绍其安全性评价程序。

11.2.1 农药安全性毒理学评价程序

11.2.1.1 主要内容与适用范围

此程序规定了农药安全性毒理学评价的原则、项目及要求。此程序适用于在我国申请登记及需要进行安全性评价的各类农药。

11.2.1.2 评价总则

(1)在进行农药的安全性评价时,应着重考虑以下几方面因素:
①化学名称、化学结构。
②产品组成(有效成分含量及其他成分含量)。
③理化性质,包括蒸气压、溶解度、乳化性、相混性、熔点、沸点、外观、比重等。
④每人每日容许摄入量的规定。
根据动物实验中最大无作用剂量再缩小100倍(安全系数),按下列公式计算:

每人每日容许摄入量(ADI)mg/kg 体重=最大无作用剂量(mg/kg)/安全系数
(安全系数由农药的性质及其他因素所确定,一般为100)

每人每日容许摄入的农药量=ADI(mg/kg)×60(人体标准体重,kg)

最大残留限量(MRL)= ADI×60/1.2(每人每日食品摄入总量)×某种食品所占比例

⑤一般毒性实验和特殊毒性实验项目,依次划分为四个阶段,可以根据申请登记的农药类别及有关规定进行相应的实验。

⑥代谢产物和主要杂质的毒性。

⑦人群接触毒性和意外事故的毒性资料。

⑧代谢产物和主要杂质的毒性。

(2)农药实验样品的选择,一般为原药,如系新品种农药,则应同时采用原药及制剂。

(3)对提交评审的资料,分别要求如下:

①凡属申请正式登记的农药品种,一般需具备四个阶段的全套资料,尤其是新投产、产量大、使用面广的,或估计有可疑潜在性危害的农药。进口农药必须提交四个阶段的完善毒理学实验资料,进行必要的毒理学验证实验。

②凡属申请临时登记或用于药效实验的农药,可先提交相当于第一、二阶段的毒理学实验资料。补充登记(改变剂型或改变含量)的农药,需提交第一阶段毒理学实验资料。根据评审结果再确定是否需要补充其他实验项目。

③凡要求将已登记的原药混配成各种剂型的制剂时,一般应先提供急性经口联合毒性的实验资料,以表明有无协同作用,如有明显增强作用,则需进行其他实验。

④根据农药的用途、品种的理化特性,对某些特殊用途的农药(如卫生杀虫药、生物农药、杀鼠药、森林用药等)可按本程序规定的项目作适当增减(如变更动物的品种、给药途径等)。

11.2.1.3 毒理学评价项目(分四个阶段)

1.第一阶段——动物急性毒理实验和皮肤及眼睛黏膜实验、皮肤变态反应(致敏)实验

(1)急性毒性实验包括急性经口毒性实验(LD_{50})、急性经皮毒性实验(LD_{50})、急性吸入毒性实验(LC_{50}),用于挥发液体和可升华的固体农药的毒理学评价。通过观察急性毒性效应的临床表现,初步估测毒作用的靶器官和可能的毒作用机理;为亚慢性、慢性和其他毒性实验的剂量水平设计提供参考;为急性毒性分级和制定安全防护措施提供依据。

(2)皮肤与眼黏膜实验、眼刺激实验、皮肤刺激实验、皮肤致敏实验各项中,急性经口和经皮毒性实验,眼刺激实验为必做项目,其他项目需根据情况确定。目的是测定农药对哺乳动物皮肤和眼睛黏膜是否有刺激、腐蚀作用及其强度,估计人体接触该农药时可能出现的类似危害,为农药生产和使用中的安全防护提供依据。

2.第二阶段——蓄积毒性和致突变实验

(1)蓄积毒性实验目的是了解农药蓄积毒性的强弱,并为慢性毒性实验及其他有关毒性实验的剂量选择提供参考。当经口的 $LD_{50}>5$ g/kg,或已做过代谢实验,有半衰期数据的,可免去此项实验。

(2)致突变实验原核细胞基因突变实验 Ames(鼠伤寒沙门氏菌/微粒体实验)及大肠杆菌回变实验哺乳动物细胞染色体畸变分析:体细胞为骨髓细胞微核实验或骨髓细胞染色体畸变分析中两项任选一项;生殖细胞为睾丸细胞染色体畸变分析(即 M1 期精母细胞的染色体畸变测试)或显性致死实验两项中任选一项。其他根据需要确定。

3. 第三阶段——亚慢性毒性和代谢实验

(1)亚慢性毒性实验。目的是观察农药以不同剂量水平较长期喂养对动物的毒作用性质和靶器官,并初步确定最大无作用剂量和最小有作用剂量以及剂量-反应关系;了解农药对动物生殖和子代的影响;为慢性毒性和致癌实验的剂量选择、实验设计提供依据;为农药安全使用和安全食用提供依据。90 日经口实验,21 日经皮实验;根据需要确定 21 日或 28 日吸入实验,根据需要确定迟发性神经毒性实验,根据需要确定两代繁殖实验、致畸实验。

(2)代谢实验。目的是了解农药在体内的吸收、分布和排泄速度,为进一步研究农药的毒作用机制和毒性安全评价提供依据。

4. 第四阶段——慢性毒性(包括致癌)实验

通过一定途径长期(动物生命大部分或终生)、反复给予实验动物不同剂量的受试农药;观察实验动物的慢性毒性效应(包括肿瘤)及其严重程度、靶器官和损害的可逆性。确定慢性阈剂量(浓度)、最大无作用剂量(浓度),为制定人类接触该农药的每日容许摄入量(ADI)或车间空气中最高允许浓度(MAC)提供依据。受试动物选大白鼠,分成不同剂量组,经口给农药 2 年。

11.2.1.4 评价项目基本要求及结果评定

1. 急性毒性实验

(1)目的。了解受试物的毒性强度和性质,为蓄积性和亚慢性实验的剂量选择提供依据。

(2)方法。可采用几率单位法(Miller's 法)、寇氏法(Kaorber's 法)或霍恩氏法(Hom's)计算 $LD_{50}(LC_{50})$。

(3)结果评定。根据 GB 15670—1995 中农药急性毒性分级标准进行评定,见表 11.2。

表 11.2 我国农药的急性毒性分级

级 别	经口 LD_{50}(mg/kg)	经皮 LD_{50}(mg/kg)4 h	吸入 LC_{50}(mg/m³)2 h
剧 毒	<5	<20	<20
高 毒	5~50	20~200	20~200
中等毒	50~500	200~2 000	200~2 000
低 毒	>500	>2 000	>2 000

引自:农药登记毒理学实验方法(GB 15670—1995)。

将 0.1 mL 液态受试农药滴入兔眼结膜囊内,滴药后于 12,24,48 和 72 h 进行观察,第 4 天、第 7 天观察恢复情况。结果评定眼损伤的分级标准见表 11.3 以及眼刺激性评价标准见表 11.4。

表 11.3　农药的急性毒性

部位	眼损伤程度	积分	总积分
结膜	A 充血状态,系指睑结膜、球结膜部位的血管	0	(A+B+C)×2 最高积分 20
	血管正常充血	0	
	血管充血呈鲜红色	1	
	血管充血呈深红色、血管不易分辨	2	
	弥漫性充血呈紫红色	3	
	B 水肿		
	无	0	
	轻微水肿	1	
	明显水肿,伴有部分眼睑外翻	2	
	水肿至眼睑近半闭合	3	
	水肿至眼睑超稠涨闭合	4	
	C 分泌物		
	无	0	
	少量	1	
	分泌物使眼睑和睫毛潮湿或黏着	2	
	分泌物使整个眼区潮湿或黏着	3	
虹膜	正常	0	A×5 最高积分 10
	皱褶明显加深,充血、肿胀,角膜周围有轻度充血,瞳孔对光	1	
	充血,肉眼可见破坏,对光无反应(或出现其中之一反应)	2	
角膜	A 混浊(以最致密部分为准)		A×B×5 最高积分 80
	无混浊	0	
	散在或弥散性混浊,虹膜清晰可见	1	
	半透明区易分辨,虹膜模糊不清	2	
	出现灰白色半透明区,虹膜细节不清,瞳孔大小勉强看清	3	
	角膜不透明,由于混浊,虹膜无法辨认	4	
	B 角膜受损范围		
	<1/4	1	
	1/4 ~ 1/2	2	
	1/2 ~ 3/4	3	
	3/4 ~ 1	4	

角膜、虹膜、结膜反应累加最高积分为 110

表 11.4　农药的急性毒性

急性眼刺激积分指数 (I.A.O.I)(最高数)	眼刺激的平均指数 (M.I.O.I)	眼刺激的个体指数 (I.I.O.I)	刺激强度
0 ~ 5	48 h 后为 0		无刺激性
5 ~ 15	48 h 后<5		轻刺激性
15 ~ 30	4 日后<5		轻度-中度刺激性
30 ~ 60	7 日后<20	7 日后(6/6 动物<30) (4/6 动物<10)	
60 ~ 80	7 日后<20	7 日后(6/6 动物<60) (4/6 动物<30)	
80 ~ 120			重度刺激性

2. 皮肤刺激实验

将兔脱毛,24 h 后,将 0.5 mL 液态农药采用原药或制剂,或 0.5 g 固体农药用水或合适赋形剂按 1∶1 浓度调剂后涂于脱毛表皮,背部脊柱两侧皮肤去毛范围各为 3 cm×6 cm。结果评定皮肤刺激反应评分见表 11.5。皮肤刺激强度评分见表 11.6。

表 11.5 皮肤刺激反应评分

红斑形成	水肿形成	积 分
无红斑	无水肿	0
勉强可见	勉强可见	1
明显红斑	水肿隆起轮廓清楚	2
中等至严重红斑	水肿隆起约 1 mm	3
紫红色并有焦痂形成	水肿隆起超过 1 mm,范围扩大	4
	总分	10

表 11.6 皮肤刺激强度评分

强 度	分 值
无刺激性	0~0.4
轻度刺激性	0.5~1.9
中等刺激性	2.0~5.9
强刺激性	6.0~8.0

3. 蓄积毒性实验

(1) 目的:了解农药在体内蓄积情况。

(2) 受试动物:大鼠或小鼠。

(3) 方法:蓄积系数法或 20 天蓄积法。

(4) 结果评定蓄积系数<1 为高度蓄积;1~3 为明显蓄积;3~5 为中等蓄积;>5 为轻度蓄积。如 1/20LD_{50} 组动物有死亡,且有剂量-反应关系则为强蓄积性;仅 1/20LD_{50} 组动物有死亡则为弱蓄积性。

4. 致突变实验

结果评定:如 3 项必做项目中 1 项实验结果出现阳性,则须再选择两项其他致突变实验,以观察是否有多项阳性效应。如必做项目中实验结果出现 2 项或 2 项以上的阳性结果,而又有强蓄积性,则一般应予放弃,但如该品种在目前产生和使用中为不可缺少的品种,则应进行第三、四阶段的动物实验,并根据该农药的残留量和可能摄入量等,综合衡量。

5. 亚慢性毒性实验

结果评定:90 d 经口实验无作用剂量小于或等于人可能摄入量的 100 倍者,表示毒性较强,一般应予放弃。迟发性神经毒性实验,根据其神经毒性反应和病毒学检查进行评定,提出迟发性神经毒性的无作用剂量水平。致畸实验鉴定农药是否有母体毒性、胚胎毒性及致畸性。如有致畸效应,可得出最小致畸量,以最小致畸量求得致畸指数,表示致畸强度。

$$致畸指数 = 雌性动物\ LD_{50}/最小致畸剂量$$

暂定致畸指数小于10为基本无致畸危害;致畸指数10~100为有致畸危害;致畸指数大于100为强致畸危害。

$$致畸危害指数 = 最大不致畸剂量/最大可能摄入量$$

致畸危害指数>300为危害性小;致畸危害性指数100~300为中等危害性;致畸危害指数<100为严重危害性。

6. 慢性毒性实验

(1) 目的。确定动物长期接触农药后产生的异常,确定最大无作用剂量,为制订每人每日容许摄入量(ADI)和农药最大残留限量(MRL)或施药现场空气最高容许浓度(MAC)提供依据。

(2) 结果评定。致癌实验结果有如下情况:①肿瘤只发生在实验组中,对照组无肿瘤;②实验组与对照组动物均发生肿瘤,但实验组发生率高;③实验组动物中多发性肿瘤明显,对照组中无或只有少数多发性肿瘤;④实验组与对照组肿瘤发生率虽无明显差异,但实验组中发生时间较早。凡符合上述4条中任何1条标准,并在实验组与对照组之间的数据经统计学处理有显著性差异时,即可认为致癌实验为阳性结果,其余为阴性结果。

第12章 毒理学替代法

12.1 替代法的概念

12.1.1 替代法的概念

"替代法(alternatives)"一词目前已被许多国家广泛接受,并写入立法中。在生物医学研究、教育或检测中凡是能替代实验动物、减少所需动物数量或使动物实验程序得以优化而减少动物痛苦的任何一种方法或程序,都被认定为是替代法。在 Russell 和 Burch 提出的3R 原则中最初提出了"alternatives"的概念,他们将"替代"定义为三种类型,即代替替代(replacement alternative)、减少替代(reduction alternative)及优化替代(refinement alternative),即所谓的3R 原则。所有这些均属于替代法的范畴。在毒理学安全性评价领域中,替代法包括两个方面,一是测试方法(testing methods),如体外方法,动物实验的减少与优化均属于此范围;二是非测试方法(non-testingmethods),如专家系统的应用,利用已有数据或同类化合物进行参比也属于非测试方法。由于测试方法型替代法在安全性评价中具有重要的现实性意义,这将是本书论述的重点。替代方法的使用,不仅可以获得相同的信息,而且是最佳的科学方法。毒理学中使用的啮齿动物和其他哺乳动物,与人类相比,其对某些化学品的反应存在一定差异,同时应激状态下,实验动物的生理状态发生明显改变。因此,利用这些模型对人体进行预测,其准确性和辨别能力存在较多不确定因素。发展替代方法是解决这些问题的有效途径之一。

12.1.2 替代的基本方法

1. 体外技术及人类模型的使用

体外方法被认为是最普遍也是最主要的动物实验替代方法。不依赖于完整动物的使用,而是使用较低水平的组织,如原代培养的细胞、组织和器官。因其与机体其他部位不存在任何关联,且该模型可以在已知条件下生长,不需要应用无痛法和麻醉这些可能会影响体内实验结果的因素,因而相对较为敏感。许多体外实验技术得到快速发展,如通过共培养技术再现组织或器官的细胞群,包括重现肠道屏障、皮肤细胞及正常成熟的角质形成细胞等技术。利用微团培养技术重现组织的三维结构,获得与体内更相近的细胞形状。来自胚胎或各种成人组织的多能性干细胞因具有全能性,在适当的培养条件和细胞信号调节下,可继续分化成不同类型的细胞。细胞工程为毒理学研究提供了新工具,将永生细胞系扩大到特殊功能的细胞系,可以更好地研究作用机制。

2. 低等物种的利用

在某些情况下,可以利用有限刺激感受性的低等生命体作为动物实验的替代物。这些低等生物只有简单的神经系统,不会感觉到疼痛,如植物、细菌、真菌、昆虫或软体动物以及早期发育阶段的脊椎动物。遗传毒性实验中可使用细菌对具有诱变特性的新化合物进行筛选。酵母也可作为具有抗体片段或疫苗抗原编码的特异性基因表达的载体,并通过转基因技术,植物也可用于疫苗的生产。使用低等生物材料或啮齿类动物替代灵长类动物进行疫苗或神经毒性的研究,以获得相同或更科学的信息。

3. 物理化学方法与计算机的使用

化学物质的生物学活性与其物理、化学特性之间存在一定的关系。可以利用物质的理化性质或化学结构对其生物学活性进行定量分析。多以脂水分配系数、生成热、分子大小和亲电性等毒性作用机制为研究始点,具有多样性和复杂性。定量结构-活性关系(定量构效关系,quantitative structure activity relationship,QSAR)用于药物设计已有多年,近几年已将其应用于毒理预测评价之中。利用 QSAR 模型进行急性毒性预测有较大的发展,但有限的生物学资料、对复杂毒理学终点的简单模拟、应用范围较小等因素仍使其发展受限。从高通量筛选和微点阵技术获取的大量信息将用于发展 QSAR 模型。QSAR 方法自动化程度高,能快速地对物质进行分类标记、毒性分级以及危险性评估,有效减少实验动物的使用,具有广阔的发展前景。因此,可以利用计算机设计出具有某些结构和特性的新化合物,减少需要动物检验的化合物数量。

12.2 替代方法的验证

12.2.1 验证的目的与要求

在安全评价管理过程中,任何一个新方法首先必须经过适当的验证研究,充分证明新方法的相关性和可靠性符合特定目的,才有可能被管理机构考虑列入法规性管理文件,替代管理规程中原有的方法,这就是替代方法的验证(validation of alternative methods)。化学品安全性检测中,相关性(relevance)是指测试系统的科学基础和相关模型的预测能力,而可靠性(reliability)是指检测结果在实验室内和实验室间的可重复性。可靠性和相关性检测是独立的过程,而且是必须的。

预验证或论证研究中,应对一下因素加以考虑:①明确阐述研究目的。②整体设计特征描述。③检测物质的选择、编码和分配。④独立进行数据收集和分析。⑤检测物质的数量和性能。⑥结果的特性和解释。⑦检测方法的性能。⑧同时评议结果。⑨原始数据有效性。⑩独立的结果评估。替代实验发展和验证的 ECVAM 标准:①明确阐述替代方法的可能使用及其科学与法规性依据。②方法的基本描述。③对替代方法与体内实验结果的相关性进行描述。④对现存体内方法和其他非动物方法的需求说明。⑤优化计划书,包括必要的标准操作程序,终点和终点预测的规范,结果获取及表达方法,通过预测模型解释体内生物学效应,使用适当的对照。⑥替代方法局限性说明。⑦实验室内及实验室间重复性证据。为了验证替代方法与经典实验之间的相关程度,通常的做法是将替代实验的结果与经典实验结果进行比较。通常用敏感性、特异性、重复性、精密度和可操作性等指标来表示可靠性。同时还必须进行实验室内和实验室间评价。

12.2.2 替代方法的验证过程

替代法的开发和利用及人道科学实践必然面临挑战。首先,替代方法的验证是个重要的障碍。目前毒理学检测中仍存在大量动物实验。为取代这些实验,替代方法必须证明它能够产生预测性和可重复性的结果。

一种替代方法的验证过程,一般包括以下几个阶段:①由某一实验室研发或改进某种实验方法。②由其他实验室协作进行实验方法的优化。③实验方法的预验证,是指小规模的实验室之间的验证研究,其目的是获得关于其可靠性和相关性的初步评估。④正式验证,是指实验室之间的验证研究,以获得对其可靠性和相关性更确定的评估。⑤主管委员会的科学验收,在欧盟(EU)由 ECVAM 科学顾问委员会(ESAC)负责科学验收,它包括来自所有成员国、相关工业组织、毒理学研究机构、动物福利运动组织以及有关委员会服务部门的专家成员。⑥EU 或 OECD 等管理机构的法规性验收。在欧洲,实验方法验证的每一阶段,至少需要 1~3 年时间。

归根到底,验证程序是从科学角度考察用替代方法替代体内动物毒性实验是否可行,即通过与现有的毒性实验相比较,毒性指标的等同性以及实验结果的相关性是否得到了证实。同时,与人类毒性的相关性大小,替代方法是否快速、简便、经济,是否反映了 3R 原则等,也都是评价替代方法优良与否的重要因素。

12.2.3 替代法进展

(1)急性全身毒性研究、急性全身毒性实验的目的是确定化合物急性毒性效应的特点以及急性毒性效应的严重程度或定量致死性。基本细胞毒性是急性毒性的主要内容。研究显示体外细胞毒性和体内急性毒性之间存在正相关关系,因此可以利用体外实验方法对物质潜在的急性毒性进行定量预测。

(2)皮肤刺激性和腐蚀性评价几种通过验证的皮肤腐蚀性检测的替代方法已被 OECD 接受,用于化学物质的管理,它们分别是:透皮电阻实验(OECD TG 430)、人体皮肤模型实验(OECD TG 431)及膜屏障测试实验(OECD TG 435)。利用化学物结构特征可以确定化学物质是否具有皮肤腐蚀及刺激性。此外,另一项以物质理化性质或结构特征为依据,判断物质有无皮肤刺激或腐蚀性作用的预测工具(skin irritation corrosion rule estimation tool, SICRET)已经构建,用 1 833 种物质进行验证研究,其预测率大于 95%。

(3)眼刺激性和腐蚀性评价有 4 种体外替代实验方法:鸡胚绒毛膜尿囊膜实验(hen egg test-chorioallantoic membrane, HET-CAM)、牛角膜混浊和通透性实验(bovine corneal opacity and permeability, BCOP)、离体鸡眼实验(isolated chicken eye test, ICE)和离体兔眼实验(isolated rabbit eye test, IRE),虽然没有正式完成验证,但已被欧盟部分成员国的管理机构接受,用于严重眼刺激物的鉴定和分类。

(4)皮肤过敏性作用评价局部淋巴结实验(LLNA),作为皮肤致敏检测的体内替代方法,近年经过修改完善。简化的 LLNA(reduced version of the LLNA, rLLNA)只采用原实验方法的高剂量组对物质是否具有致敏作用进行筛选,但与原方法比较存在某些局限性。与体内替代方法不同,能够区分敏感性与非敏感性物质的体外细胞系统的发展尚处于研究阶段。

(5)毒物代谢动力学评价研究。化学物质的代谢动力学过程是影响替代法预测化学物质毒性的重要因素,也是制约替代法发展的"瓶颈"。物质代谢是其毒性产生及种属间和种属内差异的关键因素。利用体外替代法或计算机系统在同时考虑化合物代谢因素的情况下预测对机体的毒性还不够理想。目前大多数体外评价系统其药物代谢酶活性与人体存在较大差异,在体外培养条件下药物代谢酶活力很低,或不断降低或不稳定,因而不能恰当地反映人体的实际情况。

(6)亚急性和(亚)慢性毒性研究。化学物质毒性评价经常要求进行最低28天的亚急性毒性实验。亚急性和(亚)慢性毒性研究的目的:①确定化学物质作用的靶器官、潜在蓄积效应和毒性作用的可逆性;②确定无毒效应剂量,为进行风险评估提供依据。目前还无法利用体外或其他替代方法取代常规亚急性或亚慢性体内实验。其主要限制性因素是:①体外系统不能模拟体内可能产生的各种相互作用。②多数培养细胞或组织生存期短,以及在培养条件下重要细胞功能丧失等。③利用细胞培养系统揭示物质动力学和生物转化过程的可能性极小。④一些数据如作为风险评估的临界值无可见不良效应水平(no observed adverse effect levels,NOAELS)等也很难利用体外系统获得。

(7)神经毒性研究神经毒性是化学物质危险度评价的重要内容。中枢神经系统和外周神经系统功能的特殊性,导致神经毒性物质作用机制表现出高度特殊性。目前对神经毒性评价主要是以整体动物神经行为、神经病理学、神经生理学和神经生物化学作为毒性终点判别其神经毒性作用。

(8)生殖和发育毒性研究生殖与发育毒性评价需要消耗大量的实验动物,因此开发用于生殖和发育毒性评价的替代方法是毒理学替代法发展的重点方向。哺乳动物生殖周期的复杂性制约了替代方法的快速发展。已有3种体外模型,如胚胎干细胞实验(embryonic stem cell test,EST)、微团检测法(micromass test,MM)和全胚胎培养实验(whole embryo culture test,WEC)已正式通过验证,并推荐作为发育毒性的筛检方法。对生殖周期的研究可以拆分为不同的生物学过程,对其进行单一或组合研究。各种新技术,如人类胚胎干细胞或遗传工程细胞的发展、传感器技术、QSARs模型及其他以模式识别为基础的技术方法(如毒理基因组学、蛋白质组学和代谢组学),对新的评价系统的构建起到了重要的作用。

(9)遗传毒性及致突变性研究。在各种毒理学检测终点中,用于化学诱变和遗传毒性检测的体外方法最多,如细菌回复突变实验(OECD TG 471)、酵母菌基因突变实验(OECD TG 480)、酵母菌分裂重组实验(OECD TG 481)、哺乳动物染色体畸变实验(OECD TG 473)、哺乳动物细胞基因突变实验(OECD TG 476)、微核实验(OECD TG 487)、姐妹染色单体互换实验(OECD TG 479)、DNA损伤修复实验、非程序性DNA合成实验(OECDTG 482)。然而,这些测试方法仍然还存在某些局限性,如代谢能力不足,在具有相对细胞毒性作用的剂量下,与体内情况相比可能过度敏感。常用的啮齿动物细胞系,如V79和CHO细胞系,染色体核型不稳定以及缺乏P53与DNA损伤修复机制,这也是导致不能反映机体整体状况的重要因素。特别是在具有某些特异靶器官作用的情况下,容易获得较高的假阳性或假阴性结果。

(10)致癌性。研究化学致癌是一个十分复杂、多因素共同作用的长期过程,其机制不清。在过去数十年里,尽管已取得了一些进展,但仍存在许多疑惑,如癌症发生的多级过程、细胞调控改变、许多致癌物质的器官或种属特异性,以及癌变多级过程的对抗机制等。代谢失活、DNA损伤修复、细胞周期阻滞、细胞凋亡、癌基因诱导的衰老过程以及免疫调控等多种机制均影响动物致癌性实验的剂量-反应关系。由于癌变过程的复杂性,对特定物质致癌性的预测非常困难。

第二篇
基础毒理学实验

实验1　动物实验的一般操作技术

一、目的

动物实验是环境毒理学研究的重要手段之一,环境污染物的毒性、剂量-反应关系、毒作用机制等方面的资料很大一部分来源于对实验动物的观察和分析。而且实验过程中技术及生物材料的收集是否恰当,直接影响实验结果的质量。因此,毒理学实验工作者必须正确地掌握动物实验中的一般操作技术,这是保证实验工作成功的基本条件之一。

本实验要求掌握动物的捉拿、固定、性别鉴定、标记、生物材料的收集、处死方法。

二、要求

(1) 学会选择健康的实验动物。
(2) 掌握动物的捉拿、固定、性别鉴定、标记。
(3) 学会生物材料的收集、处死方法和解剖检查。

三、试剂和材料

1. 器材

采血用注射器,剪刀,镊子,试管,脱脂消毒棉球,帆布手套,代谢笼,大鼠(小鼠)固定盒。

2. 试剂

生理盐水,苦味酸饱和酒精溶液,0.5%中性红或品红溶液,甲醛溶液。

3. 实验动物

大鼠,小鼠,家兔等。

四、实验内容和方法

1. 健康动物的选择

健康动物的选择采用目测的方法即可,要求达到:①外观形体丰满,被毛浓密有光泽、紧贴体表;②眼睛明亮、瞳孔双侧等圆,耳壳无脓疮,鼻中无浆性黏液分泌物;③颈项端正,四肢及尾、趾无红肿、溃疡,皮肤无创伤、疥癣、湿疹;④行动迅速,反应灵活,神经系统无震颤、麻痹;⑤食欲及营养状况良好,粪便成形,肛门附近被毛洁净,无呕吐、腹泻现象。

2. 常用实验动物性别鉴定

对小鼠和大鼠,最简单的方法是看性器官与肛门的距离。雌鼠的性器官与肛门间距离极短,界限不清。成年雌鼠有明显可见的乳头。雄鼠的性器官与肛门间距离较长,两者间有毛。成年雄鼠可见睾丸。家兔:使兔呈仰卧位,自尾向前观察,肛门位于尾的基部之下,肛门前有一个泄殖孔。成年雄兔可见两睾丸;而雌兔在肛门前面有两个相距极近的孔分别为尿道口和阴道口。成年雌兔有五对乳头。

3. 实验动物的抓拿方法及称重

正确地抓取和固定动物,是为了不损害动物,不影响观察指标,并防止被动物咬伤,保证实验顺利进行。抓取固定动物的方法依实验内容和动物种类而定。抓取固定动物前,必须对各种动物的一般习性有所了解,抓取固定时既要大胆敏捷,又要小心仔细,不能粗暴。

(1)小鼠的抓取方法。用右手抓住鼠尾,提出后立即放在铁丝笼或粗糙的板面上,而后右手将小鼠缓缓后拉,恰好与鼠要向前爬行的力相反而使其固定,此时可用左手的拇指和食指捏住小鼠耳后枕颈部皮肤即可提起,掌心向上而将鼠体置于掌心中,用无名指和小指将鼠尾压住。此时小鼠即被固定好,可以进行各种实验操作。操作熟练后,可采用左手一手抓取法,更为方便,右手可不必放下注射器等器具。

(2)大鼠的抓取方法。大鼠的抓取方法基本同小鼠,只是大鼠比小鼠性情凶猛,为避免咬伤,可带上帆布手套。采用左手固定法,用拇指和食指捏住鼠耳和颈部的毛皮,余下三指紧捏鼠背皮肤,将鼠置于左掌心中,这样右手可进行各种实验操作。大鼠手术操作应对大鼠进行麻醉和固定。麻醉的大鼠可置于大鼠实验板上(仰卧位),用橡皮筋固定好四肢(也可用棉线),为防止苏醒时咬伤人和便于颈、胸部实验操作,应用棉线将大鼠两上门齿固定于实验板上。大鼠尾静脉注射的固定器见图1.1。

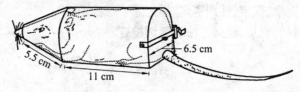

图1.1 大鼠固定

(3)家兔的抓取方法。家兔性情一般较温顺而胆小,捉拿动作要轻。从笼内捉兔时,先轻轻打开笼门,勿使其受惊,随之将手伸入笼内,从头前阻拦它跑动,兔便匍匐不动,此时用右手把二耳轻轻地压于手心内,抓住颈部的被毛与皮,提起兔,然后用左手托住它的臀部,兔身的重量大部分落于左手上。兔的固定分为盒式、台式两种。盒式固定适用于兔耳采血、耳血管注射等情况;若做血压测量、呼吸等实验和手术时,则需将兔固定在兔台上,四肢用粗棉绳活结绑住,拉直四肢,将绳绑在兔台四周的固定木块上,头以固定夹固定。

(4)称重。大、小鼠可用托盘天平称重,要求同一组内同性别个体的体重差异小于平均体重的10%,不同组间同性别动物体重均值差异小于5%。

4. 实验动物的标记方法

确定作为实验用的动物,应分别进行编号登记。选择何种编号、登记的标记方法,则依据实验动物数量、观察时间长短而定。

(1)染色法。对啮齿动物或白色家兔等的标记常用染色法,可用苦味酸(黄色)、品红(红色)的酒精饱和溶液在动物不同部位被毛上染色标记。如给小鼠或大鼠标记①~⑩号,具体见图1.2。用一种颜色可编46个鼠(1~89号,不染色为10

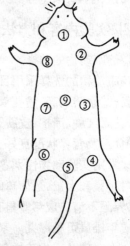

图1.2 啮齿动物染色标记法

号,染两处按低号计。如 3 号和 4 号两处染色,应为 34,不是 43。弃去个位号与十位号重复的号,如无 11、22、99 号等)。如用红色表示十位数,黄色表示个位数,可标出 1~99 号。由于被毛上颜色会逐步消失,故需重复染色。

(2)剪耳标记法。在动物耳朵边缘不同部位剪口或耳朵不同部位剪一小孔,以代表一定的数序。此种标记方法清楚,保存时间长,适用于较长期进行实验观察时采用,具体见图 1.3。

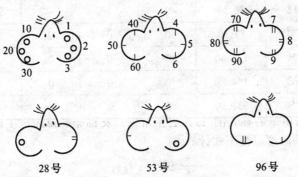

图 1.3 耳缘孔口标记法

(3)烙印法。用刺激钳在动物耳上刺上号码,然后用棉签蘸着溶在酒精中的墨黑在刺号上加以涂抹,烙印前最好对烙印部位预先用酒精消毒。

(4)用金属制的号牌固定于实验动物的耳上,大动物可系于颈上。对于猴、狗、猫等大动物有时可不做特别标记,只记录它们的外表和毛色即可。

5. 实验动物染毒途径和方法

在毒理学实验中染毒途径的选择,应尽可能模拟人在接触该受试物的方式。最常用的染毒途径为经口、经呼吸道、经皮及注射途径。染毒的途径和方法根据实验目的、实验动物种类和药物剂型等情况确定。不同途径的吸收速率,一般是静脉注射>吸入>肌肉注射>腹腔注射>皮下注射>经口>皮内注射>其他途径(如经皮等)。

(1)经口染毒。在急性实验中,经口染毒多用灌胃、饲喂和吞咽胶囊的方法。因饲喂和吞咽胶囊法操作简单,本实验重点练习灌胃法。一次灌胃体积:小鼠为 0.1~0.3 mL/(10 g 体重),大鼠为 0.5~1.5 mL/(100 g 体重)。将灌胃针安在注射器上,吸入药液。左手抓住鼠背部及颈部皮肤将其固定,右手持注射器,将灌胃针插入动物口中,沿咽后壁徐徐插入食管,固定针头并开始注射。针插入时应无阻力,若感到阻力或动物挣扎,应停止进针或将针拔出重新插入,以免刺破食管或误入气管。

(2)呼吸道染毒法。如果是粉尘、气体、蒸汽或毒气以及以雾态存在的药物,一般采用呼吸道染毒方法。经呼吸道染毒可分为吸入染毒和气管内注入。

①静式染毒。此法适用于急性毒性实验,一般可采用染毒瓶或染毒柜进行染毒。采用静式染毒要保证染毒瓶(柜)内有足够的氧气,并保持一定的温度和湿度。染毒时间一般为 2~4 h。要求受试物在 10 min 内蒸发完毕。静式吸入染毒时应根据染毒柜容积和染毒时间,确定放置的实验动物数,以保证动物的最低需气量(表 1.1)。染毒柜所需容积也可按实验动物总体重(kg)×100×染毒时间(h)来估算,相当于动物每千克体重每小时所需空气体积为 100 L。

表1.1 实验动物的最低需气量及不同染毒柜容积可放置的动物数(染毒2 h)

实验动物	呼吸量 /(L·h^{-1})	最低需氧量 /(L·h^{-1})	静式染毒2 h可放动物数				
			25 L	50 L	100 L	300 L	1 000 L
小鼠	1.45	4.50	3~5	6~10	12~15	36~40	120~150
大鼠	10.18	30.54	0	1	1~2	5~6	16~18
豚鼠	10.18	30.54	0	1	1~2	5~6	16~18
猫	19.30	57.90	0	0	0	3~4	9~10
家兔	42.25	126.80	0	0	0	1	4~5
猴	51.60	154.80	0	0	0	1	3~4
犬	312.60	937.80	0	0	0	0	1

染毒柜内的毒物浓度可按下式计算,即

$$c = \frac{a \times d}{L} \times 1\,000$$

式中:c为染色柜中毒物的质量浓度,mg/L;a为加入的毒物量,mL;d为毒物的密度;L为染毒柜的容积,L。

静式染毒的缺点是气体容积有限,毒物浓度不稳定,时间过长可因动物毛、排泄物的吸附以及动物吸入消耗,可使毒物浓度逐渐下降。

②动式染毒。慢性中毒实验多采用此法。动式吸入染毒设备由染毒柜、机械通风系统和配气系统三部分构成。对设备的要求较高,优点是在染毒过程中染毒柜内氧分压及受试物浓度较稳定,缺点是消耗受试物的量大,并易于污染环境。适用于较大动物,如兔、豚鼠、大鼠等的慢性中毒实验。在染毒柜中受试物浓度达平衡后,每天的染毒时间应为6 h。从实际考虑,每周染毒5天是可接受的。动式吸入染毒柜中受试物的浓度应实际监测。

(3)经皮肤染毒。其目的是确定毒物经皮肤的吸收作用、局部刺激作用、致敏作用和光感作用。分为定性实验和定量实验。定性实验中浸尾法较常用,具体操作为:将大鼠或小鼠放入特制的固定盒内,使其尾巴通过固定盒底部的圆孔全部露出,然后插入装有受试物液体的试管内(鼠尾应浸入3/4),浸泡2~6 h,观察中毒症状。定量实验是在实验动物已脱好毛的部位涂布受试化合物,求出该化合物经皮吸收的剂量-反应关系、吸收速度及LD_{50}等指标。

(4)注射染毒。对非啮齿类可模拟人拟用注射途径,而啮齿类的尾静脉和肌肉注射难以多次染毒,必要时可改为皮下注射或腹腔注射。注射染毒,应调整受试物的pH值及渗透压,pH值应为5~8,最好是等渗溶液,动物对高渗的耐受力比低渗强。静脉注射应控制速度,大鼠尾静脉注射最好控制在10 s以上。腹腔注射在遗传毒理学实验中有时也用,但在致畸实验、肝UDS研究不适宜用腹腔注射,以避免可能的损伤和局部的高浓度对靶器官的影响。此外,在注射前应注意局部消毒。

6.实验动物生物材料的收集方法

(1)动物血液的采集。在毒理学实验中,检查受试动物的血液,不仅可了解受试物对血液系统的作用,而且反映受试物对全身各器官系统功能及受试物代谢过程的影响。因此,可依据实验目的及质量要求和动物的种类,而选定适当的采血部位和采血量。常用实验动物的最大安全采血量与最小致死采血量见表1.2。采血过于频繁,可影响动物健康,造成贫血,甚至死亡。

表1.2 实验动物的采血量

动物品种	最大安全采血量/mL	最小致死采血量/mL
小鼠	0.10	0.30
大鼠	1.00	2.00
豚鼠	5.00	10.00
兔	10.00	40.00
猴	15.00	60.00

①鼠尾采血法。适用于需血少量的实验。将大鼠或小鼠固定后,把鼠尾浸入45~50 ℃温水中约5 min,使尾静脉充血,然后擦干尾部皮肤,用酒精棉球擦拭消毒。剪去尾尖(约0.2~0.3 cm),拭去第1滴血,用血色素吸管吸取一定量尾血后以干棉球压迫止血。也可以不剪尾,用1 mL注射器连上7号或8号针头直接刺破尾静脉进行定量采血。

②眼眶静脉丛采血。采血者的左手拇、食两指从背部较紧地握住小鼠或大鼠的颈部(要防止动物窒息,大鼠采血时需带上纱手套),采血时左手拇指及食指轻轻压迫动物的颈部两侧,使眶静脉丛充血,右手持硬质玻璃滴管(毛细管内径0.5~1.0 mm),使采血器与鼠面成45°的夹角,沿眼内眦正中稍下方刺入,刺入深度小鼠约2~3 mm;大鼠4~5 mm。当感到有阻力时停止推进,调整方向后继续刺入,直至出血为止。当得到所需的血量后,立即将玻璃管拔出,同时解除颈部的压力,以防止术后穿刺孔出血。本法采血量大鼠每次0.5~1.0 mL,小鼠约为0.2~0.3 mL。如短期内重复采血,宜从两眼轮换采血为好。

③腹主动脉或股动(静)脉采血法。为一次性采血方法。大、小鼠麻醉后,仰卧位固定,剪开腹腔,剥离暴露腹主动脉或股动(静)脉,用注射器刺入采血。

④断头采血法。操作者一手握住动物,一手持剪刀,另一人用镊子夹紧头部,然后快速剪断颈部,倒立动物将血液滴入容器。剪之前可预先用水或医用酒精将动物颈部皮毛湿润,以防鼠毛掉入血容器中。也可用大鼠断头器断头后,倒立动物接血。

⑤心脏采血法。是在实验用血样质量要求较高,采血量又较多时采用。鼠经麻醉或固定后,触摸出心区搏动最明显处,用碘酒、酒精消毒皮肤,右手持连有5号、6号针头的注射器,沿搏动最明显处的肋间垂直刺入心脏取血,操作时有人合作。小鼠一次可采血0.5~0.6 mL,大鼠约0.8~1.2 mL。亦可将动物作深麻醉,打开胸腔,暴露心脏,用针头刺入右心室,做开胸一次死亡采血。

(2)尿液采集。大鼠和小鼠可用代谢笼,下部有粪尿分离器。在毒物动力学研究中,对半减期长(数小时以上)的受试化学物可用代谢笼,对半减期短的受试化学物可在全麻下经尿道或经腹壁插管至膀胱收集尿液。对犬可用接尿法或导尿法。

(3)胆汁采集。在毒物动力学研究中,可直接插管至胆总管,其尖端应接近肝门区的分叉点。大鼠胆汁一般达0.5~1.0 mL/h。在插管后应立即给以受试化学物,因为胆盐不能再循环时,胆汁的成分就会改变。对有胆囊的实验动物(如豚鼠和兔),应在胆囊基底部结扎胆囊,以防止胆囊延缓经胆汁消除。

7. 实验动物的处死方法

(1) 脱颈椎法。适用于对小动物(大、小白鼠)处死。用左手拇指、食指捏住头颈部,右手抓住尾巴用力向后拉,使脊髓与颈椎处拉断,动物立即死亡。

(2) 断头法。操作者一手按住大鼠或小鼠头部,一手握住背部,露出颈部,助手用大剪刀或断头器剪断颈部使之死亡。

(3) 急性大失血法。可用鼠眼眶动脉和静脉急性大量失血法(如摘除眼球)使大、小鼠迅速死亡。

(4) 击打法。常用于处死大鼠。抓住鼠尾,提起,用力摔打其头部,或用小木槌猛力打击头部致死。

(5) 空气栓塞法。用注射器向动物静脉内迅速注入一定量的空气,使动物血管内形成大量气栓致死。此法适用于大动物的处死。

(6) 麻醉法。将动物放入预先洒有麻醉剂(如氯仿或乙醚)的密闭容器内,使动物麻醉致死。大动物则须用注射麻醉剂法进行。

(7) 麻醉后急性放血法。该法多用于处死大鼠。先腹腔或肌肉注射麻醉剂使动物麻醉,然后将其固定成仰卧位,左手持镊子提起大腿内侧皮肤,右手用剪刀作一切口并向腹股沟方向剪开皮肤,皮肤切口长约 3~4 cm。用剪子剪断股动脉即有大量血液流出,动物可迅速死亡。

五、结果评价

通过本实验,学生应掌握动物的捉拿、固定、性别鉴定、标记、生物材料的收集、处死方法等基本操作技术,为以后的毒理学实验打下良好的基础。

六、注意事项

(1) 抓拿大小鼠时,一定要注意安全,避免被鼠咬伤。

(2) 在进行眼眶静脉丛采血时,抓取鼠的颈部时,一定用力得当,以防动物窒息而死。

(3) 灌胃或灌肺时针头一定要钝且光滑,用力要适度,以免损伤食管或气管。另外,灌肺时要将动物麻醉,器材及受检毒物应采用适当方式灭菌。

(4) 死鼠应按环保要求及时清理。

实验2 鱼类的急性毒性实验

一、目的与要求

鱼类对水环境的变化反应十分灵敏。运用毒理学实验方法,观察鱼类在含有化学污染物的水环境中的反应,可以比较不同化学物质的毒性高低。利用鱼类毒性实验所得的TLm(半数耐受限度)可计算出安全浓度,为制定渔业和水质卫生标准提供科学依据。

实验准备工作要细致认真,学生可根据实际情况自行进行实验设计并确定实验方案,在教师的指导下独立完成实验。

二、原理

鱼类对水环境的变化反应十分灵敏,当水体中的污染物达到一定程度时,就会引起一系列中毒反应,例如行为异常、生理功能紊乱、组织细胞病变,甚至死亡。鱼类毒性实验方法可分为静态方法和动态方法两大类。本实验采用静态实验方法,在规定的条件下,使鱼接触含不同浓度受试物的水溶液,实验至少进行24 h,最好以96 h为一个实验周期,在24 h、48 h、72 h、96 h时记录实验鱼的死亡率,确定鱼类死亡50%时的受试物浓度。该法操作简便,不需要特殊的设备,适宜于受试化学物在水中相对稳定、在实验过程中耗氧量相对较低的短期实验。对在水中不稳定、耗氧量较高的化学物或需要进行较长时间的实验观察时,可采用动态实验方法。通过鱼类急性毒性实验可以评价受试物对水生生物可能产生的影响,以短期暴露效应表明受试物的毒害性。鱼类急性毒性实验不仅用于测定化学物质毒性强度、测定水体污染程度、检查废水处理的有效程度,也为制定水质标准、评价环境质量和管理废水排放提供环境依据。

三、试剂和材料

1. 实验鱼的选择与驯养

实验用的鱼必须对毒物敏感,具有一定的代表性,便于实验条件下饲养,来源丰富,个体健康。我国可采用的实验鱼有四大养殖淡水鱼(青鱼、草鱼、鲢鱼和鳙鱼)、金鱼、鲫鱼、野生的食蚊鱼等。本实验选用鲫鱼作为实验鱼。

鱼的大小不同,对毒物的敏感度有所不同,通常鱼苗比成鱼敏感。在同一实验中选择的鱼要同属、同种、同龄。鱼的平均体长以7 cm以下合适(鱼体长指自上颌至尾柄和尾鳍交界处的水平距离);金鱼的身宽一般以3 cm以下较为合适。每个实验浓度可用鱼10~20尾。

选用的实验鱼在实验前必须在实验室内经过驯养,使之适应实验室条件的生活环境和进行健康选择。驯养鱼应该在与实验相同水质水温的水体中至少驯养7天,使其适应实验环境,不应长期养殖(小于2个月)。驯养期间,应每天换水,可每天喂食1~2次,但在实验前一天应停止喂食,以免实验时,剩余饵料及粪便影响水质。驯养期间实验鱼死亡率不得超过5%,否则,可以认为这批鱼不符合实验鱼的要求,应该继续驯养或者重新更换实验鱼进行驯养。

2. 实验仪器设备

镊子,玻璃缸或搪瓷桶(高35 cm、直径30 cm),溶解氧测定仪,pH计,温度计等。

3. 实验用水及水质条件

用来驯养和配置实验液的水,必须是未受污染的清洁水。一般可采用天然河水、湖水或地下水,但需过滤以除去大的悬浮物质。也可用自来水代替,但必须进行人工曝气或放置3天以上脱氯。如果实验目的是评价工业废水或化学物质对接纳水体的影响时,则最好采用接纳水体的污染源上游水作为实验用稀释水。蒸馏水不适合做稀释水。

实验用水的水质条件一般是指水的温度、pH、溶解氧、硬度、水中的有机物和水量等。

①水温:实验中应保持鱼类原来适应的环境,温水鱼20~28 ℃,冷水鱼12~18 ℃;在同一实验中,温度的波动范围不要超过±2 ℃。

②pH值:水的pH值与水生生物的代谢作用有密切关系。对毒物的毒性作用也有一定的影响。因此,在实验中应维持pH值在鱼类适宜范围内。一般实验液的pH值在6.7~8.5为宜。如需调节pH值,可用1 M或0.1 M的HCl和NaOH来调节受试物贮备液的pH值。调节贮备液的pH值时不能使受试物浓度明显改变,或发生化学反应或沉淀。

③溶解氧:溶解氧是鱼类生存的必要条件,它能影响鱼类对毒物的敏感性。一般温水鱼要求溶解氧在4 mg/L以上,冷水鱼要求溶解氧在5 mg/L以上。

④水的硬度:通常在软水中进行。可采用自然界的江、河、湖水,如果用自来水,则必须进行人工曝气或放置3天以上脱氯。

四、操作步骤

1. 预备实验

设置3~5个浓度,每个浓度用3~5尾鱼,观察24~96 h。每日至少两次记录各容器内的死鱼数,并及时取出死鱼。求出24 h 100%死亡浓度和96 h无死亡浓度。如果依次预实验结果无法确定正式实验所需的浓度范围,应另选一浓度范围再次进行预实验。

进行预备实验的目的是确定实验浓度的范围(找出引起实验鱼全部死亡和不引起实验鱼死亡的浓度);观察鱼中毒的表现和出现中毒的时间,为正式实验选择观察指标提供依据。同时还要做一些化学测定,以了解实验液的稳定性、pH值、溶解氧的变化情况,以便在正式实验时采取措施。

2. 正式实验

实验中至少选择5个不同的浓度,一般以7个浓度较常用,但所选择的浓度应包括有使实验鱼在24 h内死亡的浓度,以及96 h内不发生中毒的浓度。每个实验浓度组应至少设2~3个平行,每一系列设一个空白对照。如使用了助溶剂,应增设溶剂对照组,其浓度与试剂中的最高溶剂浓度相同。实验鱼的数目以每组实验浓度10~20尾合适,不得少于10尾。

实验溶液调节至相应温度后,从驯养鱼群中随机取出鱼并随机迅速放入各实验容器中。转移期间处理不当的鱼均应弃除。同一实验,所有实验用鱼应30 min内分组完毕。

在24,48,72,96 h后检查受试鱼的状况。观察指标包括理化指标和生物指标:理化指标有水的溶解氧、pH值、水温、硬度等,用以检查实验条件的稳定性,排除由于实验条件变化带来的影响。生物指标包括鱼的死亡率和由于中毒而引起的鱼的生化、生理以及形态学、组织学变化。TLm 用以表示化学物对鱼类生存的影响,是鱼类毒性实验的重要指标,其计算方法与半数致死量(LD_{50})的计算方法相同。判断鱼死亡的方法是当鱼中毒停止呼吸以后,用小镊子夹鱼尾柄部,5 min 内不出现反应即可判定为死亡。死亡鱼必须移出实验缸,以免影响水质。实验过程中应记录 24,48 和 96 h 时各组鱼的死亡数。

实验结束时,对照组的死亡率不得超过 10%。

五、结果评价

通过本实验,熟悉和掌握鱼类急性毒性实验的设计、条件、操作步骤,深入了解化学物质的急性毒性分级。依据 LC_{50} 值的大小,可以将化学物质的急性毒性分为剧毒、高毒、中等毒、低毒和微毒 5 级,如表 2.1 所示。

表 2.1 鱼类急性毒性实验毒性分级标准

鱼起始 $LC_{50}/(\text{mg} \cdot \text{L}^{-1})$	<1	1~100	100~1 000	1 000~10 000	>10 000
毒性分级	剧毒	高毒	中等毒	低毒	微毒(无毒)

六、注意事项

(1)实验期间,对照组鱼死亡率不得超过 10%。

(2)实验期间,受试物实测浓度不能低于设置浓度的 80%。如果实验期间受试物实测浓度与设置浓度相差超过 20%,则应该以实测受试物浓度来表达实验结果。

(3)盛鱼的器皿上应配有塑料窗纱制的网盖,以防中毒鱼蹦跃跌伤。

(4)实验期间,尽可能维持恒定条件。

实验 3　经呼吸道急性染毒实验

一、目的和要求

学习静式和动式呼吸道染毒技术，熟悉测定半数致死浓度（median lethal concentration, LC_{50}）的实验步骤与方法。比较静式染毒和动式染毒对动物 LC_{50} 的差异。

二、原理

1. 静式吸入

将实验动物置于具有固定体积的染毒柜内，再加入定量的易挥发液态受试物或一定体积的气态受试物，形成所需的受试物空气浓度。接触一定时间（一般为 2 h）后，观察动物的中毒反应，并根据动物的死亡情况和相应的受试物浓度，求出 LC_{50}。

2. 动式吸入

动式吸入染毒是指实验动物处于空气流动的染毒柜内，即采用机械通风装置，连续不断地将新鲜空气和毒物送入染毒柜，并排出等量的污染气体，使染毒浓度相对稳定。染毒时间不受染毒柜气体容积的限制，可避免实验动物缺氧、二氧化碳积累、湿度增加等因素的影响。动式吸入染毒柜中化合物浓度用化学方法或仪器分析方法定量测定。每次实验期间应定时、多次采集实验动物呼吸带气体进行浓度分析。

三、试剂和材料

1. 实验动物

每组动物数不少于 6 只，健康雌、雄小鼠各半。

2. 器材

静式吸入染毒柜，动式吸入染毒柜，塑料动物笼，动物秤或托盘天平，受试化合物浓度测定装置，吸管（0.2，0.5，1.0，5.0 mL）或移液器等。

3. 试剂

受试化合物（易挥发液体或气体），如苦味酸酒精饱和液、CO 和 SO_2 等。

四、内容和操作步骤

1. 选择动物

选择健康实验动物，称重、编号、随机分组。

2. 呼吸道静式和动式吸入染毒

取已分组的小鼠，分别放入静式和动式染毒柜内，禁水禁食。依设计剂量浓度及各染毒柜体积，计算需要加入的受试化合物的量。然后将液态受试化合物或有毒气体通入柜内，计时，并记录染毒柜内温度。观察动物中毒症状和死亡个体数等指标，记录内容见表 3.1。

表 3.1 急性毒性实验记录表

受试物名称： 来源： 染毒剂量： 染毒途径：
动物种属品系： 提供单位： 室温： 相对湿度：

组别	染毒剂量 /(mg·kg^{-1})	动物编号	性别	体重	症状及出现时间	死亡时间	体重变化	备注
		1						
		2						
		3						
		4						
		5						

染毒期间，对照组小鼠也撤水撤食，并接受新鲜空气。

3. LC_{50} 计算

用改进寇氏法计算 LC_{50} 及其 95% 可信限。

五、结果评价

根据实验动物中毒症状、死亡时间、LC_{50}，参照相应的急性毒性分级标准进行评定，判断该受试物的毒性大小及毒性特征。

六、注意事项

(1) 染毒结束时，应在通风柜内或通风处开启染毒柜，迅速小心取出动物分笼喂养，继续观察。

(2) 染毒柜要严密，并采取废气净化措施，防止污染周围环境。

(3) 加入受试物后，应立即将染毒柜密闭，防止其逸出影响设定浓度及污染周围环境。

实验4　经口急性毒性实验

一、目的和要求

评价化学物质的毒性特征,通常应首先检测其急性经口毒性,以便在短期内获取化学物质毒性的有关资料,同时为该物质的急性毒性分级及亚慢性与其他毒理研究中接触剂量的选择提供依据。通过实验要求掌握哺乳动物经口急性毒性实验的操作步骤,测定半数致死剂量(LD_{50})的实验设计原则以及LD_{50}的计算方法。

二、原理

急性毒性实验(acute toxicity test)是在24 h内一次或多次灌胃给予实验动物一定剂量的受试物后,观察其发生的各种中毒表现及其严重程度,死亡特征和死亡数量,并根据剂量-反应关系计算求出LD_{50},对受试物进行急性毒性评价。在毒理学实验中,死亡率以0%开始上升阶段和临近100%死亡的终了阶段,剂量的增加所引起的死亡率上升是比较缓慢的,也就是说最小致死量和绝对致死量等指标不够敏感,且稳定性较差,误差较大。若作为毒性测定的主要指标是不合适的。从统计学的观点看,在半数致死量时,动物受到生物变异性影响最小,最稳定,也最敏感,所以LD_{50}是反映受试物毒性大小的常用毒性指标。

三、试剂和材料

1. 动物

健康小鼠或大鼠。小鼠体重18~25 g,大鼠体重180~240 g。雌雄各半。动物总数和每组动物数应根据不同LD_{50}计算方法而定。

2. 器材

注射器,吸管,容量瓶,烧杯,滴管,灌胃针(大鼠,小鼠适用),电子天平,动物体重秤,外科剪刀,镊子,防护手套。

3. 试剂

受试物、溶剂与助溶剂,苦味酸酒精饱和溶液,品红酒精饱和溶液。

四、内容和操作步骤

1. 受试物配制

应将受试物溶于或悬浮于适当的溶剂中。溶剂应本身无毒且不与受试物发生化学反应,不影响受试物的吸收。一般首选水,其次为植物油(如玉米油),然后是其他适宜的溶剂。

固体化学物采用称量法,液体化学物可用称量法或吸量法。

(1)称量法。将受试物放入已知质量的容器内称量。加溶剂溶解或稀释,倾入刻度容器(如容量瓶)内,混匀,再加溶剂至刻度,算出质量浓度(mg/mL)备用。

(2)吸量法。依设计剂量计算出应吸取液态受试物的容积,加入容量瓶中;用溶剂加至刻度。计算公式为

$$X = \frac{A \cdot V}{d \cdot 1\,000}$$

式中:X 为应吸取受试物的容积,mL;A 为设计要求的受试物质量浓度,mg/mL;V 为容量瓶容积,mL;d 为受试化学物密度。

2. 实验动物的标记和随机分组

先将动物标记编号,然后将标记后的动物随机分配到各实验组及对照组中(参见基础实验1)。

3. 染毒

(1)预实验。简单的预试方法是按2倍或3倍递增剂量,每次以3个不同剂量给预试动物(每组3~5只)后,按规定时间观察动物的中毒表现及死亡率。如果动物死亡率未获得上述的理想范围,则继续进行预试,直至找出符合以上要求的最高(即100%动物死亡)最低(即不引起动物死亡的最大耐受量)剂量范围为止。然后在此剂量范围内,根据需要按等比级数插入3~6个中间剂量组,计算出正式实验各实验组的剂量。

(2)染毒方式。按照事先设计的剂量分别稀释配制为几种不同质量浓度的受试物溶液,而各个剂量组的动物均给予相同单位体重体积的受试化学物。如上例的情况,将受试物分别配成100 mg/10 mL、200 mg/10 mL、400 mg/10 mL、800 mg/10 mL、1 600 mg/10 mL 等5个质量浓度的溶液,各剂量组动物给予受试物的体积均为10 mL/kg。对受试动物进行灌胃操作(具体请参考第一章相关内容)。灌喂后至少经3 h再喂食。

4. 观察与记录

一般侧重于动物涂药后中毒症状出现时间,表现特点,症状恢复时间和死亡率,有时还应做大体解剖。中毒动物多数在染毒后1~2 d内死亡者,观察1周即可;如果在染毒后陆续死亡,表明该毒物有延缓毒作用,观察期限应延长至2~4周。实验结束时,要按照实验结果,填写急性毒性实验记录表(表4.1)。

表4.1 急性毒性实验原始记录

受试物名称:		受试物性状:			受试物来源:			
动物物种品系:		动物来源及合格证号:						
染毒途径:		室温:			相对湿度:			
组别	剂量/(mg·kg^{-1})	动物编号	性别	体重/g	染毒量/mL	染毒时间	体征及出现时间	死亡时间记录

实验操作者: 实验记录者: 实验日期:

五、结果评价

实验观察期满后,应及时整理实验结果,计算出半数致死量。依据实验动物中毒症状、死亡时间、LD_{50} 值及急性毒作带,初步判断受试物毒性大小及毒性效应特征。由于急性毒性

实验仅是在短时间及较大剂量条件下进行,不能全面反映受试物的特点,因此,在进行外来化合物的毒性评价时,除进行急性实验外,还必须进行亚急性和慢性毒性实验以及其他特殊毒性实验,以便对受试物毒性有较全面的认识。

六、注意事项

(1)在几种常用的哺乳动物中,大鼠为首选的啮齿类动物,最好采用国内常见的品系。在一项实验中,动物的年龄、体重应尽可能一致,实验动物体重变异不应超过平均体重的20%,实验动物分组必须严格遵守随机化原则。

(2)正确捉拿动物,防止被咬伤。

(3)每组同一性别动物数也应相等。雌性动物应为未孕和未产过仔的。

实验5 单细胞凝胶电泳技术

一、目的和要求

单细胞凝胶电泳实验(single cell gel electropherosis,SCGE)又称彗星实验(comet assay),是检测受试物所导致的细胞 DNA 链的断裂,遗传学终点为原发性 DNA 损伤。SCGE 一般只需几千个细胞,适用于任何可制成单细胞悬液的真核细胞,所需设备简单,无需放射性示踪剂,试剂花费少且易得,而且快速、灵敏,从采样到结果分析只需数小时,每 10^9 个道尔顿 DNA 分子中可检测出 0.1 个 DNA 断裂。由于以上优点,SCGE 逐渐被广泛应用于生物学、临床和毒理学等科研领域。

本实验要求掌握单细胞凝胶电泳技术中的基本操作步骤,如制片、电泳、镜检、单细胞悬液的制备、染毒等,并能对细胞损伤程度进行评价。

2. 原理

通常 DNA 双链以组蛋白为核心盘旋形成核小体,核小体中的 DNA 为负超螺旋结构,如果有去污剂进入细胞,使 DNA 形成残留的类核,如果类核中 DNA 断裂,就会在核外形成一个 DNA 晕轮,DNA 断裂将引起超螺旋松散,电泳时 DNA 断片向阳极伸展,形成特征性彗星尾。因此,决定断裂 DNA 电泳行为的关键因素是 DNA 超螺旋的松散。DNA 受损越严重,含断裂片段越多,在彗星尾中出现的 DNA 就越多,尾中 DNA 的百分含量和尾长就成了 DNA 断裂的重要定量参数。实验流程一般为:受试物处理细胞→铺细胞于微胶→裂解细胞→电泳→EB 染色→镜检。

二、试剂和材料

1. 试剂

(1)电泳缓冲液应用液(300 mmol/L NaOH + 1 mmol/L EDTA)。电泳前新鲜配制。10 mol/L NaOH 30.0 mL、200 mmol/L EDTA 5.0 mL,定容至 1 000 mL,混匀。

(2)中和缓冲液(0.4 mol/Tris)Tris 48.5 g、去离子水定容至 1 000 mL,用>10 mol/L HCl 调至 pH=7.5。室温保存。

(3)细胞消化液(每 1 000 mL)2.5 mol/L NaCl 146.1 g、100 mmol/L EDTA 37.2 g、10 mmol/L Tris 1.2 g(用约 12 g NaOH 调 pH=10)、1% 肌氨酸钠 10 g,用去离子水定容至 890 mL。过滤除菌,为贮备液。室温保存。应用液:加新配 1% TritonX-100 和 10% DMSO。在应用前冷藏 30~60 min。加 DMSO 是清除血液和动物组织中血红蛋白释放的产生的自由基。

(4)HBSS 溶液(含 20 mmol/EDTA,无 Ca^{2+}、Mg^{2+})。HBSS 溶液 400 mL、EDTA 3.72 g,调 pH 值为 7.0~7.5,贮-4 ℃,定容至 1 000 mL。

(5)电泳缓冲液贮备液。10 mol/L NaOH(200 g/500 mL 去离子水)(2 周内用),200 mmol/L EDTA(14.89 g/200 mL 去离子水,pH=10)室温保存。

(6)溴化乙啶(EB)染色液(10×贮备液,即 20 μg/mL)。EB 为诱变剂,小心操作!溴化乙啶 1 g,去离子水 50 mL,室温保存。临用时将贮备液稀释 10 倍。

2. 器材

低熔点琼脂糖(LMA),液体闪烁管,荧光显微镜,全磨砂 Dakin 载玻片,1 号盖玻片(24 mm×50 mm),玻片托盘,冰盒,微量离心管,微量吸管和吸头,正常熔点琼脂糖(NMA)。

三、内容和操作步骤

1. 单细胞悬液的制备常用细胞分离和培养方法

(1)全血。将 5 μL 全血与 75 μL 低熔点琼脂糖(LMA)相混合。可将 5 μL 全血加入 1 mL 介质,冷藏待分析。分析时,将细胞离心,尽可能弃去所有上清液,再加 75 μL 低熔点琼脂糖(LMA)。

(2)淋巴细胞的分离。在微量离心管中将 20 μL 全血与 1 mL RPMI 1640 混合。在此混合物下加 100 μL Ficol,2 000 r/min 离心 3 min。弃去 100 μL 介质底层和 Ficoll 顶层。加 1 mL 培养液混合,离心 3 min 以使淋巴细胞沉积。弃去上清液,重新加入 75 μL LMA 混悬沉积的淋巴细胞。

(3)骨髓。用 1 mL 含 20 mmol/L EDTA 的冷 HBSS 将小鼠股骨骨髓冲洗于微量离心管中,取冲洗液 5 μL 与 75 μL LMA 混合,按后述步骤进行实验。

(4)固体组织。取一小块组织,放入 1~2 mL 含 20 mmol/L EDTA 的冷 HBSS 中。用不锈钢网磨碎,静置数分钟。取 5~10 μL 细胞悬液与 75 μL LMA 混合,此量应小于 10 μL,而每玻片最适细胞数约为 10^4 个细胞。

(5)体外组织培养。有两种方式,单层培养:用特孚隆(teflon)刮片刮(scrape)少许细胞到细胞培养皿的培养基中,使之含有大约 $1×10^6$ 个细胞/mL。取 5 μL 细胞悬液加入 75 μL LMA 中。按后述步骤进行实验;悬浮培养:取约 10 000 个细胞(应少于 10 μL)到 75 μL LMA 中混合。

2. 实验分组与染毒

体内实验,至少应设 1 个阳性对照组和 1 个阴性对照组、3 个剂量组,每组至少 4 只动物,若是人体取样,则应设 2 个平行样。体外实验,至少应设 3 个剂量组、1 个阳性对照组和 1 个阴性对照组,每组至少 2 个平行皿。

在体外实验中,可直接将受试物加入到生长培养液中放置于温度为 37 ℃ 的环境中培养一段时间后检测彗星形成。在体内实验中,可经适当途径(一般采用灌胃或腹腔注射)给予动物受试物(1~72 h),再取出所需的组织细胞,进行 SCGE 检测。

3. 制片

(1)0.5% LMA 和 0.5% NMA 的制备。分别取 125 mg LMA 和 NMA 溶于 25 mL PBS,可稍加热使其充分溶解。之后取 10 μL 保存在 45 ℃ 的 0.5% NMA 浇注到全磨砂的 Dakin 载玻片上,迅速盖上 1 号盖玻片,当心勿使产生小气泡,置室温 1~2 min 使琼脂糖凝固。此层主要作用是保证第二层和第三层平整及附着紧密。NMA 的量不必太精确,但要铺平整合均一。

(2)将约 10 000 个悬于 5~10 μL PBS 中的处理组或对照组细胞与处于 37 ℃ 的 7.5 μL 0.5% LMA 相结合。

(3)轻轻地将盖玻片移开,迅速将细胞悬液加到第一层琼脂糖上,盖上新盖玻片让其均匀铺开。为使琼脂糖固化,将玻片放于冰盒上的玻片托盘中 3~5 min。在 24 mm×50 mm 的面积上加 10 000 个细胞,相当于在放大 250× 的显微镜下每视野 1 个细胞。轻轻移开盖玻片,将处于 37 ℃ 的 75 μL 0.5% LMA 作为第三层加上,放回玻片托盘中待琼脂糖凝固。

(4)移开盖玻片,将载玻片缓慢浸入新配制的冰凉的细胞消化液中,放置于 4 ℃ 环境中冷藏至少 1 h。至少保存 4 周,但时间太长可能会引起缓冲液沉淀。以上用量系依据 24 mm×50 mm 玻片,实际用量可随玻片大小改变。

4. 电泳

(1)轻轻从细胞消化液中取出冷藏 1 h 后的载玻片,并置于水平凝胶电泳槽中阳极端附近,注意玻片间不留空隙。向电泳槽中加入新配制的电泳缓冲液应用液,使液面完全覆盖载玻片。应防止在琼脂糖上产生气泡。

(2)玻片在碱性缓冲液中放置 20~60 min,目的是使 DNA 在电泳前解螺旋和产生碱性易损性损伤。浸泡时间越长,损伤表现得越充分。室温下设置电压 25 V,调整电泳槽中缓冲液面高度使电流为 300 mA,根据对照样品的迁移情况和具体的研究目的,电泳 10~40 min。不同类型的细胞电泳时间随之不同。

(3)切断电源,将玻片放到染缸,用中性缓冲液浸洗 5 min,晾干,重复两次。目的是防止碱液和去污剂干扰 EB 染色。呈中性后,晾干玻片,将玻片用 50 μL EB 应用液染色,盖上新盖玻片。

5. 镜检

DNA 样品经 EB 染色后的应尽快在荧光显微镜下观察。每张玻片观察 100 个细胞。在荧光显微镜下细胞 DNA 呈橘黄色,正常的细胞表现为一圆形荧光核心,即彗星头部,没有尾巴,损伤的细胞 DNA 产生单链断裂,断片向阳极迁移,形成彗星样的拖尾现象,呈梭形或放射状。

根据细胞彗星荧光尾部与其可见头部的比例,将损伤程度分为 0 级(无损伤)、1 级(轻度损伤)、2 级(中度损伤)、3 级(重度损伤)及 4 级(极其严重损伤)。

四、结果评价

进行本实验的结果评价时,需要统计每组细胞的拖尾率,并进行 χ^2 检验,计算细胞损伤率及专用单位(arbi-trary units)。专用单位是一种衡量 DNA 链断裂损伤程度的特有单位,是把不同的分级加以换算统计,得到 DNA 损伤的总体水平,计算方法如下:

专用单位 = 0×0 级细胞数 + 1×1 级细胞数 + 2×2 级细胞数 + 3×3 级细胞数 + 4×4 级细胞数

$$DNA \text{ 专用单位 } AU = \sum_{i=0}^{4} \times n_i$$

式中:n_i 为第 i 级损伤细胞数。

用彗星实验检测 DNA 损伤时,除采用上述人工目测观察外,还可应用专用软件进行图像分析,结果基本一致。对比两种方法,目测观察比较简便、省时、易掌握;而图像分析比较繁琐、费时。但图像分析比目测敏感,且客观性强,可提供的参数多,分析全面,可用于深入研究。

表 5.1 单细胞凝胶电泳实验记录表

受试物	剂量 /($\mu g \cdot mL^{-1}$)	细胞损伤分级					拖尾率	DNA 损伤（专用单位）
		0	1	2	3	4		

五、注意事项

(1) 采用悬浮染毒检测化合物引起的哺乳动物细胞 DNA 损伤，暴露时间以 1 h 为佳，对特别弱的 DNA 损伤剂可通过延长暴露时间而达到检出目的。

(2) 有些操作步骤按实验要求必须在黄、红色灯光下或暗处进行。

(3) EB 为诱变剂，操作时要小心！

(4) 电泳时间对 DNA 迁移有明显影响。

研究表明，在 18 V 电泳 20 min 时，各受试物组平均尾长都较短，电泳 40 min 时，对照组有部分细胞出现迁移，延长至 60 min 时，几乎全部对照组细胞均出现迁移，若将电泳时间减少到 30 min，对照组细胞基本不发生 DNA 迁移。

(5) 采用琼脂作底层凝胶时，有些实验条件需加以考虑。浓度过大易使凝胶破裂，但琼脂浓度过小时，又不易形成均匀的薄层。本研究表明，0.25%~1% 的琼脂浓度均能获满意结果；低熔点琼脂糖体积过小时出现的 DNA 迁移形态异常，可能是因凝胶层过薄而使电泳条件明显改变所致；如果电泳电压过高，可因产热多导致低熔点琼脂糖的熔化。采用 18 V 电压时，阴性对照也有短距离的 DNA 迁移，而 15 V 电压时则无此现象，因而采用低电压长时间电泳为宜。

实验6 枝角类急性毒性实验

一、目的和要求

通过实验,了解并掌握枝角类急性中毒实验的基本条件和方法。

二、原理

枝角类(Cladocera)属于节肢动物门、甲壳纲、鳃足亚纲、双甲目,通称蚤类,俗称水蚤或红虫。溞类之所以在生态学上具有重大意义,与其在食物链的地位有关,它是水体中原初生产者(藻类)和最终消费者(如鱼类)之间的中间环节,能滤食水中碎屑和细菌,对水体自净起着重要作用。由于他们具有繁殖快,生活周期短、来源广泛、易于培养、实验方法简便及对环境中的毒物具有敏感性强等特点,故国内外已较广泛用做测试生物。

三、试剂和材料

1. 实验器具

解剖镜,控温仪,吸管,解剖针,恒温水浴箱,溶解氧测定仪,pH 计,烧杯。

2. 实验溞种

常被采用的种类除大型溞及蚤状溞外,尚有隆线溞(D. carinata)、长刺溞(D. longipine),僧帽溞(D. cuculata)、锯齿低额溞(Simocephalus serrlutus)及多刺裸腹溞(Moina macrocopa)等。

本实验采用在室内纯培养的隆线溞作为材料,实验前将怀卵雌溞吸出,分开喂养,12 h 以后以塑料纱过滤获得幼溞,经去氯水洗涤三次用以做实验。急性实验时不喂食。

四、内容和操作步骤

1. 预备实验

为了确定正式实验的浓度范围,在进行正式实验前需先进行预实验。预实验的浓度范围可适当广些,每个浓度放入 4~5 只水蚤,实验时间为 24~30 h 从实验中得出大部分存活及大部分死亡的浓度。

2. 实验浓度选择

实验液浓度选择可参考下列表6.1 和表6.2。一般常用浓度为 10.0 mg/L,5.6 mg/L,3.2 mg/L,1.8 mg/L,1.0 mg/L 等,为提高准确性,按等对数距可在其中加入 7.5 mg/L,4.2 mg/L,2.4 mg/L,1.35 mg/L 等。每个浓度设 2~3 个平行实验,整个实验设一个对照组。正式实验至少需要两次重复实验。实验结果求出 LC_{50} 的值。

我们根据对毒物特性的掌握情况,适当选择 5~7 个浓度,以其中能出现死亡率一个在 60% 左右和一个在 40% 左右为最理想。

表 6.1 根据对数纸上各间隔递进的二等分实验浓度选择

1	2	3	4	5
10.0				
				8.7
			7.5	
				6.5
		5.6		
				4.9
			4.2	
				3.7
	3.2			
				2.8
			2.4	
				2.1
			1.8	
				1.55
			1.35	
1.00				1.15

表 6.2 根据分对数 Olecilog 各间隔实验浓度选择

1	2	3
10		1.00
	7.94	0.90
6.31		0.80
	5.01	0.70
3.98		0.60
	3.06	0.50
2.51		0.40
	1.99	0.30
1.58		0.20
	1.26	0.10
1.0		0.00

3. 溞的移放

新生溞个体小,实验前应先用口径大于溞体的吸管吸出,放置于表玻皿中,移置于解剖镜下,剔除去雄性溞及损伤、病弱个体,然后移放入实验液中。

4. 实验液配制

毒性实验的毒物浓度以 mg/L(ppm) 为单位,工业废水用稀释百分数表示。毒物需先配制成母液,然后再稀释到所需要的浓度。试液配好后放入实验溞。在静态方法实验过程中,由于毒物的挥发、容器的吸附及其他原因,易使实验液浓度降低,必须根据情况更换试液。

5. 实验的指标

通过实验求得半致死浓度的值(即 LC_{50}),以反映该毒物对溞类的毒性。LC_{50} 是使溞在预定实验时间死亡 50% 的毒物浓度来表示。如 24 h-LC_{50}、48 h-LC_{50} 等。

6. 实验时间

急性实验通常要经过 48 h 才能完成,也有用 24 h 或 96 h 的。一般急性实验在 48 h 内不喂食,以免毒物浓度受到食物的影响。

五、结果评价

通过得出的 LC_{50} 值和中毒症状的观察,可了解毒物对溞类的毒性强度和致毒状况。溞类的毒性实验可应用于制定渔业水体水质标准和工业废水排放标准的依据,通过测定工厂排出废水对溞类的毒性实验,可以追溯污染源,还可寻找一个工厂主要污染车间和工段以及预测污水进入水体以后可能产生的生物学后果。溞类毒性实验也可以用于评价污水处理效果。总之,溞类毒性实验和鱼类毒性实验一样,其结果可以用于工业废水排放管理、渔业水体保护和水环境质量评价等各个方面。

六、注意事项

(1) 取溞大小力求一致,除掉体弱、损伤及雄性个体。

(2) 分离实验溞时要按操作规程进行,并要细心快速。

(3) 实验容器必须洗净,防止任何污物污染。

(4) 配制实验液可用未受污染的江、河、湖、池水,并滤去水中的悬浮物及其他生物。使用自来水时,必须进行人工曝气或静置 2~3 天,以除去水中的余氯。如用蒸馏水,可用 Sandtrs(1966) 的方法配制,其配方知下:$MgSO_4$(30 mg)、$CaSO_4$(30 mg)、$NaHCO_3$(48 mg)、KCl(2 mg)、去离子水(1 000 mL),调整 pH 值为 7.4~7.8。

(5) 实验时的水温在 20~25 ℃ 为宜。但同一实验温差变幅不得超过 2 ℃±1 ℃。

实验7　重金属对鱼肝过氧化氢酶的影响

一、目的和要求

学习应用生物化学方法，检测研究污染水体中重金属对鱼类的毒性影响，熟练掌握不同溶剂的配制方法以及酶匀浆的制备方法，掌握生物监测的一个测试手段。

二、原理

过氧化氢酶普遍存在于动物、植物和微生物细胞内。它含有丰富的巯基，重金属可与酶的巯基或其他活性基团相互作用，从而改变酶的活性，呈现毒性效应。过氧化氢酶催化分解细胞代谢产生的 H_2O_2 和还原某些其他氧化物，在调节细胞免于死亡过程中起重要作用。

过氧化氢酶（CAT）催化分解 H_2O_2，以 H_2O_2 消耗量来表示 CAT 的酶活性水平，原理如下：

$$2H_2O_2 \rightarrow O_2 + 2H_2O$$

剩余的 H_2O_2 用碘量法测定：

$$H_2O_2 + 2KI + H_2SO_4 \rightarrow I_2 + K_2SO_4 + 2H_2O$$

$$I_2 + 2Na_2S_2O_3 \rightarrow 2NaI + Na_2S_4O_6$$

三、试剂和材料

1. 设备

定时钟，恒温水浴，玻璃匀浆器，解剖器具，碘量瓶（100 mL），普通台式离心机，滴定管（10 mL，酸式）。

2. 试剂

（1）0.01 mol/L，pH 值为 6.8 的磷酸缓冲液。称取 1.361 0 g 的 KH_2PO_4 溶至 1 000 mL（A），称取 3.581 6 g 的 Na_2HPO_4 溶至 1 000 mL（B）。取 A 与 B 大致同体积配成 pH=6.8 的磷酸缓冲液。

（2）10% KI。

（3）淀粉指示剂。取 0.3 g 可溶性淀粉，以少量冷蒸馏水拌匀，倒入沸水中，冷却后，加入 0.1 g 的 Na_2CO_3，用蒸馏水稀释至 50 mL。

（4）0.5 mol/L H_2SO_4。

（5）H_2O_2 磷酸缓冲液。取 1 mL 30% 的 H_2O_2 试液，用 0.01 mol/L、pH=6.8 的磷酸缓冲液稀释至 1 L。

（6）0.01 g/L $Na_2S_2O_3$。

（7）1% 钼酸铵溶液。

（8）0.25 mol/L 蔗糖溶液。

四、内容和操作步骤

1. 制备酶匀浆

将处理后的鱼杀死,剥离肝脏,用滤纸吸干,称重,按 1:10(W/V)加入 1~4 ℃冷 0.25 mol/L 蔗糖液,匀浆,以 1 500 r/min 离心 5 min,取上清液,用 0.25 mol/L 蔗糖稀释 20 倍,置于 1~4 ℃环境中,供测定酶活力使用。

2. 测定过氧化氢酶活性水平

设置三组即空白组、处理组和对照组。向三组中分别加入 5 mL 0.01 M、pH 值为 6.8 的 H_2O_2 缓冲液,分别放入 25 ℃水浴中恒温 1 min,然后向空白组中加入 2 mL 1 g/L H_2SO_4,处理组中加入 1 mL 酶液,对照组加入 1 mL 酶液,混匀,都放入 25 ℃水浴中准确恒温 3 min,再向三组中分别加入 1 mL 酶液,2 mL 1 g/L H_2SO_4,2 mL 1 g/L H_2SO_4,再向三组中都加入 0.5 mL 10% KI 溶液,1 滴 1% 钼酸铵溶液,混匀后放置 3 min,用 0.01 g/L $Na_2S_2O_3$ 滴定,达浅黄色时,加淀粉 2~3 滴,滴定至蓝色消失。

3. 实验结果

(1)过氧化氢酶活力。以单位时间酶促分解 H_2O_2 的微克分子数表示。计算公式为

$$酶活性水平 = \frac{(C-B \text{ 或 } A) \times f \times N \times 1\,000}{2 \times 3}$$

式中:A 为处理组样品消耗的 $Na_2S_2O_3$(mL);B 为对照组样品消耗的 $Na_2S_2O_3$(mL);C 为试剂空白消耗的 $Na_2S_2O_3$(mL);f 为酶液的稀释倍数,本实验中为 200;N 为 $Na_2S_2O_3$ 的质量浓度(g/L);1 000 为毫克分子换算成微克分子的放大倍数;3 为反应时间 3 min;2 为消耗 2 个分子的 $Na_2S_2O_3$ 相当于 1 个分子的 H_2O_2。

(2)记录表格。

实验日期:　　　　　　　　　　记录人签名:

测定组 项目	试剂空白(C)			处理组(A)						对照组(B)					
	1	2	3	1	2	3	4	5	6	1	2	3	4	5	6
消耗 $Na_2S_2O_3$/mL															
f															
$N/(g \cdot L^{-1})$															
酶活性水平/u															
95% 可信性															
t 检验															
说明															

五、结果评价

(1)测定 CAT 的实验方法有优化的余地。碘量滴定法滴定终点判断误差大;紫外分光光度法测定结果的重现性最好,而且操作简便、快速。因此,需要在具体的实验中进行优化选择。

(2)重金属离子（Fe^{3+}、Cu^{2+}、Zn^{2+}、Pb^{2+}等）对过氧化氢酶既有抑制作用也有激活作用，这种作用与各种离子的浓度大小有关。因此，研究同种金属离子的不同浓度以及不同金属离子对 CAT 的影响有着重要意义。

(3)在细胞内，过氧化氢酶催化分解 H_2O_2，生成对机体无害的 H_2O 和 O_2。当重金属或者其他的环境污染物抑制了过氧化氢酶的表达时，导致 H_2O_2 和具有更高活性的羟自由基的积聚，对细胞产生氧化作用，使得细胞过早老化、异常死亡，干扰细胞和组织的正常活动和代谢功能，引发动物、植物疾病，严重的直至死亡。

六、注意事项

(1)滴定消耗 0.01 g/L 的 $Na_2S_2O_3$ 在 6 mL 左右为合适。倘若大于或小于此值，应调节稀释倍数。

(2)实验记录表中，"酶活性水平"以下的记录项目，只对处理组和对照组适用。"说明"一栏可以记入中毒试剂的浓度，或在实验中出现的意外情况，以及其他相应的实验条件。

(3)酶促反应时间必须计时准确。

(4)实验用鱼应选择规格相近的同种同龄鱼。

(5)测定过氧化氢酶活力的鱼样品数得大于等于 6 条。

(6)整个酶活性水平测定操作过程，应在低于 25 ℃ 室温下进行。酶促反应必须在 25 ℃ 恒温条件下进行。

实验 8　环境内分泌干扰物的筛选
——人体乳腺癌细胞（MCF7）的增殖实验

一、目的和要求

（1）掌握细胞的培养、传代、保存及体外毒性实验方法。
（2）了解内分泌干扰物的筛选方法。

二、原理

环境内分泌干扰物是指干扰生物体内维持自稳及调节发育过程中激素的产生、释放、代谢、结合、排泄、交互作用的外源性物质。研究发现，20世纪后期，野生动物和人类的内分泌系统、免疫系统、神经系统等出现了各种各样的异常现象，人类内分泌系统异常的突出表现是生殖异常。最早发现一些鱼类的生殖器官始终不能发育成熟，雌雄同体率增加，雄性退化，种群退化。类似的现象也出现在人类中。大量调查资料表明环境中存在多种能模拟和干扰动物及人类内分泌功能的物质。这些外源性化学物进入机体后，干扰体内内分泌物质的合成、释放、运输和代谢等过程，并且能够激活或抑制内分泌系统的功能，从而破坏机体内环境的稳定，导致或加速自身免疫性疾病的发生。

环境内分泌干扰物作用机制：

（1）与受体直接结合。包括：①雌激素受体（ER）介导的反应。②某些化学品可与雄激素受体结合，阻碍雄激素与受体的结合，表现出抗雄激素效应。

（2）与生物体内激素竞争靶细胞上的受体。通过竞争的结果，环境激素与靶细胞上的受体结合，减少受体对天然激素的吸附或阻碍天然激素与受体结合，从而减少了天然激素的作用。天然激素与受体的结合受环境激素的阻碍，进而影响激素信号在细胞、器官、组织的传递，导致机体功能失调。

（3）有些内分泌干扰物可产生类似雌激素的效应，却与雌激素受体的信号传递途径无关。

环境内分泌干扰物危害巨大，因此研究这类化合物的筛选具有重大的意义。利用人体乳腺癌细胞（MCF7）增殖实验（E-screen）对环境中的类雌激素物质进行筛选在国际上是一门成熟的技术，是 EPA 环境内分泌干扰物研究计划推荐的体外筛选技术之一。因此，将 MCF7 细胞培养于去激素的培养基中，加入受试化合物进行暴露，如果细胞呈增殖态势，表明加入的受试化合物可能具有雌激素活性。若加入 ICI182780（一种纯抗雌激素作用物质）与受试系统中能显著减缓 MCF7 的增殖，则表明受试化合物的细胞增殖作用通过雌激素受体介导。

三、试剂和材料

1. 试剂

氯化钠，氯化钾，一水合磷酸氢二钠，磷酸二氢钾，双酚 A，壬基酚，17β-雌二醇，DMEM 培养剂干粉，胰蛋白酶粉末，胎牛血清，活性炭粉末，葡聚糖 T70，磺酰罗丹明（SRB），三氯醋酸，醋酸，二甲基亚砜（DMSO）。

2. 细胞培养

MCF7 细胞用含有 10% 胎牛血清的 DMEM 培养在 25 cm² 培养瓶中，CO_2 培养箱温度设定 37 ℃，CO_2 体积分数 5%。细胞覆盖率 70% 左右传代培养，定期检查支原体污染。

3. 设备

CO_2 培养箱，倒置显微镜，针式滤器，pH 计，水浴锅，12 孔板，1.5 mL 离心管，生物冰袋，纯水仪，冷冻离心机，酶标仪，超净工作台，移液枪（20 μL、100 μL、1 000 μL）及对应枪头。

4. 培养液以及溶液的配制

（1）PBS 磷酸缓冲液。准确称取 1.56 g $Na_2HPO_4 \cdot H_2O$，0.2 g KH_2PO_4，8.0 g NaCl，0.2 g KCl，溶解于 1 000 mL 的双蒸水中，高压灭菌消毒，分装小瓶 4 ℃保存。

（2）谷氨酰胺贮存液。谷氨酰胺在培养基溶液中极不稳定，故应单独配制，置于 -20 ℃冰箱中保存，用前加入培养液中。可以配制 200 mmol/L 谷氨酰胺液贮存，用时加入培养液。准确称取谷氨酰胺 2.922 g 溶于三蒸水加至体积 100 mL 即配成 200 mmol/L 的溶液，充分搅拌溶解后，过滤除菌，分装小瓶，-20 ℃保存，使用时可向 100 mL 培养液中加入 1 mL 谷氨酰胺溶液。

（3）DEME 培养基。先将一定量的培养基粉剂加入所需培养液体积的 2/3 的双蒸水中，并用双蒸水冲洗包装袋（或称量纸）2~3 次，确保量准确，充分搅拌至粉剂全部溶解，加入定量的碳酸氢钠。然后加入配制好的链霉素以及青链霉素液（最终浓度各为 100 单位/mL）。用针式滤器或蔡式滤器过滤除菌。分开装成小瓶并于 4 ℃保存。

（4）血清的去激素处理。

①木炭在使用前先用冷的无菌水冲洗干净，至少洗 2 次；

②配置 5% 木炭-0.5% 葡聚糖悬液（T70），体积与所需处理的血清浓度相同；

③将此悬液在 1 000 r/min 下离心 10 min，过滤除去上清液；

④将血清与③中所得到的木炭颗粒物混合；

⑤保持混合液呈悬浮状态，于 37 ℃下振荡 60 min；

⑥将此血清在 50 000 r/min 下离心 20 min；

⑦取上清液，用 0.2 μm 的滤膜过滤除菌，并于 -20 ℃下保存制得的血清悬液。

（5）胰蛋白酶溶液的配制与消毒。准确称取定量的胰蛋白酶干粉配制成浓度为 0.25% 胰蛋白酶液，将所称取的胰蛋白酶干粉溶于适量的 PBS 或双蒸水中，调节 pH 值至 7.2，过滤除菌，置于 4 ℃保存。

四、内容和操作步骤

1. 细胞的传代培养

（1）把配制好的装有培养液、PBS 液和胰蛋白酶的瓶子放入 37 ℃水浴锅内进行预热。

（2）进行消毒处理，用 75% 酒精擦拭经过紫外线照射的超净工作台和双手。

（3）从培养箱内取出细胞。取出细胞时要旋紧瓶盖，用酒精棉球擦拭显微镜的台面，再在镜下观察细胞。

（4）打开瓶口，去掉旧培养液，用 PBS 清洗（冲洗），加入适量消化液（胰蛋白酶液），消化液的量以盖住细胞最好，最佳消化温度是 37 ℃。

（5）倒置显微镜下观察消化细胞，如果胞质回缩，细胞之间不再连接成片，表明此时细胞消化程度正好。

(6)去除消化液,加入培养液,将细胞悬液吸出分装至2~3个培养瓶中,加入适量培养后基旋紧瓶盖。

(7)倒置显微镜下观察细胞量,必要时计数。传代细胞的密度应该不低于5×10^5个/mL,密度过小会影响传代细胞的生长。最后要做好标记。

2. 细胞的增殖实验

(1)取一个$25\ cm^2$的细胞培养瓶,MCF7生长约70%~80%。用5 mL PBS磷酸缓冲液进行洗涤,再加入少量的0.25%的胰蛋白酶消化细胞。按照消化传代操作在37 ℃左右静置3~5 min后,轻轻拍动使菌体悬浮。

(2)用20 mL DMEM+5% FCS重新悬浮细胞,根据血球计数板操作方法,计算细胞数量,调节细胞数量至1×10^4个/mL。

(3)向12孔板的每个孔内加入1 mL(2)中的细胞悬液,使得每一个孔内细胞的最终浓度为1×10^4个/毫升·孔。培养24 h之后,去除培养液,用1 mL PBS缓冲液洗涤细胞。并将培养液换成1 mL不含雌激素的合成培养基。

(4)向每个孔内加入各个浓度梯度的待测物质。10^{-14}~10^{-8} mol/L溶解于DMSO中的17β雌二醇,10^{-11}~10^{-4} mol/L的双酚A和壬基酚,DMSO的质量分数不能超过0.1%。

(5)培养7d后,先将培养液除去,然后用500 μL的PBS淋洗细胞,接着用冷的200 μL 10%(W/V)的三氯醋酸固定细胞30 min。用双蒸水洗涤细胞5次,之后风干剩余的水分。

(6)用250 μL 0.4%(W/V)的SRB在1%的醋酸溶液中染色细胞15 min。多次少量地用1%的醋酸溶液洗涤细胞(100 μL次),其目的是除去未被固定的SRB,直到洗出液无色后,用300 μL 10 mmol/L的Tris缓冲液(pH=10.4)溶解剩余SRB。

(7)从每个孔中取出100 μL的SRB溶解液,加入96孔板在酶标仪下510 nm波长下读数。

五、结果评价

每个化合物有三个平行样,实验结果记录在SPSS软件中,带入如下S型剂量效应关系模型中

$$Y = Bottom + \frac{Top-Bottom}{1+10(\lg EC_{50}-X)\times Hill\text{-}slope}$$

式中:Y为增殖效应(吸光度);$Botttom$为S曲线低浓度效应平台期对应的效应(吸光度);X为暴露剂量的对数值;Top为S曲线高浓度高效应平台期对应的效应(吸光度);$Hill\text{-}sope$是S型曲线中点处斜率。

运用非线性回归模拟,求出三种化合物的EC_{50}后,用相对繁殖力RPP来表示化合物雌激素效应的强弱。

$$RPP = \frac{EC_{50}[E_2]}{EC_{50}[双酚A或壬基酚]}$$

式中:E_2为天然雌激素17β雌二醇。

六、注意事项

(1)取出细胞时要旋紧瓶盖,用酒精棉球擦拭显微镜的台面,再在镜下观察细胞。

(2)将细胞悬液中的细胞分装到12孔板时,加入量必须均匀。

(3)制备细胞悬液的时机要掌握合适,消化适当,否则影响细胞悬液均匀程度。

(4)上述操作应为无菌操作,严格注意实验体系确保无菌。

实验9 蚕豆(vivia faba)根尖微核测试技术

一、目的和要求

目前国内外较为普遍用于研究和监测环境致突变物(致癌物)的高等植物间期体细胞遗传检测系统是蚕豆根尖细胞微核监测技术。1986年国家环保总局已将蚕豆根尖细胞微核监测技术列入《环境监测技术规范》用于水环境监测。通过本实验,要求掌握蚕豆根尖细胞微核实验方法,同时对受试物的诱变性进行评定。

二、原理

蚕豆根尖细胞在分裂时,染色体要进行复制,在此过程中经常发生断裂,断裂下来的断片在正常情况下能自行复位愈合,从而确保细胞能维持正常生活。若细胞分裂时受到外界诱变因子的作用,一方面会阻碍染色体片断的愈合,另一方面随因子作用会使断裂程度加重,因此在细胞分裂中会出现一些染色体片断,这些片断由于不具着丝点而不受纺锤丝牵动,游离在细胞质中。当新的细胞核形成时,这些片断就独自形成大小不等的小核,这种小核就是微核。由于产生的微核数量与外界诱变因子的强弱成正比,所以可以用微核出现的百分率来评价环境诱变因子对生物遗传物质影响的程度。

三、试剂和材料

1. 设备与器材

解剖针,载玻片,盖玻片,试剂瓶,显微镜,温箱,手揿计数器,解剖盘,镊子,烧杯,三角烧瓶,恒温水浴锅,冰箱培养皿等。

2. 实验试剂

(1)席夫氏(Schiff)试剂。称0.5 g碱性品红(fuchsin basic)加蒸馏水100 mL置三角烧瓶中煮沸5 min,并不断搅拌使之溶解。冷却到58 ℃时,过滤于深棕色试剂瓶中,待滤液冷至25 ℃时再加入10 mL 1 mol/L HCl和1 g偏重亚硫酸钠或偏重亚硫酸钾充分振荡使其溶解。塞紧瓶口,用黑纸包好,置于暗处至少24 h,染色液如透明无色即可使用。此染色液在4 ℃的冰箱中可贮存6个月左右,如出现沉淀就不能再用。

(2)5 mol/L的HCl溶液。

(3)卡诺氏液的配置。无水乙醇(或95%乙醇)3份加冰醋酸1份配成。固定根尖时随用随配。

(4)SO_2洗涤液的配置。

①贮存液10%。$Na_2S_2O_5$(或10% $K_2S_2O_3$)溶液1 mol/L HCl。

②使用液。现用现配,取5 mL上述配制的10% $Na_2S_2O_5$(或10% $K_2S_2O_5$)溶液,加入5 mL的1 mol/L HCl,再加蒸馏水100 mL即配制而成。

(5)松滋青皮豆。松滋青皮豆是从蚕豆不同品种中筛选出较为敏感的品种。本品种引入后栽培繁殖时要注意不和其他蚕豆品种种在一起,不喷农药,以保持该品种较低的本底微核率。如果只需对水环境监测起警报系统作用,也可用其他当地蚕豆品种,但要注意设好对照组。种子成熟晒干后,为保证其发芽率,要贮于干燥器内,或用牛皮纸袋装好放入 4 ℃冰箱内保存备用。

四、内容和操作步骤

1. 蚕豆浸种催芽

(1)浸种。将适量的当年或前一年的松滋青皮豆种子放入盛有自来水(或蒸馏水)的烧杯中,放入 25 ℃的温箱中,浸泡 25~32 h,此期间至少换水 3 次,水温最好也是 25 ℃。

(2)催芽。用纱布松松包裹吸胀后的种子置于托盘内,保持湿度,在 25 ℃的温箱中催芽 12~24 h。待种子初生根露出 2~3 mm,再选取发芽良好的种子,放入带框的中,将尼龙纱网置于盛有自来水的托盘中,确保根尖与水接触,仍置入 25 ℃的温箱中继续催芽,每天更换托盘中的自来水,经 35~50 h 大部分种子初生根长至 2~3 cm,这时就可选择粗细、长短一致且根尖发育良好的种子,用来作为监测水源样品或药物溶液诱发效应之用。

2. 根尖染毒

每一处理组选取上述种子 6~8 粒,放入盛有被测液的培养皿中,使被测液浸泡住根尖即可,一般染毒 4~6 h。另设对照组自来水(或蒸馏水)。

3. 根尖细胞恢复培养

将处理后的种子用自来水(或蒸馏水)浸洗 3 次,每次 2~3 min。洗净后的种子再放入新铺好湿脱脂棉的培养皿中,放入 25 ℃的温箱中,使根尖细胞恢复 20~24 h。

4. 固定根尖细胞

从恢复后的种子根尖顶端切下 1 cm 的幼根放入青霉素空瓶中,加卡诺氏固定液固定 24 h。若固定后的幼根不及时制片,可放入 70% 的乙醇中,置 4 ℃的冰箱内保存备用。

5. 孚尔根(Feulgen)染色

在青霉素瓶中将固定好的幼根用蒸馏水浸洗 2 次,每次 5 min。将蒸馏水吸净,再加入 5 mol HCl 浸泡住幼根,连瓶放入 28 ℃水浴锅中水解幼根 10 min 左右(视根软化的程度可适当增减时间),至幼根被软化即可。用蒸馏水浸洗幼根 2 次,每次 5 min。将蒸馏水吸净,在暗室或遮光的条件下加席夫氏(Schiff)试剂,以淹住幼根液面高出 2 mm 为宜。去除染液,并用 SO_2 洗涤液浸洗幼根 2 次,每次 5 min,然后再用蒸馏水浸洗 5 min。将幼根放入新换的蒸馏水中,放入 4 ℃的冰箱内保存,以供随时制片之用。

6. 制片

在擦净的载玻片放上幼根,用解剖针截下 1 mm 左右的根尖,滴上少量 45% 的醋酸溶液,用解剖针将根尖捣碎,然后盖上清洁的盖玻片,在盖玻片上加一小块滤纸,轻轻敲打压片。

7. 镜检

将制片先置低倍显微镜下,找到分生组织区细胞分散均匀、膨大、分裂相较多的部位,再转到高倍镜(物镜 40×)下进行观察。

五、结果评价

每一处理观察 5 个根尖,每个根尖观察 1 000 个细胞,并计数其中有微核的细胞数(微核千分率)。

微核的识别标准如下:

(1)凡是主核大小的 1/3 以下,并与主核分离的小核。

(2)小核形态可以是圆形、椭圆形、不规则形。

(3)小核着色与主核相当或稍浅。

将镜检结果记录于表中,按以下步骤进行统计学处理:

(1)各测试样品(包括对照组)微核千分率(MCN‰)的计算公式为

$$MCN‰ = \frac{某测试样品(包括对照组)观察到的 MCN 数}{某测试样品(对照组)观察的细胞数} \times 100\%$$

(2)如被监测的样品较多,可先用方差分析(F 检验)看各采样点所测的 MCN 率平均值和对照的显著性差异。如差异显著,还可进行各采样点微核差异显著性的多重比较,看被检样品 MCN 率平均值差异显著性的分组情况,以归纳划分这些不同采样点不同级别的污染程度。如果被监测样品不多,可直接用各样品 MCN 率平均值与对照组比较,即进行 t 检验,从差异的显著性判断水质污染与否。

(3)"污染指数"判别:此方法可避免因实验条件等因素带来的 MCN‰。本底的波动,故较宜适用。

$$污染指数(PI) = \frac{样品实测 MCN‰ 平均值}{标准组(对照组)MCN‰ 平均值}$$

式中:污染指数在 0~1.5 区间为基本没有污染;1.5~2 区间为轻污染;2~3.5 区间为中污染;3.5 以上为重污染。凡数值在上、下限值时,定为上一级污染。

蚕豆根尖微核监测记录表

样品编号_____   浓　度_____
观察日期_____   观察者_____

片号	观察细胞数	微核数	微核数/细胞数	平均微核千分率
1				
2				
3				
4				
5				

六、注意事项

(1)浸种期间,应换水至少 2 次,且水的温度也应保持在 25 ℃。

(2)对严重污染的水环境,监测处理时造成根尖死亡的应适当稀释后再作测试。

(3)在没有空调恒温设备的条件下,如室温超过 35 ℃,MCN 本底可能有升高现象,但可经污染指数法数据处理,不会影响监测结果。

实验10 水生生态系统藻类毒性实验

一、目的和要求

藻类生长因子包括光照、二氧化碳、适宜的温度、pH 值及氮、磷、微量元素等其他营养成分,这些因子的变化会刺激或抑制藻类的生长。在一定环境条件下,如果某种有毒有害的化学物质及其复合污染物进入水体,藻类的生命活动就会受到影响,生物量就会发生改变。所以,通过测定藻类的数量就可以评价有毒有害污染物对藻类生长的影响及对整个水生生态系统的综合环境效应。因此本实验要求了解藻类生长的基本条件和藻类毒性实验的方法及通过藻类毒性实验方法,掌握水体中有害物质对水生态系统影响的评价方法。

二、原理

生物测试(bioassays)在水污染的评定中之所以非常重要,是因为只靠化学和物理的检验不足以考察污染物在水生物界中的潜在影响。不同的水生物对相同的有毒物质具有不同的反应;一种生物在其全部的生活史(life cycle)中反应也不始终如一。目前水生生态系统藻类毒性实验已经成为许多国家对水环境质量监测的标准方法之一,并在全球得到广泛的应用。

藻类是最简单的光合营养有机体,种类繁多,分布很广,是水生生态系统中最重要的初级生产者,影响藻类生长的主要因子包括阳光、二氧化碳、温度、pH 值及氮、磷、微量元素等营养成分。水环境中的这些生态因子的变化会刺激或抑制藻类的生长,而导致水体初级生产力的变化。如果某种有毒有害的化学物质及其复合污染物进入水体,藻类的生命活动就会受到影响,生物量就会发生改变。选定水体中某种藻类,测定其在水中的最大比生长率和生物量,就可以评价所试水体的营养状态,外来化学物质对受纳水体中藻类生长的可能效应以及对整个水生生态系统的可能综合效应。

三、试剂和材料

1. 实验材料

(1)推荐实验用藻种。普通小球藻 chlorella vulgaris、铜绿微囊藻 microcystis aemginosa kutz、针杆藻 synedra sp. 、斜生栅藻 scenedesmus obliguus、菱形藻 nitzschia sp. 、杜氏藻 dunaliella tertiolecta butcher、水华鱼腥藻 anabaena flos-aquae(Lyngb) de brebisson、羊角月牙藻 selerzastrum capricomutum、小环藻 cyclotella sp. 。

(2)培养基。淡水藻类培养基的配方中化合物成分及其储备液浓度见表 10.1 和表 10.2。

2. 仪器设备

三角瓶,移液管,量筒,温度控制系统,充氧仪,显微镜,血球计数板或 0.1 mL 浮游生物计数框,离心机,灭菌锅,干燥箱,分光光度计,计数器,照度计,pH 计或 pH 试纸。

表 10.1　常量营养盐储备液

化合物种类	质量浓度/(mg·L^{-1})	元素	元素浓度/(mg·L^{-1})
$MgCl_2$	5.7	Mg	2.9
K_2HPO_4	1.04	K	0.469
		P	0.891
$NaNO_3$	25.5	N	4.2
$CaCl_2$	4.41	Ca	1.2
$MgSO_4·7H_2O$	14.7	S	1.91
$NaHCO_3$	15.0	Na	11.0
		C	2.14

表 10.2　微量营养盐储备液

化合物种类	质量浓度/(μg·L^{-1})	元素	元素质量浓度/(μg·L^{-1})
H_3BO_3	186	B	32.5
$FeCl_3$	96.0	Fe	33.0
$CoCl_2$	0.780	Co	0.354
$MnCl_2$	264	Mn	115.0
$ZnCl_2$	3.27	Zn	1.57
$CuCl_2$	0.009	Cu	0.004
$Na_2Mo_4·2H_2O$	7.26	Mo	2.88
$Na_2EDTA·2H_2O$	300		

四、内容和操作步骤

1. 水样的预处理

首先是除去水样中原有的藻类生物,若水样中含有大量的悬浮物,则先对水样进行适当的预过滤。在 108 kPa 和 121 ℃之下高压处理水样持续 30 min,杀灭水样中的所有生物,以便测定水样中的全部营养(包括滤过的生物体中的营养)。

2. 配制藻类培养基

分别取 1 mL 的常量营养盐的每一种化合物储备液,然后再加入 1 mL 的微量元素 EDTA 的混合液,最后再加入去离子水至 1 000 mL。配制好的标准培养基,经高压灭菌后分装在三角瓶中供实验用。

3. 预培养藻类

将事先准备的藻种移种至盛有培养基的三角瓶中,在实验确定的温度和光强下,通气培养,每周转接 1 次,均须在无菌条件下进行,并常用显微镜检查,以肯定储备培养是单种纯种。反复 2~3 次,使藻类达到同步生长阶段。

用离心机离心收集培养物中的藻细胞,去除上清液,在沉积的藻细胞中加入 10 mL 质量浓度为 15 g/L 的 $NaHCO_3$ 溶液,使藻细胞悬浮于此溶液中,藻细胞经多次的离心、悬浮,经此处理的藻悬浮物作为实验藻接种原。

4. 预备实验

为了探明毒物对藻类影响的半数有效浓度(EC_{50})的范围,为正式实验奠定基础,其处理浓度的间距可大一些,以尽可能使 EC_{50} 值在处理浓度范围内。

5. 正式实验

(1) 实验浓度的确定。根据预备实验所得的结果,按等对数间距取 5~7 个毒物浓度,其中必须包括一个浓度即能引起实验藻类的生长率下降约 50% 的浓度,并在此浓度上下至少各设 2 个浓度,另外设 1 个空白对照即不含毒物的组。每个浓度组均设 3 个平行样。

(2) 种的制备和接种量。取上述达到同步生长的藻类培养液充分摇匀,取样计数细胞密度后,用吸管转移相应体积的细胞悬浮液到受试水样中,使实验开始时的细胞密度为:

羊角月牙藻	S. caricomulum Prinlz	10^3 个/mL
铜绿微囊藻	M. aeruginosa Kutz	$50×10^3$ 个/mL
水华鱼腥藻	A. flos-aquae	$50×10^3$ 个/mL
杜氏藻	Dunaliella tertiolecta	10^3 个/mL
菱形藻	Nitzschia sp.	10^3 个/mL
小环藻	Cyclotella sp.	10^3 个/mL
针杆藻	Synedra sp.	10^3 个/mL

由于限制 CO_2 量交换的是介质的表面积与体积之比,因此,培养三角瓶的大小要求不是太严格,但必须注意瓶中所盛培养基的体积。通常可以按下述比例来盛装培养液:

40 mL 的培养基装于 125 mL 的瓶中;

60 mL 的培养基装于 250 mL 的瓶中;

100 mL 的培养基装于 500 mL 的瓶中。

(3) 生物量的测定。在本实验中即藻类毒性实验中,应定时取样测定藻类的生长情况,一般每隔 24 h 或 48 h 取样 1 次。在 96 h 取样测定毒物对藻类影响的 EC_{50} 值,即与对照相比,生长率下降 50% 的毒物浓度。测定藻类生长的指标有多种,因此在设计藻类毒性实验时,必须考虑所有相关的环境因素,根据自己的实验目的和实际条件选择指标。常用的测试指标有:

①细胞计数。利用血球计数板或浮游生物计数框在显微镜下观察藻类培养液直接计数。

②光密度测定。用分光光度计或比色计在波长 750 nm 处直接测定藻类的吸光率。注意将吸光度读数控制在 0.05~1.0 之间。

③干重测定。取适当量的培养悬浮液用 0.45 μ 的已称过重的滤膜进行过滤,过滤中用适量的含有 $NaHCO_3$ 的蒸馏水来冲洗,然后将滤膜放在温度为 60 ℃ 的烘箱中烘干数小时,之后移入干燥器中冷却,最后称重,计算藻类的干重。

④叶绿素 a 含量的测定。所有的藻类都含有叶绿素 a,因此通过测定藻类中叶绿素含量的相对值,可以监测藻类的生物量。叶绿素的抽提和测定方法如下:

减压过滤一定体积的藻类培养液到玻璃纤维滤片上,加入 $MgCO_3$ 悬浮液 1 mL 后,把水抽滤干净,将滤片放到组织研磨管内的底部,加入 90% 丙酮 2 mL,把杵插入管内进行研磨,在弱光下研磨滤得的样品持续 1~2 min,再用 5 mL 的 90% 丙酮冲洗位于杵上和研磨管内的样品到 15 mL 的带螺旋盖的离心管内,离心(2 000 g)1~5 min,于暗处静置 1~2 h,使色素充分被抽提,离心,取上清液装入 1 cm 的比色皿,在分光光度计上进行测量,分别读取 750,663,645 和 630 nm 波长处的吸光率,并以 90% 丙酮作对照校正吸光度。

叶绿素 a 质量浓度(mg/L)的计算公式为

$$w_a = \frac{[11.64(OD_{663}-OD_{750})-2.16(OD_{645}-OD_{750})+0.10(OD_{630}-OD_{750})] \times V_1}{V \times L}$$

式中:V 为藻类培养液体积,mL;V_1 为丙酮定容体积,mL;OD 为吸光度;L 为比色杯厚度,cm。

五、结果评价

将实验结果记录到自行设计表格中,按下列方法计算 EC_{50} 值,根据所得结果评价受试毒物毒性。设各组平行样品生物量的平均值分别为 $V_{空白}$,V_1,V_2,V_3,V_4,…,K,在半对数坐标纸上以受试毒物浓度为纵坐标 y,以 $\frac{V_{空白}-V_n}{V_{空白}}$ 为横坐标 x,用内插法计算生物量下降 50% 的毒物浓度,即相应时间段的 EC_{50}。

六、注意事项

(1)进行水预处理时,若水样中含有大量的悬浮物,则先对水样进行适当的预过滤。而且水样经处理后,必须确保其中的所有生物被杀灭。

(2)整个实验中所使用的玻璃器皿应全部用洗涤剂清洗干净,但不要用重铬酸钾等洗液洗涤,以防金属离子影响实验结果。

实验 11　生物标志物实验
——水生动物谷胱甘肽转移酶活性测定

一、目的和要求

谷胱甘肽转移酶主要是在肝脏中参与生物转化第二相反应的一种生物酶，它具有一定的解毒作用。通过本实验，要求同学们了解有机污染物对代谢关键酶谷胱甘肽转移酶活性影响及掌握谷胱甘肽转移酶酶活性的体外测定方法。

二、原理

谷胱甘肽转移酶（GSTs；也叫谷胱甘肽转硫酶）是催化具有亲电取代基的外源性化合物与内源的还原谷胱甘肽（GSH）反应的酶，可催化多种反应包括烃基、芳基、芳烃基、烯基和氧基的转移反应。GSTs 是谷胱甘肽结合反应的关键酶，催化谷胱甘肽结合反应的起始步骤，主要存在于胞液中。谷胱甘肽 S-转移酶有多种形式，根据作用底物不同，至少可分为下列 5 种：谷胱甘肽 S-烷基转移酶、谷胱甘肽 S-芳基转移酶、谷胱甘肽 S-芳烷基转移酶、谷胱甘肽 S-环氧化物转移酶、谷胱甘肽 S-烯烃转移。谷胱甘肽 S-转移酶在毒理学上有一定的重要性。它可以催化亲核性的谷胱甘肽与各种亲电子外源化学物的结合反应。许多外源化学物在生物转化第一相反应中极易形成某些生物活性中间产物，它们可与细胞生物大分子重要成分发生共价结合，对机体造成损害。谷胱甘肽与其结合后，可防止发生此种共价结合，起到解毒作用。谷胱甘肽结合作用是相 II 反应的主要形式。

GSTs 催化的一般反应为

$$GSH + R-X = GSR + HX$$

在该反应中，GSTs 的主要功能是通过其活性中心增加 GSH 和亲电性底物的接触机会，然后激活 GSH 上巯基，诱导其对底物发动亲核性攻击从而形成结合产物。

迄今的研究表明 GSTs 存在于所有的动物体内，肝脏是脊椎动物种 GSTs 分布的主要场所。鼠肝中的 GSTs 占可溶性肝蛋白的 10%，而鱼肝中的 GSTs 也是可溶性肝蛋白的主要成分。有机氯农药、多环芳烃和多氯联苯等多种的污染物能诱导 GSTs。在哺乳动物中，经多环芳烃处理后，其肝脏中 GSTs 活性比对照组高 1.5~2.0 倍。在不同的水生动物体内 GSTs 可被多环芳烃诱导，其活性高于对照组 2 倍。野外研究发现，在同一条河流中，污染段面鱼体内的消化管组织和肝脏组织中 GSTs 活性和含量比清洁断面高出 3~4 倍。但是，研究也发现 GSTs 活性诱导受化合物性质、环境条件和生物种类的影响，而且差异很大。

基于上述原因，用 GSTs 作为生物标志物来指示特定的污染暴露，近年来在生态毒理学的研究中获得了广泛的运用。在本实验中，将采用体内实验的方法，测定水生动物暴露于有机氯农药林丹（Lindane）之后，其体内 GSTs 酶活性的变化。

三、试剂和材料

1. 试剂

（1）林丹贮存液：取 50 mg 林丹固体颗粒，溶于 500 mL 的丙酮中配制成 100 mg/L 的林丹贮存液，于 4 ℃ 下阴暗处密封保存备用。

（2）谷胱甘肽转移酶标准品（GSTs）。

（3）苯甲基磺酰氟（PMSF）。

（4）EDTA。

（5）1-氯-2,4-二硝基苯（CDNP）。

（6）还原性谷胱甘肽（GSH）。

（7）Triton X-100（聚乙二醇辛基苯基醚）。

（8）酶和缓冲液的配制。

① 20 mmol/L GSH 标准液的配制。配制 100 mmol/L EDTA 母液，用 0.1 mol/L KH_2PO_4 稀释母液至 EDTA 的浓度为 1 mmol/L。再加入适量的 GSH 使 EDTA 的终浓度为 20 mmol/L。用 1 mol/L HCl 或 1 mol/L KOH 校正 pH 值。于阴暗处保存，当温度为 -20 ℃ 时，可保存一个月，-4 ℃ 可保存 5 天。

② 100 mmol/L PMSF 溶液的配制。用 95% 乙醇溶解适量的 PMSF，放置于阴暗处保存，当温度为 -20 ℃ 时，可保存一个月，-4 ℃ 则可保存 5 天。

③ 配置 pH=6.5，0.02 mol/L 磷酸缓冲液（PB），利用此磷酸缓冲液配制下面三种实验缓冲液：

（i）空白缓冲液（BB）：含有 0.1% Tritron x-100（V/V）和 1.0% PMSF（V/V）的磷酸缓冲液；

（ii）冲洗缓冲液（DB）：含有 1.0% PMSF（V/V）的磷酸缓冲液；

（iii）组织破碎缓冲液（HB）：含有 1.0% Tritron x-100（V/V）和 1.0% PMSF（V/V）的磷酸缓冲液。

④ 40 mmol/L CDNB 溶液的配制。用 95% 乙醇溶解适量的 CDNB，保存方法与 PMSF 相同。

⑤ 实验之前配制酶活测定液，从冰箱中取出 CDNB 和 GSH 溶液，置于室温。取 5 份的 20 mmol/L GSH 标准液、9 份的磷酸缓冲液（pH=6.5，0.02 mol/L）和 1 份的 40 mmol/L CDNB 溶液，充分混合，配制成酶活测定液。

2. 材料

受试生物为成年雄性的钩虾（Gammarus pulex）。从野外采集投放在 10 L 的有机玻璃缸中，人工曝气。驯养期间，用接种了真菌（Cladosporium sp.）发酵 1 周的桤木叶（Alnus glutinosa L.）喂食。在 15 ℃（±1 ℃），12 h 光照的条件下至少驯养一周，才能进行染毒暴露。

溶解氧测定仪，电导率测定仪，96 孔板，1.5 mL 离心管，水浴锅，冷冻离心机（Beckman Coulter 22R centrifuge），酶标仪（Bio-Tek Instruments，INC），pH 计，生物冰袋，移液枪（20，100，1 000 μL）及枪头。

四、内容和操作步骤

1. 暴露实验

按照急性毒性实验方法,将雄性的成年钩虾分别暴露于梯度林丹浓度中。暴露温度设定在 15 ℃±1 ℃,光暗比为 12 h:12 h。实验开始时测定各浓度梯度林丹曝气水的电导率、pH 值和溶解氧。暴露 48 h 后,将存活的个体从容器中打捞出来,先用吸水纸将钩虾表面的水分吸干之后,然后放入 1.5 mL 的装有液态氮的聚乙烯离心管中,每管放一只,持续 20 s 使钩虾猝死。之后取出离心管放在 -70 ℃ 超低温冰箱中保存。

2. 酶活力的测定

从超低温冰箱中取出 1.5 mL 离心管,加入 100 μL pH = 6.5 的冷的组织破碎缓冲液 HB。捣碎研磨管内的钩虾 20~30 min,加入 90 μL 冷的冲洗缓冲液 DB(pH=6.5)。4 ℃ 下 14 000 g 离心 3 min,取 100 μL 的上清液。将此上清液移入另一置于生物冰袋上的离心管中。向新的离心管内加入 900 μL 空白缓冲液 BB(pH=6.5)后充分混匀,待用。

在一个干净的 1.5 mL 的离心管内加入 500 μL 酶活为 1.4 单位/mL 的谷胱甘肽转移酶标准样品,加入 500 μL 的冷的空白缓冲液 BB(pH=6.5)后充分混匀。

将 50 μL 的 GST 标准样品,钩虾组织液上清或者空白缓冲液(BB)加入到 96 孔板中,每组设四个平行。然后加入 150 μL 酶活测定液,使每个孔内含有 200 μL 的反应液。将 96 孔板放入酶标仪 30 ℃ 轻微震荡反应 30 min,然后充分震荡 96 孔板以混合各反应液。340 nm 下每隔 1 min 记录一个吸光值,计算吸光值随时间的变化的斜率。

$$\text{GST 酶活} = \frac{OD \times R \times 1\,000}{\varepsilon \times S \times W \times P}$$

式中:P 为样品厚度(0.6 cm);R 为反应系统体积(μL);S 为样品上清的体积(μL);OD 为吸光值随时间变化的斜率(OD_{340}/min);ε 为摩尔吸光系数(9 600 mol^{-1}·cm^{-1});W 为样品蛋白质质量浓度(g/L)。

3. 总蛋白的测定

以牛血清蛋白为校正标准,用 Bio-Rad 公司的试剂盒检测定钩虾组织破碎液中的蛋白质浓度。将牛血清蛋白溶于 pH=6.5 的磷酸缓冲液中,配制成 200 mg/L 的蛋白标准液。取 0,0.25,0.75,1.00 和 1.35 mL 该蛋白标准液,先加入 8 mL pH=6.5 的磷酸缓冲液,加入 pH=6.5 的空白缓冲液 BB,配制成浓度依次为 0,5.0,10.0,15.0,20.0 和 25.0 mg/L 的蛋白标准液系列。从每个浓度的蛋白标准液中取出 800 μL 放置于干净的 EP 管中,加入 200 μL Bio-Rad 产品。稀释缓冲液取 80 μL 的虾组织液上清至一个干净的 EP 管中,加入 0.1% 的 Tritronx-100 80 μL,用 640 μL pH=6.5 的磷酸缓冲液稀释混合液至 800 μL,加入 200 μL Bio-Rad 产品。

从上述配制溶液中取出 200 μL 和 Bio-Rad 反应过的蛋白液(钩虾组织破碎液上清,牛血清蛋白),每组设三个平行,加入 96 孔板内。在 25 ℃ 下,持续摇动 96 孔板 20 s 后,用酶标仪测定 620 nm 下的吸光度。根据牛血清蛋白标准液的读数做出标准曲线,计算出曲线的斜率 K。

$$\text{蛋白浓度} = \frac{OD_{620}}{K}$$

式中：K 为牛血清蛋白标准样曲线的斜率；OD_{620} 为待测样品 620 nm 下的吸光度。

五、结果评价

1. 急性毒性实验结果记录

		曝气水空白	溶剂组对照	林丹 1 μg/L	林丹 3 μg/L	林丹 6 μg/L	林丹 12 μg/L	林丹 24 μg/L
各实验组参数	溶解氧/(mg·L^{-1})							
	pH 值							
	电导率/μs							
钩虾死亡个体数/只	0/h							
	24/h							
	48/h							

2. 酶活力和蛋白活力的测定实验结果记录

	曝气水空白	溶剂组对照	林丹 1 μg/L	林丹 3 μg/L	林丹 6 μg/L	林丹 12 μg/L	林丹 24 μg/L
蛋白测定 OD_{620}							
酶活测定 OD_{340}/min							
酶活/(mol·L·g^{-1}·min^{-1})							

六、注意事项

本实验所用的钩虾在进行染毒暴露之前，必须先置于 15 ℃（±1 ℃），12 h 光照的条件下至少驯养一周。

实验12 发光菌的生物毒性测试方法

一、目的和要求

(1) 了解发光菌的生物毒性测试方法的基本原理。
(2) 掌握 DXY-2 型生物毒性测试仪的基本结构、原理,并能进行正确的操作和使用。

二、原理

发光菌的生物毒性测试方法与传统的生物学检测方法(如鱼类急性毒性实验)相比,具有简便、快速、适用性强、费用低、用途广等优点。发光菌是一种海洋发光细菌,属一类非致病的革兰氏阴性兼性厌氧细菌,它们在适当的条件下经培养后,能发出肉眼可见的蓝绿色的光。发光菌的生物毒性测试是 20 世纪 70 年代后建立起来的生物测试方法。其发光原理是由于活体细胞内具有 ATP、萤光素(FMN)和萤光酶等发光要素。这种发光过程是细菌体内的一种新陈代谢过程,即氧化呼吸链上的光呼吸过程。当细菌合成萤光酶、萤光素、长链脂肪醛时,在氧的参与下,能发生生化反应,便产生光。光的峰值在 490 nm 左右。生化反应如下:

$$基质 \xrightarrow{} ADH_2 \xrightarrow{ATP} 黄素(H_2) \xrightarrow{ATP} 细胞色素C \xrightarrow{ATP} O_2$$

$$\downarrow FMNH_2$$

$$萤光酶(E) \swarrow O_2$$

$$E\text{-}FMNH_2 \longrightarrow E\text{-}FMNH \xrightarrow{RCHO \quad RCOOH} 光 + FMN + E + HO$$

$$\downarrow OOH$$

$$暗反应$$

$$E + FMN + H_2O_2$$

当发光菌接触到环境中有毒污染物质时,可影响或干扰细菌的新陈代谢,从而使细菌的发光强度下降或熄灭。而且发光菌有一个最大特点,即有毒物质的种类越多、浓度越高,发光菌抑制发光的能力越强。这种发光强度的变化可用测光仪定量地测定出来。由于毒物浓度与菌体发光度呈线性负相关,因而可根据发光度确定毒物急性生物毒性。近年来,发光菌的生物毒性测试方法除了用于水质监测外,还广泛用于土壤、大气、底泥等环境中污染物质的监测和评价。

由于发光菌的生物毒性测试方法快速、简便、灵敏,所以在有毒物质的筛选、环境污染生物学评价等方面有很大的实用价值。

三、试剂和材料

1. 试剂和材料

(1) 明亮发光杆菌 T3 小种(Photobacterium phosphoreum T3 spp.)冻干粉。安瓿瓶包装,每瓶 0.5 g(中国科学院南京土壤研究所提供),在 2~5 ℃ 冰箱内有效保存期为 6 个月。

(2) 3% NaCl 溶液和 2% NaCl 溶液,放置于 2~5 ℃ 冰箱内保存。

(3) $HgCl_2$ 标准溶液。配置一系列浓度的 $HgCl_2$ 标准溶液,0.04,0.06,0.08,0.10,0.12,0.14,0.16,0.18,0.20,0.22,0.24(mg/L)。

(4) p = 2 000 mg/L 的 $HgCl_2$ 母液。用分析天平称 0.100 g 的密封保存良好的无结晶水 $HgCl_2$ 放入 50 mL 容量瓶中,用 3% NaCl 溶液稀释至刻度,放置于 2~5 ℃ 冰箱备用,保存期 6 个月。

(5) $HgCl_2$ 工作液,p = 2 mg/L。用移液管吸 $HgCl_2$ 母液 10 mL 于 1 000 mL 容量瓶,用 3% NaCl 溶液定容。再用移液管吸 $HgCl_2$ 20 mg/L 溶液 25 mL 加入 250 mL 容量瓶,用 3% NaCl 溶液定容,将此液倒入配有半微量滴定管的试剂瓶,然后,分别取 0.5,1.0,1.5,2.0,…,6.0 mL 的 2 mg/L $HgCl_2$ 溶液放入 50 mL 容量瓶中,加入 3% NaCl 溶液将 2 mg/L $HgCl_2$ 溶液稀释成系列浓度即 0.02,0.04,0.06,0.08,0.10,0.12,0.14,0.16,0.18,0.20,0.22,0.24 mg/L,这些 $HgCl_2$ 稀释液保存期不超过 24 h,超过者务必重配。

2. 器材

DXY-2 型生物毒性测试仪(中国科学院南京土壤研究所制)、定量加液瓶(5 mL)、吸管、试剂瓶、量筒、棕色容量瓶(50,250,1 000 mL)、10 mL 半微量滴定管(配磨口试剂瓶,全套仪器均为棕色)。恒温振荡器,隔水式培养箱,高压灭菌锅,比色管架。配制 2 mL、5 mL 样品测试管(具标准磨口塞),微量注射器,注射器。

四、内容和操作步骤

1. 预热和调零仪器

打开生物发光光度计电源,预热 15 min,调零,备用。

2. 试管的排列

在塑料或铁制试管架上按以下两种情况排列测试管:

(1) 当样品母液相对发光度为 1% 以上者,欲以与相对发光度相当的氯化汞浓度表达结果者,如下排列:

右侧放梯度浓度的 $HgCl_2$ 标准溶液管,左侧放样品管。第一排放 $HgCl_2$ 溶液和样品管,第二排放对照(CK)管,第三排放 CK 预实验管。每管 $HgCl_2$ 样品液均配一管 CK(3% NaCl 溶液),重复 3 次。每测一批样品,常需同时配置测定系列浓度 $HgCl_2$ 标准溶液。

(2) 当样品母液相对发光度为 50% 以下乃至零,欲以 EC_{50} 表达结果者,如下排列:

右侧仅放 0.10 mg/L $HgCl_2$ 溶液管,这些溶液作为检验发光菌活性是否正常的参考毒物浓度,反应 15 min 的相对发光度应在 50% 左右,左侧从低浓度到高浓度依次放置样品稀释液管。其他同步骤(1)。每测一批样品,均必须同时配测 0.10 mg/L $HgCl_2$ 溶液。

3. 加 3% NaCl 溶液

用 5 mL 的定量加液瓶向每支 CK 管加入 2 mL 或 5 mL 的 3% NaCl 溶液。

4. 加样品液

用 2 mL 或 5 mL 吸管向每支样品管加入 2 mL 或 5 mL 的样品液。每个样品号换一支试管。

5. 细菌冻干菌剂复苏

从温度为 2～5 ℃ 的冰箱里取出含有 0.5 g 发光细菌冻干粉的安瓿瓶和 NaCl 溶液, 投入置有冰块的小号 (1～1.5 L) 保温瓶, 用 1 mL 注射器吸取 0.5 mL 冷的 2% NaCl 溶液 (适用于 5 mL 测试管) 或 1 mL 冷的 2.5% NaCl 溶液 (适用于 2 mL 测试管) 注入已开口的冻干粉安瓿瓶, 确保充分混匀。2 min 后菌即复苏发光 (可在暗室内检测, 肉眼应见微光), 备用。

6. 仪器检验复苏发光细菌冻干粉质量

另取一个 2 mL 或 5 mL 的空测试管, 加 2 mL 或 5 mL 3% NaCl 溶液, 10 μL 复苏发光菌液, 盖上瓶塞, 用手颠倒至少 5 次以达均匀。拔去瓶塞, 将该管放入各自型号仪器测试舱内, 若发光量立即显示 600 mV 以上, 或经过 5～10 min 上升到 600 mV 以上, 此瓶冻干粉可用于测试。若低于 600 mV 时, 允许将倍率调至 "X2" 挡, 发光量达不到 600 mV 时, 更换冻干粉。

7. 给各测试管加复苏菌液

在发光菌液复苏稳定后, 也就是约 15 min 后, 按步骤 (2) 所述, 从右到左, 按 $HgCl_2$ 或样品管 (前)—CK 管 (后)—$HgCl_2$ 或样品管 (前)—CK 管 (后)……顺序, 用 10 μL 微量注射器准确吸取 10 μL 复苏菌液, 分别加入各管, 盖上瓶塞, 用手颠倒至少 5 次, 拔去瓶塞, 将试管分别放回原位。每管在加菌液的当时务必精确计时, 记录到秒, 记作各管反应终止的时间, 即应该读发光量的时间。

8. 读数

当发光细菌与样品反应达到终止时间 (精确到秒), 则可进行样品测量。向上拔出样品室的盖子, 拔出前, 面板上应是红指示灯亮, 然后将盛有待测样品液的比色管放入样品室, 盖好盖子。之后, 抓住盖子, 依顺时针方向旋转, 这时面板上红灯灭, 绿灯亮, 约 1～2 s 后, 则可读取样品溶液的测定数据, 读出其发光量, 经光电变换, 电压 mV 数。再抓住盖子按顺时针方向旋转, 回到原处, 这时面板上绿灯熄灭, 红灯亮, 此时即可向上拔出盖子, 取出已测过的样品, 此后, 可作如下处理:

①同样品需进一步处理, 不能马上测量, 可以盖上盖子等待。
②还有待测样品, 再取一比色管放入, 盖好盖子, 然后按上述步骤进行测量。
③整批样品测试完毕, 盖好盖子, 将仪器电源切断。

五、结果评价

1. 计算样品相对发光度, 并算出平均值

$$相对发光度(\%) = \frac{HgCl_2 \text{管或样品管发光量}(mV)}{CK \text{管发光量}(mV)} \times 100\%$$

$$相对发光度平均值(\%) = \frac{(\text{重复}1)\% + (\text{重复}2)\% + (\text{重复}3)\%}{3}$$

2. 建立并检验 $HgCl_2$ 浓度 (c) 与其相对发光度 (%) 均值的相关方程

(1) 在具有一元一次线性回归功能的计算器上输入各对 c、T 值, 先输入 c (视为 X), 后输入 T (视为 y), 求出一元一次线性回归方程的 a (截距)、b (斜率、回归系数) 和 r (相关系

数),列出方程

$$T = a + bc_{氯化汞}$$

接下来需要查相关系数显著水平(P 值)表,检验所求 r 值的显著水平。若 $P \leqslant 0.01$,则 $EC_{50氯化汞} = (0.10 \pm 0.02)$ mg/L,则所求相关方程成立;反之,则不能成立,须重测 $HgCl_2$ 系列浓度的发光量。所配制的 $HgCl_2$ 溶液不能隔夜,若隔夜则不能再使用,须重配后再测定。

(2)也可以据建立的上述方程绘制关系曲线,即指定发光度为 10% 和 90%,代入上式,求出相应的两个 $HgCl_2$ 浓度,在常数坐标纸上定出两点,画一直线,即为符合该方程的 $HgCl_2$ 浓度与相对发光度的关系曲线。

(3)建立并检验样品稀释浓度(c)与其相对发光度平均值的相关方程。建立相关方程 $T = a + bc_{样品}$,方法同(1)。检验相关系数 r 显著水平(P 值)。若 $P \leqslant 0.05$,则所求相关方程成立;反之,不能成立,须重测样品稀释系列浓度的发光量。

样品急性毒性发光细菌测定法实验记录见表 12.1。

表 2.1 样品急性毒性发光细菌测定法实验记录

测定日期　　　　　测定人　　　　　提取方法

分析号	加菌液时间(反应开始,读到 s)	测定时间(反应 min,读到 s)	发光量/mV	相对发光度 L/%(样品/$CK \times 100$%)	平均值/lx	抑制发光率/%	备注

六、注意事项

(1)水环境污染后的毒性测定,应在采样后 6 h 内进行。否则应在 2~5 ℃下保存样品,但不得超过 24 h。报告中应标明采样时间和测定时间。

(2)测试时,室温必须控制在 20~25 ℃范围。同一批样品在测定过程中要求温度波动不超过 ±1 ℃。故冬夏测定宜在室内采用空调器控温。且所有测试器皿及试剂、溶液,测前 1 h 均置于控温的测试室内。

(3)对有色样品测定,若用常规方法测定会有干扰,因此需用方法进行校正。

实验13 原生生物刺泡突变实验

一、目的和要求

通过实验,了解梨形四膜虫的一系列特点,包括生长的基本条件、遗传特性及原生动物致突变实验法的原理,并掌握实验方法。

二、原理

梨形四膜虫(tetrahymena pyriformis)为单细胞原生动物,属原生动物纤毛虫纲,膜口目,四膜虫科,其既具备如大肠杆菌培养方便和繁殖迅速等优点,又是真核生物。自20世纪中叶以来,在国内外的分子生物学、遗传学和生物化学领域,特别是在真核生物基因组的结构和功能的研究中,由于梨形四膜虫具有整体动物生命的一些代谢功能,能对外界压力做出敏感的反应,因此四膜虫越来越成为重要的实验动物。它们对环境的反应比原核生物更加显著。梨形四膜虫还具有一种特殊构造叫刺泡(trichocyst),它们垂直细胞外侧排列。一般一个四膜虫大约有1 500个刺泡。当受到外界刺激,如化学物质、电刺激等可使其发射出具有保护性的、细长的刺丝。尤对放射性和化学诱变剂敏感,可诱导刺泡发生突变。刺泡突变是基因突变,有6个基因作用在9个遗传位点上,突变后,则发生刺泡发射的功能障碍,使刺丝卷曲呈球形、椭圆形、棒形。本实验以刺泡发射障碍为实验终点,检测环境因子的诱变性及其诱变程度,评价环境污染物的潜在危害。

三、试剂和材料

1. 试剂

Lugol's液:由60 g的KI和40 g的I_2(结晶)加入1 000 mL的容量瓶中,用蒸馏水定容即可;

1 mol/L NaOH液;

培养液:加入10～20 g的胰蛋白胨(tryptone),5 g葡萄糖(A.R)到1 000 mL容量瓶中,用去离子水定容,调节pH值至7.2,经5磅15 min高压灭菌后,放置冰箱备用。

2. 材料

实验生物为纯培养的生物,梨形四膜虫(Tetrahymena pyriformis)无性生殖克隆;受试物根据实验目的而定;25 mL比色管;生物显微镜;显微照相设备;浮生生物计数框。

四、内容和操作步骤

1. 四膜虫的增殖培养

在盛有100 mL无菌培养液的三角烧瓶中放入用无菌操作取0.01 mL四膜虫液(约20个虫体),在27 ℃中,以100～150 r/min振荡培养,找出四膜虫生长、繁殖最旺盛期。每隔12 h取培养虫液,滴加Lugol's液杀死细胞,在显微镜下测定虫密度。以虫密度和培养天数作生长曲线图。斜率最大的天数即为最旺盛期,即对数期。取对数期的细胞备用。

2. 选择受试物浓度

经预备实验获得急性毒性实验结果,以最小致死浓度为最高剂量,制成5个等对数间距的浓度组。同时设阳性、阴性对照组,每个浓度设3个平行样。

3. 致突变实验

吸取0.1 mL的不同浓度的受试物加入含有9.8 mL培养液的25 mL比色管中,混匀备用。无菌条件下吸取0.1 mL处于对数生长期的四膜虫液放置于各比色管中,充分摇匀,置于27 ℃的恒温培养箱中培养48～96 h。每隔12～24 h取0.1 mL四膜虫培养液置于0.1 mL的浮游生物计数框内,用显微镜观察活体细胞,然后滴加Lugol's液固定,计数刺泡突变细胞数目。取典型刺泡突变的四膜虫体进行制片、染色、显微镜照相。

五、结果评价

实验完成后,统计刺泡突变数,并计算刺泡突变率。

$$刺泡突变率(\%) = \frac{刺泡突变数}{观察的细胞总数} \times 100\%$$

以刺泡突变率对浓度对数作图,求出回归方程及相关系数r,检验其重复性,并经t检验分析各处理组与对照组的显著性差异。

六、注意事项

(1) 在接种虫体培养和取样观察与计数时均要摇匀,达到均匀取样以减少实验中的误差。

(2) 实验中应严格无菌操作,控制温度和pH值。

实验14 蚯蚓急性毒性实验

一、目的和要求

通过本实验,学习和掌握人工土壤实验和滤纸接触毒性实验的基本原理和方法,初步了解评价环境中化学物质对土壤中动物急性伤害的标准和基本步骤。

二、原理

蚯蚓作为土壤无脊椎动物的代表,是分布广泛的土壤动物,在温带土壤无脊椎动物中其生物量最大,在保持和改良土壤结构、提高土壤肥力、改良土壤透气性、吸收并降解土壤中的有机物等方面有着重要的作用。同时,由于蚯蚓体型较大,对其生命周期内的很多参数都容易测定。因此蚯蚓是土壤生态系统的一个重要组成部分。赤子爱胜蚓与其他蚯蚓相比,它的抗寒性和耐热性较好,因此是国内外进行毒性实验常用的品种。

本实验包括两部分:滤纸接触法毒性实验和人工土壤实验。滤纸接触毒性实验简单易行,可对受试物毒性进行初筛。将蚯蚓与湿润的滤纸上的受试物接触,测定土壤中受试物对蚯蚓的潜在影响。人工土壤实验系统将蚯蚓置于含不同浓度受试物的人工土壤中,饲养7天和14天,评价其死亡率,评价受试物对蚯蚓的急性毒性作用。

三、试剂和材料

1. 材料

实验生物:选用2月龄以上,体重300~500 mg左右的健康赤子爱胜蚓。实验前应在实验室条件下驯养2周以上。

人工土壤:人工土壤基质有以下成分组成(计干重),70%石英沙(0.05~0.2 mm粒径的石英沙颗粒在50%以上);10%干牛粪(pH值为5.5~6.0,磨细,风干,测定含水量);20%高岭黏土(含有50%以上高岭土)。将这些成分加入蒸馏水混合,使其含水量为干重的25%~42%,确保混合均匀。

2. 仪器

移液管或微量移液器,塑料薄膜或待有通气孔的塞子,烘箱,电吹风,1 L敞口玻璃标本瓶和平底玻璃管(3 cm×8 cm),中性滤纸:80~85 g/m²,光强400~800 lx的温控培养箱(或房间)。

四、内容和操作步骤

1. 清肠

取1 L的烧杯,在底部铺上一层滤纸,加少量的水,以刚浸没滤纸为宜。将受试蚯蚓置于滤纸上清肠24 h,以排出肠内的内含物。实验正式开始前,用去离子水冲洗蚯蚓,滤纸吸干并称重,供实验使用。

2. 滤纸实验

采用直径 3 cm、长 8 cm 的平底玻璃管。在玻璃管内壁上铺上滤纸,滤纸的大小应合适,以铺满管壁而不重叠为宜。

在正式实验前,我们需要预实验,以便进行浓度范围的选择,其浓度设计见表 14.1。

表 14.1 选择浓度范围的预实验

受试物在滤纸的沉积量/(mg·cm^{-2})	受试物浓度/(g·mL^{-1})
0.000 1	$7×10^{-6}$
0.001	$7×10^{-5}$
0.01	$7×10^{-4}$
0.1	$7×10^{-3}$
1.0	$7×10^{-2}$

受试物溶于水(溶解度≥1 000 mg/L)或丙酮等助溶剂,配成系列浓度。用移液管或移液器吸取 1 mL 受试物溶液加入玻璃管,用过滤的压缩空气吹干。对照用 1 mL 的去离子水或有机助溶剂处理。最后在每一玻璃管内均匀地加入 1 mL 去离子水以湿润滤纸,用留有通气孔的塞子或塑料薄膜封住玻璃管口。

实验时所设置的浓度范围应包括使生物无死亡发生和全部死亡两组浓度,应包括至少 5 个浓度梯度组及空白对照。每一处理至少设 10 个重复,每一玻璃管只能放置 1 条蚯蚓。实验的温度控制在(20±2)℃,在黑暗条件下进行时间为 48 h。分别在 24 h 和 48 h 观察记录蚯蚓死亡情况和蚯蚓的病理症状和行为,判断蚯蚓死亡的标准是蚯蚓的前尾部对轻微的机械刺激没有反应。

3. 人工土壤实验

在正式实验前,一般需进行浓度范围选择实验。浓度梯度应以几何级数设计,如 0.01 mg/kg、0.1 mg/kg、1.0 mg/kg、10 mg/kg、100 mg/kg 和 1 000 mg/kg(人工土壤的干重)。正式实验应设至少 5 个浓度梯度组及空白对照,浓度范围应包括使生物无死亡发生和全部死亡的两组浓度,每一处理组应有 4 个平行。

实验前,受试蚯蚓需要在人工土壤环境中饲养 24 h,并冲洗干净。

将受试物溶于去离子水,然后与人工土壤混合,倘若受试物不溶于水,可用丙酮等有机助溶剂溶解,若受试物既不溶于水又不溶于有机溶剂,可将一定量的受试物与石英砂混合,其总量为 10 g,然后在实验容器内与 990 g(湿重)的人工土壤混合。在每 1 L 玻璃标本瓶中加入 1 kg(湿重)的实验介质和 10 条蚯蚓。用塑料薄膜扎好瓶口。将标本瓶置于湿度 80%,温度为(20±2)℃的环境下培养,并提供连续光照,从而确保实验期间蚯蚓生活在实验介质中。

实验共进行 14 天。在第 7 天及第 14 天,将标本瓶中的实验介质轻轻倒入一白磁盘,取出蚯蚓,检验蚯蚓前尾部对机械刺激的反应。

实验结束时,测定和报告实验介质中的含水量。

4. 质量控制

为保证实验系统的灵敏性,可在实验中加入阳性对照组。考虑使用分析纯氯乙酰胺作为阳性对照参考物质。实验结束时空白对照组蚯蚓的死亡率不能超过10%。

五、结果评价

根据实验所得的数据,计算 LC_{50} 和置信限。推荐采用 TSK(TRIMMED SPEARMAN-KARBER)软件,评价受试物的毒性大小。其输出结果见表14.2。

表14.2 TSK软件输出结果

DATA:12/20/05		TEST NUMBER:1	DURATION:48 h
TOXICANT:ABC			
SPECIES:ABC			
RAW DATA:	Concentration	Number	Mortalities
	——(% Efflue)	Exposed	0
	0.00	20	0
	6.25	20	0
	12.50	20	0
	25.00	20	0
	50.00	20	0
	100.00	20	16
SPEARMAN-KARBER TRIM:			20.00%
SPEARMAN-KARBER ESTIMATES:LC_{50}:			76.69
95% LOWER CONFIDENCE			69.42
95% UPPER CONFIDENCE			84.71

之后,我们需要完成实验报告。实验报告应包括以下内容:实验动物的饲养条件等;实验条件包括温度、湿度、光照条件、实验介质的成分组成和制备条件;受试物的基本物化性质;实验结果报告。

(1)实验动物。

名称:_____

体长:_____±_____   体重:_____±_____

饲养条件:_____

(2)实验介质。

成　分:_____—_____%

含水量:_____—_____%

来　源:_____

挥发性:_____

湿　度:_____

(3)实验条件。

温　度:_____   湿　度:_____

光照强度：＿＿＿＿＿＿＿＿＿＿

(4) 受试物。

名　称：＿＿＿＿＿＿＿＿＿＿　　来　源：＿＿＿＿＿＿＿＿＿＿

溶解度：＿＿＿＿＿＿＿＿＿＿　　挥发性：＿＿＿＿＿＿＿＿＿＿

(5) 实验报告。

实验时间	LC_{50}	温度	浓度	实验动物数	死亡数	死亡率
h (＿＿d)	＿＿＿＿ 置信限：					

六、注意事项

(1) 实验中玻璃管或标本瓶口必须扎紧，以防实验中蚯蚓钻出。

(2) 蚯蚓养殖条件：孵化箱为深度至少为 15 cm，容积 10～20 L 的容器；温度 18～22 ℃，持续光照(强度：400～800 lx)。蚯蚓驯养过程中应保持湿度，并尽量减少震动。

(3) 牛粪在与其他人工土壤组成成分混合前应充分磨细风干。并需在 105 ℃ 条件下烘干称重，测定其含水量。

实验15 斑马鱼胚胎发育实验

一、目的和要求

通过本实验,学习和掌握斑马鱼胚胎发育实验的基本原理和方法,初步了解不同化合物对斑马鱼胚胎不同发育阶段的毒性作用。

二、原理

斑马鱼作为一种新型的脊椎模式生物,具有便于饲养、常年产卵、鱼卵易收集、体外受精和发育、胚胎透明、性成熟周期短、个体小易养殖等诸多优点,特别是可以进行大规模的正向基因饱和突变与筛选。斑马鱼的这些优点,使得OECD在1996年将斑马鱼胚胎发育方法列入测定单一化学品毒性的标准方法之一,并制定了详细的操作指南。斑马鱼胚胎发育实验与传统的急性实验相比,具有可重复性好、成本低、影响因素少等优点,而且生命早期发育阶段对毒性作用最敏感。最重要的是不同作用机理的化合物在不同胚胎发育阶段内,如卵裂、囊胚、原肠胚、成体节阶段,不仅毒性作用表征不同,且敏感度也会有所改变。因此研究不同发育阶段的毒性效应可以为化合物毒理评价研究提供特殊的信息。

三、试剂和材料

1. 试剂

受试物,实验用水(曝气24 h以上的自来水或人工培养液)。

2. 材料

斑马鱼受精卵(B. rerio,Ham. Buchanan,Cyprinnidae):将100多条成年雌雄鱼共同饲养在800(L)×480(W)×590(H) mm的有机玻璃水族缸(包括水泵、曝气装置等)内。自来水经24 h曝气活性炭过滤后,在水泵的作用下水缸内形成内循环。温度$T=(26±1)$ ℃,氧饱和度>80%。昼夜光照划分为14 h和10 h。每日用日本红虫喂食2次。

多孔培养皿(Nunclon Surface,Denmark);

800(L)×480(W)×590(H) mm有机玻璃水族缸(包括水泵、曝气装置等);

光照恒温培养箱;

倒置光学显微镜;

阔口胶头滴管。

四、内容和操作步骤

1. 预实验与浓度梯度

在正式实验前,应进行预实验以确定浓度梯度范围。正式实验浓度应包括100%致死或致畸和全不致死或致畸的浓度,可按等对数间距至少确定5个实验浓度,并以曝气水为空白对照。空白对照组的个体致死或致畸率不得超过10%。

2. 鱼卵的收集

斑马鱼在见光后马上进行交配，30 min 后完成交配产卵。为了防止成鱼掠食鱼卵，用不锈钢丝网覆盖收集器。将用做产卵环境的塑料仿植物体固定在丝网上。给光 30 min 后将鱼卵收集器取出。

3. 鱼卵的染毒

用胶头滴管收集鱼卵并用曝气过的自来水冲洗 2 次，除去杂质。将鱼卵迅速暴露于受试溶液中并转移至多孔培养皿中，每个孔放置 1 个卵，每个浓度 20 个卵。同时以曝气水为空白对照。

4. 鱼卵甄别

产卵 30 min 后，可用倒置显微镜识别是否受精，表现在受精 35 min 后，胚盘发生第一次卵裂。分裂时呈明显的不规则、不均衡、水肿。剔除未受精卵的，即不分裂的。卵壳损伤的应拣出，并补充新卵，直至每个孔内都有一枚斑马鱼受精卵。

5. 培养

将多孔培养皿放置在恒温光照培养箱中进行斑马鱼胚胎培养，将培养条件设为 (26 ± 1) ℃，光照比为昼/夜 = 12/12。

6. 观察记录

当斑马鱼受精卵发育到 4，8，12，24，36，48，72，96 h 时，在倒置显微镜下观察斑马鱼胚胎并记录各种异常发育状况。斑马鱼胚胎正常发育的过程描述如下：

0.2 h：受精卵；

0.5 h：二分期；

4 h：囊胚早期；

8 h：囊胚早期；

12 h：原肠胚完成；

24 h：具有体节和眼点的胚胎，20 s 内有主动活动；

36 h：尾部已从卵黄上分离的胚胎，有血液循环，有心跳。

48 h：具有明显色素的正常发育胚胎，眼睛变黑；

60 h：胚胎的黑色素加深，尾部延长；

72 h：孵化的幼鱼。

在各观察时间点的发育异常见表 15.1。

表 15.1 各观察时间点的发育异常

发育时间/h	毒理学终点
4	卵凝结，囊胚发育终止
8	外包活动阶段异常
12	原肠胚终止、胚孔关闭
24	尾部延展、20 s 内主动活动、眼点发育
36	血液循环异常
48	黑素细胞发育异常
72	未孵化、畸形、死亡

五、结果评价

1. 曝气水常规分析

主要分析项目有：pH 值、硬度、电导率、溶解氧等。

2. 实验结果

根据实验结果，采用 TSK（TRIMMED SPEARMAN-KARBER, EPA 推荐）软件计算 EC_{50} 及置信限。

实验报告应包括受试物、受试生物基本信息及实验条件等。并对观察到的特殊异常现象进行文字性说明。

(1) 实验用水 pH 值。

pH 值：_____   硬度：_____
电导率：_____   溶解度：_____
曝气方式：_____   曝气时间：_____

(2) 受试物。

名称：_____   来源：_____
溶解度：_____   挥发性：_____

(3) 实验条件。

温度：_____   实验时间：_____
光照强度：_____

(4) 实验结果。

置信限：_____

发育时间	温度	暴露剂量	EC_{50}	胚胎异常数	异常率	备注
4 h						
8 h						
24 h						
36 h						
48 h						
60 h						
72 h						

六、注意事项

(1) 不同的温度及光照条件对斑马鱼胚胎发育速度的影响明显，因此实验条件（温度、光照等）应严格控制，保证恒定。

(2) 由于个体差异或实验条件的差异，斑马鱼胚胎发育速度存在个体差异，实验终止时间可选择 72 h 或 96 h。

(3) 不健康的胚胎应在第一时间剔除，以避免影响实验结果。

实验 16　血清乳酸脱氢酶活性的测定

一、目的和要求

乳酸脱氢酶是体内能量代谢过程中的一个重要的酶。此酶几乎存在于所有组织中,以肝、肾、心肌、骨骼肌、胰腺和肺中为最多。这些组织中的 LDH 的活力比血清中高得多。所以当少量组织坏死时,该酶即释放血而使其他血液中的活力升高。测定此酶常用于对心梗、肝病和某些恶性肿瘤的辅助诊断。血清乳酸脱氢酶具有重要的临床意义,如心肌梗塞后 9~20 hLDH 开始上升,36~60 h 达到高峰,持续 6~10 天恢复正常(比 AST、CK 持续时间长),因此可作为急性心肌梗塞后期的辅助诊断指标;肝脏疾病(如急性肝炎、慢性活动性肝炎、肝癌、肝硬化、阻塞性黄疸等)、血液病(如白血病、贫血、恶性淋巴瘤等;骨骼肌损伤、进行性肌萎缩、肺梗塞等)、恶性肿瘤转移所致胸、腹水中乳酸脱氢酶活力往往升高。

实验主要让学生熟悉小鼠的采血方法,掌握 LDH 活性测定原理,学习用比色法测定酶活性的方法,理解该酶含量变化的意义。

二、原理

乳酸脱氢酶(lactate dehydrogenase,简称 LDH,编号 EC.1.1.1.27,L-乳酸:NAD+氧化还原酶)广泛存在于生物细胞内,是糖代谢酵解途径的关键酶之一,在以辅酶 I(NAD^+) 为氢受体的情况下,催化 L-乳酸氧化成丙酮酸(对 D-乳酸不起作用),其可逆反应式为

$$CH_3CH_2OCOO^- + NAD \underset{pH\ 值\ 7.4 \sim 7.8}{\overset{LDH, pH\ 值\ 8.8 \sim 8.9}{\rightleftharpoons}} CH_3COCOO^- + NADH + H^+$$
$$\text{L-乳酸}$$

LDH 存在于各种组织的细胞浆中,其活力约为血清的 500 倍。组织细胞膜一经损伤,血清 LDH 即见增高,因此可以用 LDH 作为衡量细胞膜通透性的指标。

LDH 可溶于水或稀盐溶液。组织中 LDH 含量测定方法很多,其中紫外分光光度法、比色法和速率法应用比较多。本实验采用比色测定法:其原理是利用产物丙酮酸与 2,4-二硝基苯肼作用生成丙酮酸、二硝基苯肼,后者在酸性环境中呈草黄色,在碱性溶液中呈红棕色,颜色深浅与丙酮酸浓度成正比,与标准浓度丙酮酸生成的苯肼进行比色,可推算 LD 活性。

三、试剂和材料

1. 实验动物

体重 18~20 g 的健康小鼠 40 只,随机分为 5 组,每组 8 只,1 组为阴性对照,1 组为阳性对照组,另 3 组为不同剂量染毒组。

2. 器材

注射器,手术剪,镊子,移液管,吸耳球,试管,试管架,恒温水浴锅,分光光度计等。

3. 试剂

(1)乳酸钠底物缓冲液(pH = 10.0)。取乳酸钠溶液(65%~75%)10 mL,加入

0.1 mol/L 甘氨酸溶液 125 mL 和 0.1 mol/L 氢氧化钠溶液 75 mL,混合摇匀。

(2) 0.1 mol/L 甘氨酸溶液。称取甘氨酸 1.501 g,氯化钠 1.17 g,用双蒸水溶解并定容到 200 mL。

(3) 辅酶 I 溶液(11.3 mmol/L)。称取氧化型辅酶 I 15 mg(如含量为 70%,则称取 21.4 mg),溶于 2 mL 双蒸水中,在 4 ℃保存,至少可用 2 周。

(4) 2,4-二硝基苯肼溶液(1 mmol/L)。称取 2,4-二硝基苯肼 200 mg,加 4 mol/L 盐酸 250 mL,加水约 600 mL,加热助溶,冷却后加水至 1 000 mL。

(5) 0.4 mol/L 氢氧化钠溶液 100 mL。用天平称量 4 g 的氢氧化钠固体,用双蒸水溶解并定容到 250 mL,混合摇匀。

(6) 丙酮酸标准液(1 mmol/L)。准确称取 AR 级丙酮酸钠 11 mg,以乳酸钠底物缓冲液溶解并定容到 100 mL,临用前现配。

(7) 受试化合物溶液。由指导教师根据本实验室情况自定。

(8) 阳性对照。二甲基亚砜(DMSO)。

(9) 阴性对照。0.9% 的生理盐水。

四、内容和操作步骤

1. 动物处理

动物自由饮水、取食,实验前一周开始腹腔注射,每天 1 次,连续 5~7 天,阴性对照组注射 0.9% 的生理盐水,阳性对照组注射 DMSO(40 mg/kg 体重),3 个剂量组注射不同浓度的受试化合物溶液。

2. 采血

小鼠处死前 24 h 禁食,然后断头取血。用其他方法取血也可,如颈静脉或颈动脉采血、股静脉或股动脉采血、心脏采血、尾部采血、眼眶采血等。

采血时要注意:①采血场所有充足的光线;室温夏季最好保持在 25~28 ℃,冬季 15~20 ℃为宜;②采血用具及采用部位一般需要进行消毒;③采血用的注射器和试管必须保持清洁干燥;④若需抗凝全血,在注射器或试管内需预先加入抗凝剂。现将采用血方法按动物和部位分别加以介绍。

3. 分离血清

采好的血在暗处放置 2 h,以 3 000 r/min 离心 5 min,取上清液。

4. 测定血清中乳酸脱氢酶活性

取两个比色管,分别设为测定管和对照管。在两个管里分别都加入 10 μL 血清,0.5 mL 的乳酸钠底物缓冲液,放置于 37 ℃水浴中预热 5 min,之后向测定管中加入 0.1 mL 的辅酶 I 溶液,将两管都置于 37 ℃水浴中预热 5 min,再向两管中都加入 0.5 mL 的 2,4-二硝基苯肼溶液,向对照管中加入 0.1 mL 的辅酶 I 溶液,将两管都置于 37 ℃水浴中预热 5 min,之后向两管中都加入 5 mL 的 0.4 mol/L 氢氧化钠溶液。在室温下放置 3 min 后于 440 nm 比色,测定光吸收值 A。用双蒸水调零,读取两管吸光值,以两管吸光值之差查标准曲线,求酶活力单位。以 100 mL 血清 37 ℃作用 15 min 产生 1 μmol 丙酮酸为一个酶活力单位。

5. 标准曲线制备

按表 16.1 操作加入各试剂,室温下放置 3 min 后于 440 nm 波长下比色,以 B 管调零,读取各管吸光值。以吸光值为横坐标，LDH 活性单位为纵坐标绘制标准曲线。

表16.1　LDH 比色测定法标准曲线制作操作步骤

加入物	试管编号						
	B	1	2	3	4	5	6
丙酮酸标准液/mL	—	0.025	0.05	0.10	0.15	0.20	0.25
乳酸钠底物缓冲液/mL	0.5	0.475	0.45	0.40	0.35	0.30	0.25
双蒸水/mL	0.11	0.11	0.11	0.11	0.11	0.11	0.11
2,4-二硝基苯肼溶液/mL	0.5	0.5	0.5	0.5	0.5	0.5	0.5
37 ℃水浴15 min							
0.4 mol/L 的 NaOH/mL	5	5	5	5	5	5	5
相当于 LDH 单位	0	250	500	1 000	1 500	2 000	2 500

五、结果评价

通过本实验，熟悉和掌握 LDH 活性测定原理和用比色法测定酶活性的方法，深入理解该酶含量变化的意义。当细胞受到损伤导致细胞膜通透性增加时，血清中乳酸脱氢酶的含量会增大。如果实验中的受试化合物引起血清中乳酸脱氢酶活力增强，说明该化合物使细胞膜受到损伤，引起了膜通透性增加。

六、注意事项

(1)乳酸钠为水溶液，保存不当易产生酮酸类物质抑制酶促反应，因而需妥善保管。

(2)甘氨酸缓冲液可用二乙醇胺缓冲液代替。二乙醇胺缓冲液（0.3 mol/L，pH 值为 8.8）：称取二乙醇胺 2.1 g，乳酸锂 2.88 g，加双蒸水约 80 mL，以 1 mol/L 盐酸校正 pH 值为 8.8，定容至 100 mL。

(3)由于测定 LD_{50} 的特异性较差，目前临床上多同时测定乳酸脱氢酶同工酶来判断组织来源，用于心肌梗塞、肿瘤、肝病等的诊断。

(4)比色法中以丙酮酸与 2,4-二硝基苯肼反应为最常应用，但只能利用其顺向反应。

实验17　肝微粒体制备及苯胺羟化酶活力的测定

一、目的和要求

许多外来化合物可诱导或抑制肝微粒体中多种代谢酶的活性,从而影响外来化合物在体内的代谢转化和毒性作用,因此肝微粒体组分的分离及有关酶活性测定是环境毒理学中的一个重要内容。肝细胞胞液中含有单胺氧化酶和双胺氧化酶,可催化胺类氧化,形成醛类和氨,双胺氧化酶催化的氧化反应主要涉及体内生物胺类的形成,与外来化合物代谢转化关系较少。

肝微粒体酶主要存在于肝细胞内质网中,是一个酶系统。肝微粒体酶又称肝药酶,该系统中的主要的酶为细胞色素P-450,此酶参与生物体内原型和外源性物质的生物转化,在人类肝中与药物代谢有关的P-450主要是CYP1A2、CYP2A6、CYP2B6、CYP2C8、CYP2C9、CYP2C19、CYP2D6、CYP2E1、CYP3A4和CYP3A5和CYP2E等,其中CYP2E即苯胺-4-羟化酶。

通过该实验,熟悉肝微粒体的作用及制备技术,并学会微粒体苯胺羟化酶活力的测定方法。

二、原理

肝微粒体是体外研究一个化合物的代谢(酶抑制、清除率和代谢鉴定)以及药物-药物相互作用的主要工具。通常根据特定细胞色素酶的活性水平来选择微粒体。肝微粒体酶主要存在于肝细胞内质网中。

肝细胞在匀浆过程中严重破碎后,其中的内质网膜碎片卷曲形成的闭合囊泡即肝微粒体。匀浆液经离心去除细胞核和线粒体后,加入Ca^{2+}有助于肝微粒体颗粒的形成和沉淀,离心后即可分离出肝微粒体组分。在微粒体苯胺羟化酶的催化下,苯胺可被代谢生成对氨基酚,对氨基酚与苯酚在碱性溶液中形成蓝色靛酚复合物,并在630 nm波长处出现最大吸收峰值。因此,可通过对氨基酚的生成量,间接判定苯胺羟化酶的活力。

三、试剂和材料

1. 实验动物

体重150~200 g的大鼠,雌雄各半。

2. 器材

大剪刀,手术直剪,量筒,烧杯,托盘天平,玻璃匀浆器,电动搅拌器,高速冷冻离心机,试管,吸管,恒温水浴振荡器,计时器,721或752型分光光度计。

3. 试剂

(1)大鼠肝微粒体制备所需试剂。

①生理盐水:0.85%~0.9%的氯化钠溶液,用前置于冰箱中预冷。
②KHB缓冲液:0.066 mol/L Na$_2$HPO$_4$ 55.4 mL,0.066 mol/L KH$_2$PO$_4$ 44.6 mL。
③蔗糖-Tris-盐酸缓冲液(pH=7.4):称取蔗糖85.6 g,三羟甲基氨基甲烷(Tris)1.21 g,溶于800 mL蒸馏水中,用盐酸调pH值至7.4,最后定容至1 000 mL。放冰箱中保存备用。
④氯化钾-Tris-盐酸缓冲液(pH=7.4):称取氯化钾11.2 g,Tris 1.21 g,溶于800 mL蒸馏水中,用盐酸调pH值至7.4,最后定容至1 000 mL。放冰箱中保存备用。
⑤氯化钙溶液:称取氯化钙(CaCl$_2$)5.0 g,用蒸馏水溶解并定容至100 mL。
(2)苯胺羟化酶活力测定所需试剂。
①盐酸溶液:取浓盐酸8.4 mL,用蒸馏水稀释至100 mL。
②Tris-盐酸缓冲液(0.1 mol/L,pH=7.4):称取Tris 1.21 g,加蒸馏水约80 mL溶解,用盐酸溶液调pH值至7.4,最后用蒸馏水稀释定容至100 mL。
③过氧化羟基异丙苯溶液:过氧化羟基异丙苯0.65 g用蒸馏水溶解并定容至100 mL。
④盐酸苯胺溶液:1.29 g盐酸苯胺用蒸馏水溶解并定容至100 mL。
⑤三氯醋酸溶液(70%):三氯醋酸70 g用蒸馏水溶解并定容至100 mL。
⑥碳酸钠溶液:10.6 g无水碳酸钠(Na$_2$CO$_3$)用蒸馏水溶解并定容至100 mL。
⑦氢氧化钠溶液(4%):氢氧化钠(NaOH)4 g用蒸馏水溶解并定容至100 mL。
⑧酚试剂:取苯酚溶液2 mL,加NaOH溶液(试剂7)至100 mL。
⑨对氨基酚标准液(0.25 μmol/mL):27.28 mg对氨基酚用蒸馏水溶解并定容至1 000 mL。
⑩大鼠肝微粒体混悬液,以每mL含微粒体蛋白10~15 mg较为适合。

四、内容和操作步骤

1. 大鼠肝微粒体制备(钙沉淀法)

大鼠禁食24 h后,用大剪刀将其断头处死,放尽血液。立即打开腹腔,取出肝脏组织,用滤纸擦净表面血污,用预冷的生理盐水洗净血污,再用滤纸吸干表面水分,称肝重。将肝脏剪碎,用KHB缓冲液漂洗2次,充分去除肝脏血液。按每克肝脏3 mL的比例加入预冷的蔗糖-Tris-盐酸缓冲液,用玻璃匀浆器制备匀浆液。

将肝匀浆液小心分装于离心管中,以600 r/min离心5 min,弃去沉淀部分(细胞核及细胞碎片)。取上清液以12 000 r/min离心10 min,弃去沉淀部分(线粒体)。合并上清液、计算体积,加入氯化钙溶液,使其终浓度为8 mmol/L。将此上清液以25 000 r/min离心15 min,弃去上清液,即获得微粒体沉淀。将微粒体沉淀混悬于氯化钾-Tris-盐酸缓冲液中,按25 000 r/min离心15 min,此沉淀即为洗涤的微粒体。

将肝微粒体沉淀取出后用保存于氯化钾-Tris-盐酸缓冲液中(缓冲液用量为1 mL/g组织),充分混匀,分装于冻存管中,置-70 ℃保存备用。使用前可按考马斯亮蓝法测定微粒体蛋白质含量,也可按Lowry法测定。

2. 苯胺羟化酶活力测定

(1)标准曲线制作。取9只洁净比色管,设1号管作参比,分别向9只管中加入1.5,1.4,1.3,1.2,1.1,1.0,0.9,0.7,0.5 mL Tris-盐酸缓冲液,0,0.1,0.2,0.3,0.4,0.5,0.6,0.8,

1.0 mL 对氨基酚标准液,再分别加入 0,25,50,75,100,125,150,200,250 mmol 的对氨基酚。将各试管置于 37 ℃ 水浴预热 3 min。再向 9 只管中都加入 0.1 mL 的过氧化羟基异丙苯溶液,在 37 ℃ 水中继续水浴振荡 3 min,之后。在 9 只管中加入 0.3 mL 三氯醋酸溶液,0.5 mL 微粒体混悬液。将 9 只管经 2 000 r/min 离心 10 min,各管取其上清液于另一试管中。再向 9 只管中加入 1.0 mL 碳酸钠溶液,1.0 mL 酚试剂,分别混匀,在室温下放置 30 min,以 1 号管作参比,于 630 nm 比色。以吸光值 A 为纵坐标,绘制标准曲线绘制对氨基酚含量标准曲线。

(2)样品测定。取清洁干燥试管,按表 17.1 操作加入各试剂,以下操作除不再加微粒体外,其余与标准曲线操作步骤相同。以空白管作参比,将样品管测定的吸光值从标准曲线上查出相应的对氨基酚含量,并按下式计算苯胺羟化酶活力,即

$$\eta = \frac{m}{a \cdot b \cdot c} = \frac{m}{0.5 \times 3 \times c}$$

式中:η 为苯胺羟化酶活力,nmol 对氨基酚/(mg 蛋白·min);a 为反应体积,mL;b 为反应时间,min;c 为微粒体蛋白浓度,mg/mL;m 为生成的对氨基酚物质的量,nmol。

表 17.1 苯胺羟化酶测定操作步骤

试剂 项目	微粒体悬浮液 /mL	Tris-盐酸缓冲液 /mL	盐酸苯胺溶液 /mL	双蒸水 /mL
空白管	0.5	1.4	0	0.1
样品管	0.5	1.4	0.1	0

五、结果评价

本实验重在方法的介绍,各实验室可根据各自的实验目的选择相应的受试化合物进行实验,以观察外来化合物对肝微粒体苯胺羟化酶活力的影响。如果该酶活性降低,说明化合物对其有抑制作用;反之,则说明化合物对其有诱导作用。

药物在体内的生物转化主要靠肝细胞内滑面内质网上细胞色素 P450 酶(CYP 酶)进行氧化、还原、水解等代谢。许多药物对细胞色素 P450 酶系活性有抑制或诱导作用,当与其他需经 CYP450 代谢的药物联合应用时,会影响这类药物的代谢,从而产生药物相互作用。

六、注意事项

(1)操作的全过程,应使用预冷的匀浆介质、缓冲液和离心转头,匀浆器、量筒、烧杯、离心管应保持在冰浴中,以维持组织及其制备物温度在 0~4 ℃ 范围。

(2)测苯胺羟化酶活力时为保证各试管实验条件相同,应按一定时间间隔将各样品管置于水浴中,并按相同的时间间隔加入各种试剂至反应结束。三氯醋酸不宜过量,以免影响显色。

(3)动物处死前应禁食过夜,以消耗肝糖原,提高微粒体的回收率。为提高肝微粒体酶的活性,动物可在处死前 5 天用多氯联苯(300 mg/kg 体重)腹腔注射 1 次,以诱导微粒体酶。

实验18 水生蚤类繁殖实验

一、目的与要求

在自然水域中生存着大量的浮游动物,蚤类是浮游生物的重要类群。它们与水环境有着错综复杂的相互关系,对水中毒性物质十分敏感,在水质变化中起着重要作用,研究认为根据浮游生物毒性实验结果可确定水质污染程度。蚤类取材容易,实验方法简便,繁殖周期短,实验室易培养,产仔量多,是一类很好的实验生物,且实验项目使用的参数在个体间相对恒定,可以为实验结果统计学处理提供方便,因此常被选定为毒性测试生物。所以了解蚤类的生活习性、掌握蚤类的繁殖规律对蚤类毒性测定、判断水质的综合污染程度有很重要意义。

本实验要求学生了解蚤类的生活习性,掌握蚤类的繁殖规律,所以学生在预习和进行实验准备的基础上,认真设计实验、详细观察和记录,并与对照组的相应参数进行比较和分析,以得出正确的结论。

二、原理

水生蚤类繁殖实验是通过观察不同浓度下蚤类的死亡率(LC_{50})、产生第一胎的时间、产生幼蚤的个数及中毒症状来评价受试物对蚤类生长、死亡率和繁殖能力的影响,以此直接测得的环境样品的综合毒性,实验结果可判断样品的实际毒性强度,指示环境中化学物质对水生生物的毒性,为水质环境毒性监测提供综合指标。

把实验蚤放在含有不同浓度的受试物溶液中暴露2周或2周以上,在此期间实验蚤至少能够繁殖3胎,这样就可以观察到蚤的死亡率、产生第一胎的时间、产出幼蚤的总个数及中毒症状等。

三、试剂与材料

(1) 大型蚤(daphnia magna straus)。它是水质毒性实验研究中的常用蚤种。也可以选其他繁殖参数与大型蚤相接近的蚤类。蚤类饵料:绿藻。

(2) 烧杯、吸管、培养箱、溶解氧测定仪、蒸馏水等。

(3) 贮备液应于当天配制,高化学稳定性物质最多可一次配制出够两天用的贮备液量。所配受试物最高浓度相当于48 h半数活动抑制有效浓度EC_{50}值,以下按几何级数排列,使能出现与对照组无显著差别的最大浓度和有差别的最低浓度。

四、操作步骤

1. 蚤类的预培养

设计各级含有不同浓度的受试物溶液;每个实验浓度和对照组至少用10个幼蚤,一个浓度分别放于10个50 mL烧杯中,每个烧杯内加40 mL实验液,放幼蚤1个,其他浓度类似;一定在实验液各项水质条件符合要求后再放蚤,用口径 5 mm 的橡胶头吸管随机吸移。投喂绿藻时,要对藻液进行浓缩,以防过多水分加入到试液中去。

2. 实验条件

将实验杯置于光照培养箱中培养,温度为 (20 ± 1) ℃,光暗周期采用 8 h 黑暗和 16 h 光照为宜。实验至少持续 14 天,每 48 h 测定 1 次各浓度组的溶解氧。

3. 实验记录

每天或隔天记录 1 次亲代蚤(即初始投放的亲代蚤)的活动抑制数和死亡数,及时将死蚤取出。在实验开始后的 24 h、48 h、96 h、7 天、14 天及实验结束时,必须计数亲蚤死亡数和活动抑制数。

每周至少要计数 3 次第一子代(F_1)代幼蚤数。在亲蚤蚤龄大于 7 天时,第一胎幼蚤从育囊中排出。其后每隔 2~3 天就有一批幼蚤产出。

4. 实验质量控制指标

实验结束时对照组蚤类死亡率不超过 20%;受试物的实测浓度不低于规定浓度的 80%;整个实验过程中溶解氧应高于 60% 的空气饱和值;实验期间溶液 pH 值应与初始值保持一致;对照组幼蚤最迟要在第 9 天产出第一胎后代;在 (20 ± 0.5) ℃ 时,14 天实验期间对照组中平均每个雌蚤生殖 3 胎新生蚤,累计个数应不少于 20 只。否则需延长实验时间至对照组产生出 3 胎为止,必要时实验可以延至 3~4 周。

五、结果评价

将受试物处理浓度和相应蚤死亡率和活动抑制率在对数-概率纸上作图,用图解内插法或计算法求出 24,48,96 h 及 7,14 天和实验结束时的半数活动抑制浓度 EC_{50} 和半数致死浓度 LC_{50},并计算 95% 的置信区间。

用表列出对照组与各浓度组产出第一胎幼蚤时间及新生蚤的数目,以及整个实验期间对照组、各实验组水蚤生殖的胎数、各胎幼蚤数及累计产出的幼蚤数。

对实验组和对照组蚤类死亡率、繁殖率及产蚤数进行方差分析或 t 检验,确定无显著差异的最大无影响浓度(NOEC)和有显著差异的最低有影响浓度(LOEC),从而估计最大毒物允许浓度(MATC)和应用系数(AF)。

六、注意事项

(1)蚤类繁殖实验应在半静态或流水系统中进行,更新周期根据化学性质和实验液中氧含量决定,至少每 48 h 更换 1 次实验液。更换实验液时,应倒空玻璃容器,去除食物残渣,用蒸馏水冲洗,并保持原编码系列以利于实验液的更换。如果使用流水系统,每周至少清洗容器 2 次。

(2)一定在实验液各项水质条件符合要求后再放蚤,用口径 5 mm 的橡胶头吸管随机吸移。

(3)投喂绿藻时,要对藻液进行浓缩,以防过多水分加入到试液中去。

(4)实验期间,如发现受试物不能保持稳定和均一,对结果的解释应慎重。

实验 19　藻类生长抑制实验

一、目的与要求

科学技术的进步使人们制造了大量的化学合成品,如洗涤剂、去污剂、杀虫剂和涂料等。他们给人们带来诸多方便的同时,也带来了一定的环境问题。人们将其使用后,直接排入水体,使水生生物生存环境恶化,进而影响他们的生长、繁殖,甚至导致死亡。藻类是水体中的初级生产者,藻类的死亡影响次级生产者如浮游动物和鱼类等的生存,进而对整个水生生态系统产生破坏。如果在这些化学合成品大量投入使用之前,对其进行有效测试与评价,就可防患于未然。

藻类生长抑制实验是将藻类置于实验条件下,人为改变水质条件,测定某种污染物对藻类的生理活动、生长繁殖和种群变化的影响程度。要求学生了解藻类的生长规律,掌握藻类的培养方法,学会分析藻类生长受到抑制的原因。从而增强学生的环保意识、培养专业知识、关注环境问题、深入具体问题调查研究,用定量数据说明化学品的危害与环境水体污染程度。

二、原理

单细胞藻类个体小、世代时间短,可在短期内获得化学物质对其许多世代及种群水平上的影响,因而利用该实验能反映污染物对水体初级生产者的作用情况。

将不同浓度的受试物质或环境水样加入到处于对数生长期(单细胞藻类在培养过程中分裂最快,世代时间恒定,细胞数目以几何级数增加的时期称为藻类对数生长期。对数生长期的藻类细胞代谢活跃,生长速率高,群体中的藻细胞化学组成及形态、生理特征比较一致。在实践中,常用对数期的藻类作接种材料,效果较好)的藻类培养物中,在规定的实验条件下进行培养。定期(每隔 24 h)测定藻类种群的浓度或生物量(实验时间不少于 96 h),以观察受试物对藻类生长的抑制作用。经方差分析或 t 检验,显著低于对照($P<0.05$)的生长率表明藻类生长受到抑制。

三、试剂与材料

1. 实验容器

实验容器和其他与试液直接接触的容器必须为全玻璃或其他化学惰性材料制成,用于实验前必须彻底清洗并灭菌。为了防止无机或有机污染物影响藻类的生长和培养基的组成,容器应用绵筛、海绵筛、纱布、滤纸和锡箔纸等密封。

2. 受试物储备液

研究藻类生长抑制实验的受试物应当是挥发性低、环境稳定性好且可溶于水的物质。如果需要使用助溶剂,它在水中的浓度不能超过 0.1 mL/L。低水溶性(在水中溶解度低于 1 000 mg/L)的化学物质不适于进行该项实验。用经过灭菌后的新鲜培养基配置受试物的储备液,其浓度为测试时所需的最高浓度的两倍。用此储备液配置一系列不同浓度的受试物浓度,其浓度也为测试时所需的最高浓度的两倍。

3. 受试生物

最好使用推荐的藻种进行实验,以便提高实验结果的可比性和重复性。选择一些不易吸附到瓶壁上的绿藻和蓝藻作为受试生物,一般用斜生栅藻(scenedesmus obliquus)、羊角月牙藻(selenastrum capricornutum)和蛋白核小球藻(chlorella pyrenoidosa)进行,也可用聚球藻(synechococcus)、四尾栅藻(S. quadricauda)和普通小球藻(C. vulgaris)等。把藻种用培养基进行培养到一定量,然后取适量,再分别置于光照培养箱中进行培养。

4. 培养基

藻类的培养基很多,其成分和浓度各不相同。淡水藻类可用美国环保局推荐的培养基(表19.1),小球藻和栅藻可用"水生4号"培养基(表19.2)培养。

配制培养基时可先配制各种营养盐类的浓储备液,经过滤或灭菌后避光冷藏保存。当需要配制培养基时,将一定量的浓储备液摇匀,依次加入到蒸馏水或去离子水中即可。亦可将营养盐类按所需浓度直接加入无菌蒸馏水或去离子水中。应按顺序逐个加入,待一种盐类完全溶解后再加另一种。

表 19.1 淡水藻类培养基

营养盐名称	质量分数/(mg·L^{-1})	营养盐名称	质量分数/(mg·L^{-1})
$CaCl_2 \cdot 2H_2O$	4.41	$FeCl_3$	96.0×10^{-3}
$NaHCO_3$	15.0	$MnCl_2$	0.264
$Na_2EDTA \cdot 2H_2O$	0.300	$ZnCl_2$	3.27×10^{-3}
$MgSO_4 \cdot 7H_2O$	14.7	H_3BO_4	0.185
$MgCl_2$	5.70	$CuCl_2 \cdot 2H_2O$	0.009×10^{-3}
K_2HPO_4	1.04	$Na_2MoO_4 \cdot 2H_2O$	7.26×10^{-3}
$NaNO_3$	25.5	$CoCl_2 \cdot 2H_2O$	0.78×10^{-3}

表 19.2 水生4号小球藻和栅藻培养基

营养盐名称	质量分数/(mg·L^{-1})	营养盐名称	质量分数/(mg·L^{-1})
$(NH_4)_2SO_4$	0.200	KCl	0.025
$Ca(H_2PO_4)_2 \cdot H_2O$	0.030	$FeCl_3$	0.015
$MgSO_4 \cdot 7H_2O$	0.080	土壤浸出液+	0.500
$NaHCO_3$	0.100	蒸馏水	1 000

四、内容与操作步骤

1. 藻类培养

培养温度为24±2 ℃;白色荧光灯均匀光照(连续光照或以12:12或14:10光暗比光照),强度为4 000±400 lx;机械振荡或定时每天人工摇动若干次;培养容器用棉塞、海绵塞、滤纸、纱布(2~3层)或锡箔纸封闭,挥发性化学品用磨口玻璃塞完全密闭。

根据需要选择容量不同的实验容器,但同一批实验的容器应规格一致。为保证 CO_2 的交换,要有一定的表面积,要求体积比:125 mL 三角瓶中测试液体积为 40~60 mL;250 mL 三角瓶测试液体积为 70~100 mL;500 mL 三角瓶测试液体积为 100~150 mL。

从储备培养藻液中取出一定量的藻液,接种到新鲜的无菌培养液中,接种浓度大约为10^4 个/mL。在与实验要求相同的条件下进行预培养,要求在 2~3 天内藻类能达到对数生长,然后再次转接到新鲜培养液中。如此反复转接培养 2~3 次,藻类生长健壮并正处于对数生长期时即可用来制备实验中需要的藻类实验液。

2. 受试物实验液的配制

根据初步实验确定能产生效应的浓度范围,至少设置 5 个浓度,最高浓度应完全抑制生长(或至少达到 50% 以上抑制率),而最低浓度应与对照没什么区别。至少设置 3 个平行样,每一系列设一个对照。实验前应测定受试液的 pH 值,必要时用盐酸或 NaOH 溶液将 pH 值调整为 7.5±0.2。实验结束时应测定被测物质的实际浓度。

3. 藻试液的配制

用显微镜检验预培养藻液的生长情况,并计数细胞密度,然后用培养液稀释至藻细胞为 $2×10^4$ 个/mL。

4. 测试液的配制

先在每个三角瓶中各加入 50 mL 藻试液,然后再添加 50 mL 受试物实验液。对照组不加受试物实验液,而只添加 50 mL 培养液。

将各瓶摇动均匀后,放入光照培养箱中培养。实验开始后,每隔 24 h(即在 24,48,72 和 96 h 时)测定各组藻类细胞密度、光密度或叶绿素含量。

5. 预实验

预实验目的是为了确定正式实验中受试物的浓度范围,预实验应找到 100% 受抑制的最低浓度和不受抑制的最高浓度。浓度间距可加大如 100,10,1,0.1。预实验的浓度可按对数间距排列,最低浓度应为受试物的检测下限,最高浓度应为饱和浓度,需设平行样。测定项目和方法可简化,实验时间有时也可缩短。在预实验中,如果最高浓度组藻类的生长抑制低于 50%,则可不必再进行正式实验。如果需要进行正式实验,则可根据预实验的结果确定正式实验时受试物的浓度范围和间距。

6. 正式实验

正式实验可以确定受试物对藻类生长抑制的 EC_{50} 值(使藻类生长或生长率比对照下降 50% 时的受试物浓度),根据预实验的结果确定正式实验时受试物的浓度范围和浓度间距。主要步骤有:

(1)灭菌。包括器皿与实验用水的灭菌。实验所涉及的玻璃器皿应灭菌,实验用水应为蒸馏水或去离子水。放入灭菌锅,121 ℃,15 min。

(2)浓度设置。至少设 5 个浓度组和 1 个对照组。将预实验中得到的 100% 受抑制的最低浓度(EC_{100})和不受抑制的最高浓度(EC_0)代入公式,即

$$r_i = \frac{\log(EC_{100}) - \log(EC_0)}{n-1}, n 为浓度组数$$

求出 r_i 的反对数 $\log^{-1}(r_i)$ 即为浓度间距。例如,EC_{100} = 100 mg/L,EC_0 = 1.0 mg/L,设置 5 个浓度组,那么 $\log^{-1}(r_i)$ = 3.16,则所设置的浓度系列应为 100,32,10,3.2,1.0 mg/L。环境水样测试时,可将测试液中水样百分含量设为 5,10,20,40,80。

(3)实验液配制。将容量瓶编号,按顺序摆放。分别依次加入等量的 5 倍浓缩培养基、藻液,再根据计算数据加入不同量的受试物储备液,加灭菌蒸馏水定容,摇匀备用。加入藻液的量应以定容后藻细胞数约为 10^4 个/mL 为宜。(注:培养基的浓缩倍数依实验的具体情

况而定,不一定就是 5 倍。)

(4)实验液的分配。将摇匀的实验液取出加入到标有相应编号的三角瓶中,每瓶 100～150 mL。瓶口用 4 层纱布封住,用皮套系好,准备培养。

(5)采样与计数。每 24 h 采 1 次样,采样时一定将藻样充分摇匀,采样量 5 mL/瓶,放入到相应编号的比色管中,加 1～2 滴鲁哥氏液固定。在显微镜下,用 0.1 mL 计数框对藻细胞计数。计数时应对显微镜视野中的所有细胞计数。放大倍数 40×10 每片至少计数 20 个视野。

每次计数,视野数目、放大倍数相同。每一样品至少计数两次,如计数结果相差大于 15%,应予重复计数。

五、结果与评价

1. 藻类生长的测定

藻类生长指在实验期间每毫升溶液中藻类细胞数目的增加量。一般用以下 3 种方法测定藻类的生长:①细胞计数;②测光密度;③测叶绿素含量。

2. 数据处理

将不同浓度实验培养液和对照培养液的藻细胞浓度与测试时间绘制成曲线图,再用下面方法确定浓度效应关系。

生长率是单位时间内(t_n-t_1)藻细胞增长的量(N_n-N_1)。对数生长期的藻类平均特定生长率可用下式计算,即

$$\mu = \frac{\ln N_n - \ln N_1}{t_n - t_1}$$

式中:μ 为藻类平均生长率;T 为培养时间,t_1 为起始时间,t_n 为终了时间;N 为藻类细胞生长量,N_1 为起始细胞数,N_n 为最终细胞数。

以不同浓度组中藻类生长率的下降比例与对数浓度作图,可直接从图上读出半数有效浓度(EC_{50}),再标明测定时间,如 24 或 48 hEC_{50}。也可求出回归关系式,再算出 EC_{50}。

六、注意事项

(1)在正式实验前必须进行必要的预实验。

(2)实验藻种的选择和预培养应注意藻胞大小均匀,颜色鲜绿,处于对数生长期。实验开始的 3 天内,对照组藻细胞浓度至少应增加 16 倍。

(3)受试化合物需要明确它的物理和化学特性,有针对性地设计实验。

(4)对于细胞壁有黏性的藻类,应注意加强震荡,避免细胞计数产生误差,同时,也可以根据具体情况选择其他指标来衡量藻类的生长抑制状况。

(5)挥发性物质应在密闭瓶内进行实验,损失量控制在 20% 以下;实验浓度的安排应适当,使 96 h 的生长抑制率在 50% 上下均有分布。

(6)如果要直接配置培养基,即将营养盐类按所需浓度直接加入无菌蒸馏水或去离子水中,必须按顺序逐个加入,待一种盐类完全溶解后再加另一种。

(7)实验器皿与实验用水应按要求灭菌。

(8)在盖盖玻片时,应避免产生气泡。

(9)用显微镜计数时,应有规律地移动片子,使计数视野在整个片子上均匀分布。

实验20 微宇宙生态系统毒性实验

一、目的与要求

有毒有机污染物的环境转归和潜在毒性研究是环境生物学和环境毒理学的重要内容之一,其中一个重要手段是模型生态系统的研究。微宇宙是依据自然环境原型而设计,具有体积小、易重复并可人为控制各理化参数使其与真实环境一致,通过建立生态模型来模拟、实验和测定各种化学物质在自然生态系统中的吸附、沉降、挥发、转化、降解、富集、放大、代谢等动力学过程,这样可把自然界中复杂多变的系统简化,在一个可控条件下来研究主要要素的变化规律,从而揭示那些在单一实验被简化或在复杂现场研究中无法观察到的过程和效应。利用微宇宙系统来研究化学物质的迁移、转化从而了解这些化学物质在环境中的迁移与归宿,是在生态系统水平上研究毒物对生态系统影响和生态系统对毒物适应能力的有用工具。

了解微宇宙的概念,熟悉水生生态系统的结构特征与功能过程。根据实验条件自行设计具有一定结构、功能正常且稳定性较好的水生微宇宙(SAM),作为评价整体生态系统的手段和工具。通过研究水生生态系统在污染物的作用下各生物组分之间相互关系的变化,掌握生态系统水平上环境毒性效应的评价方法。例如利用微宇宙模拟水生态系统对多氯联苯在水体环境中的行为,包括多氯联苯在水体、沉积物、生物体(皇冠草、河蚬、鲢)不同分配相及生物体不同组织、器官中含量、分布以及迁移、富集等时间变化动态过程进行了研究。

二、原理

由于室内单种生物毒性实验结果与实际情况之间往往存在较大距离,20世纪七八十年代以来,生态毒理学家们广泛应用模型生态系统来研究和了解污染物在生态系统中的整体生态效应。模型生态系统法是研究污染物在生物种群、群落、生态系统和生物圈水平上的生物效应的一种方法,又称为微宇宙法。微宇宙是自然生态系统的一部分,包含有生物和非生物的组成及其过程,能提供自然生态系统的群落结构和功能,但它没有自然生态系统庞大和复杂(既不能包含自然生态系统的所有组成,也不能包括自然生态系统的所有过程),因而不完全等同于自然生态系统。

根据生态系统的类别,微宇宙可分为水生微宇宙和陆生微宇宙。利用多种水生生物共存的水生微宇宙,可以研究受试化合物对水生生态系统的毒性作用。本实验设计的水生微宇宙是通过在室内用体积小于 1 m^3 的实验容器模拟自然环境条件下污染物的毒性变化情况和对水生生态系统的影响,以近似了解实际环境中污染物的基本代谢过程及其危害程度。

三、试剂和材料

(1)池塘微宇宙可由 2~5 个水族箱组成,水族箱规格可自行设计,常用规格为60 cm×30 cm×45 cm,同时可以准备不同的生物种类,例如藻类、蚤类、水生高等植物和鱼类等。

(2)各组分在使用前均经 10% 盐酸浸泡,再经自来水和去离子水反复冲洗,选择重金属、有机污染物、农药等有毒物质。

四、内容和操作步骤

在灭菌冷却后的容器底部铺以模拟沉积物,倒入 3 L 经高压灭菌的培养液,然后将处于对数生长期的各种藻接种于培养液内。在温度为 $(20±1)$ ℃,液面的日光灯光照强度为 $1\ 800\sim 2\ 000$ lx,光照时间为 12 h/d 的条件下预培养 $8\sim 9$ 天。然后再接种原生动物和大型溞,并加入各种维生素成分。在同样条件下培养 $28\sim 31$ 天,微宇宙运行的各项生物学参数测定和分析均在此期间进行。每次实验设置 $3\sim 4$ 个重复微宇宙。

放入 5 种左右的动物或微生物、水生植物、鱼类,$5\sim 10$ 种藻类;也可以通过预培养自然形成生物种群,如经过 1 个月左右时间的培养,可逐渐长出沉水植物、藻类、浮游动物、底栖动物及微生物群落等,运行稳定后即可进行实验。加入不同浓度的受试化合物,可设 $4\sim 6$ 个浓度组。受试化合物可每周加入 1 次,也可 2 周加入 1 次,连续 4 次。

终点测试指标,包括捕食动物种群优势种和生物量,藻类丰度、优势种、生物量,光合作用。也可以选择毒性指标如 LC_{50}、EC_{50} 等。

五、结果评价

根据微宇宙生态系统中的测定指标(如 pH 值、溶解氧、总氮、总磷、藻类群落数量、水生生物群落结构、群落代谢水平等)进行评价。pH 值和氮磷变化主要与污染物化学性质和毒性有关;溶解氧的变化可以反映群落代谢是否受到抑制和异氧菌是否增加;不同种类(8 个门)的藻类数量和组成变化可以反映污染物的毒性强弱以及对污染物的敏感程度和耐受程度;生物群落包括藻类、浮游动物、底栖动物和异氧菌的丰度、密度和多样性指数,它们的改变从另一角度反映出不同生物种群对污染物的敏感程度和耐受程度,同时反映出污染物对生态系统结构的影响。

以实验室纯培养生物、培养液和标准沉积物组建的实验室组合水生微宇宙,包括构成天然生态系统的三大要素,即生物群落、无生命物质和生态条件。微宇宙运行过程体现了发生在天然水生态系统的主要生态学过程和基本功能,即生物学能量在生态系统内的流动,如藻类的光能自养、生物呼吸以及捕食与被捕食关系等;无机元素等的物质循环;生物学或生态学调控,如光周期等。在微宇宙运行过程中,总呼吸处于相对稳定状态,P/R 比值趋近于 1。因此,以本法所组建的实验室水生微宇宙经一定时间演替后,其结构和功能可趋于稳定。经统计学分析,不同时间的微宇宙实验过程中的 P、R 和 P/R 比值均无显著性差异。因此,根据我国水生生物区系特征,以本法组建的实验室组合水生微宇宙具有天然水生态系统的基本组成和生态学过程,可望应用于化学物质在种群、群落和生态系统水平上的毒性评价,也适宜于研究化学物质在水生态系统中的分布和归趋,但在物种多样性和环境终点等方面尚待进一步完善和深入研究。

六、注意事项

(1)设计的微宇宙模型生态系统应具有完整的群落结构与功能,反应灵敏且稳定性良好,能够反映出污染物对水生生态系统整体的生态效应和环境效应。

(2)微宇宙应有足够的体积,以免器壁效应(wall effects)影响系统内物质和能量的正常循环和流动。

实验 21 中宇宙生态系统毒性实验

一、目的和要求

中宇宙生态系统毒性实验是模拟池塘、湖泊和河流生态系统,进而研究污染物在生态系统水平上可能产生的生态环境效应。该系统弥补了微宇宙体积小、系统结构简单、稳定性不足和难以长久的不足。进行该实验,可以充分利用学校和科研单位的环境模拟实验室,也可以利用实际存在的小池塘、水泥池等现有设施。因此本实验要求学生掌握中宇宙生态系统的建立方法,了解该系统毒性实验的意义,学会评价环境污染物对生态系统的毒性作用。

二、原理

中宇宙可用来研究生态学过程和群落效应的趋势。中宇宙体积为 $1 \sim 1\,000\ m^3$,是具有生态系统水平的生态学实验研究单元,可以在室内构建,也可经研究水域围栏而成,但必须具备生态系统的基本结构与功能,例如,结构方面需有非生物因素和 $2 \sim 3$ 个营养级的生物,功能方面需有群落代谢、营养物质循环和能量流动过程等。它通过利用自然水域中的水生生物组分或将人工培养的生物或将水生生态系统的基本成分移入系统,进行研究。

三、试剂和材料

受试化合物可以选择重金属、有机污染物、农药等有毒物质。

准备不同的生物种类,例如,藻类、蚤类、底栖生物、细菌、水生高等植物和鱼类等。

中宇宙可以由几个玻璃钢水槽组成,也可以用现有的小型水泥池、小池塘等进行自行设计,建议规格为 $(3 \sim 6\ m) \times 1\ m \times 1\ m$,体积在 $1 \sim 1\,000\ m^3$。

四、内容和操作步骤

在每个水族箱底部铺垫 $5\ cm$ 的干河泥,实验时加入自来水、人工配制的水和营养盐,或者直接加入经过处理的河水。放入 5 种左右的动物或微生物、水生植物、鱼类,$5 \sim 10$ 种藻类;也可以通过预培养自然形成生物种群,如经过 1 个月左右时间的培养,可逐渐长出沉水植物、藻类、浮游动物、底栖动物及微生物群落等,运行稳定后即可进行实验。加入不同浓度的受试化合物,可设 $4 \sim 6$ 个浓度组。受试化合物可每周加入 1 次,也可 2 周加入 1 次,连续 4 次。

终点测试指标,包括捕食动物种群优势种和生物量,藻类丰度、优势种、生物量,光合作用。也可以选择毒性指标如 LC_{50}、EC_{50} 等。

五、结果评价

根据中宇宙生态系统中的测定指标,包含藻类群落数量、水生生物群落结构、群落代谢水平、pH 值、溶解氧、总氮、总磷等来进行评价。不同种类(8 个门)的藻类数量和组成变化可以反映污染物的毒性强弱以及对污染物的敏感程度和耐受程度。生物群落包括藻类、浮游动物、底栖动物和异氧菌的丰度、密度和多样性指数，它们的改变从另一角度反映出不同生物种群对污染物的敏感程度和耐受程度，同时反映出污染物对生态系统结构的影响。pH值和氮磷变化主要与污染物化学性质和毒性有关；溶解氧的变化可以反映群落代谢是否受到抑制和异氧菌是否增加。

六、注意事项

（1）模拟系统可以是开放性流水生态系统，在保持实验用水具备一定流动性的同时，还要保证水中营养物质、有机物含量和受试化合物的稳定性。

（2）由于系统比较复杂且接近自然生态系统，需要考虑的因素较多，因而实验设计要全面。

（3）中宇宙主要用来研究水生生态毒理学过程和生态效应，并不适合做细致的机理分析。

实验 22 小鼠腹腔巨噬细胞吞噬实验

一、目的和要求

研究环境毒物作用下机体免疫状态的变化,不仅是阐明化学毒物对机体的损害的一个重要方面,而且对于了解毒作用机理也有很重要的意义。通过本实验要求了解小鼠腹腔巨噬细胞的吞噬现象的原理,掌握小鼠腹腔巨噬细胞吞噬实验的方法,通过对实验结果的观察和分析,能够熟悉细胞吞噬作用的基本过程,了解细胞吞噬实验的研究意义,并借此评价受试物对机体免疫功能的影响。

二、原理

在单细胞动物中,吞噬是作为摄取营养物质的一种主要方式而出现的。在高等动物中,吞噬是一种非特异性的免疫防护机制。当病原微生物或者其他异物侵入机体的时候,巨噬细胞在趋化因子的作用下,成为游走的巨噬细胞,由于趋化性会向异物处聚集,然后伸出伪足包围异物,并发生内吞作用,形成吞噬泡,将异物内吞入细胞质中,继而,溶酶体和吞噬泡融合,最终将异物消化分解。

巨噬细胞的这种吞噬、消化异物,识别、吞噬和处理抗原,传递免疫信息,调节机体免疫功能的功能,使得它成为机体免疫系统中重要组成成分之一。毒物作用于机体后,可使免疫功能发生变化,因此测定吞噬细胞的功能,可以在一定程度上反映机体的免疫功能。

吞噬作用会受到多种因素的影响,比如加入免疫抑制剂,或者加入降解微丝的药物等。同时,巨噬细胞的吞噬实验也被用做衡量机体免疫功能的一项重要指标。通过观察细胞对鸡红细胞或者是酵母菌的吞噬,计算出吞噬百分数和吞噬指数,可以分析判断机体的免疫水平。

三、试剂和材料

1. 试剂

(1)碱性美兰染液:取 2 g 美兰溶于 100 mL 95% 乙醇中,然后取出 30 mL 加入 100 mL 0.01% KOH 中,混匀。

(2)Alsever 氏细胞保存液:葡萄糖 2.05 g,柠檬酸钠 0.8 g,氯化钠 0.42 g,蒸馏水 100 mL。高压灭菌,冷却后置 4 ℃冰箱。

(3)无水甲醇。

(4)生理盐水。

2. 材料

(1)选择体重 18~22 g、健康成年小鼠,最好采用纯系动物。

(2)1 mL 注射器及针头。

(3)刻度离心管。

(4)载玻片。
(5)染色缸。
(6)显微镜。
(7)计数器。
(8)1%鸡红细胞悬液的制备:从鸡翅下静脉取血,去除纤维蛋白,置于3~4倍量的Alsever氏细胞保存液中,放置于4 ℃冰箱保存,一般可以保存2~4周。实验前将鸡血上层的保存液吸去,并将界面上的白细胞层一并吸出,弃去,取出一部分红细胞做实验,其余则仍加保存液,冰箱贮存。取出的红细胞用生理盐水洗涤三次。第一、二次离心沉淀1 000 r/min,3 min,第三次2 000 r/min,5 min。然后根据获得的红细胞的体积加入适量的生理盐水,调至鸡红细胞质量分数为1%,然后计数,调整细胞浓度为$1×10^8$ mL。

6%可溶性淀粉肉汤:可溶性淀粉6 g,牛肉膏0.5 g,蛋白胨0.1 g,NaCl 0.5 g,加水100 mL,混匀后加热溶化至淀粉水解,高压灭菌,冷却后置4 ℃冰箱。

(9)受试物。
(10)阳性对照物环磷酰胺。

四、内容和操作步骤

染毒按随机方法将动物分为正常组、实验组和阳性对照组。并按实验设计的宽量要求将受试物给予各组动物。给药次数、时间及途径根据实验目的和受试物而定。动物处死前3天,每只小鼠腹腔内注射6%淀粉肉汤1 mL。目的是激活小鼠腹腔巨噬细胞,这种激活作用表现在两个方面:一是使腹腔巨噬细胞的数量增加,二是使腹腔巨噬细胞中的酶活性增强。最后一次注射略有不同,是在实验前1 h向腹腔注射1%的鸡红细胞,一只小鼠1 mL。

剂量要求准确,应确保全部注入小鼠腹腔内。注射后轻揉小鼠腹部,使注入的鸡血细胞分散均匀。

之后处死小鼠,引颈或者断头处死小鼠,引颈处死如果处理得不够迅速,会造成内脏的破裂出血。然后剪开小鼠腹腔,首先沿丁字将小鼠腹腔剪开,向前剪到胸骨下缘,注意不要把腹腔的膜剪开,剪开后,再剪开腹腔的膜,开口不要太大,向腹腔内注入1 mL的生理盐水,然后用镊子提着腹壁的两面抖一抖小鼠,使巨噬细胞更多地进入到腹水中,然后,再吸出腹水。

接下来取一张干净的玻片,滴加一滴生理盐水,在生理盐水中加入一滴腹腔液,用滴管混匀,进行涂片,放置10 min,使腹水细胞有充分的时间贴壁,然后倾斜玻片,进行染色。染色分两步进行,首先浓染,将染液直接滴加在载玻片上,覆盖住有材料的地方,染色时间3~5 min,这个过程中要随时观察,避免甲醇挥发使染液干在片子上。第二步,淡染15 min,直接将蒸馏水加入到玻片上,稀释原来的染液,继续染色。染色结束后,自来水或者蒸馏水冲洗玻片,冲洗的时候要轻缓一些,避免将贴壁的细胞冲掉。

最后,是涂片的观察。水洗待干后置于油镜下观察巨噬细胞吞噬鸡红细胞的情况。每只小鼠至少应观察100~200个巨噬细胞。记录其中出现吞噬作用的细胞数和每个巨噬细胞吞噬的鸡红细胞数。

五、结果评价

以下面两个指标来表示吞噬活性:

$$吞噬细胞百分比 = \frac{吞噬鸡红细胞的巨噬细胞数}{观察的巨噬细数胞} \times 100\%$$

$$吞噬指数 = \frac{被吞噬的鸡红细胞总数}{吞噬鸡红细胞的巨噬细胞数} \times 100\%$$

吞噬百分数表明了机体巨噬细胞的活化比例,吞噬指数是计算了被吞噬的鸡红细胞与巨噬细胞的比例,它表明了机体巨噬细胞的活性强弱。

在计算了每只动物的吞噬细胞百分比后,可用卡方检验分析各组之间的差异是否有显著性意义。各组间吞噬指数的差异分析,可用 t 检验或方差分析进行。

六、注意事项

(1) 涂片要薄而均匀。

(2) 若采用引颈处死,则动作一定要迅速,如果处理得不够迅速,会造成内脏的破裂出血。

(3) 染色时,要随时观察,避免甲醇挥发使染液干在片子上。

(4) 染色结束后,用自来水或者蒸馏水冲洗玻片时动作要轻缓,避免将贴壁的细胞冲掉。

实验 23　血清谷丙转氨酶的测定

一、目的和要求

血清谷丙转氨酶（SGPT）测定是目前毒理实验和临床上作为评价肝脏损害最常用的一个指标。谷丙转氨酶,主要存在于各种细胞中,尤以肝细胞为最,整个肝脏内转氨酶含量约为血中含量的 100 倍,正常时,只有少量释放入血中,血清中其酶的活性即可明显升高。在各种病毒性肝炎的急性期,药物中毒性肝细胞坏死时,ALT 大量释放入血中。因此它是诊断病毒性肝炎、中毒性肝炎的重要指标。

临床上最常检查的血清转氨酶有两种:即谷丙转氨酶和谷草转氨酶。肝细胞内谷丙转氨酶的浓度比血清高 1 000~5 000 倍。只要有 1% 的肝细胞坏死,酶活性就会增高 1 倍,因此转氨酶（尤其是 ALT）是急性肝细胞损害的敏感标志。比较谷丙转氨酶和谷草转氨酶,迄今仍以谷丙转氨酶更为敏感,特异性更强,临床上实用价值更大。

本实验要求掌握 SGPT 活性测定方法和测定的基本原理,并借此判断肝细胞受损的程度。

二、原理

血清谷丙转氨酶（SGPT）能催化丙氨酸和 α-酮戊二酸生成谷氨酸和丙酮酸,丙酮酸在酸性条件下与 2,4-二硝基苯肼可缩合生成丙酮酸二硝基苯腙,其在碱性条件下呈现棕红色,酸性环境中呈草黄色,生成的丙酮酸越多,棕红色越深,说明 SGPT 活性越高,也就是肝细胞的损害越严重。在 520 nm 处有最大吸收,根据颜色的深浅,比色定量、计算出丙酮酸的含量,再换算成转氨酶的活性单位。

三、试剂和材料

1. 试剂

（1）0.02% 的 2,4-二硝基苯肼溶液。准确称取 2,4-二硝基苯肼 200 mg,用 1 mol HCl 溶液（可加温助溶）,并稀释至 1 000 mL,贮于棕色瓶内,置冰箱保存。

（2）0.4 mol NaOH 溶液。准确称取 NaOH（分析纯）40 g,用蒸馏水溶解,待冷却后稀释到 1 000 mL。做测定时,取此液 40 mL 用蒸馏水稀释至 100 mL。在同一批测定时,宜用同一批 0.4 mol NaOH。

（3）pH=7.4 及 pH=7.55 的磷酸盐缓冲液。先分别配制 0.1 mol/L 磷酸二氢钾溶液和 0.1 mol/L 磷酸氢二钠溶液。

取 0.1 mol/L 磷酸二氢钾溶液 20.3 mL 及 0.1 mol 磷酸氢二钠溶液 79.7 mL 混合,即配成 pH 值为 7.4 的磷酸盐缓冲液。

取 0.1 mol/L 磷酸二氢钾溶液 15.3 mL 及 0.1 mol 磷酸氢二钠溶液 84.7 mL 混合,即配成 pH 值为 7.65 的磷酸盐缓冲液。

(4)谷丙转氨酶底物液。准确称取 DL-丙氨酸 1.78 g,α-酮戊二酸 29.2 mg,以 pH=7.55 的磷酸盐缓冲液溶解,并稀释成 100 mL。混匀后此底物液的 pH 值为 7.4。加氯仿数滴,置冰箱中可保存 2 周,出现混浊即不能使用。

(5)丙酮酸标准溶液。准确称取丙酮酸钠 22.0 mg 以 pH=7.4 的磷酸盐缓冲液溶解至 100 mL。此溶液临用时配制,不宜存放。

2. 材料

(1)大鼠或小鼠。采用剪尾取血,取玻璃毛细管盛血,取血后立即以火漆封口,只封一端。直立放置,以减少血液沾壁并易于多析出血清。离心时转速不宜太快,以 1 500 r/min,20 min 为宜,离心转速太快易使毛细管断碎。

(2)试管架分光光度计。

(3)100 μL 微量加样器。;

(4)中号试管。

(5)恒温水浴箱。

四、内容和操作步骤

1. 制备转氨酶标准曲线

取干燥清洁试管 6 支编号,设 1 号为空白组。向 6 支管中都加入 0.10 mL 的 pH=7.4 磷酸盐缓冲液,再依次加入 0.5,0.45,…,0.25 的 SGPT 底物溶液,依次加入 0,0.05,…,0.25 mL 丙酮酸标准液,将各管混匀,于 37 ℃ 水浴 10 min。之后向 6 支管中都加入 0.5 mL 2,4-二硝基苯肼溶液,将各管混匀,于 37 ℃ 水浴 20 min。之后都加入 5.0 mL 0.4 mol/L NaOH 溶液,充分摇匀,30 min 后,于 520 nm 处比色。以蒸馏水调节零点,对各管进行比色测定,记录于表 23.1 中。以各管读数减去第 1 管(空白管)读数的差值为纵坐标。各管相应的丙酮酸含量(y mol)为横坐标,绘制标准曲线。

表 23.1 吸光度测定

试剂 \ 管号	1	2	3	4	5	6
相当于丙酮酸/(μmol·mL^{-1})						
相当于酶活力/单位						
A_{520}						
各试管减去空白的 A_{520} 差						

2. 血清样品的活性测定

取干燥清洁的试管 2 支,设为对照管和测定管。先向 2 支管中都加入 0.1 mL 血清,向测定管中加入 0.5 mL SGPT 底物溶液,各管摇匀,于 37 ℃ 水浴 60 min。再向 2 支试管中加入 0.5 mL 2,4-二硝基苯肼溶液,向对照管中加入 0.5 mL SGPT 底物溶液,各管摇匀,于 37 ℃ 水浴 20 min,再向 2 支管中加入 5.0 mL 0.4 mol/L NaOH 溶液,充分摇匀,静置 10 min 后,于 520 nm 处比色。以蒸馏水调节零点,对各管进行比色测定。用测定管光密度减去对照管光密度,用其差值由标准曲线查出其相当的丙酮酸含量(μmol)。

五、结果评价

本方法规定血清在 37 ℃、pH 值为 7.4 的条件下与底物作用 60 min，生成 1 μmol 丙酮酸所需的酶量为 1 个活性单位。结果报告以 100 mL 血清计算。所以

$$谷丙转氨酶活性单位/100 \text{ mL 血清} = 标准曲线中查知丙酮酸(\mu mol) \times \frac{100}{0.1}$$

不同的方法测定的 SGPT 活力各不相同。在毒理实验中，SGPT 活力升高，除要考虑与肝脏损害有关外，还应注意动物肝内隐性感染、寄生虫等因素以及心、肾、脑等组织的损伤这些肝外原因。

六、注意事项

(1) 在测定 SGPT 时，应事先将底物、血清在 37 ℃水浴中保温，然后在血清管中加入底物，准确计时。

(2) 丙酮酸钠吸湿性较强，往往因吸收空气中的水分而增加其重量，故每次称量前应于干燥器中干燥至恒重后，再准确称量，以免影响标准曲线的制备。

(3) 血清标本宜迅速与血块分离，及时测定，如不能立即测定，置于冰箱内，但不能超过 3 天。溶血标本不宜测定，因细胞内酶的活力较高。

(4) 转氨酶只能作用于 α-L-氨基酸，对 D-氨基酸无作用。实验室多用 α-DL-氨基酸（较 L-氨基酸价廉），若用 L-氨基酸，则用量减半。

(5) 血清样品的测定需在显色后 30 min 内完成。

(6) 标准曲线上数值在 20~500 U 是准确可靠的，超过 500 U 时，需将样品稀释。

(7) 操作时应准确掌握作用时间、温度、pH 值、试剂浓度以及试剂加入量，以免影响测定结果。

实验24 动物骨髓细胞染色体畸变分析

一、目的和要求

学习动物骨髓细胞染色体标本制作方法,熟悉动物体内染毒及染色体畸变类型,了解染色体畸变分析的作用和意义。

二、原理

染色体畸变分析是一种检测外来化合物遗传毒性的方法。染色体畸变的产生与微核的形成原理相同,观察终点不同,染色体畸变只能在细胞分裂的中期相进行观察和分析。为收集足够的中期相细胞,在收获细胞前,用秋水仙碱或乙酰甲基秋水仙碱处理,以阻断微管蛋白的聚合,抑制细胞分裂时纺锤体的形成,使分裂间期和前期的细胞停留在中期,借此增加处于中期分裂相的细胞数,为染色体分析提供尽可能多的样本。预处理对已处于中期及后期的细胞无影响。取样后,要进行低渗处理,使细胞膨胀,染色体均匀散开,然后固定、染色,在显微镜下(油镜)进行观察分析。

三、试剂和材料

1. 试剂

Giemsa 储备液及应用液:取 Giemsa 染料 1 g 置于研钵内,边加甘油边混合研细,总计倾入 66 mL 甘油,将混合液转移至烧杯内,盖上玻璃表面皿,置 60 ℃水浴 2 h,取出,待冷却后加入甲醇 60 mL。混合静置 2 周后,过滤于棕色瓶内,存放阴凉处。该储备液存放的时间越长,染色效果越好。临用时用 pH 值为 6.8 的磷酸盐缓冲溶液配制成 10% 的应用液。

固定液:甲醇 3 份、冰醋酸 1 份混匀,临用时配制;

环磷酰胺溶液:40 mg/mL;

秋水仙碱液:400 mg/L;

KCl 低渗液:0.075 mol/L;

pH 值为 6.8 的磷酸盐缓冲液:第一液,取磷酸氢二钠 9.479 溶于蒸馏水 1 000 mL 中,配成 1/15 mol/L 溶液;第二液,取磷酸二氢钾 49.079 溶于蒸馏水 1 000 mL 中,配成 1/15 mol/L 溶液;取第一液 49.5 mL 加于第二液 50.5 mL 中混匀,即为 pH 值为 6.8 的 1/15 mol/L 缓冲液。

2. 材料

常选用 8~15 周龄的小鼠(小鼠染色体数 $2n=40$),每组 10 只,雌雄各半。

水浴箱,注射器,生物显微镜,剪刀,镊子,10 mL 离心管,滴管,载玻片,离心机等。

四、内容和操作步骤

1. 分组

正式实验前一周买回小鼠,随意饮水和进食。称重、标号后随机分为 5 组,分笼饲养,1

组为阳性对照,1 组为阴性对照,另 3 组作 3 个剂量受试物处理。最大剂量可采用 LD_{50} 的 1/8~1/10。一般用最大剂量的 1/3 和 1/10 分别作为中间和低剂量。如果受试物基本无毒导致求不出 LD_{50},则参考人体实际可能接触量选择高剂量。

2. 染毒设计

可分为亚急性染毒和急性染毒,亚急性染毒每 24 h 染毒一次,连续 5 次,而急性染毒只需染毒一次,也可以在两种染毒方案中任选一种,但是通常两种染毒程序都做。只有这样,所得结果更可靠。亚急性染毒和急性染毒的剂量完全相同,除非受试物有明显蓄积毒性或某种禁忌。

3. 取样时间

一次急性染毒后应在不同时间采样,并且最好同时作亚急性染毒,以保证受试物对细胞周期各个时相的影响都能被分析到。在体内,骨髓细胞的正常增殖周期是 20~24 h,因此,急性实验染毒后,分别于 6,24,48 h 分 3 批处死动物取样;亚急性实验在最后一次染毒后 6 h 处死动物,进行取样。

4. 取样

动物处死前 2~3 h,腹腔注射 400 mg/L 秋水仙碱液,其剂量为小鼠 4 mg/kg 体重,大鼠为 1 mg/kg 体重。小鼠用颈椎脱臼法处死动物,大鼠用动静脉放血法处死动物,迅速取出双侧股骨,去肌肉,擦净血污,暴露骨髓腔,置于 5 mL 生理盐水中。用细口吸管轻轻吹打骨髓腔,将骨髓充分洗入生理盐水中,并去除碎骨和纤维组织。以 1 500 r/min 离心 10 min,弃去上清液。

5. 低渗处理

打散沉淀物,加入预温 37 ℃ 的 0.075 mol/L KCl 溶液约 8 mL,37 ℃ 低渗处理 15~20 min,再加入固定液 1~2 mL 混匀,预固定 1 min,立即于 1 000 r/min 离心 10 min。弃去上清液。

6. 固定和染色

加入固定液 4 mL 混匀,使细胞重新悬浮,于 37 ℃ 固定 20~40 min 后,然后 1 000 r/min 离心 10 min,弃去上清液,重新加固定液按同样方法再固定一次,或者于 4 ℃ 固定过夜。1 000 r/min 离心 15 min 后弃大部分上清液,留约 0.5 mL。将细胞悬液滴于冰冻载玻片上,干燥。然后用 10% Giemsa 染液染色 10~20 min,用清水洗净浮色,自然晾干。

7. 阅片

在低倍镜下选择染色体分散良好、互不重叠、长短收缩适中、未破裂的中期分裂象细胞,观察并记录染色体数目异常和结构异常的细胞。染色体数目畸变包括:整倍体畸变(多倍体 $3n$,$4n$ 等)和非整倍体畸变($2n±1$,$2n±2$,$2n±3$ 等),染色体结构畸变包括:染色体型和染色单体型的断裂、缺失、重排、环状染色体、粉碎性染色体等。

五、结果评价

以每只动物为观察单位,每只动物观察 100 个中期分裂象细胞,计算其染色体畸变率和畸变细胞率。

$$畸变细胞率 = \frac{有染色体畸变的细胞数}{所分析染色体对应的细胞总数} \times 100\%$$

$$染色体畸变率 = \frac{染色体畸变总数}{所分析染色体的总数} \times 100\%$$

将各处理组的畸变细胞率均值与阴性对照组相比较,阴性和阳性对照组的畸变率应与所用动物的物种及有关资料相符。结果报告以动物为实验单位,应报告各组畸变细胞率均数和标准差。实验结果可用适当统计方法分析,以 t 检验(单侧)测定其差异的显著性。当差异有显著性且有剂量-反应关系时,则可判断受试物对该种动物的骨髓细胞有诱变作用。

六、注意事项

(1)低渗是本实验的关键。控制好低渗时间,做出分散良好的染色体标本,关系到实验结果的准确性。

(2)分析过程中进行细胞选择时应遵循以下原则:先在低倍镜下寻找并选取分散良好、细胞完整、染色体收缩适中的中期分裂相细胞进行分析;转到油镜下后,应排除处于细胞分裂后期的早期细胞,处于这个时期的细胞其姊妹染色单体已完全分开。

(3)应分别记录观察到的染色体结构异常和数目畸变。裂隙应单独记录和统计处理。

实验25 鼠伤寒沙门菌营养缺陷型回复突变实验

一、目的和要求

鼠伤寒沙门菌营养缺陷型回复突变实验(Ames 实验)是体外实验,遗传学终点是基因突变,用于检测受试物能否引起鼠伤寒沙门菌基因组碱基置换型或移码型突变。通过本实验,要求了解鼠伤寒沙门菌营养缺陷型回复突变实验的原理,掌握试点试法和平板掺入法。

二、原理

鼠伤寒沙门菌突变型菌株为组氨酸缺陷型,在含组氨酸培养液上则可正常生长,在无组氨酸培养液上不能生长。致突变物可使沙门菌突变型回复突变为野生型(表现型),因而在无组氨酸培养液上也能生长。故可根据在无组氨酸培养液上实验菌株能否形成菌落以及形成菌落的多少,确定受试物是否具有致突变性及致突变性的强弱。对于间接致突变物,可用多氯联苯(PCB)诱导的大鼠肝匀浆制备 S9 混合液作为代谢活化系统活化后,再进行回复突变检测。因此,本实验可用于检测受试物能否引起鼠伤寒沙门菌基因组碱基置换型或移码型突变。

三、试剂、材料和仪器

1. 鉴定菌株基因型用试剂

(1)0.1% 甲紫溶液:称取甲紫 10 mg,溶于 10 mL 灭菌蒸馏水。

(2)0.8% 氨苄青霉素溶液:称取氨苄青霉素 40 mg,用 0.02 mol/L 氢氧化钠溶液 5 mL 溶解,保存于 4 ℃冰箱。

(3)0.8% 四环素溶液:称取 40 mg 四环素,用 0.02 mol/L 盐酸 5 mL 溶解,保存于 4 ℃冰箱。

(4)0.1 mol/L 组氨酸-0.02 mol/L D-生物素溶液:称取盐酸组氨酸(MW191.17)191.17 mg、D-生物素 12.2 mg,溶于 10 mL 蒸馏水,0.103 MPa 20 min 灭菌,保存于 4 ℃冰箱。

2. 培养液制备

(1)顶层培养液。

①顶层琼脂:琼脂粉 3.0 g、氯化钠 2.5 g,加蒸馏水至 500 mL。

② 0.5 mmol/L 组氨酸-生物素溶液(诱变实验用):D-生物素(分子量 244)30.5 mg、L-组氨酸(相对分子质量 155)17.4 mg,加蒸馏水至 250 mL。

(2)底层培养液。

①磷酸盐贮备液(V-B 盐贮备液):磷酸氢二钾($K_2HPO_4 \cdot 3H_2O$)50.0 g、硫酸镁($MgSO_4 \cdot 7H_2O$)1.0 g、磷酸氢铵钠($NaNH_4HPO_4$)17.5 g、柠檬酸($C_6H_8O_7 \cdot H_2O$)10.0 g,加

蒸馏水至100 mL,于0.103 MPa灭菌20 min,待其他试剂完全溶解后,再将硫酸镁缓慢放入其中继续溶解,否则易析出沉淀。

②40%葡萄糖溶液:称取葡萄糖40.0 g,加蒸馏水至100 mL,于0.055 MPa灭菌20 min。

③底层培养液(1.5%琼脂培养液):琼脂粉6.0 g,加蒸馏水至400 mL,融化后在0.103 MPa下灭菌20 min。趁热(即温度在80 ℃左右)在灭菌琼脂培养液中(400 mL)依次无菌操作加入8 mL磷酸盐贮备液、20 mL 40%葡萄糖溶液,充分混匀,待凉至60 ℃左右时倒入平皿,每皿(内径90 mm)25 mL,在37 ℃的环境中培养过夜,以除去水分及检查有无污染。

(3)营养肉汤培养液。称取氯化钠2.5 g,磷酸氢二钾($K_2HPO_4·3H_2O$)1.3 g,牛肉膏2.5 g,胰胨(或混合蛋白胨)5.0 g,加蒸馏水至500 mL。加热溶解,调pH值至7.4,分装后于0.103 MPa灭菌20 min,之后放置在4 ℃的环境中保存备用。

(4)营养肉汤琼脂培养液。用作基因型鉴定。琼脂粉1.5 g,营养肉汤培养液100 mL,加热融化后调pH值为7.4,0.103 MPa 20 min灭菌。

3. 材料和仪器

培养液成分或试剂除说明外,应是分析纯,无诱变性。避免重复高温处理,选择适当保存温度和期限。

低温高速离心机,低温冰箱(−80 ℃)或液氮罐,洁净工作台,恒温培养箱,恒温水浴箱,蒸气压力锅,匀浆器等实验室常用设备。

四、内容和操作步骤

1. 诱导和制备大鼠肝S-9

选健康雄性成年SD或Wistar大白鼠,体重150 g左右,周龄5~6。将国产PCB-五氯或多氯联苯混合物溶于玉米油中,剂量为200 mg/kg,一次腹腔注射。5天后将动物断头处死,取出肝脏,称重。之后用预冷的0.15 mol/L的KCl溶液冲洗肝脏数次,以去除血液。每克肝(湿重)加3 mL预冷的0.15 mol/L的KCl溶液,连同烧杯一起移入冰浴中,用消毒剪刀剪碎肝脏,用匀浆器制备肝匀浆。

将制成的肝匀浆在0~4 ℃的低温高速离心机上,以9 000 g离心10 min。吸出上清液即为S-9组分,分装。用液氮或在−80 ℃的环境低温保存。应当对S-9进行蛋白含量测定(Lowry法)、无菌检查及间接致突变物检测,鉴定其生物活性合格与否。

2. 配制S-9混合液

(1) 0.2 mol/L pH=7.4磷酸盐缓冲液:每500 mL由以下成分组成,440 mL磷酸氢二钠(Na_2HPO_4 14.2 g/500 mL)、60 mL磷酸二氢钠($NaH_2PO_3·H_2O$ 13.8 g/500 mL),调pH值至7.4,在0.103 MPa下灭菌或滤菌20 min。

(2) 0.4 mol/L $MgCl_2$−1.65 mol/L KCl:取称8.1 g $MgCl_2·6H_2O$和12.3 g KCl,加蒸馏水稀释至100 mL,在0.103 MPa下灭菌或滤菌20 min。

(3)配制10% S-9混合液:每10 mL由以下成分组成,灭菌蒸馏水3.0 mL,磷酸盐缓冲液(0.2 mol/L,pH值为7.4) 5.0 mL,1.65 mol/L氯化钾−0.4 mol/L氯化镁溶液0.2 mL,0.8 mL的葡萄糖−6−磷酸溶液(0.05 mol/L),1 mL的辅酶Ⅱ液(0.05 mol/L),1.0 mL肝S-9

液,混匀,置冰浴待用。

3. 增菌培养

实验菌株采用4株鼠伤寒沙门突变型菌株TA97、TA98、TA100和TA102。TA97、TA98可检测移码型突变,TA100可检测碱基置换型突变,TA102除可检出移码型突变和碱基置换型突变外,尚可检测出DNA交联。取灭菌的25 mL三角烧瓶,加入营养肉汤10 mL,从实验菌株母板上刮取少量细菌,接种至肉汤中,37 ℃振荡培养10 h,存活细菌密度可达$(1\sim2)\times10^9$ 个/mL。

4. 菌株鉴定和保存

4种标准实验菌株必须进行基因型鉴定、自发回变数鉴定及对鉴别性致突变物的反应鉴定(具体见附录),合格后才能用于致突变实验。鉴定合格的菌种应加入DMSO作为冷冻保护剂,保存在-80 ℃或液氮(-196 ℃),或者真空冷冻干燥制成干粉,于4 ℃保存。

5. 实验设计

受试物最低剂量为每皿0.1 μg,最高剂量为5 mg,或选用对细菌产生最小毒性剂量或出现沉淀的剂量。一般选用4~5个剂量,进行剂量-反应关系研究,每个剂量应做2或3个平行皿。溶剂可选用水、DMSO(每皿不超过0.4 mL)或其他溶剂。每次实验应有同时进行的阳性对照和阴性(溶剂)对照。实验应重复一次。

6. 实验方法

有平板掺入法和点试法。一般先用点试法作预实验,以了解受试物对沙门菌的毒性和可能的致突变性,平板掺入法是标准实验方法。

(1)点试法。在底层培养平皿上写上记号,取4 mL已融化并在45 ℃水浴中保温的顶层培养液,加入0.05~0.2 mL测试菌液,需活化时加0.5 mL 10% S-9混合液,迅速混匀,倒在底层培养液上,转动平皿使顶层培养液均匀分布在底层上,平放固化。取直径6 mm的无菌滤纸圆片,小心放在已固化的顶层培养液的适当位置上,用移液器取适量受试物,点在纸片上,在37 ℃培养48 h,然后观察,记录结果。

(2)平板掺入法。底层培养基平皿若干个,融化顶层培养基分装于无菌小试管,每管2 mL在45 ℃水浴中保温。在保温的顶层培养基中依次加入测试菌株新鲜增菌液0.1 mL混匀;加受试物0.05~0.2 mL(需活化时加10% S-9混合液0.5 mL),再混匀,迅速倾入底层培养基上,转动平皿使顶层培养基均匀分布在底层上,平放固化,在37 ℃下培养48 h,之后观察结果。另做一阳性对照和空白对照,不加测试物只加标准诱变剂或溶剂,其他方法同上。

(3)预培养平板掺入法。可根据情况确定,是否进行培养。在加入顶层琼脂前,先进行以下预培养步骤:在实验中,将受试物(需活化时加入10% S-9混合液)和菌液,在37 ℃中培养20 min,或在30 ℃中培养30 min,然后再加2 mL顶层琼脂,其他同上述平板掺入法。

五、结果评价

(1)点试法的判定:如在受试物点样纸片周围长出较多密集的回变菌落与空白对照相比有明显区别者,可初步判定该受试物为阳性,但应该用掺入法实验来确证。

(2)掺入法的结果判定:以直接计数培养基上长出回变菌落数的多少而定,如在背景生长良好条件下,受试回变菌落数增加一倍以上,即回变菌落数等于或大于2乘以空白对照数,并有剂量-反应关系或至少某一测试点有可重复的并有统计学意义的阳性反应,即可认为该受试物为诱变阳性。

(3)出报告时,阳性结果至少应做三次测试,阴性结果至少进行两次测试,才能对受试物做出判定。如果受试物对 4 种菌株(加和不加 S-9)平皿掺入实验均得到阴性结果,可认为此受试物对鼠伤寒沙门菌无致突变性。如受试物对一种或多种菌株(加或不加 S-9)平皿掺入实验为阳性结果,即认为此受试物是鼠伤寒沙门菌的致突变物。受试物的诱变性要用平预掺入实验来确证。报告中应注明实验条件和附上全部结果资料,对结果有疑义者需经统计分析,同一样品必须包括活化和非活化的结果,剂量单位为每平板微克,特殊情形除外。

六、注意事项

(1)所用沙门菌实验菌株毒性较低,具有 R 因子的菌株危害更小,但要防止沙门菌污染动物饲养室。

(2)实验者必须注意个人防护,尽量减少接触污染的机会。

(3)受试致癌物与致突变物废弃物处理,原则上按放射性核素废弃物处理方法进行。

(4)应有专门的实验室,应有良好的通风设备。

实验 26　哺乳动物长期致癌实验

一、目的与原理

本实验又称哺乳动物终生实验,是目前检测哺乳动物致癌物的标准实验。

二、实验设计

1. 受试化学物的有关资料

在长期致癌实验开始之前,研究者应当搜集受试物质现有的各种资料。包括受试物的商品名和其他名称,化学结构式、分子式和相对分子质量,物理、化学性质,人类每日可能接触水平,受试物进入体内的吸收、分布、代谢、排泄、蓄积等相关生物化学资料,以及体外短期检测实验和该受试物与肿瘤相关的流行病学等资料。

2. 实验动物

一般常用两种啮齿类动物:大鼠和小鼠。不同品系易感性有时可有明显差别。动物年龄一般选用刚断乳动物,雌雄各半。

(1) 剂量与分组。一般设计 3 个剂量组。高剂量最好采用最大耐受量,即不会致死,也不引起可能缩短寿命的毒性表现和病理改变或与对照组相比体重下降不大于 10% 的剂量。低剂量最好高于人类实际可能接触剂量。必须设立阴性对照组。在啮齿类动物致癌性实验,每组雌、雄动物各 50 只,对照组也应两种性别各 50 只。

(2) 染毒途径。染毒途径尽量选择类似或接近于人类接触受试物的方式。

(3) 染毒时间和实验周期。为了使实验动物接触可以致癌物的期限足够长,通常这种实验从动物断乳后不久开始。

实验期限大鼠为 2 年(104 周),小鼠和地鼠为 1.5 年(96 周)。在整个实验期,动物一般应持续给受试物,也可给受试物大鼠一年半、小鼠一年后停止,然后再观察半年。

如果对照组或低剂量组动物死亡率达 75%,各组存活动物可处死,并终止全部实验。不管动物死亡率如何,大鼠实验不能持续 130 周以上,小鼠不能持续 120 周以上,地鼠不能持续 100 周以上。如果对照组或低剂量组大鼠在不足 104 周,小鼠不足 96 周,地鼠不足 80 周时动物死亡率超过 50%,可视为实验失败。

3. 观察内容与检查项目

(1) 体重变化:在动物处于实验阶段的最初 3 个月,每周称一次体重,以后每 2 周称一次。

每天观察食物消耗情况,最好记录每周食物消耗量。

(2) 检查动物:每天上午、下午各检查一次动物,以便及时了解动物死亡与患病情况。为防止动物间相互残杀或咬伤,以及为了隔离,应将患病动物单笼喂养。如果需要的话,可用药物治疗,但任何治疗必须做记录,应避免使用长效药物,防止对受试物的作用产生干扰。应仔细检查和记录异常组织肿块的产生、肿块部位、大小及其生长情况,也应注意毒性体征。

如果数只动物在一个笼中喂养,发现动物死亡,应及时解剖,否则易被其他动物吃掉,造成标本损失。

(3)实验室检查:致癌实验的主要目的是确定化学物致癌性,不像在毒性研究中各种毒性作用都要观察,因此,除了常规的血液学检查,不做其他方面检查。如与慢性毒性实验结合进行,可参照慢性毒性实验要求。

(4)尸检:死亡或濒死动物都进行解剖。实验终止时将存活动物全部处死进行剖检。剖检时应称量某些实质性脏器的重量,如肺、肝、肾、心、脾、睾丸、脑等。

保留标本做组织学检查,发现组织或器官异常时作显微镜检查,通常应检查下列组织:颌下淋巴结、唾腺、乳腺、胸骨、股骨、脊椎骨、胸腺、甲状腺、甲状旁腺、气管、大支气管、肺、心、食管、胃、小肠、结肠、肝、胆囊、胰腺、脾、肾上腺、肾、膀胱、前列腺、睾丸、子宫、卵巢、(脑)垂体、眼球(大体检查是否发现异常)和脊椎(有无神经体征)等。

4. 结果分析与评价

发现第一例肿瘤时存活的动物数确定为有效动物数,各种分析指标都以该动物数作为基数计算。主要评价指标为:

(1)肿瘤发生率。肿瘤发生率是本实验最重要的指标,指实验结束时患癌的动物占有效动物数的百分比,用%表示。要求计算肿瘤总发生率、恶性肿瘤总发生率、各气管或组织肿瘤发生率和恶性肿瘤发生率,以及各种类型肿瘤发生率。

(2)多发性。多发性是化学物质致癌的特征之一,系指一个动物出现多个肿瘤或一个气管出现多个肿瘤。一般计算每一组平均肿瘤数。

(3)潜伏期。潜伏期指从动物接触致癌物开始,到出现第一个肿瘤的天数。致癌物剂量越大潜伏期越短。可以用各组第一个肿瘤出现的时间作为改组潜伏期。这种办法只适用于能在体表观察的肿瘤,如皮肤肿瘤或乳腺肿瘤。内脏肿瘤则需分批剖杀计算平均潜伏期。

对阳性结果的评定应当谨慎。分析指标时应注意有无剂量-反应关系,并与对照组之间进行显著性检验。当出现剂量-反应关系,并与对照组存在显著性差异时判为阳性结果。当染毒组出现对照组没有的肿瘤的类型时也应判为阳性,但应有历史对照资料。

实验 27　以杆状病毒为载体的真核基因表达

一、内容提要

实验以核型多角体病毒为载体,以绿色荧光蛋白为外源真核基因,介绍了如何以杆状病毒为载体在真核培养细胞中表达真核基因。

二、原因

在原核宿主细胞中表达真核基因因成本低廉,操作简单易行,而且技术普及已成为一条行之有效的途径。但是,许多原核生物表达的真核蛋白因为折叠错误、折叠效率低下或者因为翻译后加工(如二硫键形成、糖基化、磷酸化等过程)无法在原核细胞中进行,导致表达产物生物学活性较低,尤其当表达具有生物活性的膜蛋白或分泌蛋白时问题更为严重。运用病毒作为载体,在真核生物活体或培养细胞中表达真核基因,就可以解决上述问题。昆虫核型多角体病毒就是这样一类可用于高效表达真核基因的病毒载体。

核型多角体病毒(nuclear polyhedrosis virus)属于杆状病毒科,是许多昆虫的病原体。该病毒基因组为双链环状 DNA,约 130 kb。由基因组编码的多角体蛋白在病毒感染的后期大量表达形成晶体,将病毒粒子包埋于其中,对病毒粒子起保护作用。BacPAK 杆状病毒表达载体系统是一套专门用于高效表达重组蛋白的表达系统,它利用 Autographa cali. fomica 核型多角体病毒(AeNPV)在培养的昆虫细胞中表达目的蛋白。该系统使用特殊设计使 BacPAK5 病毒 DNA 和转移载体进行重组。BacPAK 病毒 DNA 多角体基因边开放阅读框架 ORF1629 是病毒复制所必需的,内切酶 Bsu36 I 在该序列内部有识别位点。用 Bsu36 I 消化病毒 DNA 释放出一个带有一小部分该序列的片段,使剩余的病毒大片段不能形成有活性的病毒颗粒,也因而不能存活和形成病毒斑,但是,如果将该大片段和带有目的基因的转移载体进行重组(转移载体目的基因两端含有和病毒兼容的重组序列)则可以产生能够存活并进行复制的重组病毒。由于这种致死性缺失,用 Bsu36 I 对 BacPAK 病毒 DNA 消化,即是对重组病毒进行了一次筛选。另外,BaePAK 还带有 I8cz 基因。当 X-gal 存在时,野生型病毒能够利用它并形成蓝斑,而重组病毒由于 lacZ 基因被破坏不能利用 X-gal,因而形成白斑。本实验以杆状病毒 BacPAK6 为载体表达绿色荧光蛋白 GFP。

三、主要仪器、材料和试剂

1. 仪器和材料

冷冻离心机,恒温水浴,电泳系统,细胞培养瓶,细胞培养箱所用的病毒为杆状病毒 Autographa califomica,核型多角体病毒(AcMNPV)载体可从 Clonetech 公司购买;Sl9 细胞为传代细胞系,质粒为 pVLl293. GFP 质粒(图 27.1 和图 27.2)。

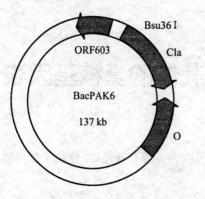
图 27.1 BacPAK6 的物理图谱

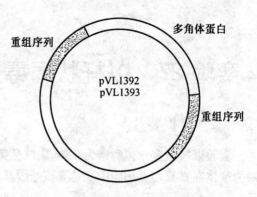
图 27.2 pVL1392 或 pVL1393 的物理图谱

2. 试剂

（1）溶液Ⅰ:葡萄糖 50 mmol/L,Tris-HCl(pH 8.0)25 mmol/L,EDTA(pH 8.0)10 mmol/L。
（2）溶液Ⅱ:NaOH 0.2 mol/L,SDS 1%。
（3）溶液Ⅲ:KAC(5 mol/L)60 mL,冰醋酸 11.5 mL,ddH2O 28.5 mL。

四、操作步骤

1. 中间载体的构建

首先将克隆有 GFP 的质粒 pBS-GFP 用 HincⅡ EcoR I 酶切,用低熔点琼脂糖回收。载体 pVL1393 用 SmaI 和 EcoR I 酶切,回收。将两者连接,如图 27.3 所示。

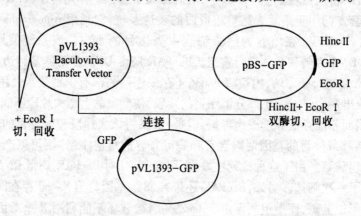

图 27.3 转染昆虫中间载体 pVL1393-GPF 的构建

用碱法大量抽提 pVL1393-GFP 质粒。接含 pVL1393-GFP 质粒的菌种于 50 mL LB 中培养过夜,4 ℃,5 000 r/min 离心 4 min 收获菌体。加入 6 mL 溶液Ⅰ悬浮菌体,然后加入 9 mL 溶液Ⅱ混匀,室温放置 5 min 后,再加入 9 mL 溶液Ⅲ,混匀;冰上放置 10 min;4 ℃, 12 000 r/min 离心 10 min;取上清液。加等体积异丙醇沉淀 10 min,室温,12 000 r/min 离心 10 min,沉淀用 70% 乙醇漂洗,抽干;再溶于 2 mL TE,并加入 2 mL 冰预冷的 5 mol/L LiCl 溶液,4 ℃,12 000 r/min 离心 10 min,沉淀用 70% 乙醇漂洗,抽干;再溶于 0.5 mL TE,RNAase 37 ℃ 降解 RNA 30 min,用酚、酚/氯仿(1:1)、氯仿各抽提一遍,无水乙醇沉淀,70% 乙醇漂洗,抽干;再溶于适量 TE 中。按 Sambrook 的方法用离心柱层析(Spin Column)纯化质粒

pVL1393-GFP。

pVL1393/Sma I +EcoR I	3.0 μL
GFP/Hinc II +EcoR I	3.0 μL
连接酶缓冲液	2.0 μL
ddH$_2$O	11.0 μL
连接酶	1.0 μL
	20.0 μL

2. 中间载体和病毒的重组及转染 S19 细胞

(1) 在一个 35 mm 细胞培养瓶里,接种 $1\times10^5 \sim 2\times10^5$ 细胞于含血清培养基里,置于 37 ℃ CO_2 培养箱中培养至转化率达到 40%~60%(有关动物细胞培养的操作请参照细胞生物学实验指导)。

(2) 在 12 cm ×75 mm 离心管中,预备下列溶液:

溶液 A:对每个转染而言,用无血清培养基稀释 1~10 μg DNA 至终体积 100 μL;

溶液 B:对每个转染而言,用无血清培养基稀释 2~50 μL 脂质体至终体积 100 μL。

(3) 把两种溶液轻轻地混合,在室温下培养 10~15 min。

(4) 当 LIPROFECTIN Reagent-DNA 复合体形成后,用 2 mL 无血清培养基洗细胞两遍。

(5) 向含有脂质体-DNA 复合体的管中加入 0.8 mL 无血清培养基,轻轻地混合,摇匀后使细胞被全部覆盖。

(6) 置于 37 ℃ CO_2 培养箱中培养 5 h。

(7) 用 2 mL 普通血清培养基替换以前的培养基,置于 37 ℃ CO_2 培养箱中培养 72 h,收获细胞测活。

注意:

①有关细胞学的操作必须注意严格无菌;

②步骤(6)中,细胞培养时间不能太长,否则表达蛋白将被降解;

③若需要提取培养细胞中的 RNA 作 Northern blotting 检测,一般培养 20 h 即可,因为病毒在感染细胞后目的基因将作为功能基因被转录,24 h 后 mRNA 将被大量降解。

3. 表达产物的检测

离心收集培养细胞,用 0.2 mL 缓冲液悬浮细胞,转移至 1 mL 细胞匀浆破碎器中捣碎,加入等体积上样缓冲液,不能煮沸(加热会破坏绿色荧光蛋白),直接在 15% 的 SDS-聚丙烯酰胺凝胶上电泳,待溴酚蓝走至底部时,取下胶板,在 300 nm 以上的长紫外灯下观察,可见到一条明亮的绿色荧光条带。

实验28 致敏实验

一、皮肤致敏实验

1. 实验材料

(1) 动物。选择豚鼠雌雄各半,体重在250~300 g。于给受试物前14 h将豚鼠背部两侧毛脱掉,去毛范围每侧约为3 cm×3 cm。

(2) 受试物。若受试物是膏剂一般不稀释,可直接实验。若受试物为固体粉末,则需用适量水或适宜的赋形剂(如羊毛脂、凡士林、橄榄油等)混匀以保证受试物与皮肤的良好接触。

(3) 阳性致敏物。2,4-二硝基氯代苯制成1%的致敏质量分数和0.1%的激发质量分数。

2. 实验方法

(1) 实验分组 将豚鼠按体重性别随机分成3组,每组10只(雌雄各半)。第一组给受试物,第二组空白对照(给赋形剂),第三组阳性对照(给阳性致敏物)。

(2) 致敏接触 取受试物0.1~0.2 mL(或g)涂在动物左侧脱毛区,用适宜方法固定,持续6 h,第7天和第14天,以同样方法重复一次。空白对照组与阳性对照组方法同上。

(3) 激发接触 与末次给受试物致敏后14天,将受试物0.1~0.2 mL(或g)涂于豚鼠背部右侧脱毛区,6 h后去掉受试物,即刻观察,然后于24,48,72 h再次观察皮肤过敏反应情况,按表28.1评分(空白对照与阳性对照方法均同受试物)。

表28.1 皮肤刺激反应评分标准

皮肤反应	分 值
红斑形成	
无红斑	0
轻度红斑	1
中毒红斑	2
中毒红斑	3
水肿性红斑	4
水肿形成	
无水肿	0
轻度水肿	1
中度水肿	2
重度水肿	3
总积分	7

(4) 结果判断与评价 实验结果按皮肤反应标准评分后,根据实验组与对照组豚鼠皮肤反应的差别,按表28.2判断受试物对皮肤过敏反应性质。

为了反应受试物的致敏强度,可按表28.2的分类判断其致敏率。致敏率的计算是:将出现皮肤红斑或水肿(不论程度轻重)的动物例数除以受试动物总数,即致敏率。

表 28.2　致敏率分类

致敏率/%	反应强度
0~10	弱致敏性
20~30	轻度致敏性
40~60	中度致敏性
70~80	高度致敏性
90~100	极度致敏性

3. 其他致敏方法

(1) 局部封闭涂皮法致敏(见一、皮肤致敏实验)。

(2) 皮内法致敏。第一天在豚鼠背部一侧去毛区内注射被试药物溶液或乳剂 0.05 mL (0.1%),第二天观察反应,第三天开始继续在同侧 3 cm×4 cm 去毛区内按同法给药,剂量增至每次 0.1 mL,给药日隔一日进行,给药部位一次更换,如此给药 9 次。对照组不致敏。激发,末次致敏后 14 天在豚鼠背部另一侧去毛区皮内注射 0.05 mL(0.1%)药物,24 h 后观察反应,必要时在致敏后 28 天再重复进行第二次激发;对照组作同样处理。该法的致敏剂量准确,对中等致敏强度的药物比较合适。

(3) 皮内和涂皮相结合的方法。致敏,第一天在豚鼠颈部(4 cm×6 cm 去毛区的脊柱两侧)从头向尾对称的向皮内注射:

① 0.1 mL 福式完全佐剂(由轻质石蜡油或月桂基硫酸钠分支杆菌 50~100 μL/mL 组成,领用时加 4∶1 羊毛脂或吐温 80 ℃等乳化剂,经高压消毒后,在与等量盐水研磨成乳浊液)。

② 0.1 mL 药物。

③ 0.1 mL 药物与福式完全佐剂等量混合物。第 8 天用 2 cm×4 cm 滤纸涂以适当赋形剂配成的药物斑贴于豚鼠颈部的注射部位,持续封闭固定 48 h 作为第二次致敏,为加强致敏作用,对无皮肤刺激作用的药物,可在第 2 次致敏前后 14~28 天分别用 2 cm×2 cm 滤纸涂以药物及赋形剂,贴于豚鼠肩胛区左右两侧去毛区,持续封闭固定 24 h,激发后 24 h 和 48 h 观察以后,对照组作同样处理。

在这三种致敏方法中,方法(3)对致敏物检测率最高,尤其适用于弱致敏物的筛选。此法已被 Magnusmn 推荐为筛选化合物接触致敏作用的标准方法。

上述实验结果可用动物皮肤反应强度和致敏阳性率表示。皮肤反应强度评分标准见表28.3。

表 28.3　皮肤反应强度评分标准

皮肤反应	分值
未见改变	0
轻度散在红斑	1
中度或融合红斑	2
重度红斑和水肿	3

并以此比较实验组和对照组反应差异的显著性,确定被测试药物是否有致敏作用。致敏阳性率是阳性动物数和实验动物数比值的百分数,根据此百分率可对药物致敏强度进行分级。

二、注射给药过敏性实验

1. 目的

观察受试药物经注射给药后有无过敏反应。

2. 方法

取豚鼠18只,随机均分成3组。按无菌操作,分为给药组、生理盐水组、阳性致敏组分别隔日腹腔注射受试药物、0.9%氯化钠注射液、1%新鲜鸡蛋清各0.5 mL/只,共3只。首次注射后的第14日和21日,每组分别取3只豚鼠,分别由前肢静脉注射受试药物1.0 mL/只,观察有无抓鼻、竖毛、咳嗽、呼吸困难、痉挛、休克直至死亡等过敏反应出现。

若果两次激发豚鼠均无明显反应,可认为受试物过敏实验合格。如果有反应按照表28.4所述标准判断豚鼠过敏反应级数,如反应级数超过2级(包括2级)时,可认为受试物过敏反应不合格。

表28.4 豚鼠过敏反应级数判断标准

反应级数	反应症状
0	无明显反应
1	只有轻微抓鼻、颤抖或竖毛
2	有几次咳嗽,有抓鼻、颤抖或竖毛
3	痉挛、抽搐、大小便失禁、休克死亡

实验29 哺乳动物致畸实验

一、目的与要求

致畸实验是检测受试物是否具有致畸性作用的一种方法,因而常常是受试物毒理学评价程序中不可缺少的重要内容。通过本实验要求掌握利用哺乳动物进行致畸实验的方法,初步掌握如何对胎仔进行检查,并能对实验结果进行初步分析评定。

二、原理

人和动物在胚胎的发育和器官分化形成期,接触了某种具有致畸作用的化学物质后,能使细胞的分化和器官的形成受到影响,导致形态结构和机能上的缺陷,使胎儿出现畸形,这段时间称为敏感期。致畸实验就是在怀孕的敏感期给受试物,然后检查胎仔生长发育情况,以及对胎仔外形、骨骼、内脏等进行畸形检查,综合结果得出受试物是否具有致畸性。

三、实验条件

1. 实验器材

手术剪刀,无齿镊,止血钳,灌胃针头,注射器,手持放大镜或解剖显微镜,单面刀片,切标本腊板,扭力天平,玻璃标本瓶(250 mL),滤纸,平皿,透明米尺,手套,酒精棉花。

2. 试剂

(1) 90%乙醇固定液。

(2) 鲍音(Bouin)氏固定液。取苦味酸饱和液75 mL,浓甲醛25 mL和冰醋酸5 mL混合而成。

(3) 茜素红储备液的配制。取冰醋酸5 mL,纯甘油10 mL,1%水合氯醛溶液60 mL混合后,将茜素红S加入混合液至饱和为止。此液可低温长期保存使用。

(4) 茜素红应用液的配制。使用前临时取茜素红储备液1 mL用1% KOH溶液稀释至1 000 mL。

透明Ⅰ:甘油20份,2% KOH溶液3份,蒸馏水77份;

透明Ⅱ:甘油50份,2% KOH溶液5份,蒸馏水47份;

透明Ⅲ:甘油75份,蒸馏水25份。

3. 实验动物

(1) 种系。最好应用两个以上种系的哺乳动物。常用的种系有大鼠、小鼠、兔、地鼠,应首选大鼠。可选用通常使用的实验品系,但应选用受胎率高且对致畸原敏感者。当使用与慢性实验同样种属的动物时,应尽可能使用同一品系的动物。

(2) 年龄。应选用年轻的成年处女动物。

(3) 数量和性别。大鼠、小鼠、地鼠每个剂量组至少应用孕鼠 20 只,兔用 12 只。目的是为了获得足够数量的胎仔,以便对化学品的潜在致畸性进行有意义的评价。

(4) 饲养条件。动物应单个饲养。动物饲养环境要安静,温度(22±3)℃。如为人工照明时,应 12 h 光照,12 h 黑暗。饲料可给予常规的实验室饲料外加麦芽,不限制饮水。

四、实验步骤和方法

1. 雌雄同笼交配

为获得受孕的雌鼠,将选定的动物按雌雄 1:1 或 2:1 比例同笼进行交配,并准确查知其受精日期,为此,每日清晨须检查动物阴道有无精子或阴栓(为白色蜡样物质,外形圆锥形)。将已交配过的母鼠取出,称重,并记录受孕日期(以查见阴栓之日为妊娠第 0 天,次日为第一天计算妊娠日期),此即实验用之孕鼠。

2. 染毒

(1) 染毒剂量与剂量分组。为选择合适的剂量水平,应预先进行小规模的预实验。理论上,最高剂量应该是可对母体引起明显毒性的水平,如使其食量减少、体重减轻等,但母体死亡率不应超过 10%;最低剂量应是对母体或胚胎不引起肉眼可见的毒性效应的水平。中间剂量组应是在高、低剂量组之间,剂量组间距应为几何级数,并能显示微小的毒性差别。

对于低毒化学品,如 1 000 mg/kg 的剂量水平仍为出现胚胎毒性或致畸性时,不必进行其他剂量的实验。如果高剂量水平的预实验出现了肯定的母体毒性,而对胚胎未发生不良影响时,也不必进行其他剂量的研究。

经口投与(灌胃)时,剂量应根据开始投与时孕鼠的体重来确定。鉴于孕鼠妊娠期间体重迅速增长,应定期称重,根据体重变化调整给药量。

(2) 染毒方法。通常采用灌胃的方式经口投与,也可应用其他模拟人接触方式的途径。每天应在相同的时间投与化学物质。

动物阴道发现阴栓或精子之日定为妊娠的第 0 天,染毒时间应在主要器官形成期,大鼠、小鼠为妊娠 6~15 天,地鼠妊娠 4~14 天,兔妊娠 6~18 天,每天给药一次。

3. 动物处死和检查

(1) 受孕动物处死及检查。通常用颈椎脱臼或静脉气栓法于分娩前 1~2 天处死受孕动物。剖腹检查胎鼠并将胎鼠顺次编号,按表 29.1 进行记录。

(2) 胎仔畸形检查。

① 胎仔外观畸形检查。将胎仔逐一进行称重和性别鉴定,并测量其身长、尾长,然后逐一检查有无解剖学的畸形。如露脑、脑膨出、头小、无耳、小耳、开眼、唇裂、短肢、畸形足、并趾、少趾、脊椎裂、脐疝、钩尾、短尾等,并将结果填入表 29.2 中。

检查完毕后,将胎仔总数 1/3~1/2 放入鲍音(Bouin)氏中固定备作内脏检查,余下的 1/2~1/3 放入乙醇溶液中固定 48~71 h,以备制作检查骨骼标本用。

表 29.1　致畸实验受试动物处死检查记录表

动物名称_____
受试物名称_____　　　　纯度_____　　　　溶媒_____
剂量_____（mg/kg 体重）　　给药途径_____
给药日期和连续天数_____

动物编号	1	2	3	4
受孕日期				
处死日期				
受孕后第七天体重/g				
剖腹时体重/g				
总着床数				
活胎数				
死胎数				
吸收胎盘				
黄体数				
子宫重（连胎）/g				

表 29.2　致畸胎实验胎仔外形检查记录表

受试物名称_____　　剂量_____（mg/kg 体重）　　动物编号_____

检查的主要器官		胎仔编号及异常表现					
		1	2	3	4	5	6 ……
胎仔性别							
体重/g							
身长/cm							
尾长/cm							
头部	脑						
	眼						
	耳						
	口唇						
躯干	背						
	胸						
	腹						
四肢	前肢						
	前趾						
	后肢						
	后趾尾部						

②胎仔内脏畸形检查。胎仔经鲍音氏溶液固定 2 周后，取出用水冲掉固定液后，即可用徒手切片法进行检查，具体方法如下：

头部器官的检查系通过以下切面（实验图 29.1①）来进行观察。

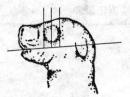 

①头部切面示意图　②第一切面——上鄂　③第二切面——眼球

图 29.1　切片检查

a. 用单面刀片徒手沿口经耳作一水平切面,这一切面将口腔上下腭分开,检查有无腭裂、舌缺失或分叉。

b. 将上述切面切下的颅顶部,沿眼球前垂线作额状切面,这一切面着重检查鼻通道有无畸形,如鼻道扩大、单鼻道等。

c. 沿着眼球正中垂直做第二额状切面,检查眼球有无畸形,如少眼、小眼、无眼。

d. 沿眼球后垂直作第三个额状切面,检查有无脑水肿积水,有无脑室扩大。

脑腔、腹腔和盆腔内脏器官的检查,系沿胸、腹壁中线和肋下缘水平线作"十"字切开胸腹壁暴露胸腔、腹腔及盆腔的内脏器官,然后逐一检查各主要脏器的位置、数目、大小匀称性,然后摘除肝脏、胃肠,观察肾脏,检查有无肾盂积水,最后检查子宫或睾丸,确定胎仔性别。

③胎仔骨骼畸形检查。经乙醇固定的胎仔,按制作透明标本的步骤处理做成骨骼染色标本。着重检查颅骨、胸骨、肋骨、尾骨和肢骨,包括骨缺损、骨化迟缓。肋骨畸形包括:多肋或少肋、分叉肋、融合肋、波状肋。

五、结果评价

将检查结果选取恰当的统计学方法进行处理后,根据各组动物出现的畸胎率(胎窝畸胎率、胎仔畸形率)、胎仔部位和器官畸形率、剂量-反应(效应)的关系以及多次实验结果一致性,并参考着床数、活胎数、死胎数、吸收胎数以及活产胎仔平均体重、身长和尾长等指标进行综合评定。

环境污染物的致畸作用,除与环境污染物本身特性有关外,还与受试动物的选择、给予受试物的时间、剂量和方式等有关。因此,对致畸性危险程度做出正确估计,受着不少条件限制,它们影响对实验动物致畸危险性的评价,若以实验动物致畸性的强弱模拟于人类就更无一定规范。只有用化学物质作致畸原时,为了比较不同化学物的致畸强度,可用致畸指数(teratogenic index)作为数量评价的指标。

Rolen 等人认为一种药物的致畸比率(即致畸指数)如大于 10,该种药物应拒绝使用。浙江医科大学农药毒理研究室提出致畸指数在 10 以下为不致畸,10~100 之间为致畸,100 以上则为强致畸。

六、注意事项

不同品种的动物或同种动物不同品系,对致畸物质的敏感性不同,因此,试图根据一种动物的致畸实验结果对有毒物质的致畸性做出评价常常是不够全面的。同种动物重复实验结果的一致性,以及对两种以上动物的致畸作用,有助于对受试物的致畸作用做出比较可靠的结论。

实验30 大鼠体外全胚胎培养实验

一、原理

20世纪70年代,英国剑桥大学生理学家New提出了着床后大鼠全胚胎实验(whole embryo cuhure,WEC)静式培养法。WEC为体外动态观察胚胎数目生长发育和探索研究外源性化学物的致畸性、发育毒性等提供了一种有效的、特殊的研究手段。1997年到2000年,欧洲替代方法确认中心(ECVAM)对WEC、月胎肢芽细胞微团(MM)实验、胚胎干细胞实验(EST)进行了成功的确认,三个实验现已被欧洲医药工业和化学工业的安全性评价实验室常规使用。

目前认为9.5天龄大鼠胚胎和8.5天龄小鼠胚胎是最适于体外培养的实验并把新建立的方法定为WEC基本实验。尽管在胚胎移植、镜下显微解剖供气和培养过程中的某些细节上有所差异,但在总体实验流程上各实验室并不相同。

在体外动态观察胚胎的正常生长发育和探索研究外源性致畸性、发育毒性及其机制。筛检致畸原,探讨剂量-反应和时间-效应关系。

其原理是:9.5 d龄大鼠胚胎在体外培养48 h后,其生长发育和形体内同龄胚胎生长发育和形态分化之间差异无显著性,为体外动态观察胚胎叫长发育和探索研究外源化学物的致畸性、发育毒性等提供了一种有效的和特殊的研究手段。

二、器材与试剂

1. 仪器

试剂离心机,解剖显微镜,4 ℃冰箱,-20 ℃冰箱,低温冰冷天平,微孔滤器(0.22 pm),恒温水浴箱,干燥箱,高压蒸气消毒锅,超净工作台,钟表镊子(加工磨尖的和未加工的),酒精灯,解剖剪,止血钳,眼科镊,眼科弯镊,普通镊子,普通剪子,长柄镊子,钉子,各种不同规格的离心管,吸管,烧杯,广口瓶,量筒,磨口试剂瓶和青霉素瓶,大饭盒,10~20 mL注射器,12~16号针头和腰穿用的长针头,玻棒,带旋转装置的培养箱,混合供气系统,培养瓶/管(30~50 mL),不同规格的平皿,塞子,脱脂棉,70%乙醇,青霉素,链霉素,乙醚等麻醉剂,三蒸水等。

2. 平衡盐溶液

平衡盐溶液可采用Hanks液或Tyrode液。Hanks液配方(g/L)为:NaCl 8.0 g、KCl 0.4 g、$MgSO_4 \cdot 7H_2O$ 0.2 g、$Na_2HPO_4 \cdot 2H_2O$ 0.06 g、KH_2PO_4 0.06g、$CaCl_2$ 0.14 g、葡萄糖2.0 g、$NaHCO_3$ 0.35 g。首先将$CaCl_2$溶解于100 mL双蒸水中配成甲液。依次将其他各成分逐个溶解于800 mL双蒸水中,溶解时必须等前一种试剂完全溶解之后,再加入下一种试剂,直到所有试剂溶解后摇匀,为乙液。缓慢将甲液加入乙液中,不停地搅动以避免形成沉淀,补加双蒸水至1 000 mL混匀即为Hanks液,分装,常规高压蒸气消毒,4 ℃冰箱贮存备用。使用前,用$NaHCO_3$溶液调pH值至7.2~7.4。用于WEC的Hanks液不加酚红,以避免桃红色Hanks液造成视野不清晰,不利于胚胎外膜的剥离和胚胎移植。

3. 培养液

大鼠即时离心血清(immediately centrifuged Sel31m,ICS)制备,采用与 WDC 同种的健康成年大鼠,用乙醚吸入麻醉 5 min 左右。当大鼠倒下,角膜反射迟钝,四肢紧张性明显降低,胸式呼吸减慢但平稳,对痛觉刺激无感觉时,表示大鼠已进入麻醉状态。也可用巴比妥钠、戊巴比妥钠等腹腔注射麻醉。将已麻醉的大鼠仰卧位固定,用 70% 乙醇消毒腹部皮肤 2~3 次,解剖剪自下而上剪开腹壁做"V"形切口,翻至前胸并用止血钳固定。用钝头镊子拨开腹腔各脏器,小心分离和暴露腹主动脉,右手持 10~20 mL 注射器(12~16 号针头),45°角刺入腹主动脉,沿动脉壁向心方向进针约 1 cm,快速抽血直到大鼠呼吸停止(每只大鼠可抽血 7~13 mL)。去掉针头,贴壁轻柔将血移入离心管中,迅速平衡,在血液凝固前立即离心(3 000~3 500 r/min)至少 5 min。用大镊子轻轻挤压离心后的上层纤维血清凝固体,使其释出血清,然后再离心(3 000 r/min)15 min。用注射器抽吸表层琥珀色血清,用针头滤器过滤,滤速以 1 滴 1 滴流下最佳,获得的血清即为 ICS。加入青霉素和链霉素(终浓度均为 100 IU/mL ICS),分装至无菌青霉素小瓶或 10 mL 离心管中,标注日期,-20 ℃或低温冰箱中保存备用。若在 24 h 内使用,可放在 4 ℃冰箱保存。用前 56 ℃水浴灭活补体 30~40 min,灭活时,将盖打开,使麻醉剂挥发。冷却至室温后,即可用于 WEC。

ICS 作为 WEC 的最佳培养液,由于需处死大量动物,制备麻烦,费用亦相对较高,故成为其常规应用的制约因素之一。

4. 胚胎的获得

(1)孕鼠的获得:WEC 选用健康小鼠。一般情况下,动物房昼/夜时间比例为 10/14 或 12/12。假设液相中点为交配高峰时点,12 h 后的那一时点定为第 0.5 天。雌鼠体重200~250 g;雄鼠>250 g。液相起始点合笼(雌:雄为 1:1~3),次日晨检查交配情况。1:1 合笼时直接检查托盘中阴栓;1:2~3 笼需进行雌鼠阴道分泌物涂片检查精子。查得阴栓或精子日定为妊娠 d0。

(2)胚胎移植:解剖孕 9.5 天龄大鼠移植发育中的活胚胎,应在室温下进行,在小于 10 ℃室温下操作几小时,将会对培养胚胎发育产生不良影响。

颈椎脱位法处死大鼠,仰卧位固定,用 70% 乙醇冲洗消毒腹部。从后腿报剪一大的"V"形切口,其前端靠近胸部,用普通镊子和剪子打开腹壁并向上翻至前胸,用止血钳固定。改用无菌剪刀、镊子,从子宫颈处剪断并从剪断部位轻轻"V"形子宫,在子宫与卵巢连接处剪断,移入无菌大平皿中,用无菌 Harks 液子宫,剔除脂肪和肠系膜,移入另一平皿,加入足够的 Hanks 液清洗子宫。从卵巢端用眼科镊提起子宫,剪一小口,从小口处轻轻插入眼科剪,紧贴子宫壁,向宫内轻柔划开。注意千万不要损伤内部的蜕膜组织。当子宫壁完全被打开后,修剪和拉宫壁。然后用眼科镊压在膨起的蜕膜团之间,再用眼科弯镊轻柔挤压蜕膜基底部上提,分离蜕膜团。重复分离全部蜕膜团,并移入另一平皿中,加入少量 Hank:此时肉眼看,蜕膜团呈"梨"形,其大头是蜕膜基底部分。

随后除去"梨"形的蜕膜组织:右手先用一把钟表镊子刺入蜕膜基底部将其夹开,左手用另一把钟表镊子轻轻从夹开处夹住已分开的一侧蜕膜,右手镊夹住蜕膜的另一侧,轻轻撕开,将蜕膜分成两块,其中一块上带有 9.5 天龄的肠对带有胚胎的那一半蜕膜组织重复操作,使其再一分为二。用钟表镊子的尖部刺有胚胎的蜕膜两端,轻轻撑开,再用另一把钟表镊子的尖背部将胚胎从退膜上推下来,依次分离同窝的所有胚胎。

将所有胚胎移入另一盛有 Hanks 液的培养皿中。在解剖显微镜下进行胚胎分离 Reichert's 分离术。镜下可见胚胎尖部有一小透明区,用一把精心磨过的镊子刺入这一区域并牢牢夹住,然后用另一把钟表镊子夹住对侧的部分 Reic 膜:轻轻撕开至外胎盘圆锥处。有的胚胎 Reichert's 膜在镜下不能被清楚地观察,必须依靠操作者的经验小心地夹住它,在不损伤脏层卵黄囊的前提下,将 Reichert's 膜打开。

当同窝胚胎的 Reichert's 膜全部被打开后,镜下仔细观察,去除受损的、发育过小的胚胎。然后用灭菌吸管将胚胎移入含培养液的培养瓶中。

上述步骤应在 2 h 内完成。

五、操作步骤

1. 染毒方式

根据研究目的,可进行下列体内、外染毒方法:用显微注射法将化学物质直接注射到胚胎特定部位;将化学物质加入培养液,加或不加体外代谢系统(如 S-9 混合物);对大鼠染毒后用其血清作为培养液;孕鼠染毒后取其胚胎在正常的培养液中培养;加入物理性有害因素(如温度)或将有害气体充入培养瓶内空气中。

2. 胚胎培养

在体外培养全胚胎的过程中。必须供应适量氧气,氧气浓度必须随着胎龄的增加而增高,过量和过少的氧气均可造成胚胎生长发育迟缓、畸形和死亡。所有不同浓度的混合气体都必须含 5% CO_2,以维持 pH 值平衡和氮平衡。目前国内外最常用的方法是间断充气旋转培养法:

(1)在 30 mL 或 50 mL 的培养瓶/管内加入 3~5 mL 培养液。

(2)充入含 5% O_2,5% CO_2,90% N_2 的混合气体 30 s,迅速在培养箱中旋转平衡 15~30 min。

(3)取出培养瓶/管,将已分离好的胚胎移入培养瓶/管中,每瓶/管 3~5 只。

(4)立即向培养瓶/管中充入 5% O_2,5% CO_2,90% N_2 的混合气体 2~3 mL,充气流量以气体轻微吹动液面为好,然后用塞子塞紧瓶(管)口。

(5)将培养瓶/管水平塞入旋转器上的相应孔中,然后开动旋转器。转速 35+5 r/min,培养温度 37~37.5 ℃。

(6)旋转培养 14~24 h 后,以及再次旋转培养至第 24 h 后,两次取出含胚胎的培养瓶/管,肉眼或用放大镜观察胚胎的生长发育状况后,分别进行第二次和第三次充气。混合气体的比例是:第二次 20% O_2,5% CO_2,75% N_2;第三次 40% O_2,5% CO_2,55% N_2,然后重复步骤(4)和步骤(5)。

继续旋转培养至第 48~72 h(培养期为 72 h 时,应在 48 h 时补充血清 2~3 mL/胚胎,并充入 40% O_2;在第 54 h 时充入 95% O_2),收获胚胎并进行各生物终点的观察。

5 天龄大鼠胚胎正处于头褶期,起始体节数是 0~3 节,培养 48~72 h 后最终体节数为 26~29 节。

根据选用大、小鼠及其胚胎移植日龄的不同,培养方案有所不同。

六、结果分析与评价

培养结束后,评价胚胎生长发育和器官形态分化的主要终点包括以下几个方面:

（1）反映胚胎生存情况的终点。在解剖显微镜下直接观察胚胎心跳和血液循环。如两者消失，表示胚胎死亡；反之，胚胎存活。

（2）反映胚胎生长发育的终点在解剖显微镜下用目镜测微尺直接测量卵黄囊直径、颅臀长、头长、体节数；测量胚胎蛋白质、核酸含量或胚胎干重。

卵黄囊直径：将收获的胚胎移至盛有 Hanks 液的培养皿中，测量与外胎盘切线相平行的卵黄囊最大直径长度（单位：mm）。

颅臀长和头长：颅臀长指自然状态下的胚胎最大体长（单位：mm）；头长指前脑顶部至中脑背侧部之间的最长距离（单位：mm）。

体节数：与前肢芽中部相垂直的体节定为第 9 体节；与后肢芽中部相垂直的体节定为第 28 体节。

胚胎蛋白质、DNA 或 RNA 含量：因处于器官形成期时的胚胎体重不易测定，故目前国内外均以蛋白质、DNA 或 RNA 含量反映胚胎发育情况，国内还有以胚胎干重作为评价胚胎生长发育的主要检测指标。

胚胎干重测定：生长发育和形态分化检测后的胚胎用 90%～95% 乙醇固定；100% 乙醇脱水、过夜；90 ℃ 烤箱中烘干 40 min 左右。电子天平称重（单位：mg）。

（3）反应胚胎组织器官形态分化的终点。衡量形态分化的评分方法比较系统的有 Brown 定量大鼠胚胎组织器官形态分化评分表。对胚胎的外观选用了 17 项形态指标，主要包括：卵黄囊血管、尿囊、胚胎体位、心脏、前后神经管、后脑、中脑、前脑、听觉系统、视觉系统、嗅觉系统等。然后按各个组织器官形态分化过程为 5 个层次，分别赋予 0～4 份，各组织器官累积得分为总得分。总得分越低，说明胚胎形态发育越不正常，即化学物发育毒性作用程度越高。

（4）胚胎组织器官的病理学观察。体外胚胎的培养在进行活体检查后，经 Brown 液、4% 甲醛液或 4% 中性甲醛液（pH 值 7.0～7.2）固定数小时，脱水、透明、包埋、切片、HE 染色，胞核呈蓝至蓝紫色，胞浆淡红或桃红色。可进行组织病理学观察评价，进一步了解胚胎组织器官和细胞的形态学改变。可引入各种先进的生物标志物来指示胚胎的发育毒性效应。

七、注意事项

WEC 实验要求所有器皿、器械应及时严格清洗消毒，并严格按照无菌操作。

在抽血后，要立即离心。若耽误几分钟就可形成血凝块并逐步释放出血清，此时再离心、制备的血清称为延迟离心血清（DCS）；如实验操作不当发生溶血，再经离心制备的血清称为溶血血清（HS）。DCS 和 HS 不宜作为 WEC 用培养液，因其不利于体外培养胚胎的生长发育，对胚胎有发育毒性。

应按需要分装和抽取冷冻保存的 ICS，以避免反复冻融。因每次都需 56 ℃ 灭活补体，反复灭活补体的 ICS，不利于胚胎生长发育。

胚胎各层外膜剥离和移植是关系体外 WEC 是否成功的重要环节之一。任何不正确的手术操作都可能对胚胎造成潜在的不良反应，而使最终结果评价复杂化。因此，要求操作者尽全力控制各种影响因素，最大限度地减少人为误差，保证最佳的实验效果。

实验31 变态反应检测实验
——皮肤变态反应测定

皮肤变态反应主要检测Ⅳ型变态反应,其经典的检测方法是豚鼠迟发性皮肤变态反应,最常用的实验是 Buehler 实验(buehler assay,BA)、豚鼠最大值实验(guinea pig maximization test,GPMT)和局部淋巴结实验(local lymph node assay,LLNA),这3种方法比较可靠,而且与人皮肤致敏实验有良好相关性,可用来检测局部用药的致敏性,本处主要介绍 LLNA 实验。

局部淋巴结实验

一、目的与原理

采用 LLNA 实验检测受试化学物是否具有Ⅳ型变态反应。基本原理是致敏诱导化学物接触位点淋巴结淋巴细胞增殖。通过比较受试样品实验组与赋形剂对照组增殖的剂量-反应关系来评估增殖状况。测定受试样品实验组与赋形剂对照组的增殖比率即刺激指数(stimulating index,SI),当该指数至少为3时才能作为潜在皮肤致敏物进一步评估。

二、器材与试剂

(1)首选未生育过和未怀孕的成年雌性小鼠(CBA/Ca、CBA/J、BALB/c 或 ICR 品系),8~12周龄。每一剂量组至少需要5只动物(此为 USEPA 方案,OECD 为4只/组),设3个剂量组,1个阳性对照组和1个赋形剂对照组。

(2)阳性物首选的阳性物为己基苯乙烯乙醛或巯基苯并噻唑。

(3)受试物包括液态、固体和颗粒状受试样品。赋形剂应在考虑最大实验浓度及可溶性的基础上选择,使溶液/悬浮液适合于受试样品的使用。推荐的赋形剂按优先顺序为:丙酮/橄榄油(体积比4:1)、二甲基甲酰胺、甲基乙酮、丙二醇和二甲基亚砜。

(4)含有 20 Ci ^{3}H-胸腺嘧啶脱氧核苷的 PBS 或 2pCi5I-碘脱氧尿嘧啶核苷和 10^{-5} mol/L氟脱氧尿嘧啶核苷的 PBS。

(5)5% 三氯醋酸(TCA)。

(6)剪刀、200 μm 的不锈钢滤网、50 mL 烧杯、电子天平等。

(7)β-闪烁计数仪或^{125}I-计数仪。

三、操作步骤

1. 动物实验

第1天:确定并记录每只动物的体重。将 25 μL 受试样品稀释液、赋形剂或阳性对照物涂于相应组别的动物耳背。

第2~3天:重复第一天的操作。

第6天:记录每只动物的体重。将 250 μL 含 20 μCi ^{3}H-胸腺嘧啶脱氧核苷的 PBS 注入所有实验组和对照组小鼠的尾静脉;或注入 250 μL 含 2 μCi(7.4e+4 Bq) ^{125}I-碘脱氧尿嘧啶核苷和 10^{-5} mol/L 弗脱氧尿嘧啶核苷的 PBS。5 h 后处死动物。摘取每个实验组动物一只耳朵的淋巴结并浸泡于 PBS 液中,以每组动物的淋巴结为一个单位浸泡在一起;或摘取每只动物的双侧淋巴结并浸泡于 PBS 液中,以每只动物的淋巴结为一个单位单独浸泡。

2. 细胞悬浮液的准备

淋巴结细胞的单细胞悬液可用 200 μm 的不锈钢滤网进行轻柔机械离解,然后用 PBS 洗涤两次,并用 5% TCA 4 ℃ 沉淀 18 h。沉淀物用 1 mLTCA 重新溶解,转移至闪烁瓶中(内含 1.0 mL 闪烁液)进行 ^{3}H-计数,或转移至 γ 计数管中进行 ^{125}I-计数。

3. 细胞增殖测定

用 β-闪烁计数仪测定 ^{3}H-胸腺嘧啶脱氧核苷,以每分钟衰变数(dpm)计算;或用 ^{125}I-计数仪测定 ^{125}I-碘脱氧尿嘧啶核苷,亦已 dpm 计算。根据方法的不同,单位分别为 dpm/实验组或 dpm/只。

四、结果与分析

以刺激指数(SI)表示结果。若以组为单位,则 SI 为(实验组 dpm/赋形剂对照组 dpm);若以每只动物为单位,则 SI 为(每个受试样品实验组和阳性对照组的平均 dpm/赋形剂对照组的平均 dpm)。赋形剂对照组的平均 SI 值为 1。阳性反应的确定包括 SI 的值大于等于 3,存在剂量-反应关系,具有统计学意义。

若结果为阳性结果,则受试样品可确定为潜在致敏物,不必进行豚鼠皮肤致敏性实验。如果为阴性结果,则需要进行豚鼠皮肤致敏实验,以进一步确定受试样品是否为致敏物。

五、注意事项

(1) 本实验要求在放射实验室进行。
(2) 本实验存在部分假阳性发生。

豚鼠支气管激发实验

一、目的与原理

观察待测化学物是否具有支气管致敏性。基本原理:致敏原进入机体后刺激免疫系统产生致敏的淋巴细胞或抗体,经抗原呼吸道激发,使机体产生变态反应,是临床上作为判断支气管哮喘较为敏感的指标之一。

二、器材与试剂

1. 实验动物

成年健康白色豚鼠,雄性,体重 350~400 g。

2. 器材

电子天平、4 L 密闭玻璃罩、400 mmHg 恒压喷入装置。

3. 阳性致敏物

100 g/L 卵清蛋白及 5% 卵清蛋白,生理盐水配置。

4. 佐剂

44 g/L $Al_2(OH)_3$。

5. 待测化学物

自定。

三、操作步骤

1. 动物分组

按豚鼠体重、性别随机分成 3 组,分别为待测物、赋形剂对照组和阳性对照组(卵清蛋白)。每组 10 只。

2. 致敏

给予豚鼠 100 g/L 卵清蛋白和 44g/L $Al_2(OH)_3$ 的 1∶1 混合物 0.5 mL,腹腔注射。注射后 13~14 天用于激发实验。

3. 激发

将致敏后的豚鼠置于 4 L 密闭玻罩中,用恒压(400 mmHg)喷入 5% 卵清蛋白溶液 30 s,观察豚鼠是否发生呼吸困难、咳嗽甚至休克跌倒等现象。受试物于抗原攻击前(即喷卵清蛋白)给予。

四、结果分析与评价

支气管激发实验反应评级如表 31.1。判断待测物有无支气管致敏性可将待测物组的平均反应级数和对照组(赋形剂和阳性对照组)相比,也可以观察动物发生休克的潜伏期和死亡数进行组间比较。

表 31.1 支气管激发实验反应评级

反应	级别
呼吸困难	1
呼吸困难和咳嗽	2
呼吸困难、咳嗽和休克跌倒	3

五、注意事项

(1)本实验对待测物的反应与人有所不同,如皮质激素对人的哮喘效果较好,但对本实验的作用不显著。而同样存在于对本实验敏感而对人效果较差的药物,如抗组胺药。

(2)致敏方法有多种,具体也可以参考其他文献的方法。

实验32 生殖毒性实验

随着经济社会特别是现代工业的快速发展,人类接触的外源化学物如农药、医药、食品添加剂以及环境中存在的各种污染物日益增多,其中许多物质反复接触后可损伤生殖细胞或胚胎细胞,引起生殖能力下降、不孕不育、胚胎死亡、畸形和遗传疾病等多种严重后果。生殖毒性实验的研究,为评价生殖毒物对亲代和子代生殖和发育的影响提供了有效的检测方法和手段。

一代生殖毒性实验

一、目的与原理

(1)观察受试毒物或药物对生殖全过程的影响。

(2)为研究受试物的生殖毒性作用,亲代(P)雄性动物精子形成期,雌性动物卵泡发育期、交配期、妊娠期和哺乳期直接接触受试物,子代(F_1)在母体子宫内和经哺乳间接接触受试物。雄鼠5~8周龄后给予受试物交配期止,共8~10周,可反映其经血睾屏障后对生殖细胞的毒性作用。雌鼠卵细胞发育过程需4~5天,至少给药3个性周期才能使其作用于整个交配期所排出卵子,因此,性成熟的亲代(P)雌性动物交配前2周开始给予受试物至哺乳期止。

二、器材与试剂

1. 试剂

(1)透明液。透明液A:甘油20 mL,蒸馏水77 mL,2% KOH 3 mL;透明液B:甘油50 mL,蒸馏水47 mL,2% KOH 3 mL;透明液C:甘油75 mL,蒸馏水25 mL。

(2)阿利新蓝乙醇溶液:阿利新蓝100 mL,70%乙醇1 000 mL,冰醋酸50 mL。

(3)茜素红贮备液:冰醋酸5 mL,甘油10 mL,1%水合氯醛60 mL配成混合液,取适量茜素红边加边搅拌,直至饱和为止。

(4)茜素红应用液:取茜素红储备液1 mL加入1% KOH至1 000 mL。

(5)Bouin固定液:苦味酸饱和液75 mL,甲醛20 mL,冰醋酸5 mL。

2. 器材

生物显微镜,解剖显微镜,注射器,放大镜,游标卡尺,玻璃标本瓶,镊子,剪刀,恒温水浴箱,平皿,吸管和棉签等。

3. 染毒方法与染毒途径

染毒方法与染毒途径应与人的实际接触途径相同。雄鼠染毒6~8周时,雌鼠开始染毒,持续2周后,雌雄大鼠按1∶1同笼交配,交配时间为2周,每日晨检查雌鼠阴道中有无精子,主要方法有:阴栓检查法和阴道涂片镜检法。雄鼠染毒至雌鼠受孕成功后处死,性腺组织和器官进行组织病理学检查;部分孕鼠在分娩前一天处死,检查胎鼠形态与结构的异常,其余染毒至子代断乳处死。

4. 观察指标

(1) 一般状态的观察:实验期每天观察受试动物活动、步态、行为及对外界的反应情况等,每周称体重一次,并记录摄食量以及交配行为、受孕率等。

(2) 雄性观察指标:垂体、睾丸、附睾、副性腺、前列腺重量及病理,性激素水平,精子数量及质量(包括形态、运动能力等),性行为,其他(睾丸下降、包皮分离、精子生成、肛门生殖器间距、外生殖器的结构等)。

(3) 雌性观察指标:子宫、卵巢、阴道重量及病理,动情周期,卵巢原始卵泡数量等。

(4) 受孕后观察指标:子宫大小、胚胎植入数目、胎仔数目、活胎数目、死胎数目、畸形发生率等。

(5) 出生后观察指标:亲代雌鼠分娩、哺育、哺乳等情况、子代体重和身长及其生长、发育、出生胎、存活胎、死胎、畸形率、分娩后21天存活率及其功能检测等。

三、结果分析与评价

综合亲代(P)和子代(F_1)各项观察指标,对受试物生殖毒性做出评价,评价指标主要有:

交配指数=(阴道检出精子的雌鼠数/用于交配的雌鼠数)×100%

生育指数=(与雄鼠交配受孕的雌鼠数/与雄鼠同笼的雌鼠数)×100%

妊娠(受孕)指数=(正常分娩雌鼠数/妊娠的雌鼠数)×100%

活产指数=(活产胎仔数/胎仔总数)×100%

性别比=(雄性胎仔数/雌性胎仔数)×100%

4天存活指数(生存力指数)=(哺乳4天存活仔鼠数/活产仔数)×100%

哺乳指数(断乳指数)=(出生21天存活仔鼠数/活产胎仔总数)×100%

四、注意事项

(1) 剂量选择。剂量较大,易导致不孕而无法检查生殖毒性,剂量过小,不能产生相应的生殖毒性,因此,剂量选择最好进行预实验。

(2) 受孕检查。雌鼠阴道检查使用的棉签、吸管、生理盐水均应无菌,以免人为原因导致不孕。

(3) 胎仔检查。解剖母鼠取胎仔以及胎仔内脏、骨髓检查等应细心,避免因人为损伤而影响结果判断;胎仔应全部浸入固定液中,并保持约一周以上的固定时间,染色液不宜着色过深;胎仔骨骼检查应避免遗漏,特别是枕骨、胸骨、肋骨和脊椎骨的变化。

两代(多代)生殖毒性实验

一、目的与原理

(1) 观察受试毒物或药物对亲代(P)生殖全过程和子代(F_1)整个生长、发育及生殖过程的影响。

（2）为研究受试物在整个生命周期中对生殖和发育的毒性作用，亲代（P）雄性动物 5～8 周龄后给予受试物至交配期止，共 8～10 周，亲代（P）雌性动物交配前 2 周开始给予受试物至哺乳期结束。子一代（F_1）动物断乳后给予受试物，雄鼠至交配完成止，雌鼠历经交配期、妊娠期、哺乳期。子二代（F_2）在子一代（F_1）母体子宫内和哺乳期间接接触受试物，两代以上生殖毒性实验方法依此类推。

二、器材与试剂

同一代生殖毒性实验：

（1）动物选择。同一生殖毒性实验。

（2）剂量与分组。同一代生殖毒性实验。子一代（F_2）断乳后染毒剂量与 P 相同，其中雄鼠持续染毒至与雌鼠交配成功。雌鼠染毒至 F_2 断乳为止。

（3）染毒方法。染毒途径应与人的实际接触途径相同。亲代（P）鼠接触受试物方法同一代生殖毒性实验，即雄鼠给予染毒 8～10 周，雌鼠 2 周后进行交配，部分孕鼠分娩前一天处死，检查胎鼠形态与结构的异常，其余染毒至子代断乳处死。子一代（F_1）断奶后开始持续给予受试物，直至性成熟开始交配、受孕和哺乳期，以保证子二代（F_2）通过胎盘和乳汁接触受试物。

（4）观察指标。同一代生殖毒性实验，对 P、F_1 和 F_2 代得各项指标分别进行观察与计算。

三、结果分析与评价

两代生殖毒性实验子代（F_2）从母体子宫直至出生后生长、发育和生殖期连续染毒，符合人类生活中长期低剂量接触有害物质的特点，弥补了一代生殖毒性实验未能观察受试物对子代生殖与发育影响的不足，可用于监测对生殖系统具有间接或直接毒性作用的物质。

四、注意事项

（1）分析不育的原因。当动物染毒后出现不育时，应进行交叉交配，即未染毒雄鼠与染毒雌鼠交配，反之亦然，以明确不育动物性别，并进行相应的组织病理学检查、激素测定等，确立毒效应种类。

（2）影响子代发育的因素。仔鼠出生后其存活率以及生长、发育受母鼠饲养情况、宫内开始的效应、乳汁的分泌量及其是否含有毒物等多种因素的影响，如出现死亡，死鼠应进行组织病理学检查；出现体重降低时，应进行交叉抚养，即染毒母鼠所产的仔鼠由未染毒母鼠抚养，或反之，以查明影响发育的病因。

（3）其他注意事项。同一代生殖毒性实验。

实验33　神经毒性评价实验
——迟发性神经毒性实验

一、目的与原理
(1) 了解实验农药的迟发性神经毒性，求出迟发性神经毒性无作用剂量。
(2) 某些有机磷类和氨基甲酸酯类化合物，在动物或人类急性中毒恢复后 8~14 天，呈现一种持久的神经毒作用，主要表现为运动性共济失调和瘫痪。在病理组织学上，神经组织呈现髓鞘改变。由于以上神经中毒症状出现在急性中毒后 8~14 天，故称为迟发性神经毒性作用。

二、器材与试剂
1. 器材
显微镜，切片机，温箱，水浴锅，解剖刀，解剖剪，镊子，骨钳，注射器等。
2. 试剂
三邻甲苯膦酸酯(TOCP)，硫酸阿托品，碘解磷定，苏木精，无水乙醇，95% 乙醇，石蜡（熔点 54~56 ℃ 或 60~62 ℃），甲醛，二甲苯，HE 染色及髓鞘染色所需试剂。

三、操作步骤
1. 实验动物
选用遗传背景明确、健康、步态正常的母鸡，鸡龄 8~14 个月，体重 1.5~2 kg。
2. 实验分组
剂量分组一般设 3 个不同剂量的实验组，一个阳性对照组和一个空白对照组，如赋形剂生物活性不明确时应增设一个赋形剂对照组。
(1) 高剂量组：根据 LD_{50} 和预实验确定，一般采用 LD_{50} 剂量。观察期结束时可引起实验动物胆碱酯酶活性下降，以及部分动物死亡。
(2) 低剂量组：根据预实验确定，可能引起或不引起迟发性神经毒性量一般为高剂量的 1/5~1/10。
(3) 中剂量组：在高低之间，其症状在 Ⅱ 级以上，少部分动物可达 Ⅳ 级。
(4) 阳性对照组：500 mg/kg TOCP（三邻甲苯膦酸酯）。
(5) 空白对照：除不接触实验农药外，其他各种条件与实验组相同。
每剂量组母鸡数量应保证在观察结束时至少有 6 只存活。避免到期处死时少了 6 只的情况，则应在开始实验时增加延长观察期的动物数。
3. 给药方法
给药方式通常采用经口途径，包括灌胃、胶囊吞咽或咽颊部滴注等方法。给药前预处理隔夜禁食，经口给药前 15 min 内，所有实验鸡均肌肉注射 10 mg/kg 硫酸阿托品作保护处理。给药后,如需要可给予硫酸阿托品和解磷定。

4. 实验期限

(1)急性实验观察期一般为 21 天。如未见异常反应或可疑反应时,需再次给药,继续观察 21 天。到期处死作组织病理学检查。如特殊需要,部分动物可延长 2~4 周或更长时间观察恢复情况。

(2)亚慢性实验连续给药 13 周并观察,停药后再观察 1 周。

5. 临床观察和检查

(1)中毒症状 给药后每天观察记录实验鸡的外观体征、行为活动,特别是鸡的站立和运动姿势及运动失调程度。必要时可强迫母鸡活动,如爬楼梯等,以便观察迟发性神经毒性的最小反应。其典型症状的分级标准为:Ⅰ步态稍异常;Ⅱ步态严重异常;Ⅲ能以跗站立;Ⅳ不能站立。一般迟发性神经毒性反应在第 7~10 天开始出现并逐渐加重。

(2)每周称体重一次。

(3)病理组织学检查 对死亡动物和到期处死动物检查延髓与脑桥、大脑皮质、小脑皮质、脊髓(包括上位颈段、胸段中部、腰骶结合部和坐骨神经等)并作组织切片。一般用灌流或其他方法,使被检脑神经组织固定在原来位置上。坐骨神经切片要做髓鞘和轴索的特殊染色。光镜观察,必要时可作电镜观察检查。

四、结果分析与评价

阳性对照组动物中毒症状主要表现为运动共济失调及瘫痪。在病理学检查中应可见典型脱髓鞘改变。阴性对照组动物应不出现以上症状及无病理学改变。将实验组动物与阴性对照组和阳性对照组动物进行比较,根据每组实验动物数及出现上述损伤或异常反应的动物数,计算出现损伤和异常反应的百分率,并用卡方检验等统计方法分析组间差异的显著性,以做出该受试物是否具有迟发性神经毒性作用的结论。

通过急性迟发性神经毒性实验,可以对受试物是否具有迟发性神经毒性作用及作用程度做出评价。

通过亚慢性迟发性神经毒性实验,可以对受试物是否具有亚慢性迟发性神经毒性做出评价,如果实验中呈现剂量-反应关系时,可对无作用水平值做出估计。

五、注意事项

(1)剥取神经组织时,切勿损伤神经组织。
(2)实验开始前,需熟练掌握病理组织学切片技术,包括取材、固定、包埋、切片染色等。

形态学方法

一、通路示踪法

1. 周围神经纤维的镀银染色

目的与原理:

(1)主要用于神经纤维、神经元纤维、神经末梢等的形态观察。

(2) 用氨银溶液染色后，经焦性没食子酸使银还原成暗灰色或黑色沉淀而显示神经成分。

(3) 还原液配制焦性没食子酸 10 g，蒸馏水 450 mL，无水乙醇 550 mL，1% 硝酸 2 mL，配制 24 h 后使用。还原液可保存数月。

(4) 氯化金液配制氯化金 1 g，蒸馏水 200 mL，冰醋酸 0.2 mL。

(5) 强化液配制 50% 乙醇 100 mL，苯胺 2 滴。

操作步骤：甲醛固定神经标本，神经标本经梯级乙醇脱水和二甲苯透明，石蜡包埋、切片，厚 5~10 pm。玻片置于酸性甲醛液中 5 min，蒸馏水洗 3 遍。镀银液浸染，20~25 ℃ 15 min 或 35 ℃ 4~5 min。不经冲洗，将玻片置于已预热(40~45 ℃)的还原液中 1 min。轻摇玻片并加入新还原液。50% 乙醇中冲洗 5~10 s。蒸馏水洗 3 遍。显微镜下观察，若有必要，可从镀银浸染重复操作，但须缩短镀银液浸染时间，降低还原液温度至 30 ℃。玻片置于氯化金液中调和染色，至切片呈棕黄色。玻片置于强化液中 15 s，流水冲洗。5% 硫代硫酸钠液固定数秒钟，流水冲洗，梯级乙醇脱水，二甲苯透明，中性树胶封固。

结果分析与评价：轴突呈黑色或棕色。

注意事项：染色时也可直接进入硫代硫酸钠液固定。

2. 放射性核素标记的放射自显影术(autoradiography, ARG)

原理：

(1) 将放射性标记氨基酸等经微量注射法注入 CNS 某个核团部位。

(2) 神经元胞体摄取后将氨基酸合成蛋白质，后者经顺行性轴浆运输运至轴突终末分布区。

(3) 放射性核素如 3H 在动物体内衰变，不断放射出 β 粒子射线，可使覆盖组织切片的核乳胶感光。由于 β 射线与上述蛋白质结合在一起，故从胞体到纤维末梢的整个纤维行程，都有 β 射线射出来。

(4) 感光后的核乳胶经显影和定影后，即可显示出纤维束路的影像。

ARG 的优点：①由于注射的氨基酸只由胞体合成蛋白质，没有标记过路纤维的问题；②ARG 法可以显示各类纤维的联系，优于变性示踪束路法。

ARG 法的缺点：①注射区有效范围很难确定，银粒密度从中心向外周逐渐变小，没有清晰分界；②实验周期太长，光镜 ARG 曝光期 2~3 个月；电镜 ARG 曝光期长达 1.5~2 年；③有跨突触运输的可能性。

3. 辣根过氧化物酶逆行示踪

目的与原理：

(1) 追踪神经系统的纤维联系。

(2) 辣根过氧化物酶(horseradish peroxidase, HRP)是一种含血红素基的植物糖蛋白，将其注入动物体内，可沿轴浆运输线路示踪神经束路。HRP 在 H_2O_2 存在条件下，可催化外加联苯胺的氧化反应，反应产物具有特异性颜色，如与二氨基联苯胺(DAB)反应呈棕黄色，与四甲基联苯胺(TMB)反应呈蓝黑色，从而可将标记神经元及其突起显现出来。

器材与试剂：大鼠，HRP，冷冻切片机。

操作步骤：切断神经干，选内径与神经相似的 12 ram 长硅胶管，神经近断端插入管内，注入 30% HRP 溶液 10 μL，使神经断端浸泡在 HRP 溶液中；或直接在神经近断端涂抹 HRP

1 mg(分4~5次,每次间隔15~20 min,共60~100 min)。48~72 h后,用4%多聚甲醛0.1 mol/L磷酸盐缓冲(pH 7.4)700 mL心脏灌注固定,切取与两侧神经相连的脊髓节段和后根感觉神经节,即按下法操作:

4℃缓冲蔗糖液约4~72 h。冷冻切片,厚40 mm,浸于4℃ 0.1 mol/L磷酸盐缓冲液内24 h。蒸馏水洗涤每次10~15 s。室温下,置入孵育液内并不停摇动20 min。孵育液:2.5 mL 3,3',5,5'四甲基联苯胺(TMB)液。97.5 mL硝普钠液,用时现配。室温下,0.3% H_2O_2 1.0~5.0 mL加入100 mL装有切片的孵育液内20 min。边加边摇动,H_2O_2 从1 mL开始,每次递加1 mL,至神经元胞体内的标记产物量达到最高而又未显人工产物为度,即为H:Q的最佳用量。pH 3.3缓冲液5 mL+蒸馏水95 mL清洗6次(0~4℃),总时间为30 min。切片干燥4~15天,脱水,透明,封片。

结果分析与评价:镜下胞体和树突中有不同程度的黑色颗粒胞浆沉淀物,胞体轮廓完整的细胞为标记的脊髓前角运动神经元或后根感觉神经元。坐骨神经的HRP逆行示踪法,在脊髓腰膨大灰质前角均能见到HRP标记的运动神经元,标记细胞主要集中于L5、L6、S1节段,HRP标记的感觉神经元主要集中于L5~L6后根神经节。其密度高于灰质前角HRP标记的运动神经元。

二、化学神经解剖法

这类方法主要包括单胺类神经元的荧光组织化学技术,免疫细胞化学法,以及原位杂交法。

1. 甲醛诱发荧光凝集法和乙醛酸诱发荧光法

甲醛诱发荧光凝集法:儿茶酚胺类的多巴胺、去甲肾上腺素和肾上腺素,以及5-羟色胺,都可与甲醛缩合形成一个四氢衍生物(四氢异喹啉THIQ),在有蛋白质存在的条件下,THIQ可催化脱氢反应,形成二氢化合物(二氢异喹啉DHIQ),后者在蛋白质中形成互变异构的醌式结构(tautomeric quifiodal:form),可产生荧光。

乙醛酸诱发荧光法:①单胺类物质与乙醛酸经过环化缩合反应,形成四氢异喹啉的衍生物(THIQ-COOH),只有弱荧光;②再与乙醛酸结合,经过分子内酸的催化作用,产生强荧光的2-Carb,Me-DHIQ,与其互变异构的醌式结构相平衡。

荧光组织化学法的优缺点:优点在于可特异性地显示单胺类神经元,尤其是儿茶酚胺类神经元,显示5-羟色胺能神经元的敏感性较差。其次,此法可用于药物或机械致损的研究,与ARG和HRP技术相结合。缺点在于切片在暗视野下观察,解剖局部定位困难。其次还应指出,表面上没有单胺类荧光的脑区,不一定没有该类神经元,必须以其他方法佐证。

2. 免疫细胞化学法(immunocytoehemistry,ICC)(5-HT免疫组化法)

目的与原理:

(1)观察含有5-HT的神经细胞。

(2)5-HT特异性抗体与神经组织抗原结合,然后再与二抗结合,连接PAP加入DAB显色液显色。

器材与试剂:兔抗5-HT抗体,羊抗兔IgG,4%多聚甲醛磷酸缓冲液,PAP溶液,DAB显色系统,冷冻切片机。

操作步骤:

(1) 取 SD 大鼠,腹腔注射 0.35% 戊巴比妥钠深麻动物,开胸,经升主动脉灌注,先用生理盐水快速冲洗,至流出液体变淡后再灌入新配制的冷的 4-多聚甲醛磷酸缓冲液,先快后慢,持续 30 min 以上,对幼鼠,用静脉输液代替插管,注射器推注。灌注后立即开颅取脑,后固定 2~3 h(4 ℃),然后置于 30% 的蔗糖磷酸缓冲液(4 ℃)。冷冻切片,片厚 40 μm。

(2) 免疫组化采用 PAP 法,DAB 着色时用硫酸镍铵加强,切片依以下程序进行反应:25% Triton X-100 溶液,湿孵 30 min(37 ℃);3% 牛血清白蛋白,湿孵 30 min(37 ℃);1:5 000 兔抗 5-HT 抗体,湿孵 2~2.5 h,37 ℃然后移入冰箱 48~60 h 4 ℃;1:60 羊抗兔 IgG,孵育 30 min(37 ℃);1:90 PAP 溶液,孵育 30 min(37 ℃),以上各步骤之间用 0.01 mol/L PBS 漂洗;0.1 mol/L 醋酸缓冲液(pH 6.0)漂洗 10 min;0.05% DAB,2.5% 硫酸镍铵,0.01% H_2O_2 的 0.1 mol/L 醋酸缓冲液(pH 6.0)反应 5~10 min;0.1 mol/L 醋酸缓冲液(pH 6.0)漂洗 5 min,蒸馏水漂洗,贴片,晾干,脱水,透明,中性树胶封片。

(3) 对照实验分别用兔血清代替兔抗 5-HT 抗体,0.01 mol/L PBS 代替羊抗兔 IgG,其他步骤同实验组。

结果分析与评价:本实验反应产物为黑色,可清楚地显示胞体及纤维。

实验34 心血管毒理学体外研究实验

心肌细胞原代培养

一、目的与原理

心肌细胞(myocardial cell)属于终末分化细胞,但仍具有一定增殖能力,可进行原代培养。原代培养的心肌细胞可作为细胞模型,用于心血管毒理学的研究。

二、器材与试剂

(1) 试剂异戊巴比妥钠,PBS,HBSS,胰蛋白酶,小牛血清,DMEM培养液,台盼蓝,FBS-MEM

(2) 器材手术器械,培养瓶,恒温水浴箱,离心机,CO_2培养箱,倒置显微镜。

三、操作步骤

(1) 大鼠心肌细胞原代培养取出生1~2天的SD大鼠,以0.05%异戊巴比妥钠腹腔麻醉,皮肤消毒。打开胸腔,取大鼠心脏心尖部组织,冷PBS冲洗、剪碎,0.1%胰酶于35℃水浴搅拌消化10 min,弃上清,重复消化,收集细胞悬液。加适量含小牛血清的培养液,终止胰酶消化。4℃ 100 r/min 离心7 min,弃上清。用含20%小牛血清的DMEM(pH 7.2)制备细胞悬液。差速贴壁分离法纯化心肌细胞。上述细胞悬液37℃培养50 min,经200目不锈钢网过滤,除去未消化组织及细胞团块。细胞悬液按1×10^5个密度接种于培养瓶中。锥虫蓝染色检测细胞成活率,显微镜下观察细胞形态。

(2) 小鼠心肌细胞原代培养出生1~3天小鼠,脱臼处死。取心室,置于无Ca^{2+}及Mg^{2+}的冷Hank's盐缓冲液(HBSS)。用HBSS冲洗3次。将心肌剪碎,洗涤2次。加入0.25%(W/V)胰酶,37℃、5% CO_2培养15 min,首次消化后加等体积无Ca^{2+}、Mg^{2+}的冷HBSS,再加胰酶消化4~5次。200 r/min离心8 min,将细胞重新悬浮于FBS-MEM溶液,加入青霉素100 U/mL及链霉素(100 μg/mL)。为去除非心肌细胞,可将细胞在FBS-MEM中37℃、5% CO_2的水饱和气预培养2 h。收集细胞悬液,调细胞密度至1×10^5个在上述条件下培养24 h。24 h更换培养液,心肌细胞贴壁生长然后每3天重复更换培养液。

四、结果分析与评价

原代心肌细胞培养24 h后,镜下可观察到心肌细胞开始贴壁生长,初为圆形,后为梭形,偶见单个细胞开始搏动。继而细胞逐渐铺开,呈不规则的星形,收缩明显而有力,搏动频率多数在60~100次/分钟。培养1~3天后,可出现同步化搏动。

注意事项:差速贴壁分离的心肌细胞需要做纯度鉴定。

大鼠血管内皮细胞原代培养

一、目的与原理

血管内皮细胞(vascular endothelial cell)具有较强的增殖能力。对实验动物主动脉进行酶消化和刮擦可获得血管内皮细胞。原代培养及传代的血管内皮细胞可作为细胞模型用于心血管毒物的血管毒性检测。

二、器材与试剂

(1)试剂戊巴比妥钠,PBS,Ⅱ型胶原酶,胎牛血清,青霉素,链霉素,M_{199}培养液,明胶。
(2)器材无菌操作台,手术器械,培养瓶,离心管,磁力搅拌器,细胞刮,离心机,培养箱。

三、操作步骤

SD 大鼠用 2%的戊巴比妥钠麻醉(25 mg/kg),无菌条件下剪开胸腹腔,取主动脉弓至肾动脉一段。移入装有基础培养液的培养皿中,小心地剥离干净血管外的脂肪组织,然后用 PBS 反复冲洗。移入另一个装有基础培养液的培养皿中,把血管外翻,使血管内膜完全暴露出来,将血管两端各折入约 0.5 cm,用灭菌的丝线把两端扎紧。用基础培养液把血管内膜的血块冲洗干净。将血管放入装有 0.25% Ⅱ型胶原酶 2 mL 和无菌小磁棒的离心管中,38 ℃恒温磁力搅拌消化 10 min。将离心管中的消化液和血管移入培养皿中,在消化液中用细胞刮轻轻地刮擦血管表面。重复酶消化及刮擦血管两次。将消化液 800 r/min 离心 5 min,弃上清液。再加 0.5 mL 胶原酶和磁棒继续磁力搅拌消化 20 min。将消化液移入另一个离心管中,800 r/min。离心 5 min,弃上清。用 20%胎牛血清,青霉素和链霉素 100 U/mL 的 M_{199}培养液漂洗细胞 1 次。将细胞接种在预先用 3%的明胶铺板的 12.5 mL 的培养瓶中。初次接种体积 2 mL,37 ℃,5% CO_2 培养箱静置培养。

四、结果分析与评价

刚消化下来的细胞呈透亮的圆形,单个或成团。2 天以后换液,此时的细胞已贴壁延展,呈短梭形或类三角形。以后每 2~3 天换 1 次液,10~14 天后长成典型的铺路石状单层细胞。可用免疫组化 ABC 法第 8 因子相关抗原对内皮细胞进行鉴定。

五、注意事项

(1)血管取材时间不宜过长。
(2)注意消化酶的浓度和消化时间。
(3)原代培养的血管内皮细胞生长缓慢,可在培养液中适当加入内皮细胞生长因子促进生长。

实验35 皮肤变态反应和皮肤光毒性实验

皮肤致敏是指通过重复接触某种物质后机体产生免疫传递的皮肤反应。致敏原是一些小分子的化学物质(半抗原),这些物质与皮肤长期反复接触,能通过与表皮细胞角蛋白或胶质结合,形成完全抗原。抗原呈递细胞(antigen presenting cell,APE),表皮中主要是朗格汉斯细胞摄取抗原并进入淋巴结,使T细胞致敏。致敏T细胞由淋巴循环进入血流,并分布于全身皮肤。当与同一致敏原再次接触时,即可引起变态性接触性皮炎,属Ⅳ型(即延迟型)变态反应。一般是24 h后发生皮炎,48~96 h达高峰,在人类的反应可能是瘙痒、红斑、丘疹、小水疱或大水疱。动物仅见皮肤红斑和水肿。

一、目的与定义

皮肤变态反应(过敏性接触性皮炎)(skin sensitization,allergic contact dermatitis)是皮肤对一种物质产生的免疫源性皮肤反应。在人类这种反应可能以瘙痒、红斑、丘疹、水疱、融合水疱为特征。动物的反应不同,可能只见到皮肤红斑和水肿。诱导接触(induction exposure)指机体通过接触受试物而诱导出过敏状态的实验性暴露。诱导阶段(induction period)指机体通过接触受试物而诱导出过敏状态所需的时间,一般至少一周。激发接触(challenge exposure)机体接受诱导暴露后,再次接触受试物的实验性暴露,以确定皮肤是否会出现过敏反应。

二、实验基本原则

实验动物通过多次皮肤涂抹(诱导接触)或皮内注射受试物10~14天(诱导阶段)后,给予激发剂量的受试物,观察实验动物并与对照动物比较对激发接触受试物的皮肤反应强度。

(1)实验动物和饲养环境一般选用健康、成年雄性或雌性豚鼠,雌性动物应选用未孕或未曾产仔的。实验动物及实验动物房应符合国家相应规定。选用常规饲料,饮水不限制,需注意补充适量维生素C。

(2)动物实验前准备实验前动物要在实验动物房环境中至少适应3~5天时间。将动物随机分为受试物组和对照组,按所选用的实验方法,选择适当部位给动物备皮(去毛),避免损伤皮肤。实验开始和结束时应记录动物体重。

(3)无论在诱导阶段或激发阶段均应对动物进行全面观察包括全身反应和局部反应,并作完整记录。

(4)实验方法可靠性的检查使用已知的能引起轻度/中度致敏的阳性物每隔半年检查一次。局部封闭涂皮法至少有30%动物出现皮肤过敏反应;皮内注射法至少有60%动物出现皮肤过敏反应。阳性物一般采用2,4-二硝基氯代苯、肉桂醛、2-巯基苯并噻唑或对氨基苯酸乙酯。

三、方法与操作步骤

1. 局部封闭涂皮实验(Buehler test,BT)

(1)动物数:实验组至少20只,对照组至少10只。

(2)剂量水平:诱导接触受试物浓度为能引起皮肤轻度刺激反应的最高浓度,激发接触受试物浓度为不能引起皮肤刺激反应的最高浓度。实验浓度水平可以通过少量动物(2~3只)的预实验获得。水溶性受试物可用水或用无刺激性表面活性剂作为赋形剂,其他受试物可用80%乙醇(诱导接触)或丙酮(激发接触)作赋形剂。

(3)实验步骤。

①实验前约24 h,将豚鼠背部左侧去毛,去毛范围为4~6 cm²。

②诱导接触:将受试物约0.2 mL(g)涂在实验动物去毛区皮肤上,以两层纱布和一层玻璃纸覆盖,再以无刺激胶布封闭固定6 h。第7天和第14天以同样方法重复一次。

③激发接触:末次诱导后14~28天,将约0.2 mL的受试物涂于豚鼠背部右侧2 cm×2 cm去毛区(接触前24 h脱毛),然后用两层纱布和一层玻璃纸覆盖,再以无刺激胶布固定6 h。

④激发接触后24 h和48 h观察皮肤反应,按表35.1评分。

表35.1 变态反应实验皮肤反应评分

皮肤反应	积 分
红斑和焦痂形成	0
无红斑	1
轻微红斑(勉强可见)	2
明显红斑(散在或小块红斑)	3
中度-重度红斑	4
严重红斑(紫红色)至轻微焦痂形成	5
水肿形成	0
无水肿	1
轻微水肿(勉强可见)	2
中度水肿(皮肤隆起轮廓清楚)	3
重度水肿(皮肤隆起约1 mm或超过1 mm)	4
最高积分	7

⑤实验中需设阴性对照组,使用②和③的方法,在诱导接触时仅涂以溶剂作为对照,在激发接触时涂以受试物。对照组动物必须和受试物组动物为同一批。在实验室开展变态反应实验初期或使用新的动物种属或品系时,需同时设阳性对照组。

(4)结果评价。

①当受试物组动物出现皮肤反应积分大于等于2时,判为该动物出现皮肤变态反应阳性,按表35.1判定受试物的致敏强度。

②如激发接触所得结果仍不能确定,应于第一次激发后一周,给予第二次激发,对照组作同步处理或按豚鼠最大值实验方法进行评价。

2. 豚鼠最大值实验(guinea pig maxi minatim test, GPMT)

采用弗氏完全佐剂(freund complete adjvant, FCA)皮内注射方法检测致敏的可能性。

(1)动物数:实验组至少用10只,对照组至少5只。如果实验结果难以确定受试物的致敏性,应增加动物数,实验组20只,对照组10只。

(2)剂量水平:诱导接触受试物浓度为能引起皮肤轻度刺激反应的最高浓度,激发接触受试物浓度为不能引起皮肤刺激反应的最高浓度。实验浓度水平可以通过少量动物(2~3只)的预实验获得。

(3)实验步骤。

①诱导接触(第0天)。

受试物组:将颈背部去毛区(2 cm×4 cm)中线两侧划定三个对称点,每点皮内注射0.1 mL下述溶液。第1点用1:1(V/V)FCA/水或生理盐水的混合物;第2点用耐受浓度的受试物;第3点用1:1(V/V)FCA/水或生理盐水配制的受试物,浓度与第2点相同。

对照组:注射部位同受试物组。第1点1:1(V/V)FCA/水或生理盐水的混合物。第2点未稀释的溶剂。第3点用1:1(V/V)FCA/水或生理盐水配制的质量分数为50%(W/V)的溶剂。

②诱导接触(第7天):将涂有0.5 g(mL)受试物的2 cm×4 cm滤纸敷贴在上述再次去毛的注射部位,然后用两层纱布,一层玻璃纸覆盖,无刺激胶布封闭固定48 h。对无皮肤刺激作用的受试物,可加强致敏,于第二次诱导接触前24 h在注射部位涂抹10%十二烷基硫酸钠(SLS)0.5 mL。对照组仅用溶剂作诱导处理。

③激发接触(第21天):将豚鼠躯干部去毛,用涂有0.5 g(mL)受试物的2 cm×2 cm滤纸片敷贴在去毛区,然后再用两层纱布,一层玻璃纸覆盖,无刺激胶布封闭固定24 h。对照组动物作同样处理。如激发接触所得结果不能确定,可在第一次激发接触一周后进行第二次激发实验。对照组做同样处理。

四、结果与分析

激发接触结束,除去涂有受试物的滤纸后24,48和72 h,观察皮肤(如需要清除受试残留物可用水或选用不改变皮肤已有反应和不损伤皮肤的溶剂),按表35.2评分。当受试物组动物皮肤反应积分大于等于1时,应判为变态反应阳性,按表35.3对受试物进行致敏强度分级。

表35.2 变态反应实验皮肤反应评分

评分	皮肤反应
0	未见皮肤反应
1	散在或小块红斑
2	中度红斑和融合红斑
3	中度红斑和水肿

表35.3 致敏强度

致敏率/%	致敏强度
0~8	弱
9~28	轻
29~64	中
65~80	强
81~100	极强

五、实验结果解释

实验结果应能得出受试物的致敏能力和强度。这些结果只能在很有限的范围内外推广到人类。引起豚鼠强烈反应的物质在人群中也可能引起一定程度的变态反应,而引起豚鼠较弱反应的物质在人群中也许不能引起变态反应。

实验36 皮肤接触性荨麻疹实验

荨麻疹是指上皮和真皮暂时性或一过性的局限性红斑、水肿的皮肤损伤改变,俗称风团。荨麻疹多在暴露某些物质后 30~60 min 出现,一般在数分钟至数小时内消失,多在 24 h 内消退。慢性荨麻疹反复发作,病程可超过 6 周。根据是否有免疫反应参与,可将荨麻疹分为免疫接触性荨麻疹和非免疫接触性荨麻疹。

非免疫接触性荨麻疹实验

一、原理

可疑物质可直接促进肥大细胞脱颗粒或含有使肥大细胞脱颗粒的物质,引起组胺、白三烯等炎性介质释放,皮肤、黏膜下血管渗透性增强而产生的反应。非免疫接触性荨麻疹患者风团仅出现在接触部位;过去无反复接触某些可疑物史;反应的强度和受试物的性质、浓度、和皮肤黏膜的接触部位有关。

二、操作步骤

(1)动物健康成年豚鼠,每组 8~10 只,雌雄各半。
(2)分组最少 3 个不同剂量的受试物组,最高剂量组不致引起皮肤刺激反应。同时设阳性和阴性(溶剂/赋型剂)对照组。
(3)操作豚鼠的一耳均匀涂抹 0.1 mL(g)的受试物,另一耳作为对照。涂抹前先用微卡尺测量耳厚,涂抹后 1~2 h 内,每 15 min 测量一次耳厚。对照组同样处理。

三、结果分析与评价

每组豚鼠耳肿胀值=每组涂抹后耳平均值-每组涂抹前耳平均值。t 检验法进行统计处理。一般受试物涂抹后 40 min 病理组织学可见明显的水肿和血管周围颗粒细胞浸润,50 min 左右水肿的反应达最大值。该方法用于预测非免疫性荨麻疹的化学物。

免疫接触性荨麻疹实验

一、原理

最常见的是 IgE 介导的 I 型速发型变态反应性荨麻疹。过敏原首次进入机体后,诱导淋巴细胞分化产生 IgE,IgE 与肥大细胞和嗜碱性粒细胞表面的高亲和力 IgE 受体结合;当过敏原再次进入机体时,过敏原使结合于效应细胞膜上的 IgE 发生交联,激活效应细胞,致肥大细胞及嗜碱粒细胞释放组胺和白三烯等炎性介质。临床表现为慢性的荨麻疹患者认为和自身免疫有关,患者血液中含有抗 IgE 或 IgE Fc 受体的自身 IgG 抗体,可以与肥大细胞表面结合的 IgE 或 IgE Fc 受体结合,诱发肥大细胞和嗜碱细胞等效应细胞释放生物活性介质;补体系统异常可能也和慢性荨麻疹的发病有关。免疫接触性荨麻疹患者风团不限于接触部位,过去有可疑变应原反复接触史。

(一)自身免疫抗体检测

1. 自体血清皮肤实验(autologous serum skin test,ASST)

(1)实验的目的:目前认为自身免疫性荨麻疹是由于血液内存在具有刺激组胺释放的自身抗体而导致的荨麻疹。该方法是自身免疫性荨麻疹的功能性自身抗体的过筛实验,有良好的敏感性(65%~81%)和特异性(71%~78%)。

(2)方法:取受检者的静脉血 5 mL 置于无菌试管中,不抗凝,室温静置 30~60 min,然后离心,取上层血清待用。将离心所得血清及生理盐水各 0.05 mL,分别在两前臂屈侧对称部位皮内注射,贴胶纸标记。30 min 后判读结果。血清注射部位出现红斑-风团反应且风团直径比对照生理盐水直径大 1.5 mm 以上为阳性。

2. 嗜碱粒细胞组胺释放实验(basophil hista mine release assays,BHRA)

(1)实验的目的:组胺释放是一种在体外进行的功能性实验。它可以证明患者血清中组胺释放活性,间接反映自身抗体的滴度。

(2)嗜碱粒细胞悬液制备:从一健康自愿者肘静脉,采血 30 mL,肝素抗凝,等量分配至 3 个离心管中后。每管 10 mL 肝素抗凝血与等体积 pH 7.6 Hepes-ACM 缓冲液(Hepes 25 mmol/L,CaCl$_2$ 1 mmol/L,NaCl 130 mmol/L,KCl 5 mmol/L,MgCl$_2$ 1 mmol/L)混合,平铺于 10 mL 葡聚糖脂。泛葡聚胺分离液(密度为 1.085)表面,2 500 r/min 离心 20 min。吸取中间层细胞,加入同样缓冲液 15 mL 洗涤 1 次,1 500 r/min 离心 10 min。弃上清留约 1 mL,轻轻混匀备用。

(3)温育 50 μL 待检测血清,或对照血清,或等量 Hepes-ACM 缓冲液与 50 μL 细胞悬液在 37 ℃条件下温育 40 min。温育结束后,立即离心 6 000 r/min 15 min,分离上清,进行组胺测定。组胺的自发释放由 Hepes-ACM 缓冲液与细胞悬液温育后得出。50 μL 细胞悬液煮沸后,分离上清,所测定的组胺含量为嗜碱粒细胞的组胺总含量。以上每个测定均用复管进行。

(4)组胺释放率的测定:用荧光测定法测定组胺含量。由于最后的结果用组胺释放率表示,所以不需要用标准浓度的组胺溶液进行组胺测定及绘制标准曲线。

将待检测管的溶液体积用 0.4 mol/L 的过氯酸补充至 1 mL,加入 5 mol/L NaOH 0.125 mL、NaCl 0.375 g 和正丁醇 2.5 mL,振荡 5 min 后,低速离心,吸取上层有机相至另一试管,加入盐饱和的 0.1 mol/L NaOH 1.25 mL,振荡 1 min,离心分层。吸取 2 mL 正丁醇提取液,加入 0.1 mol/L HCl 1.125 mL 和正庚烷 3.75 mL。同样地振荡 1 min 后离心分层,吸取 0.5 mL 水相,加入 0.1 mol/L NaOH 0.1 mL 和邻苯二甲醛 0.025 mL,准确反应 4 min 后,加入 3 mol/L HCl 0.050 mL 终止反应,空白管为先加入 3 mol/L HCl 后,再加入邻苯二甲醛。

利用 Beckman 自动荧光分光光度计于激发波 360 nm,荧光波长 450 mm,狭缝为 10 nm 条件下测定荧光强度读数(T)。组胺的释放用百分比来表示。

$$组胺自发释放率 = [(T_b - T_{b_0})/(T_t - T_{t_0})] \times 100\%$$

$$组胺释放率 = [(T_x - T_{x_0})/(T_t - T_{t_0})] \times 100\% - 组胺自发释放率$$

式中：T_t 为组胺总含量管；T_{t_0} 为组胺总含量对照管；T_b 为自发释放管；T_{b_0} 为自发释放对照管；T_x 为血清测定管；T_{x_0} 为血清测定对照管。

(二) 变应原检测

(1) 血清特异性 IgE 检测是常用的变应原检测方法。广泛应用的是体外检测试剂盒，按试剂盒的说明进行操作。以下特异性 IgE 检测采用美国 ASl 公司的过敏原体外检测试剂盒。IVT701 含有屋尘、尘螨、粉螨、真菌、豚草花粉、蒿类花粉、杨、柳、榆树花粉等；IVT702 含鱼、虾、蟹、猪、牛、羊肉、牛奶、蛋白、蛋黄、花生等。将血清标本注入反应管，孵育，清洗。加入绿色结合液，再孵育，清洗。加入底物显色。黄色为阴性，立即变为深紫色为强阳性，90 min 内变为紫色为阳性。

(2) 斑贴实验采用瑞典化学诊断公司生产的"瑞敏"系列接触过敏源检测试剂盒。所检测的过敏原包括：苯唑卡因、硫氢混合物、咪唑烷基尿素、N-环乙基硫酞内酯、对苯二胺、重铬酸钾、乙二胺、松香、甲醛、环氧树脂、溴硝丙二醇、秋兰姆混合液、对苯类、硫酸镍、香内酯类、芳香混合物、皮质类固醇、黑橡胶混合岷卡巴混合物、硫柳汞等 20 种原料物质受试者均为既往慢性荨麻疹患者。将斑贴胶带贴于患者后背，48 h 揭下，第 1 次判定结果；72 h 第 2 次判定结果。综合 2 次判定结果，去除刺激反应引起的假阳性，确定阳性结果。

二、方法评价

对于免疫接触性荨麻疹目前还没有预测实验的方法，上述实验主要用于临床诊断、治疗和机理研究探讨。

实验37 宿主抵抗力实验

机体在接触外来化合物后,免疫毒性主要表现为免疫机制、变态反应和自身免疫反应。由于免疫功能抑制,机体对各种感染因子如细菌、病毒、寄生虫及肿瘤细胞的抵抗力下降。通常B淋巴细胞缺损,机体对细菌敏感性升高;T淋巴细胞缺损,机体对病毒、寄生虫及肿瘤细胞敏感性升高。为鉴定和评价外来化合物对免疫功能的影响,国外推荐的免疫毒性检测方案第二阶段的检测中,包括对宿主抵抗力的检测。Dean认为如果不检测宿主抵抗力,就不能全面评价免疫毒性。目前常用来检测宿主抵抗力的模型有各种感染因子,如细菌、病毒、寄生虫及肿瘤细胞等。

一、肿瘤细胞攻击实验

1. PYB6肿瘤细胞攻击实验

(1)原理。实验动物在接触外来化合物后,由于免疫功能受到损伤,特别是影响到NK细胞和T细胞的功能后,可产生对肿瘤细胞的抵抗力下降,因而造成动物肿瘤发生率、死亡率升高,潜伏期缩短等,以此评价外来化合物对机体免疫功能的影响。

(2)材料。C57BL/6或B6C3F1小鼠,5~6周龄;PYB6肿瘤细胞株;2.5%胰酶,RPMl 1 640培养液;消毒手术器械(剪刀、镊子),血球计数板;磁力搅拌器,离心机,显微镜。

(3)操作步骤。

①肿瘤细胞制备。

a. 取出冻存的PYB6细胞,尽快解冻并将细胞稀释到5×10^6个/mL,给C57BL/6小鼠后肢肌肉注射0.2 mL肿瘤细胞。根据所需细胞多少决定注射小鼠只数,日后长出的肿瘤即为实验中所用的PYB6细胞的来源。

b. 用颈椎脱臼法处死长有肿瘤的小鼠,用消毒剪刀取出肿瘤,放在盛有5 mL盐水的平皿中,冲洗肿瘤表面,洗去血液、污物,去除坏死组织,将肿瘤转至干净的平皿中。

c. 将肿瘤剪成小块,放入100 mL瓶中,瓶内盛有45 mL RPMl 1640培养液和装有磁力搅拌棒。

d. 加入5 mL 2.5%胰酶,在磁力搅拌器上搅拌1 h。

e. 上述肿瘤细胞悬液经两层消毒纱布过滤到离心管中,1 200 r/min离心10 min,弃上清,重悬细胞于20 mL盐水中。

f. 显微镜下计数活细胞数,调整细胞数。

②肿瘤细胞攻击给对照和染毒C57BL/6小鼠于末次染毒后2~3天,在肋腹部皮下接种5×10^3及1×10^4个肿瘤细胞。

③观察结果。注射后每周触摸注射部位两次,观察记录肿瘤生长情况,共观察42天。

(4)结果表示。

①肿瘤发生率=可触摸到肿瘤的动物数/接种肿瘤细胞的动物数。

②潜伏期(发生肿瘤的平均时间)。

③肿瘤平均大小、重量。

(5)方法评注。该方法在无菌条件下进行。实验中所用的器械及试剂均应进行消毒灭菌,实验结果应与免疫功能检测如 T 细胞和 NK 细胞功能检测共同分析。

PYB6 细胞株可冻存,也可长时间在培养液中保存,但给动物攻击用 PYB6 肿瘤细胞应在动物体内进行传代,即从长肿瘤动物身上获取。

对动物攻击用 PYB6 肿瘤细胞数,至少应在三个建议水平即 5×10^3、1×10^4、5×10^4 中选择两个水平进行攻击。

2. B16F10 肿瘤细胞攻击实验

(1)原理。同 PYB6 肿瘤细胞攻击实验。

(2)材料。C57BL/6 或 B6C3F1 小鼠,5~6 周龄;B16F10 黑色素瘤细胞株。FUDR 2 μg/mL(氟尿嘧啶脱氧核苷),^{125}I UdR 3.7×10^4 Bq(尿嘧啶脱氧核苷)。消毒手术器械(剪刀、镊子),血球计数板,显微镜,计数仪。

(3)操作步骤。

①肿瘤细胞制备。

a. 取出冻存的 B16F10 细胞株,迅速解冻,将细胞接种在 25 cm^2 含有细胞生长液的培养瓶内,经 2~3 天达到单层细胞融合层。

b. 将细胞转种到 75 cm^2 的培养瓶内,经过 2 d 的培养细胞达到融合层。根据所需的细胞数,再分种到数个 75 cm^2 的培养瓶内。估计每个培养瓶约有 7×10^6 个细胞。

C. 显微镜下计数活细胞,调整细胞数,将细胞重悬于无菌盐水中,4 ℃保存。

②肿瘤细胞攻击。

a. 给对照及染毒组 C57BL/6 小鼠于末次染毒后 2~3 d 静脉注射 0.2 mL 5×10^5 及 1×10^6 个/mL B16F10 细胞。

b. 注射肿瘤细胞后 10 天,从各攻击水平中取出 1 只小鼠处死,取出肺,检查肺部肿瘤结节数及大小,如果肿瘤结节太小,肉眼无法观察,则在攻击后 12~18 天,继续观察,直到肿瘤长到肉眼可见时,再进行以下实验。

c. 在处死动物 24 h 前,腹腔注射 0.2 mL FUdR(2μg/mL)。

d. 于 FUdR 注射后 30 min,静脉注射 3.7×10^4 Bq125 IUdR。

e. 24 h 后处死小鼠,取出肺脏,用纱布擦净血迹,放入盛有 1 mL Bouin'S 液的试管中,在计数仪上测定放射性强度。

f. 将已测定完毕的肺脏放入平皿中,以计数肺上的肿瘤结节。

g. 如果只是用肉眼计数肺上肿瘤结节,则可省去步骤 c~d。

(4)结果表示。以每个肺脏中的肿瘤结节数以及放射性强度(cpm/肺)来表示。

(5)方法评注。该方法主要反映巨噬细胞、NK 细胞及 T 淋巴细胞功能,方法比较灵敏,但需要有较昂贵的计数仪。

①由于本法使用 1251 标记的 UdR,注意放射性污染环境及对人体的自身防护。

②如无进行同位素实验的条件,也可仅用肉眼计数肺脏肿瘤结节数。

二、对细菌的抵抗实验

1. 对链球菌的抵抗实验

(1) 原理。给染毒及对照组动物注射一定量的肺炎链球菌,经过短时间的潜伏期,动物因患肺炎而死亡,通过染毒组动物死亡率的增高,判断动物因免疫功能变化而导致对细菌抵抗力下降。

(2) 材料。C57BL/6 或 CBA 小鼠,5~6 周龄;肺炎链球菌;脑-心脏浸液培养基(BHI);恒温水浴箱,温箱,分光光度计。

(3) 操作步骤。

① 细菌的制备。

a. 将冻存的肺炎链球菌在室温下(20~25 ℃)解冻。

b. 取 5 mL 细菌贮液放入有 50 mL BHI 培养基锥形瓶中,37 ℃ 温箱过夜。

c. 在分光光度计 550~650 nm 处测细菌浊度,对照管用 BHI 培养基。

d. 将培养过夜的细菌稀释到光密度为 0.020~0.025,通常做 1:10 稀释。

e. 将稀释的细菌悬液放入 37 ℃ 水浴中,直到光密度达到 0.080 时,通常需要 0.5~1 h。

f. 立即将细菌悬液放入冰水中,迅速冷却。

g. 取适当稀释的细菌悬液(通常是 $10^{-4} \sim 10^{-8}$)0.1 mL 接种在血液琼脂培养皿上,用玻棒将细菌涂布整个平皿。

h. 计算每毫升细菌悬液的菌落形成单位。

② 细菌攻击末次染毒后 1 天,对照及染毒组小鼠经尾静脉注射 0.2 mL 的肺炎链球菌。

③ 观察结果从注射的当天记录动物死亡情况,每天观察 2 次,共观察 7 天。

(4) 结果表示。以动物死亡率来表示。

(5) 方法评注。该方法是以注射肺炎链球菌后引起动物肺炎发作而死亡,对链球菌的抵抗力主要反映抗体产生能力,中性粒细胞、巨噬细胞的吞噬功能及补体的活性。通过动物死亡的时间,可以初步判断机体抵抗力下降的机制。如果动物在注射细菌后很快死亡,这反映补体系统的缺陷,如果动物在 2~4 天死亡,这可能是中性粒细胞功能受损。

由于肺炎链球菌的种类繁多,不同类的细菌具有各自的特点,对所选用的肺炎链球菌每次需新鲜制备,应通过预实验确定给动物注射的细菌数。

由于某些链球菌属也是人类致病原,操作时应小心并采取相应的防护,实验中所用的器皿均需用消毒水浸泡处理,所有污物在弃去之前必须经过焚烧,以防污染环境。

2. 对李斯特菌(Listeria monocyto-gens)的抵抗实验

(1) 原理。给染毒及对照组动物注射一定量的李斯特菌后,经过短时间的潜伏期,动物因患单核细胞增多症而死亡,通过染毒组动物死亡率的增高,判断动物因免疫功能变化而导致对细菌抵抗力下降。

(2) 材料。C57BL/6 小鼠或 CBA 小鼠,5~6 周龄;李斯特菌;脑-心脏浸液培养基(BHI),胰蛋白胨琼脂培养基,胰蛋白胨豆胨琼脂培养基;温箱。

(3) 操作步骤。

① 细菌的制备。

a. 将冻存的细菌在室温下解冻。取 0.5 mL 细菌悬液放入盛有 4.5 mL 盐水的消毒小瓶内,该瓶为 1∶10 稀释,连续做 1∶10 稀释,直至 10^{-7}。

b. 为确定李斯特菌活菌数,将各稀释度的细菌 0.1 mL 接种在胰蛋白胨琼脂平皿上,用消毒玻棒涂布均匀,放入 37 ℃温箱培养 48 h。

c. 48 h 后计数每个平皿上的菌落,如果在两个平皿上计数的菌落为 278 个和 302 个,细菌悬液的稀释度为 10^{-5}。

$$结果计算 = (278+302)/2 = 290 = 2.9 \times 10^2$$
$$2.9 \times 10^2 \times 10^5 \times 10^1 = 2.9 \times 10^8 \text{ CFU/mL}$$

②细菌攻击。末次染毒后 1 天,给实验组及对照组动物经尾静脉注射一定数量(1×10^5 左右)的细菌,每 10 g 体重 0.1 mL。

③观察结果。攻击后每天观察动物死亡情况共 14 d。

(4)结果表示。以动物死亡率表示。

(5)方法评注。该方法主要用于评价巨噬细胞和 T 淋巴细胞功能,通常以动物死亡作为观察的终点,但由于李斯特菌主要在肝脏、脾脏生长,也有用在器官中李斯特菌生长的情况来判断机体抵抗力,用这种方法是在给动物注射李斯特菌后不同的间隔时间,将动物麻醉后处死,取出脾脏、肝脏,制备匀浆,再将匀浆接种在胰蛋白胨豆胨琼脂培养皿上,37 ℃温箱中 48 h 后计数菌落。该方法能较早了解机体抵抗力,但它所反映的只是暂时的效应,有可能会被其他防御功能代偿,计数器官中菌落生长费时、费力,增加工作人员感染的机会。

由于李斯特菌也是人类致病菌,因此在操作时要特别小心并采取相应防护措施。

三、对旋毛虫螺旋体的抵抗实验

(1)原理。动物感染旋毛虫螺旋体(Trichinella Spiralis, T. Spiralis)后,经数天在小肠黏膜上发育为成虫,免疫功能正常的动物可将成虫排出体外,通过对小肠成虫的计数及对肌肉幼虫计数来判断机体免疫功能的变化。

(2)实验动物:C57BL/6 小鼠,6~8 周龄;Wistar 大鼠,6~8 周龄;材料:盐酸,生理盐水,胃蛋白酶;震荡水浴,温箱,80 目及 200 目不锈钢网,倒置显微镜,显微镜。

(3)操作步骤。

①肌肉旋毛虫幼虫的分离。

a. 处死已感染旋毛虫的动物,通常 1 只供者可提供的旋毛虫足够给 10 只动物,去掉皮肤、头部、内脏及尾部。将小鼠切成小块,放入装有消化液(10 mL 液体中加入 1 mL HCl 及 0.75 g 胃蛋白酶)的带盖玻璃瓶中,在 37 ℃震荡水浴中 2 h,以获得足够量的幼虫。

b. 将上述含有幼虫的液体先经 80 目不锈钢网过滤,再经 200 目过滤,滤液转到锥形离心管中,37 ℃温箱中 15 min,以使幼虫下沉,再将幼虫转到装有 25 mL 盐水的离心管中,37 ℃温箱 15 min,最后将幼虫移入含有 1% 明胶的营养肉汤中。

c. 计数幼虫数并调整到适当的数量,通常将幼虫调成 2 000 个/mL 和 1 000 个/mL。

②旋毛虫的攻击。给小鼠经口灌入 0.2 mL(1 000 个/mL),大鼠灌 0.5 mL(2 000 个/mL)的幼虫混悬液。

③计数小肠内的成虫数。

a. 注射幼虫后 5~7 天处死小鼠,取出小肠,将小肠切成小段放在盛有 30 mL 盐水内加庆大霉素(250 mg/mL)的平皿中,37 ℃温箱 4 h。

b. 用镊子夹住小肠片段,轻轻地搅动,然后弃去,将液体经漏斗倒入50 mL 离心管中,用 10～15 mL 盐水冲洗平皿及漏斗。

c. 盖好离心管盖,1 200 r/min 离心 5 min,留下 3 mL 上清液,其余的全部吸去,此时可在 4 ℃保存 1 周再计数。

d. 为计数成虫,充分混合管内容物,转移到丙酰酸塑料板,沿板长边画线。

e. 计数前在板上滴 2～3 滴 5 mol/L NaOH,然后用空斑计数仪在放大 17.5 倍时计数成虫。

④计数舌头肌肉的幼虫数(组织学方法)。取出舌头,于 10% 福尔马林中固定、包埋、切片、染色。显微镜下计数肌肉中幼虫数,结果以幼虫数/mm^2 表示。

⑤消化舌头及计数方法。

a. 动物感染旋毛虫 4 周后处死,取出舌头并称重。

b. 用 2 把解剖刀片将舌头切碎,放入装有 12 mL 消化液(10 mL 盐水+1 mL 胃蛋白酶+1 mL HCl)液闪瓶内,旋紧盖子,在 37 ℃震荡水浴中 4 h,直至无肉眼可见的肌肉小块。

c. 将瓶内容物转入 15 mL 离心管内,用 2 mL 盐水冲洗液闪瓶,1 200 r/min 离心 5 min。

d. 吸去上清,注意不要搅动沉淀物,重悬沉淀物于 10 mL 盐水中,此时可在冰箱中保存 3～4 d 再计数。

e. 计数前 1 200 r/min 离心 5 min,将沉淀重悬于 2～3 mL 盐水中,充分混合试管内容物,转移到丙酰酸塑料板,沿板的长边画线。

f. 计数幼虫用 17.5 倍空斑计数仪计数,也可用倒置显微镜,解剖显微镜计数。

(4) 结果表示。通常用 1 000 个幼虫感染大鼠,每克组织中约 3 000～5 000 个幼虫;用 200 个幼虫感染小鼠,每克组织中约 1 000～2 000 个幼虫。

(5) 方法评注。该方法主要用于评价 T 淋巴细胞、B 淋巴细胞及嗜酸性粒细胞的功能,观察终点除计数小肠内的成虫、肌肉中的幼虫外,还可以用 ELISA 法检测各种类型抗旋毛虫的抗体,如 IgG、IgM、IgA、IgE 等。由于动物旋毛虫也是人类病原体,可以感染人群,动物与人感染旋毛虫后有类似的排除动力学和相似的临床症状,是较好的评价机体抵抗力的动物模型。

实验38 淡水螺的毒理学实验

一、一般毒性实验方法

先做测试物的预实验，找出引起螺10%~90%死亡的浓度范围，然后进行正式实验。

设一组为对照组，做5~6个浓度的实验组，每组做3个平行组。所配溶液分别加入500 mL烧杯内，每个烧杯内放入已性成熟的10只螺，为防止水螺爬出实验溶液之外，影响实验效果，用铁丝和纱网在液面上进行拦截，以保证其在实验期间与溶液接触。

为防止铁锈对水螺产生影响，要保证铁圈稍在液面以上。实验光照周期为12 h明/12 h暗，温度为实验室自然温度，溶解氧质量浓度为7.5 mg/L，实验进行24 h。

实验开始每小时记录死亡情况，死亡判断标准是：用镊子触螺的腹足，若腹足没有反应，认为该螺已死亡。尽快把死螺移出，避免其腐烂对其他螺产生影响。

48 h终止实验，计数螺的存活数，计算LC_{50}。

如果需要进行螺体内的化学物质的含量测试，需要对螺进行消化，根据要测试的化学物质不同采用不同的消化方法。测试重金属的含量可以用硝酸消化法。测试有机物的含量，需要对螺肉进行匀浆，并加入一定量的磷酸进行酸化，这样可以防止螺肉的黏液对有机物的提取产生影响，然后再用有机溶剂进行萃取。

二、污染物对胚胎发育的毒性实验

螺的卵袋可以从野外采集，也可以通过实验室培养获得。

根据季节和温度的不同，在野外采集螺卵的数量有所不同：在夏季，螺的繁殖比较旺盛，可以在野外池塘的水草茎叶上采集到大量的螺卵；而在春季，由于温度低，螺的生长和繁殖比较缓慢，采集的卵比较少。另外，由于野外环境不够稳定，存在有些螺卵会有被寄生虫寄生的现象，因此从野外采集的螺卵要在实验室培养一段时间，以确定螺卵是否受到污染。采集的螺卵可以在冰箱中保存，但时间不能过久，从冰箱取出的螺卵经过培养，可以很好地发育。

实验室里获得螺卵，主要是通过饲养成螺，当条件适宜了，成螺会将卵袋产在培养箱的器壁上，或者培养箱中的水草中。由于实验室饲养的螺的数量不多，每天所获得的卵袋数量也不多，因此当卵袋出现时，就要把卵从培养箱中取出，放入冰箱保存，待到收集到足够的卵袋时，再将这些卵袋取出冰箱，进行相关实验研究。

实验步骤如下：

①将收集到的螺卵袋从冰箱中取出，用清水冲洗，将卵袋表面的沾污洗净。

②计数螺卵袋的个数和每个螺卵袋中的卵的个数。

③将螺卵袋放入100 mL烧杯中，将25 mL不同浓度的实验液倒入烧杯中，每一浓度设3个平行样，烧杯上加盖表面皿，防止水分蒸发过快。放在光照培养箱中，25 ℃±1 ℃培养。

④每天将螺卵袋取出，放在载玻片上，滴加清水，防止卵袋干燥，放在照相显微镜下，进

行镜检,观察并对不同时期胚胎发育状况照相取样。

⑤根卵的孵化情况,记录孵化出第一枚卵的时间、卵袋中的卵不再孵化的时间以及孵化出的幼螺数。计算孵化率、孵化时间、胚胎存活率等指标。

三、幼螺的毒性实验

椎实螺幼螺的心脏位于围心腔内,呈梨形,有一个心房和一个心室,其壁由 1~2 层胞核较大的细胞构成。当胚胎发育至面盘幼虫期时,开始形成贝壳,此时胚壳淡黄色,薄而透明,利用体视显微镜,透过胚壳可观察到心脏功能出现并开始跳动,开始时约 60 次/min,跳动微弱,以后逐渐加快。当胚胎发育至仔螺形成期时,心跳速度可达 80 次/min,收缩强而有力。胚胎破膜而出后其心率达到 90 次/min。直至破膜大约 1 天后,由于色素沉积,贝壳变成淡褐色或褐色。此时观察不到幼螺的心跳。因此可以利用椎实螺幼螺进行化学物质对心跳的毒性作用研究。

化学物质对幼螺的急性毒性作用以及对幼螺心跳毒性实验的步骤同成螺的一般毒性作用方法。在对心跳进行研究时,可以利用解剖显微镜和计数器对心跳次数进行记录。在不同的化学物质测试中,心跳速率一般呈现随化学物质的浓度增高而下降的趋势,这可能也是导致幼螺对化学物质较敏感的因素之一。

四、螺的回避反应实验

可以选用层流选择室模型进行螺的对测试物的回避反应。

层流选择室通过实验溶液的流入使选择室的一边保持一个稳定的测试物浓度,另一边是自来水的流入。测试物的浓缩储备液与充入二氧化碳的流入液(即除氯自来水)混合后在选择室的一端得到所需要的浓度。尼龙网屏障置于流体流入处,并在流出处保持测度物水流的完整性和保证螺留在选择室内。这样选择室内的 3 个不同区域(即污染区、混合区、空白区)就已经建立起来了。

实验开始时将自来水流经选择室,并将 20 只螺放置在选择室的中央。这些螺在 30 min 的时间内进行暴露累积,然后将它们重新放置在选择室中。当在一端增加流量之间,时间在 140 min 之内,利用选择室底部的 z-y 栅格,每 10 min 记录一次螺的位置。在观测期中途,可以改变测试液的流量,并且螺的位置每 10 min 间隔被改变一次。通过这种方式,即当只有一种条件改变时的测试物的位置,可以确定这种运动反应是取决于测试物的流量还是其他刺激因素:对照实验是在同样的实验条件下,不同的是在选择室的两边都通入自来水。测试物在选择室的分布状态是在每组实验开始的 30 min 后通过相应的分析方法确定在选择室中 9 个位置的测试物浓度来确定。选择室的面积尺寸为 20 cm×18 cm。如果长为 y 轴,宽为 z 轴,原点在选择室的溶解物的终点处。回避实验中的测试物的浓度一般是选择室中测试物的另一边浓度的 3 倍。

实验39 农药对蜜蜂的毒性安全评价

一、目的与要求

学会用摄入法和接触法测定农药对蜜蜂毒性的测定方法,掌握农药对蜜蜂的毒性评标准。

二、实验原理

农药可以通过多种途径危害到蜜蜂:在直接喷洒时,接触蜜蜂使之死亡;可能污染花粉,使蜜蜂取食时致死;严重的是蜜蜂可能将农药带回蜂巢致使整窝蜜蜂死亡。在国外有些国家同时用蜜蜂和野蜂作实验材料,在我国目前条件下多采用养殖最普遍的意大利成年工蜂作实验蜂种。根据蜜蜂在田间与农药接触的方式,实验须做摄入毒性与接触毒性两种,供试的农药可用制剂或纯品。

1. 摄入法

将一定量的农药溶于糖水或蜂蜜中喂养蜜蜂。对难溶于水的农药,可加少量易挥发性助溶剂(如丙酮等)。

2. 接触法

供试农药用丙酮溶解,将蜜蜂夹于两层塑料纱布网之间,并固定于框架上;或用麻醉法先将蜜蜂麻醉(麻醉时的死亡率不得大于10%),而后于蜜蜂的前胸背板处,用微量注射器点滴药液。

实验前先作预备实验,初步确定供试农药对蜜蜂的最高安全浓度与最低安全死亡浓度。实验时在此范围内以一定的浓度级差配置成5~7个不同的处理浓度,并设有相应的溶剂或空白对照。实验宜在25 ℃+2 ℃微光条件下进行,记录24 h死亡率,用概率法求出LC_{50}或LD_{50}。根据毒性测定结果,参照Atkins毒性等级划分标准,按照LD_{50}值得大小,将农药对蜜蜂接触毒性分为三个等级:高毒级0.001~1.99 μg/蜂、中毒级2.0~10.99 μg/蜂、低毒级>11.0 μg/蜂。凡实验结果LD_{50}<10 μg/蜂的农药,需进一步考虑做田间毒性实验。据我国农药登记环境毒理学实验单位所采用的分级标准,将农药对蜜蜂喂毒毒性分为剧毒($LC_{50} \leq 0.5$ mg/L)、高毒(0.5 mg/L<$LC_{50} \leq 20$ mg/L)、中等毒性(20 mg/L<$LC_{50} \leq 200$ mg/L)以及低毒(LC_{50}>200 mg/L)。

三、实验材料

1. 供试药剂

8%阿维菌素水乳剂。

2. 供试蜂种

意大利蜜蜂(apis melliferal),成年工蜂。

3. 实验用具

(1) 实验蜂笼。为长方体框架(一般为木质),长×宽×高 = 15 cm×10 cm×10 cm,上下两面蒙上塑料纱网(一面固定,另一面活动)。

(2) 储蜂笼。为长方体框架(一般为木质),一面为可抽式玻璃,其余各面均为塑料纱网(长×宽×高 = 30 cm×30 cm×60 cm)。

(3) 塑料网袋。长×宽 = 30 cm×28 cm,纱网孔径为 2.5 mm。

(4) 蜜蜂饲料。为市售蜂蜜兑水后的蜂蜜水(蜂蜜和水的体积比为 1:2)。

四、实验操作

1. 药液的配制

将 1.8% 阿维菌素水乳剂用蒸馏水稀释 500 倍,得到 36 mg/L 的药液,再将其连续成倍稀释,得到 36,18,9.0,4.5,2.25,1.125 mg/L 等 6 个系列浓度。

2. 预试实验

预试实验目的是找出引起蜂蜜 $0(D_n)$ 和 $100\%(D_m)$ 死亡的剂量,以便安排正式实验。预试实验一般采用少量蜜蜂(6~10 只)进行,将蜜蜂随机分为 3 组,组间剂量比值一般以 1:0.5 或 1:0.7 为宜,预试实验应进行到找出 D_n 和 D_m 后方可安排正式实验。

3. 接触法实验

① 将蜜蜂从蜂箱内转入储蜂笼,实验时将蜜蜂移入塑料网袋中,每次 15~20 只。轻轻拉紧塑料网袋后,用图钉将其固定于泡沫板上,蜜蜂被夹在两层塑料纱网之间。

② 通过塑料纱网的网孔在蜜蜂的前胸背板处,用 10 μL 平头微量注射器分别点滴不同浓度供试药液 2.0 μL。

③ 将蜜蜂放入实验蜂笼中,每笼 15~20 只,隔网用脱脂棉喂食适量的蜂蜜水(蜂蜜和水的体积比为 1:2),另设清水处理为空白对照,重复 3 次,24 h 后记录中毒死亡情况。

④ 根据点药量和药液浓度将 LC_{50} 换算成 LD_{50},利用概率值法(EXCEL)或 DPS 软件计算出毒力回归式、致死中量 LD_{50}、相关系数及 95% 可信值。根据 LD_{50} 值按照分级标准确定农药对蜜蜂的毒性级别。

4. 摄入法实验

① 将储蜂笼中的蜜蜂移入实验蜂笼中,每笼 15~20 只。

② 将 2 mL 蜂蜜和 4 mL 不同浓度的药液混匀组成药液混合液(下称药蜜),装在 50 mL 的小烧杯中,并以适量脱脂棉浸渍形成饱和吸水状态棉球(以药蜜不扩散为宜)。实验时将小烧杯口向下倒置于实验蜂笼上面的塑料纱网上,通过网眼供蜜蜂摄取。

③ 定时观察蜜蜂摄食情况,随时添加药蜜,另设清水处理作为空白对照。每处理 15~20 只蜜蜂,重复 2 次。

④ 24 h 后观察记录各级浓度的蜜蜂死亡情况,利用概率值法(EXCEL)或 DPS 软件计算出毒力回归式、致死中浓度 LC_{50}、相关系数及 95% 可信限。

五、结果计算

将数据和结果记录在表 39.1、表 39.2 中。

表 39.1　农药对蜜蜂接触性实验记录

药液浓度/(mg·L^{-1})	36	18	9	4.5	2.25	1.125
每蜂给药量/(μg·蜂$^{-1}$)						
蜜蜂数/只						
死亡数/只						
死亡率/%						
毒力回归式						
LD_{50}/(μg·蜂$^{-1}$)						
95%可信限						
相关系数 r						

表 39.2　农药对蜜蜂摄入毒性实验记录

药液浓度/(mg·L^{-1})	36	18	9	4.5	2.25	1.125
每蜂给药量/(μg·蜂$^{-1}$)						
蜜蜂数/只						
死亡数/只						
死亡率/%						
毒力回归式						
LD_{50}/(mg·L^{-1})						
95%可信限						
相关系数 r						

实验40 杀虫剂抑制昆虫乙酰胆碱酯酶活性的测定

一、实验目的

掌握乙酰胆碱酯酶、胆碱酯酶(AchE)的作用及活性的测定方法。

二、实验原理

有机磷杀虫剂的作用机制在于其抑制了AchE的活性,使得乙酰胆碱不能及时分解而导致积累,并不断和受体结合,造成后膜上Na^+通道上长时间开放,因此突触后膜长期兴奋,从而影响了神经兴奋的正常传导。

以乙酰硫代胆碱(Asch)为底物,在AchE的作用下,Asch被水解成硫代胆碱和醋酸。硫代胆碱和二硫双对硝基苯甲酸(DTNB)起显色反应使反应液成黄色,在分光光度计412 nm处有最大吸收峰。故以比色法可测定AchE的活性。

三、实验材料

1. 供试昆虫

可选用菜青虫、玉米螟或棉铃虫幼虫。

2. 试剂及配制

(1) 0.1 mol/L磷酸缓冲液(pH7.4)配制:将0.1 mol/L Na_2HPO_4(17.805 g/L)和0.1 mol/L $NaH_2PO_4 \cdot 2H_2O$(15.605 g/L)按81:19混合,用pH仪测定并调pH值至7.4。

(2) 0.075 mol/L硫代乙酰胆碱(碘化)溶液:其质量浓度相当于21.67 mg/mL,用0.1 mol/L磷酸缓冲液(pH值为7.4)配制,于4℃冰箱内可保存15天。

(3) 1×10^{-2} mol/L DTNB溶液(含1.8×10^{-2} mol/L碳酸氢钠):取DTNB 39.6 mg、$NaHCO_3$ 15 mg,用0.1 mol/L磷酸缓冲液溶解,定容于10 mL容量瓶中。

(4) 1×10^{-3} mol/L毒扁豆碱:先配成27.5 mg/mL的丙酮液,再用蒸馏水稀释10倍。

(5) 供试药剂准备。98%对氧磷配成1×10^{-3} mol/L对氧磷丙酮液,用时,以0.1 mol/L磷酸缓冲液稀释10倍,成为1×10^{-4} mol/L(抑制剂的准确浓度需经过预测定后确定)。

3. 仪器及用品

721分光光度计、匀浆器、恒温水浴摇床、离心机、漩涡混合器、磁力搅拌机、pH仪、离心管、移液管、试管、试剂瓶、量筒、蒸馏水、冰块等。

四、实验步骤

1. 样品制备

以菜青虫、玉米螟或棉铃虫幼虫为对象,称取龄期和大小一致的试虫0.5 g放于玻璃匀浆器中。加入5 mL 0.1 mol/L磷酸缓冲液,在冰浴中用匀浆器匀浆。然后在4℃下,以

3 000 r/min，离心 10 min，取上清液作为酶源。

2. 测定步骤

测定步骤详见表 40.1，将各管混匀后在分光光度计 412 nm 下测定 OD 值。

表 40.1 测定步骤

加入试剂	调零管	标准管	抑制剂(1×10^{-4} mol/L 对氧磷)
1×10^{-4} mol/L 毒扁豆碱/mL			
抑制剂/mL			
酶源/mL			
0.075 mol/L Asch			
28 ℃下保温时间/min			
1×10^{-3} mol/L 毒扁豆碱/mL			
1×10^{-2} mol/L DTNB/mL			
0.1 mol/L 磷酸缓冲液/mL			

五、实验结果与分析

根据标准管的 OD 值和抑制剂处理管的 OD 值，计算出抑制剂对 AchE 的抑制率。

抑制率(%) = [(标准管 OD 值 - 处理管 OD 值)/标准管 OD 值] × 100%

第三篇
综合性毒理学实验

第三章

实验41 根据消化细菌的相对代谢率检测环境污染物的综合生物毒性

硝化细菌是化能自养菌,专性好氧,从氧化 NO_2^- 的过程中获得能量。以二氧化碳为唯一碳源,作用产物为 NO_3^-(见反应方程式),它要求中性或弱碱性的环境(pH 值 6.5~8.0)。亚硝酸盐被氧化为硝酸盐,靠硝酸盐细菌完成,主要有硝化杆菌属(Nitrobac 胞)、硝化刺菌属(Nitrospin)和硝化球菌属(Nitrococcus)中的一些种类。硝化作用所形成的硝酸盐,在有氧环境中被植物、微生物同化,但在缺氧环境中则被还原成为氮分子释放进入空气中。

$$HNO_2 + H_2O \longrightarrow HO-N-OH \longrightarrow HNO_3 + 2H^+ + 能量$$

$$\mid \qquad\qquad\qquad \downarrow 1/2O_2$$

$$OH \qquad\qquad\qquad H_2O$$

硝化细菌是对各种毒物都比较敏感的细菌,毒物的存在会影响其代谢活性。在有毒物存在的情况下,硝化细菌的代谢活性降低,其氧化亚硝酸盐为硝酸盐的速率随之降低。因此可根据硝化细菌转化的亚硝酸盐的量来表示毒物对硝化细菌代谢的影响,并根据其相对代谢率(实验组代谢率/对照组代谢率×100%)来评价其综合生物毒性大小。

本实验通过检测培养液中亚硝酸盐在一定时间内的去除量来测定硝化细菌的代谢率,并根据相对代谢率的公式计算出实验条件下的相对代谢率。由于多种污染物,如有机污染物、重金属和络合阴离子等,对硝化细菌都具有毒害作用,因此,此方法可以用于水、土壤等多介质中多种污染物的综合毒性评价。本实验采用一种有机物(氯仿)和一种重金属(镉)为受试污染物。

一、实验用品和试剂

(1)菌种:硝化细菌。

(2)培养基和试剂。

硝化细菌培养基,磷酸缓冲液(pH 值 7.4),亚硝酸盐显色剂,亚硝酸盐氮标准贮备溶液(0.25 g/L)。

亚硝酸盐氮标准中间液(50.0 mg/L。取亚硝酸盐氮标准贮备液 50.00 mL 置于 250 mL 容量瓶中,用水稀释至标线,摇匀。此中间液贮于棕色瓶内,保存于 2~5 ℃,可稳定一周)。

亚硝酸盐氮标准使用液(1.0 mg/L。取亚硝酸盐氮标准中间液 10.00 mL 置于 250 mL 容量瓶中,用水稀释至标线,摇匀。此溶液在使用时,当天配制)。

氯化镉溶液(1 mg/L、10 mg/L。精确称取 0.5 g 分析纯氯化镉,加去离子水 500 mL,完全溶解后吸取此溶液 1 mL,以去离子水稀释至 100 mL,此溶液质量浓度为 10 mg/L。再吸取 10 mg/L 的氯化镉溶液 10 mL,以去离子水稀释至 100 mL,此溶液质量浓度即为 1 mg/L)。

氯仿溶液(14.8 mg/L、148 mg/L。精确吸取 0.5 mL 氯仿(分析纯),加去离子水稀释至

500 mL,其质量浓度为 1 480 mg/L,作为贮备液。吸取贮备液 10 mL,以去离子水稀释至 100 mL,此溶液质量浓度为 148 mg/L。吸取 148 mg/L 的氯仿溶液 10 mL,以去离子水稀释至100 mL,此溶液质量浓度则为 14.8 mg/L)。

高锰酸钾标准溶液(0.050 mol/L。溶解 1.6 g 高锰酸钾($KMnO_4$)于 1.2 L 蒸馏水中,煮沸 0.5~1 h,使体积减少到 1 L 左右,放置过夜,用 G-3 号玻璃砂芯滤器过滤后,滤液贮存于棕色试剂瓶中避光保存)。

草酸钠标准溶液(0.050 0 mol/L,溶解经 105 ℃烘干 2 h 的优级纯无水草酸钠(3.350 0±0.000 4 g)于 750 mL 水中,定量转移至 1 000 mL 容量瓶中,用水稀释至标线,摇匀)。酚酞指示剂,去离子水。

3. 仪器及其他用具

恒温振荡器,高压蒸汽灭菌锅,离心机,分光光度计,电子天平,三角瓶(250,500 mL),容量瓶(100,500 mL),移液管(0.5,1,2,5,10 mL),试管(12 mm×75 mm),洗耳球,试管架,滤纸,称量纸,酒精灯。

二、实验步骤

1. 硝化细菌的培养

取菜园土 10 g 置于 90 mL 无菌水中制成土壤悬液,再取 10 mL 土壤悬液接种在有 90 mL 硝化细菌培养基的 500 mL 三角瓶中,30 ℃振荡培养 15 d。

2. 亚硝酸钠标准曲线的绘制

在一组 50 mL 比色管中分别加入 0,1.0,3.0,5.0,7.0 和 10.0 mL 亚硝酸盐氮标准使用液,用水稀释至标线。逐个加入 1.0 mL 显色剂,密塞,混匀。静置 20 min 后,在 2 h 内,于波长 540 nm 处,用光程 10 mm 比色皿,以水为参比,测量吸光度。从测得的吸光度中扣除空白,将校正的吸光度对亚硝酸盐氮含量(μg)绘制标准曲线。

3. 硝化细菌对亚硝酸钠的代谢

(1)将振荡培养后的硝化细菌以 2 000 r/min,离心 10 min,倾去培养基,用磷酸缓冲液制成菌悬液。

(2)取 15 只 250 mL 三角瓶分为 5 组,每组 3 瓶。5 组分别为对照组、1 mg/L 氯化镉溶液组(A)、10 mg/L 氯化镉溶液组(B)、14.8 mg/L 氯仿溶液组(C)、148 mg/L 氯仿溶液组(D)。各瓶加入溶液具体见表 41.1。将加好的三角瓶置于恒温振荡器中,37 ℃振荡培养,定时(0,2,4 h)取样分析。

表 41.1 溶液组分

对照组		30 mL 去离子水
A 组		1 mg/L 氯化镉溶液 30 mL
B 组	亚硝酸盐氮标准中间液 8 mL,菌悬液 12 mL	10 mg/L 氯化镉溶液 30 mL
C 组		14.8 mg/L 氯仿溶液 30 mL
D 组		148 mg/L 氯仿溶液 30 mL

(3)取 3~5 mL 水样,经过滤后,取滤液 1 mL,用蒸馏水稀释至 50 mL,置于 50 mL 比色管中,加 1.0 mL 显色剂,然后按标准曲线绘制的相同步骤操作,测量吸光度,从标准曲线上查得亚硝酸盐氮量。

三、实验报告

1. 结果

(1)亚硝酸盐氮含量的计算:

$$C = m/V$$

式中:C 为水中亚硝酸盐氮的质量浓度,mg/L;m 为由水样测得的校正吸光度,从标准曲线上查得相应的亚硝酸盐氮含量,μg;V 为水样的体积,mL。

(2)相对代谢率的计算:

$$T = \frac{C_{初} - C_{试}}{C_{初} - C_{对}} \times 100$$

式中:T 为相对代谢率,%;$C_{初}$ 为初始亚硝酸盐氮的质量浓度,mg/L;$C_{试}$ 为实验组取样测得的亚硝酸盐氮的质量浓度,mg/L;$C_{对}$ 为对照组取样测得的亚硝酸盐氮的质量浓度,mg/L。

(3)根据相对代谢率评价该浓度氯化镉和氯仿的综合毒性。

四、注意事项

(1)硝化细菌的最佳培养条件是采用灭菌培养基,培养基 pH 值为 7.0~9.0,接种量为 90 mL 培养基中接入富集培养得到的硝化细菌种子液 10 mL,培养的温度为 28~30 ℃,振荡培养。

(2)异养菌的存在对硝化速率有影响,硝化作用需要高度好氧条件以及中性至微碱性的 pH 值。异养菌的存在若引起溶解氧(DO)下降或 pH 值改变,就会降低硝化速率,因为硝化细菌对这些因素敏感。但只要 DO,pH 值等条件合适,即使存在有机物和异养细菌,硝化作用也能快速进行。

(3)硝化反应速度受温度影响较大,因为温度对硝化细菌的增殖速度和活性影响很大。硝化细菌的最适宜温度为 30 ℃左右。

(4)溶解氧浓度影响硝化反应速度和硝化细菌的生长速度,硝化过程的溶解氧浓度,一般建议应维持在 1.0~2.0 mg/L。

(5)进行亚硝酸盐含量测量时,当试样 pH 值大于等于 11,可能遇到某些干扰。遇到情况,可向试样中加入酚酞溶液 1 滴,边搅拌边逐滴加入磷酸溶液,至红色消失。

经此处理,则在加入显色剂后,体系 pH 值为 1.8±0.3,而不影响测定。试样如有颜色和悬浮物,可向每 100 mL 试样中加入 2 mL 氢氧化铝悬浮液,搅拌,静置,过滤,弃去 25 mL 初滤液后,再取试样测定。

(6)亚硝酸盐氮中间标准液和标准使用液的浓度值,应采用贮备液标定后的准确浓度的计算值。

(7)利用硝化细菌代谢率可以定量监测污染物 Cd,Pb,Cu,Zn,As,Cr,Hg 和 B 等的毒性。随着上述重金属浓度的增加,硝化细菌对亚硝酸盐的代谢率会降低。生物毒性增强,若以抵制硝化细菌代谢率25%为生物临界浓度。

上述重金属的生物临界浓度分别大约为:Hg 0.03 mg/L,Cd 0.8 mg/L,Cu 1.0 mg/L,As 4.0 mg/L,Cr 10.0 mg/L,B 42 mg/L,Pb 55 mg/L 和 Zn 90 mg/L。

毒性顺序为:Hg>Cd>Cu>As>Cr>B>Pb>Zn。

实验42 气相色谱法测定牛乳中有机磷类农药残留量

一、实验目的

(1)学习并掌握牛乳中有机磷类农药的提取净化方法。
(2)熟练掌握用气相色谱法测定牛乳中有机磷类农药的残留量。

二、实验原理

气相色谱法可同时快速并灵敏分析多种组分,适合用于农药残留分析。常用的检测器有电子捕获检测器(ECD)和火焰光度检测器(FPD)。对于DDT、溴氰菊酯这类含卤素的农药可以采用ECD检测器,其对强电负性元素响应值高,而对于有机磷类则可以采用FPD检测器。由于牛乳组成复杂且同时检测多种有机磷农药,所以使用程序升温的方式进行分离,以达到在不同阶段能有不同的温度,使得待测物在适当的温度下流出,用较短的分析时间就可以达到较好的分离效果。

三、实验材料

1. 材料

纯牛奶。

2. 试剂

敌敌畏(dichlorvos)、甲胺磷(methamidophos)、久效磷(monocrotophos)、甲拌磷(phorate)、杀扑磷(methidathion)、倍硫磷(fenthion)标样。

丙酮、乙腈、二氯甲烷、氯化钠、甲醇、无水硫酸钠、三氯甲烷均为国产分析纯。

3. 仪器与设备

气相色谱仪,配火焰光度检测器,色谱柱:30 m×0.25 mm×0.25 μm,超速离心机,旋转蒸发仪,三角瓶振荡器,无油真空泵。

四、实验步骤

1. 牛乳中有机磷农药的提取净化

用移液管移取10 mL纯牛奶样品,在牛乳样品中加入1 mL丙酮,混匀后加入14 mL有机提取液(丙酮:乙腈为1:4),静置20 min,然后振摇30 s混匀,在离心机上以4 500 r/min离心5 min,将离心机中的上清液收集到150 mL的分液漏斗中,再向离心管中加入1 mL水及10 mL的有机提取液(丙酮:乙腈为1:4)按上述方法提取,重复3次,收集上清液。

在收集了提取液的分液漏斗中加入25 mL二氯甲烷,剧烈振摇,注意放气,振摇完毕后在分液漏斗中加入2 mL甲醇,静置、分层,将分液漏斗中有机相收集至100 mL比色管中。在分液漏斗中的上层水相中分别加入20,10 mL二氯甲烷,再提取2次,将提取的有机溶液均收集在100 mL比色管中,并用二氯甲烷将比色管定容至100 mL的刻度线。

在定容后的比色管中加入 10 g 无水硫酸钠,振摇、静置,移取 50 mL 提取液经少量无水硫酸钠过滤至圆底烧瓶中,在旋转蒸发仪上 60 ℃氮吹旋转浓缩至干,用丙酮定容至 5 mL,待测,外标法定量。

2. 色谱条件

毛细管柱:30 m×0.25 mm×0.25 pm;进样温度:220 ℃;检测温度:250 ℃;柱箱:100 ℃ 起以 35 ℃/min 升至 250 ℃保留 10 min,载气:高纯氮气,纯度 99.999%,流速 10 mL/min;燃气:氢气,纯度 99.999%,流速 75 mL/min,助燃气:空气,流速 100 mL/min;进样方式:不分流进样,进样体积 1.0 pL,以保留时间定性,峰面积定量。

3. 有机磷标准曲线的制作

精确称取甲胺磷 0.007 05 g、久效磷 0.008 63 g、杀扑磷 0.008 64 g,分别吸取 7 mL 的敌敌畏、甲拌磷和倍硫磷,用丙酮溶解,各自定容于 10 mL 的容量瓶中,配成高浓度的单标液体。分别移取 1 mL 单标液于 25 mL 容量瓶中用丙酮定容,配制成混标。

分别移取 1 mL 混标,将其定容于 25,50,100,200 mL 容量瓶中,编号为 7、6、5、3 号。移取 1,7 mL 的 6 号标液,分别定容于 10 mL 的容量瓶中,编号为 2、4 号。移取 1 mL 的 5 号标液,定容于 10 mL 的容量瓶中,编号为 1 号。共稀释了 7 个浓度梯度,按照上述的色谱条件上机测定。

以标准样品的质量浓度为横坐标,相应的峰面积为纵坐标,获得多种不同类型的农药标准曲线、相关系数及检出限。

4. 计算结果

气相测定结果计算公式为

$$X = \frac{V_1 V_3 S_1}{V_2 m S_0} \times c$$

式中:X 为样品中农药的质量,mg/kg;c 为标准溶液中农药质量浓度,mg/L;m 为样品质量,g;V_1 为提取溶剂的总体积,mL;V_2 为吸取出用于检测的提取溶液的体积,mL;V_3 为样品最后定容体积,mL;S_1 为样品中被测农药峰面积;S_0 为农药标准溶液中被测农药的峰面积。

回收率计算公式为

$$R(\%) = \frac{X}{X_0} \times 100\%$$

式中:X 为样品检测出农药的质量,mg/kg;X_0 为样品加标的农药质量,mg/kg;R 为样品加标回收率。

检测限计算公式为

$$DL = 3Nc/H$$

式中:DL 为检出限,mg/kg;N 为基线噪声;c 为样品质量分数,mg/kg;H 为样品峰高。

五、实验操作注意事项

(1)选择与待测农药极性相近的溶剂,要求提取溶剂不能与样本发生作用,毒性低。

(2)针对不同的样品及不同种类的农药,选择不同的提取条件和溶剂。对于含水率较高的牛乳样品,乙腈极性中等,可以有效地提取目标农药且干扰物少。

(3)由于样品成分复杂,因而也易对色谱仪的进样口造成污染,分析时应注意及时对进样口的隔垫或衬管进行更换。

实验43 体外哺乳动物细胞染色体畸变实验

一、原理

染色体畸变的产生与微核的形成原理相同,但观察终点不同,染色体畸变只能在细胞分裂的中期进行观察和分析。为收集足够的中期细胞相,在收获细胞前,用秋水仙碱或乙酰甲基秋水仙碱处理,以阻断微管蛋白的聚合,抑制细胞分裂时纺锤体的形成,使分裂间期和前期的细胞停留在中期相。低渗处理细胞,使染色体均匀散开,然后固定、染色,可在油镜下观察。

二、材料与方法

1. 细胞

可利用包括人和动物细胞在内的多种细胞系、细胞株,如中国仓鼠肺和卵巢维细胞(CHL、V79和CHO细胞),也可用人或动物的周围血淋巴细胞。

2. 培养基

一般使用Eagle、MEM Eagle、RPMI-1640和F-12等培养液培养细胞,经常使用的是F-12培养液。Gibco公司生产,每袋重10.6 g,以1 L双蒸水溶解后,按照说明书要求,加入$NaHCO_3$ 1.167 g即成。必要时用1 mol/L NaOH或HCl调节pH值为7.2即可。然后用0.2 μm孔径微孔滤膜加压过滤,分装于无菌瓶中,密封储于4 ℃冰箱。

3. 消化液

(1)胰蛋白酶溶液。它可使细胞间的蛋白质水解,从而使细胞游离分散。常用的胰蛋白酶溶液质量分数为0.25%。在用胰蛋白酶液消化壁上的贴壁细胞时,应注意控制酶液的浓度、温度和作用时间。

(2)EDTA溶液 EDTA是一种化学螯合剂,毒性小,对贴壁细胞起诱导离散作用。一般质量分数为0.02%。

(3)抗生素溶液。配制时,取青霉素1×10^6 μg和链霉素1×10^6 μg,溶于100 mL Hank's液中。分装于无菌瓶中,密封储于4 ℃冰箱中。

(4)小牛血清及其灭活处理。从市场购得的小牛血清应做灭活处理,将小牛血清置于56 ℃水浴中灭活30 min,以破坏补体及一些污染的微生物,放置4 ℃冰箱中。

(5)秋水仙碱溶液。配制秋水仙碱溶液时,称取10 mg秋水仙碱,溶于100 mL生理盐水中,质量分数为0.01%,过滤除菌后小瓶分装,4 ℃冰箱保存。此液为原液,使用时,取原液1 mL,稀释成10 mL体积,即为每毫升含10 μg。实验时,于5 mL完全培养液中加0.1 mL秋水仙碱稀释液,则培养液中质量浓度为0.2 μg/mL。

(6)低渗溶液。常用0.075 mol/L KCl溶液,称取5.59 g KCl(相对分子质量为74.56)溶于1 000 mL双蒸水中,室温放置或于4 ℃冰箱中保存。

(7)细胞固定液。常用的固定液为甲醇和冰醋酸混合物(3:1),现用现配。

(8)代谢活化系统。在有或无代谢活化系统条件下,将细胞暴露于受试物。最常用的代谢活化系统是从酶诱导剂如 Aroclor 1254 或卢-萘黄酮联合处理的啮齿类动物肝脏制备的微粒体组分(S-9)及辅助因子系统。

(9)S-9 代谢活化系统。实验前,依据用量在天平上称取 NADP 和 G-6-P 放入一小瓶内,将其放置在冰水浴中,再依次加入磷酸缓冲液、水和盐液(均为 4 ℃)。待 NADP 和 G-6-P 溶解后,将其移入注射器内,通过滤膜过滤除菌。从液氮中取出的 S-9 放在冰壶内平衡 10~20 min,25 ℃ 水浴快速融化,打开安瓿,吸取 S-9,立即与其他成分混合。活化系统要现用现配,实验过程中要保持在冰浴中。

(10)染色液。姬姆萨染色是最常用的方法。

①姬姆萨储备液。取姬姆萨染料 3.8 g,置玛瑙乳钵中,加少量甲醇研磨,逐渐加甲醇至 375 mL。溶解后再加 125 mL 纯甘油,于 37 ℃ 温箱保温 48 h,期间摇动数次,放置 1~2 周过滤备用。

②姬姆萨应用液。取 1 mL 储备液加入 10 mL 的 pH=7.4 的磷酸盐缓冲液。

三、操作程序

1. 细胞

常选用中国仓鼠 CHL 细胞株,需定期检查核型及是否有支原体等污染。-80 ℃ 或液氮保存。按常规要求复苏、接种和传代细胞。

2. 浓度设置

至少设 3 个浓度组。高浓度组以 50% 细胞生长抑制为基准,中、低浓度组可采用倍量稀释法,最低浓度不得小于有效浓度。对易溶解的无毒化合物高剂量组一般要求达到 5 mg/mL 或 10 mol/L。溶解度受限时可采用饱和浓度。无细胞毒性的相对不溶的受试物,则以最低产生沉淀的浓度作为最高浓度,一般不超过 5 mg/mL 或 10 mmol/L。

3. 代谢活化

采用药酶诱导剂处理后的哺乳动物肝微粒体酶(S-9)进行体外代谢活化实验,即在加 S-9mix 和不加 S-9mix 平行的条件下测试。

4. 药物作用时间

在非代谢活化条件下,药物和细胞分别作用 24 h 和 48 h 收获细胞;而在代谢活化条件下,药物和细胞接触至少 6 h 以上。

5. 对照

每批实验必须设空白对照、溶剂对照、阳性对照和 S-9 平行对照组。

6. 收获时间

在第一次实验,细胞应在有和无代谢活化条件下染毒 3~6 h,并在染毒开始后约 1.5 倍的正常周期时采样。如此方案在有或无代谢活化时均为阳性结果,应再进行一次无代谢活化的实验,延长染毒时间直到采样时。某些化学物在染毒/采样时间长于 1.5 倍正常细胞周期时更易被检测。在有代谢活化条件下得到的阴性结果,需要根据情况予以证实。如认为阴性结果不必进行证实,应提供适当理由。

7. 染色体制备

在收获前以秋水仙素或秋水仙碱处理细胞培养物 2~4 h。然后按哺乳动物骨髓细胞染色体畸变实验方法分别收获细胞,低渗、固定、染色和制备染色体。

8. 染色体分析

(1)染色体数目畸变。

①非整倍体。CHL 细胞染色体正常情况下是二倍体($2n$-25)。比染色体数目少一个或若干个,称亚二倍体;多一个或若干个染色体称超二倍体。上述两种情形均可称为非整倍体。然而,在染色体玻片标本制作过程中,由于各种影响因素可人为地导致少数中期分裂相出现染色体数目的变化,在畸变观察中一般不予计算。

②多倍体。化学性药物诱发体细胞染色体数目异常主要是多倍体的增加,它表现为染色体数目成倍地增加,如三倍体、四倍体或更高的多倍体等。未加处理的 CHL 细胞的多倍体约为 0~2%。在体外细胞培养中,能明显诱发细胞恶性转化的抗肿瘤药物或化学物,可引发多倍体明显增加。

(2)染色体结果异常对细胞染色体具有遗传毒作用的新药,其引起的损伤可能是多种多样的。其表现形态虽然多样,但其基本类型可分为两类,即染色体型和染色单体型。两者的主要区别在于前者的改变涉及整条染色体,而后者仅涉及一条染色单体。

染色体型畸变从形态改变及构成的原因上有多种描述或称谓,但从显微镜下常见的形态学观察上可归纳为下述几种基本类型。

①裂隙。在一个染色单体或两个染色单体上同时出现无染色质的区域,其宽度小于染色单体横截面的宽度,分别称染色单体或染色体裂隙。但是,由于染色体在制备标本过程中受到各种因素的影响常可形成裂隙,故在计算染色体畸变率时通常不予考虑。

②断裂。损伤的系统学表现基本与裂隙相同,只是断裂处的宽度大于染色体截面的宽度,断裂后的断片可留在原位或离开原位,后者则有可能发生重排而出现多种形态学特点。

③断片。断裂后断片游离出去形成无着丝点的断片。

④缺失。上述断片易出现在染色体的末端,亦可出现在染色体臂内任何部分,与断裂的区别在于断裂常可在染色体附近发现断片。

⑤微小体。是染色体臂上两个靠得很近的断裂,形成成对的中间小断片,较短小,呈圆形,属于中间缺失。

⑥着丝点环。经过两次断裂后带有着丝点部分的两端相接形成球状结构,故两环在着丝点部位仍相连,可伴有一对无着丝点断片。

⑦无着丝点环。成对的无着丝点的染色体断片连在一起呈环状。

此外,还有相互易位和倒位等畸变,但通常较难识别或需要分带技术方能识别。关于染色单体型畸变,虽然它只涉及一个染色单体,但在许多方面与染色体畸变是相似的。它亦有断裂、断片、微小体、缺失、着丝点环、无着丝点环和染色单体互换,分别可形成三射体、四射体或多射体等,可有对称性的或非对称性的表现。据我们的经验,在以丝裂霉素 C 作为阳性对照时,出现染色单体互换的发生率是相当高的。

9. 镜检

每个浓度至少观察 100 个中期分裂相,在油镜下分别记录染色体的数目畸变和结构畸变。

四、结果评定

1. 关于 CHL 细胞染色体畸变观察的结果判定

我国《指导原则汇编》已做了明确规定，即：

细胞畸变率　　　　<5%　　　阴性(-)
细胞畸变率　　　　>5%　　　可疑(±)
细胞畸变率　　　　>10%　　阳性(+)
细胞畸变率　　　　>20%　　阳性(++)
细胞畸变率　　　　>50%　　阳性(+++)

2. 实验数据用许检验分析

各实验组畸变细胞率与阴性对照组相比较，差别有显著性意义，并有剂量-反应关系；或某一剂量组呈现可重复的并有统计学意义的增加，则此受试物的实验结果为阳性。

五、注意事项

1. 器皿洗涤干净

玻片如有酸、碱或油脂残留，将影响细胞的铺开，使用冰冷玻片可使细胞展开更好。

2. 严格把握培养液 pH 值

如过酸或过碱，可用 5% $NaHCO_3$ 或 0.2% HCl 调节。

3. 离心速度

离心速度太高，细胞团块不易打散，速度太低则会失去大量分裂相。

4. 机械吹打

机械吹打无力，细胞成团不易观察；如吹打过猛，细胞易打散，但染色体易分离。

实验44 鼠伤寒沙门氏菌/哺乳动物肝微粒体致突变性实验

一、目的与要求

(1) 了解实验的基本原理及其操作步骤,并能进行实验设计。
(2) 学习并掌握实验操作步骤及实验结果的计算、分析,据此评定受试物的致突变性。
(3) 学习利用细菌检测环境化学物的致突变作用。

二、原理

鼠伤寒沙门氏菌/哺乳动物肝微粒体致突变性实验(Salmonella typhimurium/mammalian microsome test),简称 Ames 实验。是美国加利福尼亚大学 Ames 教授经过 12 年的辛勤研究,建立的一种致突变测试方法。鼠伤寒沙门氏菌的突变型(即组氨酸缺陷型)菌株在无组氨酸的培养基上不能生长,在有组氨酸的培养基上可以正常生长。但如在无组氨酸的培养基中有致突变物存在时,则沙门氏菌突变型可回复突变为野生型(表现型),因而在无组氨酸培养基上也能生长,故可根据菌落形成数量,检查受试物是否为致突变物。某些致突变物需要代谢活化后才能使沙门氏菌突变型产生回复突变,代谢活化系统可以用多氯联苯(PCB)诱导的大鼠肝匀浆(S-9)制备的 S-9 混合液。1975 年 Ames 等人用紫外线照射诱导鼠伤寒沙门氏菌 LT2 菌株,筛选出若干不同的组氨酸营养缺陷型菌株为测试标准菌株。这些菌株缺少合成组氨酸的基因,只能在含有组氨酸的培养基上才能生长。但是,致突变污染物质能够改变该类菌株的基因,导致其发生回复突变,使其重新成为具有自我合成组氨酸能力的菌株,在没有组氨酸的培养基中也能够生长,形成肉眼可见的菌落。有些致突变物或致癌物需要经过哺乳动物细胞的代谢火化后才能表现出其致突变作用,这类物质成为间接致突变物。Ames 实验可以通过在体外将待测物质经鼠肝微粒体酶系(S-9)火化后检测这类物质是否诱发沙门氏菌回变,从而增加了方法的检测范围。

通过统计计算发生回变的菌落数,就可以判断受试物质的致突变性的高低。一般认为,回变菌落数超过自发回变菌落数的 2 倍,且具有线性的剂量-反应关系,就被认为致突变实验呈阳性,受试物质具有突变特性。

目前常用的组氨酸缺陷型沙门氏菌有 TA97、TA98、TA100 及 TA102。在环境检测领域经常采用的菌株是 TA97 及 TA100。其中 TA98 能够检测导致 DNA 移码的致突变物质,而 TA100 能够检测导致 DNA 为碱基对置换的致突变。

为了增加菌株对化学物质的敏感性,Ames 还给这些菌株附加了几种突变特性及抗氨苄青霉素(ampicillin)R 因子。

(1) 深粗糙突变(rough face),简称 rfa 突变,可导致细菌细胞壁上脂多糖(LPS)屏障缺失,从而使一些大分子有机物得以透入菌体。

(2) 菌体内加入含 R 因子质粒(如质粒 pKM101、质粒 pAQl 等),这些质粒能增强细

DNA 损伤的易误修复,促使有可能被修复的前突变转变为真正的突变,以提高菌株的敏感性。

(3)紫外线切割修复系统(excision repair)缺失突变(△uvrB),是使细菌失去 DNA 切除修复能力,因而提高其检测的敏感性。紫外线切割修复系统(excision repair)缺失突变,一直延伸到邻近的生物素基因,使细菌失去合成生物素的能力,所以在培养基中要加入微量生物素。此外,Ames 实验的常用方法主要有平板渗入法、点试法和预培养法等。

三、实验条件

1. 器材

隔水式培养箱,恒温水浴箱,显微镜,恒温振荡器,15 W 紫外灯,高压灭菌锅,低温冰箱(-80 ℃),高速离心机,G-6 型漏斗(0.2 ym),注射器(1 mL),组织匀浆器,解剖剪,解剖刀,解剖盘,三角瓶(100 mL、500 mL),试管(1.5 cm×10 cm),微量加液器(100 mL、200 mL、500 mL),培养皿(直径 9 cm),烧杯(150 mL、500 mL),滤纸条(90 mm×2 mm),滤纸片(直径 4 mm),黑色玻璃或黑纸(12 cm×12 cm)。

2. 试剂与培养基

(1)营养肉汤培养基。牛肉膏 0.5 g,混合蛋白胨(或胰胨)1.0 g,NaCl 0.5 g,蒸馏水加至 100 mL。调节 pH 值为 7.2~7.5,分装试管或 100 mL 三角瓶各 5~10 mL,于 121 ℃灭菌 20 min,4 ℃下密封保存备用。

(2)营养肉汤琼脂培养基。将琼脂粉 1.5 g 和营养肉汤培养基 100 mL 混合,加热融化后调节 pH 值至 7.4,于 121 ℃灭菌 20 min,4 ℃下密封保存备用。

(3)底层(基本)培养基(即最低营养培养基)。

①琼脂(优质)15 g 用蒸馏水溶解并定容到 100 mL,高压灭菌。

②葡萄糖贮备液:将葡萄糖 20 g 用蒸馏水加至 100 mL,高压灭菌,待冷却后,4 ℃冰箱保存备用。

③Vogel-Bonner(V-B)培养基 E(50 倍的最低营养培养基):硫酸镁($MgSO_4 \cdot 7H_2O$)1 g,柠檬酸($C_6H_8O_7 \cdot H_2O$)10 g,磷酸氢二钾(K_2HPO_4)50 g,磷酸氢铵钠($NaN_4HPO_4 \cdot 4H_2O$)17.5 g,蒸馏水加至 100 mL,加热使其全部溶解。可不必校 pH 值,不必灭菌,置 4 ℃冰箱保存备用。

将趁热混匀,待凉至 80 ℃左右时倒入无菌平皿(内径 90 mm)中,每皿 20 mL,37 ℃培养过夜以除去水分,并检查有无污染。

(4)琼脂培养基。50 mL(V-B)培养基加入 1.5 g 琼脂粉,蒸馏水加至 93 mL,6.80 kg 20 min 高压灭菌,待稍凉后,加入葡萄糖贮备液 5 mL,使充分混匀。待温度降至 55 ℃左右倒入无菌培养皿中,每皿为 20 mL。琼脂平板可置室温保存。

(5)上层培养基。琼脂粉 0.6 g,氯化钠 0.5 g,0.5 mmol-组氨酸/D-生物素 10 mL,蒸馏水加至 100 mL,加热融化混合均匀后趁热分装于试管(1.5 cm×10 cm),每管 2.5 mL,15 磅灭菌 20 min 备用。

(6)素琼脂上层培养基。琼脂粉 0.6 g,氯化钠 0.5 g,蒸馏水加至 100 mL,加热融化混合均匀后趁热分装于试管(1.5 cm×10 cm),每管 2.5 mL,6.80 kg 灭菌 20 min,置冰箱保存备用。

(7) 0.5 mmol/L-组氨酸/D-生物素。L-组氨酸盐酸盐(相对分子质量 155.16) 7.758 mg,D-生物素(相对分子质量 224.1) 11.2 mg,蒸馏水加至 100 mL。

(8) 细胞生长素(25 mmol/L-组氨酸/0.5 mmolD-生物素)。L-组氨酸盐酸盐(相对分子质量 155.16) 38.79 mg,D-生物素(相对分子质量 224.1) 11.2 mg,蒸馏水加至 100 mL。

(9) 0.15 M 氯化钾。6.80 kg 15 min 高压灭菌后,置冰箱冷却后备用。

(10) 大鼠肝脏微粒体酶提取液(即 S-9)的制备。

①酶的诱导。成年雄性大白鼠(体重 100~150 g) 3 只,按每千克体重腹腔注射诱导物五氯联苯油溶液 2.5 mL(用玉米油配制,质量浓度为 200 mg/mL),诱导酶活力。5 天后杀鼠(杀鼠前禁食 24 h)。

②肝匀浆和上清液的制备。将大鼠用重棒击昏,浸泡在消毒水中数分钟,断头放血,暴露胸腔,从肝门静脉处注入冰冷的 0.15 MKCl 溶液洗涤肝脏 2~3 次。取肝脏称重后,剪碎,每克肝(湿重)加冰冷的 0.15 MKCl 溶液 3 mL,并用组织捣碎机将肝脏制成匀浆。匀浆液经 9 000 r/min 离心 10 min,取上清液分装小管(每管 1~2 mL),抽样菌检,低温(-20 ℃)保存备用。

以上操作需要求无菌条件,并在 4 ℃下进行。

(11) 微粒体酶混合液(S-9 混合液)制备方法。

①0.2 mol pH=7.4 磷酸缓冲液称取 $Na_2HPO_4 \cdot 12H_2O$ 7.16 g,KH_2PO_4 2.72 g,加蒸馏水至 100 mL,灭菌后备用。

②盐溶液取 $MgCl_2$ 8.1 g,KCl 12.3 g,加蒸馏水至 100 mL,灭菌后备用。

③NADP(辅酶Ⅱ)和葡萄糖石-磷酸(G-6-P)使用液。每 100 mL 使用液含 NADP 297 mg,G-6-P152 mg,0.2 mol pH=7.4 磷酸缓冲液 50 mL,盐溶液 2 mL,加蒸馏水至 100 mL。细菌过滤器过滤除菌,分装成 10 mL 小瓶后置于-20 ℃贮存备用。

④S-9 混合液取 2 mL S-9 加入 10 mL NADP 和 G-6-P 使用液即成。混合液置冰浴中,须现配现用。

(12) 0.1 mol/L-组氨酸-0.5 mmol D-生物素溶液。L-组氨酸(相对分子质量 155.16) 15.5 mg,D-生物素溶液(相对分子质量 224.1) 1.12 mg,无菌蒸馏水加至 100 mL,置 4 ℃冰箱中保存备用。

(13) 0.85% 灭菌生理盐水。

(14) 1 mg/mL 结晶紫(用无菌水配制)。

(15) 8 mg/mL 氨苄青霉素(用无菌的 0.02 mol/L NaOH 水溶液配制)。

(16) 8 mg/mL 四环素溶液(用无菌的 0.02 mol/L HCL 水溶液配制)。

(17) 10 mg/mL 环磷酰胺溶液(用无菌水配制)。

(18) 0.1 mg/mL 正定霉素溶液(用无菌水配制)。

3. 实验菌株

选用鼠伤寒沙门氏菌(salmonella typhimurium)组氨酸营养缺陷型菌株 TA98、TA100。或选用 TA97、TA98、TA100 及 TA102 等一组菌株。实验菌株须经生物学性状鉴定,符合要求之后才能使用。

四、实验步骤与方法

1. 实验用菌液制备

(1)生长培养。将贮存于-80 ℃冰箱中的菌液常温融化后,取0.2 mL接种在装有9.8 mL营养肉汤的50 mL三角瓶中,置37 ℃,振荡培养10 h。

(2)活菌计数。取一支内含1.8 mL素琼脂上层培养基,使之融化后保温45 ℃,加入0.2 mL活菌生长液。吸取0.1 mL经生长培养并稀释成$1\times10^6 : 1.6\times10^6$的菌液,加入软琼脂中混匀后,倒入硬琼脂平板面上铺匀,于37 ℃下培养24 h。做两个平板,计数菌落,活菌数在$1\times10^9 \sim 2\times10^9$个/mL,可供实验之用。

2. 菌株性状鉴定

(1)组氨酸营养缺陷型鉴定。吸取0.1 mL菌液加入装有2.5 mL已融化并保温在45 ℃的素琼脂上层培养基试管中,混匀后注入底层培养基上平铺均匀,取浸有0.1 mol/L组氨酸和0.5 mmol D-生物素(TA102菌株不需加 D-生物素)的无菌圆滤纸片(直径4 mm),平放于素琼脂平板上,37 ℃培养24~48 h,观察圆滤纸片的周围有无菌落生长。每一菌株至少作2个平皿平行实验。

(2)深粗糙(rfa)突变鉴定。取2个营养肉汤琼脂平板,用无菌接种耳分别取实验菌液和对照(野生型)菌液,于平板上画平行线,随后用浸有0.1%结晶紫的无菌滤纸条(90 mm×2 mm)置于平板上,且与接种平行画线中央垂直相交。37 ℃培养12 h后观察。若菌株存在rfa突变,滤纸条两侧出现清晰抑菌带;反之,在滤纸条交叉处的两侧生长菌落。

(3)R因子的鉴定。取二个营养肉汤琼脂平板,用接种耳分别取实验菌液和对照(野生型)菌液,在平上画接种平行线。再取浸有氨苄青霉素液(若鉴定TA102还需用四环素溶液)的无菌滤纸条上,置于平板上,且与接种平行线中央垂直相交,37 ℃培养12~24 h后观察。无R因子的菌株在滤纸条相交的两侧出现抑菌带,宽度约5 mm。反之,则无抑菌带。

(4)切除修复缺失($\triangle$uvrB)鉴定。取2个营养肉汤琼脂平板,用接种耳分别取实验菌液和对照(野生型)菌液,在平板上画接种平行线,平板的一半用黑色玻璃或黑纸遮住,置15 W紫外灯下,距离30 cm,照射8 s(无R因子菌株照射8 s)。37 ℃培养12~24 h后观察。切除修复缺失的菌株,照射后不生长,野生型菌株则生长。

(5)自发回变量测定。微生物在保存或培养过程中,能产生自发回变。如自发回变数过高,说明菌株可能有污染或变异,则不宜采用。如含R因子菌株的自发回变率降低,且伴有对氨苄青霉素敏感,表明R因子部分或完全丢失。在同一实验室内,回变菌落数相对稳定,波动不应大。即使这样,在几次实验之间,甚至同次实验不同平皿间,还会出现一定菌落数的差异,所以Ames实验强调每一项处理至少应有3个平皿以上平行实验。同时,该实验根据其具体情况规定了允许的自发回变菌落数范围(不加S-9的情况下每皿菌落数)。其中TA97为90~180;TA98为30~50;TA100为120~200;TA102为240~320。如加S-9,回变菌落数稍有增加。自发回变过高或过低,均须重新分离菌种,选取自发回变合格的菌株进行实验。

将待鉴定的新鲜菌液0.1 mL加入保温45 ℃的上层培养基中,混合均匀后倾注于底层培养基(低营养培养基)平板上,37 ℃培养48 h,观察3个平行的平皿的自发回变数。

(6)回变特性鉴定。用已知阳性致突变物的回复突变作用来确定实验菌株的回变作用性质及 S-9 混合物酶活性。

取 0.1 mL 实验菌溶液，0.1 mL 一定浓度的已知阳性致突变物，0.2~0.5 mL S-9 混合液，依次加入保温 45 ℃ 的上层培养基中，混匀后，倾注于底层培养基平板上，37 ℃ 培养 48 h，观察突变菌落数。设 2 个皿平行。

3. 待测物浓度的选择

取上层培养管，每管各加 0.1 mL 菌株性状鉴定合格的活菌液，然后加入 0.1 mL 不同浓度待测物，混匀后，倾注于底层培养基平板上，铺平，待凝固后，37 ℃ 培养 48 h。在显微镜下观察各平板的背景，了解待测物有无杀菌、抑菌现象及其过程。若某浓度待测物使测试菌株的背景消失，则该浓度为待测物的最高浓度，然后根据该浓度范围逐级稀释，确定包含有产生明显突变和不产生突变的 4~5 个不同实验浓度。

4. 诱变实验

(1) 平板点实验(定性)。实验设三皿平行，首先在培养皿盖上做好标记(实验组别、菌名、待测物名称及其浓度，有无 S-9 等)。吸取 0.1 mL 实验菌液(含菌($1×10^8$~$2×10^8$))，$0.2~0.5$ mL S-9 混合液，依次加入 2.5 mL 融化并保温于 45 ℃ 的上层培养基中，并在两掌中搓转(或采用混合器)。充分混合后，迅速倾注并铺于底层培养基上(全部操作不超过 20 s)。将浸有待测液(约 10 μL)的无菌圆滤纸片(直径 4 mm)直接加在上层培养基上。每皿可放 1~5 片滤纸片。待培养基凝固后将平板倒置，置 37 ℃ 培养 48 h。对于弱的或有抑菌作用的诱变剂延长培养时间，至 72 h，观察结果。

(2) 平板掺入法(定量)。先在培养皿盖上做好标记(同点实验)。吸取 0.1 mL 实验菌液(含菌 $2×10^8$)，0.1 mL 待测液，$0.2~0.5$ mL S-9 混合液(体积分数为 0.04~0.1 mL S-9/mL)，依次加入 2.5 mL 融化并保温于 45 ℃ 的上层培养基中，并在两掌中搓转(或采用混合器)。充分混合后，在 20 s 以内倾入底层培养基上，平铺均匀。待培养基凝固后倒置平板，置 37 ℃ 培养 48 h，观察结果，记录回变菌落数。每个浓度设 3 个平皿。

(3) 对照实验(与待测物诱变实验平行进行)。

①环境无菌实验。在实验开始和结束时各取一底层培养基平皿，打开平皿盖，置空气中暴露 1 min，随后盖上盖，置 37 ℃ 培养 48 h，观察平板上有无杂菌生长。

②S-9 混合液菌检实验。吸取 0.2 mL S-9 混合液加入 2.5 mL 融化并保温于 45 ℃ 的上层培养基中，混合后倾入底层培养基上，37 ℃ 培养 48 h，观察平板上有无杂菌生长。设 2 个平行平皿。

③自发回变对照。与菌株生物学性状鉴定中自发回复突变鉴定方法相同。

④阳性对照。与菌株生物学性状鉴定中自发回复突变鉴定方法相同。

五、结果与报告

1. 实验结果判断与评价

(1) 点试法。凡在点样纸片周围长出一圈密集的 his$^+$ 回变菌落者，该物质具有致突变性，即为阳性；如只出现少数散在菌落，则为阴性。

(2) 掺入法。计数各平皿的回变菌落数，按下式计算突变率：

$$突变率(Rt/Rc) = \frac{诱发回变\ his^+ 菌落数}{自发回变\ his^+ 菌落数}$$

确认待测物具有致突变作用，必须具有以下几点：
① 诱发回变 his⁺ 菌落数为自发回变 his⁺ 菌落数的 2 倍或 2 倍以上。
② 回变菌落数随剂量增加而增加，并在一定剂量范围内剂量效应曲线呈直线。
③ 有可重复性。
④ 经统计学处理有显著性差异。

2. 按下表记录待测物诱变实验结果，并绘制待测物诱变效应曲线图。

Ames 实验实验结果记录

组别	剂量（μg/皿）	TA98		TA100	
		−S-9	+S-9	−S-9	+S-9
待测物					
阳性对照					
自发回变					

六、注意事项和相关研究进展

1. 注意事项

（1）匀浆的提取应重视无菌操作，并应作无菌测定；如无低温条件时，提取过程尽可能用冰浴保持低温。S-9 混合液要在使用时随时配制。

（2）培养基要放在 45 ℃水浴中保温，这样琼脂不会凝固，如温度过高，会烫死细菌和使 S-9 中的酶失活。

（3）在掺入法实验时，要注意有无背景生长的菌苔，一般可用低倍显微镜（140）观察。如无菌苔而出现很多菌落，应判定为假阳性。这是由于待测物杀死了大部分细菌，使残存的细菌得以利用培养基中微量的组氨酸和生物素生长成肉眼可见的菌落，但这并非是回变菌落。

（4）该法只局限于实验某些能够在琼脂上扩散的化学物质，大多数多环芳烃与难溶于水的化学物质均不能用此法，其敏感性也不如标准的掺入法。此法主要是一种定性实验，适用于快速筛选大量化学物。

（5）沙门氏菌是条件致病菌，用过的器皿应放在石炭酸中或进行煮沸消毒灭菌，培养基也应经煮沸后倒弃，并严防鼠伤寒沙门氏菌传染鼠类。

（6）致癌物与致突变物的废弃物处理，原则上按放射性同位素废弃物处理方法进行处置。

2. 相关研究进展

Ames 实验的一个显著的优点是实验时间短、快速、成本低，能够对大量的污染物质进行系统的实验；另一个优点是不需要对混合污染物质进行分离，可以检测多种污染物质混合后的致突变性。所以现已成为国际上公认的化学诱变检测常规方法而在国际上广泛应用，并已逐步使操作标准化。

目前，Ames 实验已经取得了大量的数据，形成了比较完整的数据库。研究证明，污染物的 Ames 致突变实验结果与其动物的致癌性具有比较好的相关性（83%）。Ames 实验在环境毒理学检测中发挥了重要的作用。由于具有比较完整的数据,相关的 QSAR 模型研究也比较多,而且在此基础上还发展了综合性的专家系统。在模型研究中,最常用的参数是辛醇冰分配系数。

Debnath 等人 1992 年关联了 188 种芳香烃化合物与 TA98 菌株的致突变性,得出了如下方程式:

$$\lg \text{TA98} = 0.58\lg P - 2.35\lg(\beta 10^{\lg P}+1) - 1.32E_{LUMO} + 1.91I_1 - 3.91$$
$$n=188, r=0.872, s=0.995, \lg P_0=4.78, \lg \beta=5.26$$

式中:I_1 是苯环数目指示参数。对于 3 个以上共轭的苯环,$I_1=1$;而对一个或两个苯环,$I_1=0$。

由此可见,污染物质的致突变性与分子的憎水性和电子特性相关。致突变性与污染物质的疏水性($\lg P$)具有密切的关系。

另外,对于喹啉类化合物,研究认为 TA100 菌株的致突变性与分子的电子亲和性或者最低空轨道能量(LUMO)具有良好的相关性:

$$\ln(\text{TA100}) = -14.23 E_{LUMO} - 13.39$$
$$n=19, r=0.958, s=1.309$$

实验 45　杀虫剂对昆虫表皮的穿透作用测定

一、实验目的

(1) 学习杀虫剂穿透昆虫体壁的性能的测定方法。
(2) 比较杀虫剂对昆虫体壁穿透性的两种测定方法的优势与劣势。

二、实验原理

杀虫剂可以进入昆虫体内，但是不同的杀虫剂通过昆虫表皮进入体内的能力会随着药剂的油/水分配系数的不同而有所变化。目前国内外测定杀虫剂穿透昆虫体壁的性能的方法主要有标记药剂示踪法和气相色谱分析法两种。

1. 标记药剂示踪法

用放射同位素标记杀虫剂，以触杀测定方法处理试虫，经过一段时间后，用溶剂洗掉昆虫体表残留下来的标记杀虫剂，测定其残留量，计算药剂的穿透率。

2. 气相色谱分析法

用杀虫剂的标准品，以触杀测定方法处理试虫，经过一段时间后，用溶剂洗掉残留在昆虫表皮的杀虫剂，同时把洗净表皮上残留药剂的试虫捣碎，用丙酮萃取杀虫剂。分别用气相色谱仪测定残留量。

本实验只介绍标记药剂示踪法。

三、实验材料

1. 供试昆虫

选择适合用点滴法测定触杀毒力的试虫作为实验材料，其大小、虫态均与毒力测定相同。

2. 试剂及处理液组成

用同位素标记杀虫剂，2,5-二苯基噁唑(PPO)、丙酮、1,4-双(5-苯基-2-恶唑)苯(POPOP)、二甲苯、Triton X-100、双氧水、正己烷、高氯酸，均为分析纯试剂；由高氯酸和水以 2∶1(体积比)混合组成消化液；乳化闪烁液组成为 PPO、POPOP、Triton X-100 及二甲苯，配比分别为 7.5 g、0.3 g、500 mL 及 1 000 mL。

3. 实验仪器及用品

FJ-353 型双道液体闪烁计数仪，1 μL 微量注射器(或 0.04 μL 微量点滴器)，玻璃闪烁瓶，移液管，培养皿，容量瓶等。

四、实验方法(标记杀虫剂示踪法)

1. 药剂配制

用丙酮将标记杀虫剂配制成一定浓度的药液(可采用抑制中浓度 LC_{50})。

2. 药剂处理

用 1 μL 微量注射器在幼虫的胸部背面点滴上标记杀虫剂,每一组处理 30 头,每头点滴 1 μL,不能使药液流失。点滴后将试虫放置在培养皿中,室温下单头饲养。

3. 药剂回收

间隔 1 h、4 h 后对经过处理的试虫进行取样。每次各取 10 头试虫,分别用丙酮对试虫体表进行淋洗。每次 1 mL,共淋洗 6 次,将冲下的丙酮液分别放在闪烁瓶内待用。

4. 回收药液处理

自然条件下,闪烁瓶内的淋洗液阴干后,向其中加入 5 mL 经过乳化的闪烁液待测。直接将淋洗过的幼虫放入闪烁瓶中,加入 0.5 mL 消化液,放在 80 ℃恒温水浴锅中进行消化直至溶液变为无色透明的为止。之后再加入 5 mL 乳化闪烁液待测。

5. 测定

对于幼虫体表和进入体内的标记药剂的放射强度(dpm)我们采用 FJ-353 型双道液体闪烁仪进行测定。

不同时间的标记药剂穿透昆虫幼虫的表皮的比率(即幼虫体内药剂的百分含量)的计算公式为

$$A = [B/(B+C)] \times 100\%$$

式中:A 为表皮穿透率;B 为幼虫体内标记药剂的放射性强度,dpm;C 为表面残留标记药剂的放射性强度,dpm。

五、实验结果与分析

表 45.1 中显示出实验结果。

表 45.1 实验结果记录

药剂处理后 1 h			药剂处理后 4 h		
幼虫体内标记药剂的放射性强度(B)/dpm	体表残留的标记药剂的放射性强度(C)/dpm	表皮穿透率(A)/%	幼虫体内标记药剂的放射性强度(B)/dpm	体表残留的标记药剂的放射性强度(C)/dpm	表皮穿透率(A)/%

六、思考题

(1)哪些因素会影响杀虫剂对昆虫体壁的穿透率并分析其影响大小。

(2)比较标记药剂示踪法与色谱法的优点和缺点?

实验46　杀菌剂对菌体物质合成的测定

一、实验目的

(1) 了解杀菌剂影响菌体物质合成的方式。
(2) 学习并掌握杀菌剂对菌体物质合成的测定方法。

二、实验原理

从杀菌剂的杀菌毒理学的角度来说，菌体中受影响的生物合成有两大类：一是主要的代谢产物，即一些大分子化合物如核酸、蛋白质以及脂质等；二是细胞壁、细胞膜和其他一些组织上的膜以及一些小分子化合物（如次生代谢物质等）。与氧化作用有关的酶体上的物质或菌体上氧化酶结合位点处的蛋白质的变化，会影响氧化酶类本身的活性或者通过影响氧化酶与作用部位的结合而失去活性。甾醇类杀菌剂通过阻碍菌体膜上脂质甾醇的合成，而影响菌体膜的一些功能。稻梨孢菌的附着细胞壁上的黑色素的合成会受到以三环唑为代表的多种化合物的影响，从而阻碍病菌的侵入。苯并咪唑类杀菌剂能影响微管的形成，从而干扰细胞的有丝分裂过程。菌体细胞壁由很多化合物组成，其中几丁质是比较重要的组成成分，对几丁质合成的影响会导致菌体细胞壁出现功能的异常。应该指出，合成的物质所受的影响因素不同，菌体所表现出的中毒症状也会有所不同，但有时也会表现出一系列的中毒反应。如异稻瘟净等有机磷杀菌剂作用于稻瘟病菌后，菌体的中毒症状表现为细胞壁合成发生异常。经进一步研究发现，该类杀菌剂是通过影响卵磷脂的合成从而破坏细胞质膜的结构，最终改变其通透性，使合成细胞壁的 UDP-N-乙酰氨基葡糖不能从膜的内面运输至膜的外面，从而降低了几丁质的合成数量，最后表现为细胞壁的合成异常。

三、实验材料

1. 供试病原菌

梨黑斑病菌。

2. 供试药剂

多氧霉素。

3. 供试培养基

干杏培养基：用 1 L 蒸馏水热提取 20 g 商品干杏 1 h，将提取液的 pH 值调整至 5.5，其中琼脂质量分数为 3%。

4. 实验用品及仪器

接种环、移液器、纱布、载玻片、显微镜、计数器、滤纸、培养皿、玻璃管等。

四、实验方法

1. 病原菌的培养

将供试菌梨黑斑病菌置于配制的干杏琼脂培养基平面上，在 27 ℃条件下培养一周待用。用接种环处理培养基表面上的孢子,使其悬浮于灭菌水中,然后用灭菌的双层纱布过滤。将悬浮液稀释到某种程度,即孢子数在显微镜下(40倍)每视野中约有 100~200 个。应注意:孢子数不宜过多,因为孢子数过多时,孢子集聚成块难以观察。

2. 药剂的处理

将孢子的悬浮液适量地分装于几个试管中,加药剂溶液使多氧霉素溶液最终浓度为 2 μmol/L,另外还要做空白实验,即以加蒸馏水作空白对照。分别立即取 0.2 mL 的溶液轻轻滴到载玻片上。将用水湿过的滤纸铺在培养皿中,排好玻璃管,上面放置载玻片。盖好盖,在 27 ℃条件下暗处培养 24 h 待用。

3. 观察结果

盖上盖玻片,用计数器在显微镜下分别对空白对照和加有药剂的孢子、发芽管的形态进行计测,即记录正常的、异常膨肿的、没有发芽管的孢子的数量。其中,发芽管正常和异常的两种孢子都可视为"正常"的孢子。然后算出在空白对照中不发芽孢子的比例,减去药剂处理区不发芽孢子数的比例。

对多氧霉素敏感的梨黑斑病菌所产生的 90% 以上的孢子会因上述浓度的多氧霉素而引起发芽管的膨肿。这种膨肿的发芽管有时与孢子一样大,很容易观察到。

五、实验结果与分析

表 46.1 出示了本实验的结果。

表 46.1 实验结果记录

药剂处理	调查孢子数	萌发孢子数	芽管异常孢子数
多氧霉素			
对　　照			

六、思考题

(1)病原菌的培养有哪些基本的方法?
(2)在病原菌培养过程中,相关的注意事项有哪些?

实验 47　除草剂对植株体内乙酰乳酸合成酶活性的影响

一、实验的目的和意义

（1）了解除草剂对乙酰乳酸合成酶（ALS）的活性有抑制作用。
（2）学习并掌握除草剂对乙酰乳酸合成酶（ALS）的活性的抑制作用的测定方法。

二、实验原理

植株体内存在乙酰乳酸合成酶，它是除草剂的重要靶标，磺酰脲类、磺酰胺类、嘧啶水杨酸类、咪唑啉酮类等除草剂都作用于此靶标，通过抑制该靶标，进而除去拥有该靶标的植株，达到除草的效果。因此，靶标 ALS 抑制剂的开发是目前最活跃的领域之一。

抑制作用的机理如下：2 个丙酮酸（或 1 个丙酮酸与 1 个 α-丁酮酸）通过乙酰乳酸合成酶的催化作用形成乙酰乳酸（或乙酰羟丁酸），然后利用间接比色法测定该酶的活性，即将产物乙酰乳酸脱羧形成 3-羟基丁酮，再与肌酸及甲萘酚形成粉红色复合物，该复合物在 530 nm 处有最大吸收，所以在 530 nm 处测定其吸光度即可计算出该酶的活性。

三、实验试剂与材料

1. 实验试剂

黄素腺嘌呤二核苷酸（FAD），肌酸，二硫代苏糖醇，焦磷酸硫胺素（TPP），丙酮酸钠，$MgCl_2 \cdot H_2O$，α-萘酚，石英砂，磷酸二氢钾，磷酸氢二钾，硫酸铵，硫酸，氢氧化钠等。

除草剂：氯磺隆，配成 10 mmol/L 的溶液。

2. 供试植物

本实验选取稗草植株作为供试植株，即待稗草长至 3~4 叶期剪取植株的地上部分待用。

3. 实验仪器

光照培养箱，水浴恒温振荡器，超速冷冻离心机，紫外可见分光光度计。

四、实验步骤

1. 实验所需的试剂的配制

（1）ALS 提取液的配制。用 0.1 mol/L 磷酸钾缓冲液（pH 值为 7.5）配制，其中含有 10 μmol/L FAD、0.5 mmol/L TPP、0.5 mmol/L $MgCl_2$ 和 1 mmol/L 丙酮酸钠。

（2）ALS 酶溶解液的配制。用 0.1 mol/L 磷酸钾缓冲液（pH 值为 7.5）配制，其中含有 0.5 mmol/L $MgCl_2$ 和 20 mmol/L 丙酮酸钠。

（3）酶促反应液配制。用 0.1 mol/L 磷酸钾缓冲液（pH 值为 7.0）配制，其中含有 0.5 mmol/L $MgCl_2$、0.5 mmol/L TPP、20 mmol/L 丙酮酸钠和 10 μmol/L FAD。

2. ALS 的提取

取 5 g 样本,加入 10 mL ALS 提取液,用少许石英砂在冰浴中对其进行研磨,然后用多层纱布过滤,将所得溶液定容至 10 mL 待用。在 25 000 g、4 ℃条件下离心 20 min,用 $(NH_4)_2SO_4$ 粉末将所得的上清液调至约 50% 饱和度。在 0 ℃条件下沉降 2 h,再在 25 000 g、4 ℃条件下离心 30 min,弃去上清液,所得沉淀即为所需的 ALS 酶。将该酶溶解于 5~10 mL 酶溶解液中,即可得到粗酶液。

3. ALS 活性测定

在试管中分别加入含有 0.10 nmol/L 的氯磺隆溶液 0.1 mL,再加入 0.5 mL 的酶促反应液和 0.4 mL 的粗酶液,混匀后将它们放于 37 ℃的水浴中进行暗反应 1 h 以后,再加入 0.2 mL 3 mol/L 的 H_2SO_4 溶液终止反应(对照管在水浴之前加入 0.2 mL 3 mol/L 的 H_2SO_4 溶液可以阻止反应发生)。然后在 60 ℃条件下将反应产物脱羧 15 min,再依次加入 0.5 mL 的 0.5% 肌酸(溶于去离子水)和 0.5 mL 的 5% 甲萘酚(溶于 2.5 mol/L NaOH),在 60 ℃条件下使其反应维持 15 min,然后取出来充分摇匀,反应液会使其显色,于 4 000 r/min 离心 3 min 以后去除沉淀,保留上清液,之后用紫外分光光度计在 530 nm 处比色,测定其吸光度,ALS 活性用吸光值 A_{530} 表示。

五、实验结果与分析

将实验结果记录在表 47.1 中,分析讨论氯磺隆对 ALS 酶的活性的抑制作用。

表 47.1 实验结果记录表

药剂处理	OD(A_{530})	抑制率/%
氯磺隆		
对照		

六、思考题

(1) 为什么本实验的研究对象会选取供试植物(稗草)3~4 叶期的地上部分?

(2) 比较氯磺隆与空白对照对供试植物的 ALS 酶活性的抑制作用,讨论氯磺隆作为除草剂的优势与劣势。

实验48 农药对鸟类的毒性安全评价

一、实验的目的与要求

(1) 学习农药对禽鸟类毒性安全进行评价的方法。
(2) 学习并掌握农药对禽鸟的毒性评价标准。

二、实验原理

农药对生命物质都有一定的毒害作用,只是生物种类不同,农药的毒害方式也会有所不同。其中农药对鸟类的毒害方式主要是急性中毒死亡,而亚慢性和慢性的危害症状主要体现在鸟类的繁殖能力的降低和对于环境的适应能力的降低。农药对鸟类的危害可以通过很多途径,其中之一是许多东西被农药污染之后,又作为充饥食物被鸟类取食,如植物的果实或种子、蚯蚓、水源、鱼虾与昆虫等;另一种是因为人类使用农药时直接或间接地污染了鸟类的巢穴、直接将农药喷洒到鸟类身体上或因使用除草剂而破坏了鸟类的栖息场所,使其无法建立巢穴和隐藏。农药对鸟类的毒性实验内容有如下几个方面:

1. 实验动物

国际上常选用鸽、雉、野鸭、鹌鹑、孟加拉雀等(母鸡不适用)作为实验鸟类,其中鹌鹑饲养起来比较方便,是很理想的实验动物。

2. 实验项目

根据哺乳动物的实验结果可知,在供试农药的 $LD_{50}>50$ mg/kg 的情况下,对鸟类可以不用做口服急性毒性实验。如果在田地间施用供试农药时,农药会与鸟类有一定时间的接触,若已有资料证明该农药在哺乳动物体内有一定的富集作用,那么除了要做口服急性毒性 LD_{50} 外,还需要做5天的药饲实验求 LC_{50};对于少数残留时间比较长,对鸟类有长期性暴露危害影响的农药,还须进一步做繁殖影响的实验,观察其对鸟类的取食性能、蛋壳、繁殖行为、孵化率以及成活率等的影响。对于一些仅用实验室的研究还很难探究并明确其危害性的农药,须进一步做笼养实验,有时甚至是野外实验,从而确定其对鸟类各种性能及行为的影响。

3. 实验方法

(1) 急性毒性。用同一批大小均匀的鹌鹑蛋孵化用于急性毒性实验的供试鹌鹑,饲养约30 d后,挑选体重基本相同、活泼、健康、雌雄各半的鹌鹑作为实验用。用于口服急性毒性实验的供试农药用制剂或纯品,溶解于植物油或水中。服药一次后,在接下来的连续7 d内观察其死亡率。在正式进行实验前需要先做预实验,确定实验的大概浓度范围,然后按一定的浓度级差在最高安全浓度与最低全致死浓度范围内,设置5~7个处理组,进行正式实验,并设空白对照实验。本实验在正常饲养条件与(20±2)℃下进行。对于实验结果我们用概率统计法求出 LD_{50} 或 LC_{50} 及95%的可信限。根据毒性实验的测定结果,我国将农药对鸟类的急性毒性划分为三个等级:$LD_{50}<15$ mg/kg 为高毒级,LD_{50} 在 15~150 mg/kg 为中毒

级,LD_{50}>150 mg/kg 为低毒级。而美国环境保护署则采用 5 级标准制的急性毒性划分等级标准,即 LD_{50}>2 000 mg/kg 体重的为实际无毒,501~2 000 mg/kg 体重的为低毒,51~500 mg/kg 体重的为中毒,10~50 mg/kg 体重的为高毒,<10 mg/kg 体重的为剧毒。

(2)慢性毒性。

①剂量定期递增染毒法。每天对选取的 20 只供试鹌鹑进行灌胃给药以染毒,以 4 天为一期,给药的剂量每期递增一次,即开始给药剂量为 $0.1LD_{50}$,以后按照等比级数 1.5 逐期递增,鹌鹑的给药总剂量可参见表 48.1。若实验期间鹌鹑出现半数死亡,则可按照表中数据查得相应的给药总剂量,即蓄积系数。分级标准如下:蓄积系数<1 为高度蓄积,1~3 为明显蓄积,3~5 为中等蓄积,>5 为轻度蓄积。如果给药 20 天后鹌鹑没有发生半数死亡,即死亡数量没有超过一半,那么实验即可宣告结束。

表 48.1 剂量定期递增染毒法给药剂量用表

给药总天数	1~4	5~8	9~12	13~16	17~20	21~24	25~28
每天给药剂量	$0.10LD_{50}$	$0.15LD_{50}$	$0.23LD_{50}$	$0.34LD_{50}$	$0.51LD_{50}$	$0.76LD_{50}$	$1.14LD_{50}$
各期给药剂量	$0.4LD_{50}$	$0.6LD_{50}$	$0.9LD_{50}$	$1.4LD_{50}$	$2.0LD_{50}$	$3.0LD_{50}$	$4.5LD_{50}$
实验期间给药总剂量	$0.4LD_{50}$	$1.0LD_{50}$	$1.9LD_{50}$	$3.3LD_{50}$	$5.3LD_{50}$	$8.3LD_{50}$	$12.8LD_{50}$

②固定剂量染毒法。方法可参见剂量定期递增染毒法,其中实验给药剂量为 $0.1LD_{50}$/天,其他条件和方法都和剂量定期递增染毒法相同。

三、实验材料与实验药剂

1. 供试生物

选择鹌鹑作为供试生物,其中挑选体重约 100 g,日龄约 30 天,无病、健康、活泼的鹌鹑,在实验条件下饲养 1 周后进行实验。

2. 供试药剂

40% 毒死蜱(Chlorpyrifos)乳油。

四、实验操作

1. 预试实验

预试实验在正式实验之前进行,一般采用 5 只鹌鹑进行实验,随机将鹌鹑分为 3 组,组间剂量比值一般以 1:0.5 或 1:0.7 为宜。预试实验应进行到找出引起鹌鹑 0(D_n)和 100%(D_m)死亡的剂量为止,之后方可据所得数据安排正式实验。

2. 急性毒性实验

①用水稀释 40% 的毒死蜱乳油,配制得到 40,20,10,5,2.5,1.25 mg/L 6 个系列浓度的溶液。

②受试鹌鹑每组选定 20 只,雌雄参半,实验前 12 h 禁止对鹌鹑喂食,仅供饮水。以每 100 g 体重的鹌鹑口注毒死蜱药液 1 mL 为标准,按确定的剂量处理,并要设置空白对照,然后在正常条件下进行饲养。以 7 天为观察时间段,将鹌鹑的中毒症状和死亡数量及时记录下来,以供实验分析与讨论。

3. 蓄积毒性实验

采用剂量定期递增染毒法(见实验原理),按照在急性毒性实验中所得到的 LD_{50},确定给药剂量,再按照剂量定期递增染毒法的实验方法进行具体实验。

五、结果分析

1. 急性毒性实验结果

整理所测得的数据,利用 DPS 软件或概率值法(EXCEL)计算出急性毒性实验的毒力回归式、致死中浓度 LC_{50}、相关系数及 95% 可信限,将结果记录在表 48.2 中。

表 48.2 农药对鹌鹑的急性毒性实验记录

药物质量浓度/(mg·L^{-1})	鹌鹑死亡数												
	1 d		2 d		3 d		4 d		5 d		6 d		7 d	
	雌	雄	雌	雄	雌	雄	雌	雄	雌	雄	雌	雄	雌	雄
40														
20														
10														
5														
2.5														
1.25														
0														
毒力回归式(7 d)														
LC_{50}/(mg·L^{-1})														
95% 可信限														
相关系数 r														

2. 蓄积毒性实验结果

按照剂量定期递增染毒法的实验结果,确定毒死蜱的蓄积毒性级别。

六、思考题

(1) 在农药对鹌鹑的毒性安全性实验中我们需要注意哪些事项?

(2) 针对农药对禽鸟类毒性的安全性,我们应怎样结合评价标准进行评价?

实验49 农药对蚯蚓的毒性安全评价

一、实验的目的与要求

(1)学习农药对蚯蚓毒性安全性的评价方法。
(2)学习并掌握农药对蚯蚓的毒性评价的标准。

二、实验原理

农药对动物也有一定的毒害作用,其中农药对蚯蚓的毒性可作为评价农药对土壤生态环境安全性的一个重要指标,将蚯蚓当做土壤生态环境的指示生物可以为整个土壤中的动物区系提供一个安全阈值。不同种类的蚯蚓对化学物质的敏感度会表现出不同的程度,国外研究人员在做农药毒性实验时,所选用的蚯蚓品种多数是用日本的赤子爱胜蚯蚓(Eisenia foelide),这个品种在我国已普遍存在,是目前比较理想的实验品种。而评价农药对蚯蚓生态毒理的研究方法,目前主要有3种,分别是实验室毒理实验、田间生态毒理实验和生物检定。

实验室毒性实验包括急性毒性实验和慢性毒性实验,实用性比较好,可以通过快速、简单和经济的方法测试某些农药对蚯蚓的毒性,从而对农药的生态学毒性做出初步的判断,为人们合理地使用农药提供理论依据。关于蚯蚓的实验室毒理实验,人们提出了许多实验方法,如滤纸法、人工土壤法、自然土壤法、溶液法,其中OECD规定的滤纸接触法和人工土壤法被人们广泛地采用。

1. 滤纸接触法

在填充了标准化的滤纸条的玻璃器皿中,蚯蚓与不同浓度的化学药品进行接触,48 h后测定蚯蚓的死亡率,然后依据标准化的统计方法得到LC_{50}。这种方法具有简便易行、快速的优点,但是实验仅仅可以给出基本信息如通过皮肤接触所产生的毒性信息,而不能提供更全面更深入的信息,因此不能全方位评估农药对蚯蚓的真实影响。

2. 人工土壤法

农药对蚯蚓的毒害途径有很多,但主要是土壤中的残留农药与蚯蚓发生接触或被蚯蚓直接吞食所致。供试土壤类型的不同,农药对蚯蚓毒性的程度也会有一定程度上的差别。为了使实验结果具有可比性,实验多统一采用人工配制的标准土壤作为实验材料。人工土壤由20%的高岭黏土(高岭土大于50%),69%的工业石英砂(含50%以上0.05~0.2 mm的细小颗粒),10%的草炭和1%的$CaCO_3$(化学纯药品)组成。按一定的浓度级差将农药配成5~7个浓度,分别均匀地加入1 kg土壤中。经过调节达到一定的湿度后,装在2L的培养缸中待用。每个处理需要个体大小相近的10条健壮的蚯蚓,在(20±2)℃和有适量光照条件下进行实验。供试农药用制剂或纯品,对于不易溶于水的农药,可以用丙酮助溶。将溶液拌入土壤后先将丙酮挥发后再做实验。蚯蚓的毒性实验需连续进行 14 天,在第 7 天与 14 天时测定蚯蚓的死亡率,用概率法计算致死中浓度 LC_{50} 与 95% 的可信限值。这种方法综合考虑了农药对蚯蚓的经口毒性和经皮毒性,比较真实地反映了蚯蚓生活的土壤环境。

依据上述方法所得到的实验结果,按照 LC_{50} 值的大小将农药对蚯蚓的毒性划分为三个等级:>10 mg/L 的为低毒农药,1~10 mg/L 的为中毒农药,<1 mg/L 的为高毒农药。

3. 溶液法

将蚯蚓浸于含有不同浓度的化学物质的液体中,经过一段时间后将其转移至干净的土壤中,培养一段时间后测定蚯蚓的死亡率。

4. 自然土壤法

将自然土壤作为蚯蚓生活的介质,能够评价农药对某一地区的土壤的生态环境毒性情况。

三、实验材料与药剂

1. 实验动物

本实验选取赤子爱胜蚯蚓作为供试动物,其中体重大约 0.3~0.5 g,大小基本相同,环带比较明显的健康成年蚯蚓。

2. 实验药剂

60% 乙草胺乳油。

四、实验操作

1. 滤纸法

(1)蚯蚓清肠。取若干培养皿,在培养皿底部铺上滤纸,加少量水浸湿,以刚浸没滤纸为宜。然后将蚯蚓放在滤纸上,将培养皿放入湿度约 80%~85%、温度为(20±1)℃ 的人工气候箱中,清肠 24 h。

(2)实验浓度的选择。实验需要测试的浓度分别是 1 000,100,10,1,0.1,0.01 $\mu g/cm^2$,经过实验测试确定出最大无作用浓度和最小全致死浓度。在该浓度范围内,按照一定的浓度级差设定 5~7 个浓度用于正式实验。

(3)器皿药剂处理。用丙酮将乙草胺乳油配制成一系列浓度的溶液。实验时将一张相同直径的滤纸垫在 9 cm 培养皿内,吸取 1 mL 相应浓度的药剂加在滤纸上,以丙酮为空白对照。放于通风橱中大约 30 min,待丙酮完全挥发后加 1 mL 蒸馏水使滤纸润湿。每个浓度组都要设置 3 个平行样,并设置一个空白对照组。

(4)培养及观察。用水将清肠后的蚯蚓冲洗干净,吸干表面水分以后选取 10 条蚯蚓放入培养皿中,在(20±1)℃ 条件下的恒温箱中进行黑暗培养。以蚯蚓的前尾部对外界施加的机械刺激无反应视为死亡,分别在 24,48 h 各计数一次,统计其死亡数量。

(5)数据处理。对所得到的实验数据进行统计学处理,利用概率值法(EXCEL)或 DPS 软件计算出急性毒性实验的毒力回归式、致死中浓度 LC_{50}、相关系数及 95% 可信限。

2. 人工土壤法

(1)蚯蚓清肠。条件和操作方法同滤纸法。

(2)实验浓度的选择。实验需要测试的质量分数分别是 1 000,100,10,1,0.1, 0.01 mg/kg,经过实验测试确定出最大无死亡浓度和最小全致死浓度。在该浓度范围内,按照一定的级差设定 5~7 个质量分数用于正式实验。

(3)土壤药剂处理。用丙酮将乙草胺乳油配制成一系列浓度的溶液,拌于 10 g 石英砂中。待丙酮完全挥发后,再与 490 g 人工配制的土壤混合均匀,装入 1 000 mL 烧杯(或18 cm 的大培养皿)中,然后加入一定量的蒸馏水保持含水量为 35%,在人工气候箱中进行2 h 的黑暗平衡。

(4)培养及观察。用水将清肠后的蚯蚓冲洗干净,表面水分吸干以后取 10 条放入提前经过药剂处理的土壤中。用纱布封上口,并加盖,置于 80%~85% 湿度、(20±1)℃条件下的人工气候箱中进行培养。每 7 天补加 5 g 马粪,并调节水分保湿。每一次实验设置 3 个平行样,并设置一个空白对照组。于 7 天、14 天各调查 1 次,统计死亡数(以蚯蚓的前尾部对外界施加的机械刺激无反应视为死亡)及中毒的表现症状,培养 14 天以后结束实验。

五、实验结果

将所得的实验数据进行统计学处理,利用概率值法(EXCEL)或 DPS 软件计算出急性毒性实验的毒力回归式、致死中浓度 LC_{50}、相关系数及 95% 可信限。

1. 滤纸法

将 24 h 和 48 h 的调查结果及数据记录于表 49.1 中。

表 49.1 滤纸法——农药对蚯蚓的急性毒性实验记录

药液浓度/(ug·cm^{-2})	蚯蚓死亡数									
	24 h					48 h				
	一组	二组	三组	平均	死亡率	一组	二组	三组	平均	死亡率
1 000										
100										
10										
1										
0.1										
0.01										
0										
毒力回归式(7 d)										
LC_{50}/(mg·kg^{-1})										
95% 可信限										
相关系数 r										

2. 人工土壤法

将 7 天和 14 天的调查结果及数据记录于表 49.2。

表49.2 人工土壤法农药对蚯蚓的急性毒性实验记录

药液浓度/(mg·kg^{-1})	蚯蚓死亡数									
	7 d					14 d				
	一组	二组	三组	平均	死亡率	一组	二组	三组	平均	死亡率
1 000										
100										
10										
1										
0.1										
0.01										
0										
毒力回归式(7 d) $LC_{50}/(\text{mg·kg}^{-1})$ 95%可信限 相关系数 r										

六、思考题

(1) 在农药对蚯蚓的毒性安全评价过程中,我们需要注意哪些事项?

(2) 比较农药对蚯蚓生态毒理的几种评价方法,分析它们的优缺点。

实验 50 植物酶类对污染的响应

植物体内超氧化物歧化酶对重金属污染的响应

一、目的与要求

学习运用改进的邻苯三酚自氧化法研究重金属对植物的影响,以深入了解重金属在环境中对植物产生的危害。掌握生物监测的一个测试手段。

二、原理

超氧化物歧化酶(Superoxide Dismutase, EC1.15.1.1,简称 SOD)是生物体防御氧化损伤的重要金属酶类,对机体的细胞具有保护作用,广泛存在于动植物及微生物中。SOD 的主要功能是清除体内有氧代谢产生的超氧阴离子(O_2^-)。超氧阴离子被认为对各种生物大分子及其他细胞组分具有严重的损伤作用。作为迄今所知的唯一以为底物的酶,SOD 能专一地清除超氧阴离子,其歧化反应如下:$O_2^- + O_2^- + 2H^+ \xrightarrow{SOD} H_2O_2 + O_2$ 邻苯三酚在酸性条件下是稳定的,在碱性条件下会自动氧化,其自氧化机理比较复杂,在其自氧化过程中,不断释放出 O_2^-,O_2^- 又可进一步促进自氧化过程,生成有色中间产物,先生成的中间产物又不断被氧化成其他中间物,出现一系列颜色变化。由于中间物的积累浓度(或吸光度)在开始反应的 4 min 内与时间呈线性关系,由此可得到邻苯三酚的自氧化速率。当向邻苯三酚自氧化体系中加入一定量 SOD 或其模拟物时,因清除掉一定量的 O_2^- 而使邻苯三酚的自氧化受到抑制,使自氧化速率减小,从其减小的程度可得到 SOD 的活性。

三、设备与材料

1. 设备

玻璃匀浆器,普通台式离心机,天平,9200 型分光光度计,移液管,试管,恒温水浴,定时器。

2. 试剂

0.1 mol/L, pH 值为 8.2 Tris-HCl 缓冲液;10 mmol/L HCl;3 mmol/L 邻苯三酚(用 10 mmol/L HCl 配制);0.05 mol/L 的 pH 值为 7.8 磷酸缓冲液。

3. 实验材料

将实验用植物全部或部分暴露于含重金属(如 Hg^{2+}, Cd^{2+})的试液中 3~5 d。

四、步骤和方法

1. 酶液制备

取 1 g 新鲜植物材料,用 5 mL 0.05 mol/L 的 pH 值为 7.8 磷酸缓冲液,在 4 ℃条件下或在冰浴中捣冲成匀浆,3 500 r/min 离心 15 min,取上清液,用缓冲液稀释 10~20 倍(依酶活性强弱而定),置于 1~4 ℃环境中,供测定酶活力使用。

2. 酶活力测定

(1)邻苯三酚的自氧化率:取 4.5 mL 100 mml/L Tris-HCl pH 值为 8.2 和 4.2 mL 蒸馏水,混匀后在 25 ℃水浴中保温 20 min,取出后立即加入在 25 ℃预热过的 3 mmol/L 邻苯三酚 0.3 mL(空白对照用 10 mmol/L HCl 代替邻苯三酚的 HCl 溶液),混匀倒入 1 cm 比色皿,在 25 ℃下,以空白对照为参比液,测定邻苯三酚每 30 s 自氧化中间产物的吸光度,连续测定 4 min,并对时间作图,计算线性范围内每分钟测定值的增量。

(2)SOD 活力测定:在测定管内加入 4.5 mL 100 mmol/L Tris-HCl 缓冲液,4.1 mL 蒸馏水和 0.1 mL 酶液,混匀后在 25 ℃水浴中保温 20 min,取出后立即加入在 25 ℃预热过的 3 mmol/L 邻苯三酚 0.3 mL,迅速摇匀后倒入比色杯,在 25 ℃恒温池中,测定邻苯三酚每 30 s 自氧化中间产物的吸光度,连续测定 4 min,计算出 SOD 对邻苯三酚自氧化抑制率,根据抑制率从 SOD 活力标准曲线上查出相当的酶活力(U)。

五、结果和报告

酶活性单位定义:一定条件下,1 mL 的反应液中,每分钟控制连苯三酚在 325 nm 波长处的自氧化速率达 50% 时的酶量定为一个活力单位。

SOD 酶活力计算公式为

$$酶活性(IU/mL) = \frac{\frac{0.070 - A_{325}}{0.070} \times 100\%}{50\%} \times 反应液总体积 \times \frac{样品液稀释倍数}{样品液体积}$$

若以标准 SOD 样品(如 Sigma 公司的 SOD)作为对照,可较准确测得样品的 SOD 酶活性。

$$校正的酶活性 = 酶活性 \times \frac{Sigma 公司标定的 Cu/Zn-SOD 酶活性}{测定 Sigma 公司 Cu/Zn-SOD 酶活性}$$

六、注意事项

(1)测定时要严格控制温度、pH 值、邻苯三酚浓度、SOD 待测液存放时间等因素。缓冲液 pH 值误差不得大于 ±0.01;水浴温度偏差不得大于 ±0.2 ℃;控制邻苯三酚量,使邻苯三酚自氧化速率控制在 0.070(±0.002)/min。

(2)本方法灵敏度较高,适用于测定 SOD 酶活力较低的样品。若用此法测定纯度不高的 SOD 样品应先纯化样品,如层析、透析、离心等。

(3)氯离子对 SOD 有抑制作用。

植物体内过氧化物酶对有机污染物的响应

一、目的与要求

学习运用愈创木酚法研究有机污染物对植物的影响,以深入了解有机物在环境中对植物产生的危害。掌握生物监测的一个测试手段。

二、原理

过氧化物酶(EC1.11.1.7)属氧化还原酶,在动物、植物以及微生物中广泛存在。在植物体内主要有两方面的作用,一方面与植物正常的形态发生和形态建成有关,在植物的生长、发育过程中起作用;另一方面与植物的抗逆性有关,包括抗旱、抗寒、抗盐、抗病等,是植物保护酶系的重要保护酶之一。

过氧化物酶能以过氧化氢或烷基过氧化物作为电子受体,催化底物脱氢,脱下的氢将过氧化氢还原为水,并生成醌类化合物,醌类化合物进一步缩合或与其他分子缩合,产生颜色较深的化合物。

$$H_2O_2 + AH_2 \xrightarrow{\text{过氧化物酶}} A + H_2O$$
$$\text{(底物)}$$

当底物为愈创木酚时,过氧化物酶可使底物氧化生成茶褐色产物,此产物在波长470 nm处有最大光吸收。

三、设备与材料

1. 设备

玻璃匀浆器,普通台式离心机,天平,9200 型分光光度计,移液管,试管,恒温水浴,定时器。

2. 试剂

Tris-硼酸缓冲液(0.01 mmol/L Tris,0.05 mol/L H_3BO_4,0.05 mol/L EDTA,0.5 ml/L 95% 巯基乙醇);2% H_2O_2 溶液;20% 三氯醋酸溶液;0.05 mol 愈创木酚溶液;0.1 mol/L 儿茶酚溶液。

3. 实验材料

将实验用植物全部或部分暴露于含有机污染物(如有机磷)的试液中 3~5 天。

四、步骤和方法

1. 酶液制备

取一定量新鲜植物材料(干重约0.1 g),加入 4 mL Tris-硼酸缓冲液,在 4 ℃条件下或在冰浴中捣冲成匀浆,离心(10 000 r/min)10 min,上清液置于 1~4 ℃环境中,供测定酶活力使用。

2. 酶活力测定

过氧化物酶活性的测定:测定酶活性的反应体系包括 2.9 mL 0.05 mol/L 磷酸缓冲液、1.0 mL 2% H_2O_2 溶液、1.0 mL 0.05 mol/L 愈创木酚溶液和 0.1 mL 酶液。用在沸水中加热 5 min 的酶液为对照,做两组重复实验。反应体系加入酶液后,立即于 37 ℃水浴中保温 15 min,然后迅速转入冰浴中,并加入 2.0 mL 20% 三氯醋酸溶液终止反应。然后过滤(或以 5 000 r/min的转速离心 10 min),适当稀释,测定反应体系在 470 nm 处的吸光度。

五、结果和报告

以每分钟 $A_{470\ nm}$ 变化 0.01 为 1 个过氧化物酶活力单位,计算过氧化物酶的活力及比活力:

$$酶活力(U) = \frac{\Delta A}{0.01 \times t} \times D$$

$$酶的比活力(U/g) = \frac{\Delta A}{0.01 \times Wt} \times D$$

式中:ΔA 为反应时间内吸光值的变化;W 为植物鲜重,g;t 为反应时间,min;D 为稀释倍数,即提取的总酶液为反应系统内酶液的倍数。

六、注意事项

测定时要严格控制温度、pH 值、待测液存放时间等因素。

实验51 农药对土壤微生物呼吸作用的毒性安全评价

一、目的与要求

学会农药对土壤呼吸作用毒性安全评价的方法,掌握农药对土壤呼吸作用的毒性评价标准。

二、实验原理

农药特别是除草剂等土壤处理剂大量使用后,绝大部分会残留在土壤中慢慢降解。农药在降解过程中会影响土壤微生物的呼吸作用,各类农药对不同的土壤微生物的影响是不同的。通常采用 CO_2 释放量来表示土壤微生物呼吸作用的强弱。测试 CO_2 释放量的方法有直接吸收法和通气法两种,前一种方法应用较多。

土壤类型不同,其理化性质和微生物种类也存在差异,供试土壤要用两种有代表性的新鲜土壤,并要提供其 pH 值、有机质含量、代换量、土壤质地等数据。供试农药最好用制剂,因其更接近生产实际使用情况,也可用原药或纯品。每种土壤的药剂质量分数设 1 mg/kg、10 mg/kg、100 mg/kg 三组不同处理,并设空白对照,每组重复 3 次。难溶于水的农药,可用丙酮助溶。将药液先与少量土混匀,待丙酮完全蒸发后,再均匀拌入到处理的土壤中。每个处理用土壤 50 g,将含水量调节成田间持水量的 60%,装于 100 mL 小烧杯中,与另一个装有标准碱液的小烧杯一起置于 2 L 的密闭广口瓶中。于 (25±1) ℃的恒温箱中培养。第 5 天、10 天、15 天时更换出密闭瓶中的碱液,测定吸收的 CO_2 含量。

用土壤中 CO_2 释放量的变化为依据,将农药对土壤微生物的毒性划分成三个等级:用 1 mg/kg 处理的土壤,在 15 天内呼吸作用抑制率大于 50% 的为高毒农药;用 1~10 mg/kg 处理的土壤,在 15 天内呼吸作用抑制率 >50% 的为中毒的农药;在土壤中农药含量大于 10 mg/kg 时,呼吸作用抑制率大于 50% 的为低毒农药。为了更好地接近田间实际,还需要考虑农药对土壤微生物呼吸作用抑制时间长短这一因素,用危害系数的概念表示农药对土壤微生物的影响。

危害系数 = 呼吸作用抑制率(%)×抑制时间(月)/农药质量分数(mg/kg)

危害系数分为 3 级:>200 为严重危害,20~200 为中等危害,<20 为无实际为害。在危害系数测定中,每隔 15 天测定一次 CO_2 释放量,直到测定值低于前一次,或当危害系数小于 20 时,即可停止实验。

三、实验材料

1. 供试土壤

采集 0~20 cm 耕层土壤,风干,过 2 mm 筛备用。

2. 实验药剂

50% 多菌灵可湿性粉剂。

四、实验操作

（1）将 50% 多菌灵可湿性粉剂用水稀释，配制得到 500 mg/L、50 mg/L、5 mg/L 3 个系列浓度。

（2）取过筛后风干土壤 50 g，加入 1 g 葡萄糖，与 10 mL 一定浓度的药液混匀，装入 100 mL 小烧杯中。将小烧杯和装有 20 mL 1 mol/L NaOH 溶液的小烧杯都放入 2 L 的广口瓶中，密封瓶口。放在 (25±1)℃ 的恒温箱中培养。每个浓度 3 个重复；设空白清水对照，3 个重复；单独空白碱液对照，3 个重复。

（3）第 5 天、10 天、15 天时更换密闭瓶中的碱液，用 1 mol/L HCl 溶液滴定，计算土壤微生物呼吸作用释放出的 CO_2 量。

五、实验结果

1. CO_2 释放量的计算

由上面酸碱滴定结果计算出 CO_2 的释放量，其计算公式为

$$W = (V_{空白} - V_{处理}) \times N \times 44$$

式中：W 为 50 g 土于 5 天时 CO_2 的释放量，mg；$V_{空白}$ 为滴定空白碱液所需 HCl 体积，mL；$V_{处理}$ 为滴定吸收 CO_2 后的碱液所需 HCl 体积，mL；N 为 HCl 溶液的浓度，mol/L。

2. 呼吸作用抑制率的计算

分别计算不同药剂浓度对土壤微生物呼吸作用的抑制率，计算公式为

$$呼吸抑制率 = \frac{空白处理 CO_2 释放量 - 药剂处理 CO_2 释放量}{空白处理 CO_2 释放量} \times 100\%$$

3. 危害系数的计算

危害系数的计算公式为

$$危害系数 = \frac{呼吸强度抑制率(\%) \times 抑制时间(月)}{药剂质量分数(mg/kg)}$$

六、思考题

（1）在农药对土壤呼吸作用毒性实验中有哪些注意事项？

（2）根据上面计算得到的呼吸作用抑制率和危害系数，评价 50% 多菌灵可湿性粉剂对土壤微生物的毒害水平。

实验 52 哺乳动物经口毒性实验

一、目的与要求

评价化学物质的毒性特征,通常应首先检测其急性经口毒性,以便在短期内获取化学物质毒性的有关资料,同时为该物质的急性毒性分级及亚慢性与其他毒理研究中接触剂量的选择提供依据。通过实验要求掌握哺乳动物经口急性毒性实验的操作步骤,测定半数致死剂量(LD_{50})的实验设计原则以及 LD_{50} 的计算方法。

二、原理

急性毒性实验是一次投给实验动物较大剂量的化学物质,观察在短时间内(一般为 24~48 h,最长至 14~18 天)所表现的毒性。一般用 LD_{50} 来表示。在毒理学实验中,死亡率以 0% 开始上升阶段和临近 100% 死亡的终了阶段,剂量的增加所引起的死亡率上升是比较缓慢的,也就是说最小致死量和绝对致死量等指标不够敏感,且稳定性较差,误差较大。若作为毒性测定的主要指标是不合适的。从统计学的观点看,在半数致死量时,动物受到生物变异性影响最小,最稳定,也最敏感,所以 LD_{50} 是反映受试物毒性大小的常用毒性指标。测定 LD_{50} 方法很多,实验前应根据考虑拟用的 LD_{50} 计算方法进行相应的实验设计。

三、实验条件

1. 实验器材

注射器(1 mL 注射器,2 mL 注射器),灌胃针,动物秤,动物大体解剖用的剪刀、镊子,动物饲养笼具。

2. 试剂

受试物(根据需要选定),受试物的溶剂(根据受试物而定),苦味酸酒精饱和溶液及 0.5% 中性红或品红溶液(作动物标记用)。

3. 实验动物

(1)种系。在几种常用的哺乳动物中,大鼠为首选的啮齿类动物,最好采用国内常见的品系。实验动物体重变异不应超过平均体重的 20%。

(2)年龄。常用的几种动物体重范围要求是:大鼠 180~240 g,小鼠 18~25 g,家兔 2~2.5 kg。

(3)数量和性别。使用啮齿类动物,每个剂量组每种性别至少要 5 只动物。非啮齿类动物,雌雄兼用,每组同一性别动物数也应相等。雌性动物应为未孕和未产过仔的。

(4)饲养条件。动物房的室温控制在 22 ℃(±3 ℃),相对湿度 30%~70%。每个剂量组动物依性别分笼饲养。每笼动物数以不干扰动物个体活动及不影响实验观察为度。有些受试物的生物学特性及毒性(如易激动性)决定实验动物需单笼饲养。饲养室采用人工光源时,应保持 12 h 光照,12 h 黑暗。动物食用常规实验室饲养,自由饮水。

四、实验步骤与方法

1. 受试物配制

应将受试物溶于或悬浮于适当的溶剂中。溶剂应本身无毒且不与受试物发生化学反应,不影响受试物的吸收。一般首选水,其次为植物油(如玉米油),然后是其他适宜的溶剂。

2. 实验动物的标记和随机分组

先将动物标记编号,然后将标记后的动物随机分配到各实验组及对照组中(参见动物实验的一般操作技术)。

3. 染毒

(1)染毒剂量和分组。对于毒性完全不了解的新化学物质,在正式实验前必须先用少量动物作预备实验,以求出受试物使动物100%的致死剂量和最大耐受量的范围,才能正确地设计正式实验各组的剂量。简单的预试方法是按2倍或3倍递增剂量,每次以3个不同剂量给预试动物(每组3~5只)后,按规定时间观察动物的中毒表现及死亡率。如果动物死亡率未获得上述的理想范围,则可依据实际情况将实验的剂量提高或降低一个数量级继续进行预试,直至找出符合以上要求的最高(即100%动物死亡)、最低(即不引起动物死亡的最大耐受量)剂量范围为止。然后在此剂量范围内,根据需要按等比级数插入3~6个中间剂量组,计算出正式实验各实验组的剂量。

(2)染毒方式。动物染毒前应禁食(一般禁食12 h左右,但饮水自由),各剂量组多按单位体重给予等容量受试物的方法给药,故需先确定单位体重给药容量(一般大鼠可按0.5~1.0 mL/100 g体重,小鼠按0.05~0.1 mL/10 g体重计算),然后按实验设计的最大剂量组所需受试物的浓度及欲配制该浓度的药液数量,计算出所需的受试物量,配制成第1号液,再按设计组距,逐组稀释,配制出第Ⅱ、Ⅲ、Ⅳ、Ⅴ、Ⅵ号液。灌胃后至少经3 h再喂食。

4. 观察与记录

一般侧重于动物涂药后中毒症状出现时间、表现特点、症状恢复时间和死亡率,有时还应做大体解剖。中毒动物多数在染毒后1~2天内死亡者,观察1周即可;如果在染毒后陆续死亡,表明该毒物有延缓毒作用,观察期限应延长至2~4周。

五、结果评定

实验观察期满后,应及时整理实验结果,计算出半数致死量。用寇氏法计算LD_{50},此法较为简便,适用于等比级数分组的实验设计,同时还可以计算标准误差和可信限,但要求各组动物数相等,一般10只,设5~6个剂量组,死亡规律大致符合常态分布。其计算式为

$$\lg LD_{50} = D_m - \frac{d}{2}\sum(P_i + P_{i+1})$$

$$S\lg LD_{50} = d\sqrt{\frac{\sum P_i - \sum P_i^2}{n-1}}$$

LD_{50}的95%可信限范围 = $\lg^{-1}(\lg LD_{50} \pm 1.96 S\lg LD_{50})$

式中:D_m为最大剂量组的对数值;d为两相邻剂量对数的差数;P_i为各组死亡率;i为组数;S为标准误差;n为每组动物数。

急性灌胃染毒记录表

实验日期　　　年　月　日　　　室温

毒物名称				密度						受试物配制方法			
动物品种				性别						染毒剂量			
编号	体重/g	给药容量/mL	毒作用表现	死亡时间									
				1 d	2 d	3 d	4 d	5 d	6 d	7 d	8 d	9 d	10 d	11 d	12 d	13 d	14 d

实验者

依据实验动物中毒症状、死亡时间、LD_{50}值及急性毒作带,初步判断受试物毒性大小及毒性效应特征。由于急性毒性实验仅是在短时间及较大剂量条件下进行,不能全面反映受试物的特点,如有些受试物,其急性毒性很低,但小剂量长期摄入时,可因受试物在体内蓄积作用等因素的影响,而表现出严重的毒性作用,或者一般毒作用不明显,但可显示特殊的毒性作用,如致癌、致畸胎和致突变,因此,在进行外来化合物的毒性评价时,除进行急性实验外,还必须进行亚急性和慢性毒性实验以及其他特殊毒性实验,以便对受试物毒性有较全面的认识。

六、注意事项

(1) 正确捉拿动物,防止被咬伤。
(2) 在一项实验中,动物的年龄、体重应尽可能一致,实验动物分组必须严格遵守随机化原则。

实验53　梨形四膜虫的毒性实验

一、目的与要求

（1）了解梨形四膜虫（tetrahymena pyriformis）在自然界的分布、生物学特性及其在生态毒理学研究中的应用。

（2）掌握梨形四膜虫同步分裂培养、繁殖抑制实验的基本条件和方法。

二、原理

梨形四膜虫属于原生动物门，纤毛虫纲，膜口目，四膜虫科，分布于世界各地淡水中，在食物链中处于重要的位置，是能量流和物质流的重要环节。其生活周期短（代时仅为 2~4 h），生长快速，易于无菌条件下纯种培养形成无性克隆（clone）。四膜虫是一种真核单细胞动物，具有典型的真核细胞器，它的代谢功能非常类似哺乳动物的肾和肝脏，具有整体动物生命的一些代谢机能。因此十分适合用作生理生化、遗传、细胞生物学及毒理学研究的材料。已有研究表明，将梨形四膜虫与淡水鱼类、藻类等实验材料进行比较时，表现出很好的相关性，已成为国内外检测和评价有毒物质的毒性、比较毒性、联合毒性和生物积累较常用的实验方法。在水环境的污染监测、制订标准和环境质量评价工作中也是一种较理想的实验生物，又是环境毒理研究中的一个很好的生物模型。

本实验为在含有毒物质的培养液中，投放纯培养的梨形四膜虫无性生殖克隆，培养一定时间后，观察其种群的生长率、最大种群密度和死亡情况，以评价有毒物质的毒性。

三、设备与材料

1. 器材

生物显微镜，隔水式培养箱，恒温振荡器，恒温水浴锅，手提式高压灭菌锅，浮游生物计数框，微量取液器（50 μL、100 μL），移液管（0.5，1，10 mL），25 mL 比色管，三角烧瓶（100，200 mL），滴管。

2. 试剂

（1）培养液：胰蛋白胨（Tryptone）10~20 g，葡萄糖（A.R.）5 g，去离子水加至 1 000 mL，调节 pH 值至 7.2，经 5 磅（1 磅=0.453 6 kg）15 min 高压灭菌后，置冰箱备用。

（2）鲁哥氏液（Lugol's fluid）：碘化钾（KI）60 g，碘（I_2，结晶）40 g，蒸馏水加至 1 000 mL。

（3）氢氧化钠溶液：1 mol/L。

（4）待测物：根据实验目的而定。高压灭菌后置冰箱备用。

3. 生物材料

无菌梨形四膜虫细胞单株 HS1（Z pyriformis）。

四、步骤与方法

1. 四膜虫的增殖培养

(1) 生长曲线制备。以无菌操作术取 0.01 mL 四膜虫液(约 20 个虫体)放入盛有 100 mL 无菌培养液的三角瓶中,在 27 ℃,100~150 r/min 条件下振荡培养,每隔 12 h 取培养虫液,滴加鲁哥氏液杀死细胞,在显微镜下测定虫口密度。以虫口密度和培养天数作生长曲线图。斜率最大的天数为繁殖最旺盛时期,即对数生长期。其世代时间约为 2.5~3 h。以此期细胞进行同步分裂培养或繁殖抑制实验。

(2) 同步分裂培养。将处于对数生长期的四膜虫细胞接种于装有 50 mL 培养液的 250 mL 三角瓶中,接种的虫口密度为 1×10^5 个/mL,将三角瓶浸入适当温度水浴中,进行温度处理。以 0.5 h 高温(32 ℃)处理和 0.5 h 适温(27 ℃)作为一个处理周期,连续经过 5 个周期,通过这一个时期的连续热休克,可达到相当大程度的同步化。处理结束后,保持在最适温度(27 ℃)中,60 min 后细胞同步化开始时,进行生长繁殖抑制实验。

2. 预备实验

预备实验的目的在于确定正式实验的浓度范围。预备实验的浓度,根据实验需要而定,不论是急性还是慢性实验,其浓度范围可大一些,每一个浓度设置 3 个平行组。急性毒性实验观察 5 min 左右,慢性毒性实验观察 12~24 h 或 48 h,求出最大致死和最小不致死浓度。

3. 实验浓度选择

根据预备实验获得的最大致死浓度和最小不致死浓度的范围,按对数间距确定 5~7 个实验浓度,另设一空白对照组。必要时,加设特殊对照组(例如溶剂对照)。

4. 生长刺激、抑制实验

(1) 急性实验。

①吸取不同浓度待测物应用液 9 mL,分别注入 25 mL 无菌比色管中。对照组为等量蒸馏水或去离子水,调整 pH 值至 7.2。每一浓度设置 3 个平行组。

②分别吸取生长对数期或同步分裂培养四膜虫培养液 1 mL(约为 10^4~10^5 个/mL)注入含待测液管、对照组管内,摇匀,让虫体充分暴露于待测物应用液中,然后每隔数分钟吸取该液 0.1 mL 置 0.1 mL 浮游生物计数框内,于低倍显微镜下活体观察(每一次取样时应再次摇匀)。观察终点为:

(i) 四膜虫运动减缓;

(ii) 以四膜虫运动停止和虫体团缩运动停止为标记的死亡数。

(2) 慢性实验。

①吸取不同浓度的待测物实验液 0.1 mL,分别加入盛有 9.8 mL 无菌培养液的比色管中。空白对照管加入 0.1 mL 去离子水或蒸馏水,混匀。若 pH 值改变,应调整 pH 值至 7.0~7.2。

②接种 0.1 mL 处于对数生长期或同步分裂开始前的四膜虫培养液于实验管和对照管中,虫口密度 10^4~10^5 个/mL。置于 27 ℃恒温培养箱中无菌培养 24 h 或 48 h。起始时刻细胞数计为 N_0。

③每隔一定时间,以无菌操作移取 0.1 mL 四膜虫培养液注入 0.1 mL 浮游生物计数框内,显微镜下直接计数,记录不同时间的细胞数 N 值,此值为 3 次所观察到的虫体数的均值。

每一个浓度设置 3 个平行实验组。

五、结果报告

1. 梨形四膜虫急性毒性实验

（1）列表记录梨形四膜虫运动减缓、虫体团缩运动停止的时间和虫体数，列于表53.1。

表53.1 梨形四膜虫运动减缓、虫体团缩运动停止的时间和虫体数

观察终点	时间/min	对照		$\bar{c}_k$	C_1		$\bar{c}_1$	C_2		$\bar{c}_2$	C_3		$\bar{c}_3$	C_4		$\bar{c}_4$	C_5		$\bar{c}_5$
运动减缓																			
团缩运动停止																			

（2）运用直线回归法处理实验记录结果数据，以横坐标表示致死时间，纵坐标表示待测物质浓度的对数，绘制待测物浓度与四膜虫致死时间关系图。

2. 梨形四膜虫慢性毒性实验

（1）列表记录梨形四膜虫经暴露后不同时间的虫口数，列于表53.2。

表53.2 梨形四膜虫经暴露后不同时间的虫口数

时间/h \ 浓度	C_k				C_1				C_2				C_3				C_4				C_5			
	1	2	3	$\bar{c}_k$	1	2	3	$\bar{c}_1$	1	2	3	$\bar{c}_2$	1	2	3	$\bar{c}_3$	1	2	3	$\bar{c}_4$	1	2	3	$\bar{c}_5$
0																								
12																								
24																								
36																								
48																								
60																								

（2）按公式计算，并以时间为横坐标，以细胞数的对数（$\lg N/N_0$）为纵坐标，绘制虫群细胞的生长曲线。再以待测物浓度的对数为横坐标，以生长抑制率为纵坐标，绘制待测物浓度与四膜虫生长抑制率关系图，求出50%生长抑制率的浓度。计算公式为

$$生长抑制率 = (N_{ck} - N_i)/N_{ck} \times 100\%$$

式中：N_{ck}为空白对照组的虫口数；N_i为某时间某浓度时的虫口数。

六、注意事项

（1）严格无菌操作。

（2）实验中应严格控制温度和pH值等生长条件。

（3）在四膜虫的增殖培养和生长抑制实验中，吸取虫体培养液时需先摇匀虫液，以达到均匀取样，减少实验中的误差。

实验54 有机磷农药对乙酰胆碱酯酶活性的体外抑制实验

一、目的与要求

本实验通过体外毒性实验,研究有机磷农药在不同浓度下对乙酰胆碱酯酶活性的影响,了解有机磷农药对乙酰胆碱酯酶的毒性。要求加深理论认识,掌握实验操作技术。

二、原理

乙酰胆碱酯酶的生理功能是水解乙酰胆碱。有机磷农药的毒性作用主要是抑制机体内的乙酰胆碱酯酶(acetylcholinesterase,AChE),当有机磷农药进入体内以后,其磷酸根可以迅速和乙酰胆碱酯酶的活性中心结合,形成磷酰化胆碱酯酶,抑制了乙酰胆碱酯酶的活性,不能水解乙酰胆碱,而造成神经末梢部位乙酰胆碱的蓄积,胆碱能刺激神经系统,从而导致生物体神经系统功能的紊乱,产生一系列的中毒症状。乙酰胆碱酯酶的活性变化是敏感的农药毒理学指标,已被广泛应用于农药的毒性评价和农药环境污染评价。

乙酰胆碱酯酶在有底物(氯化乙酰胆碱)条件下产生醋酸,醋酸与3-硝基苯酚(黄色)反应并使其脱色,3-硝基苯酚在400~440 nm范围内有吸收光,测定其吸光值可以反映乙酰胆碱酯酶的活性。

三、设备与材料

1. 器材

试管,烧杯,恒温水浴锅,分光光度计,通风橱。

2. 试剂

(1)氯化钠溶液(sodium chloride solution)用蒸馏水配成0.15 mol/L NaCl溶液,加入0.4%氯仿,2~8 ℃保存。

(2)醋酸(Acetic Acid),0.02 N。

(3)磷酸缓冲液(phosphate buffer)取0.1 mol/L $K_2HPO_4 \cdot 3H_2O$ 溶液同0.1 mol/L KH_2PO_4 溶液混合,调节pH=7.8,配成0.1 mol/L的磷酸缓冲液。

(4)氯化乙酰胆碱(acetylcholine chloride solution)。实验前采用蒸馏水配成150 g/L的底物溶液。

(5)3-硝基苯酚(3-nitrophenolate solution)。以0.1 mol/L,pH=7.8的磷酸缓冲液配成质量浓度为0.75 g/L的显色剂溶液,2~8 ℃下保存。

(6)乙酰胆碱酯酶,-20 ℃保存。

四、步骤与方法

1. 乙酰胆碱酯酶活力标准曲线制备

在通风橱内操作:

(1) 在一支试管中,加入 2.0 mL NaCl 溶液,以及 2.0 mL 磷酸缓冲液,混匀。

(2) 按表 54.1 第 1 列所标记 7 支试管,在每管中加入 2.0 mL 的 3-硝基苯酚,以及 0.4 mL 步骤 1 中混合的试剂。

(3) 按表 54.1 第 2、第 3 列所示在试管中加入试剂,并混合。

(4) 以蒸馏水为参比,记录每管试剂在 405 nm 处吸光值。

(5) 以空白管的吸光值减去其余每管的吸光值,所得差值作为纵坐标,表 54.1 第 4 列乙酰胆碱酯酶活性(Rappaport units/mL)作为横坐标,绘制标准曲线。

表 54.1 乙酰胆碱酯酶活力标准曲线制备

1	2	3	4
试管编号	蒸馏水/mL	醋酸溶液/mL	乙酰胆碱酯酶活性(Rappaport units)/mL
空白	3.2	0	0
1	3.0	0.2	20
2	2.8	0.4	40
3	2.6	0.6	60
4	2.4	0.8	80
5	2.2	1.0	100
6	2.0	1.2	120

2. 酶活性抑制实验

(1) 在通风橱内,融化冷冻的未稀释过的乙酰胆碱酯酶,用磷酸缓冲液稀释成每毫升中含有 10 个单位的酶液,搅拌,须立即使用。

(2) 准备试管若干,放置水浴锅中(25 ℃)15 min,同时将所需试剂也放在水浴锅中预热至 25 ℃。

(3) 按表 54.2,依次将第 2 列到第 6 列的试剂加入标号的试管中,将农药稀释到设定的浓度梯度,依次加入试管中,每管 1 mL,混匀。

表 54.2 乙酰胆碱酯酶活性抑制实验操作流程

1	2	3	4	5	6	7
试管编号	蒸馏水/mL	NaCl/mL	3-硝基苯酚/mL	磷酸缓冲液/mL	酶/mL	农药/mL
空白	3.2	0.2	2.0	0.3	0	0
浓度 0	2.9	0.2	2.0	0.3	0.3	0
浓度 1	1.9	0.2	2.0	0.3	0.3	1.0
浓度 2	1.9	0.2	2.0	0.3	0.3	1.0
浓度 3	1.9	0.2	2.0	0.3	0.3	1.0
浓度 4	1.9	0.2	2.0	0.3	0.3	1.0
浓度 5	1.9	0.2	2.0	0.3	0.3	1.0
……	1.9	0.2	2.0	0.3	0.3	1.0

(4) 将试管在水浴锅(25 ℃)静置 15 min。

(5) 每间隔 2 min,向每管中加入 0.2 mL 氯化乙酰胆碱,混合。在水浴锅(25 ℃)中放置 30 min。

(6)对每管试剂进行比色测定,以蒸馏水为参比,记录 405 nm 处的吸光值。

五、结果和报告

1. 乙酰胆碱酯酶活性计算

以空白管的吸光值减去其余每管的吸光值,得到的差值,从标准曲线上查得相应的酶活性。

2. 乙酰胆碱酯酶活性抑制率计算

设空白管的吸光值为 A;浓度 0 吸光值为 B;其余各浓度下的吸光值分别为 $C_1, C_2, C_3 \cdots$;
空白管的吸光值 A,为没有酶参与反应时,反应体系的吸光值;
浓度 0 的吸光值 B,为抑制率为 0 时的吸光值;
则在浓度 x 下,得

$$酶抑制剂 = 1 - \frac{A - C_x}{A - B}$$

3. 计算出各个浓度下的酶抑制率

绘制受试农药浓度对酶抑制率的曲线图。

4. 记录表格

表 54.3　乙酰胆碱酯酶活性体外抑制实验记录

实验日期：　　　　　　　　　记录人：

试管编号	吸光值(A_{405})	消光值(各浓度管 A_{405} - 空白 A_{405})	对应酶活性 (Rappaport units/mL)	酶活性抑制率
空白				
浓度 1				
浓度 2				
浓度 3				
浓度 4				
浓度 5				
说明				

六、注意事项

(1)酶活力抑制实验要在 25 ℃ 恒温条件下进行。

(2)酶活力抑制实验的反应时间要计时准确。

(3)农药的浓度设置不少于 5 个浓度梯度,每个浓度做 3 个平行。

(4)制定标准曲线采用的酶活单位(Rappaport units/mL)是根据 1959 年 Rappaport 等人发表的关于用 3-硝基苯酚作为指示剂测定乙酰胆碱酯酶活力的方法。一个 Rappaport unit 代表在 25 ℃,pH=7.8 的条件下,反应 30 min,使氯化乙酰胆碱产生 1 mol 的醋酸所需要的乙酰胆碱酯酶的量。

(5)实验记录表中,"说明"一栏可以记入有机磷农药名称,设置的浓度梯度。

实验 55 紫露草微核实验

一、目的与要求

通过实验要求了解紫露草微核实验测试受试物致突变性的基本原理,掌握实验的操作步骤并借此对受试物的诱变性进行评定。

二、原理

紫露草(tradescantia paludosa)是一种对环境诱变因子具有高度敏感性的植物。在其花粉母细胞进行减数分裂的早期,如受外界诱变因素的影响,细胞染色体易发生断裂,断裂部分将在四分体时期变成微核。从大量的四分体中所得到的微核频率,可用做染色体损伤程度的指标,它可直接显示出真核生物的生殖细胞染色体损伤的程度。此测试方法已证实是监测环境污染物的一项新技术,既可以监测水环境的污染及现场测试空气中气体污染物或放射线,又可测定食品或药物中致突变性的液体或水溶性固体物质等。

三、实验材料

1. 紫露草

美国引进的沼泽紫露草 3 号敏感品种(山东海洋大学从美国引进)。该实验材料系温带长日照植物,宜在温暖、湿润、肥沃、有机质丰富的土壤中生长。最适宜温度 21~26 ℃,夜间 16 ℃左右,湿度 60%~80%,光照强度在 1 800~2 000 lx,每日光照 14 h,施加粪肥或饼肥,忌用化肥,以保证紫露草持续开花,自然突变本底低。

2. 实验器材与药品

(1)器材。显微镜,人工光源(自制日光灯灯架,架高约 50 cm,光源为两支并列的 40 W 日光灯),塑料薄膜或直径为 10 cm 带孔塑料板,血球分类计数器,载玻片、盖玻片等。

(2)药品。

①卡诺氏液:由 3 份无水酒精和 1 份冰醋酸混合而成(现用现配)。

②70% 酒精,二甲基亚砜(DMSO),1 mol/L HCl,1 mol/L NaOH 溶液。

③1% 醋酸洋红:将 50 mL 45% 冰醋酸水溶液放入 150 mL 锥形瓶中慢火煮沸,然后徐徐投入 0.5 g 洋红粉末,再煮 1~2 h。在此溶液中悬一小铁钉,1 min 后取出,使染色剂中略具铁离子或在溶液冷却后加入 1~2 滴醋酸铁溶液,以便增加染色效果。将溶液过滤后,分装于具玻塞的棕色玻璃瓶中备用。

四、实验步骤

主要介绍对水环境监测的步骤。

1. 选择花序

按每个处理组至少 15 个花序计算,随机采摘一定数量的紫露草花枝(每个花枝应有 10

个以上的花蕾,顶端开第一朵花,花枝带有2片叶子,花枝长6~8 cm),暂时插入盛有自来水的大容器中备用。

2. 调整酸碱度(pH值)

用1 mol/L HCl或1 mol/L NaOH溶液调节水样的酸碱度至pH值为5.5~5.8。

3. 处理

将过滤后的各采样点水样(或受检物的不同浓度溶液)盛入500 mL烧杯中并编号。烧杯上蒙以带孔的塑料薄膜或盖上带孔的薄塑料板,每个处理组和对照组各插入15个花枝,对照组用自来水,在人工光照下连续处理6 h。每种水样至少应设两个平行处理组。由于紫露草只能检测水溶性的各种诱变剂,因此,欲测非水溶性物质,可先用二甲基亚砜溶解,经自来水稀释后再进行处理,同时做二甲基亚砜的对照实验。如果水样污染物浓度较高时,可用自来水作适当稀释。如果水样是海水,可用自来水稀释50%后再进行处理。生活饮用水或污染物浓度较低的水样,可适当延长处理时间。

4. 恢复培养

将水样倒掉,换上自来水,在人工光照下做连续24~30 h的恢复培养。

5. 固定及保存

将恢复培养结束的花枝,除掉叶子和花梗,把花序放入新配制的卡诺氏液中固定24 h,再将花序移入70%酒精中,即可制片观察。也可将固定后的花序置于3~5 ℃长期保存,但每月需更换70%酒精一次。

6. 压片及微核观察

取出一个固定好的花序,置干净的玻璃板上(15 cm×15 cm),用解剖刀把花蕾从中间劈成两部分。一个花序越是上部的花蕾年龄越老。将花蕾按成熟期的早晚顺序排列在载玻片上,选择一个适龄的花蕾(一般在中下部),用解剖针或尖镊子打开花蕾,剥出花药,滴一滴醋酸洋红,并稍加压挤,置100倍显微镜下观察。若绝大部分是早期四分体,则充分捣碎花药,让更多的四分体释放出来,并加一滴醋酸洋红,弃去载玻片上无关的杂质,小心盖上盖玻片,置酒精灯火上来回3~4次微热(不要使染液煮沸冒泡),然后趁热把玻片放在几层吸水纸下,用大拇指压挤盖玻片,取出后置显微镜下观察计数。如果染色过深,可在盖玻片的一侧滴1~2滴45%的冰醋酸,然后用一条吸水纸在另一端将醋酸吸引过去,稍加褪色;如果染色过浅,可在盖玻片的一端再滴一滴醋酸洋红。

将制好的片子置250倍左右的显微镜下观察。从玻片的一端逐渐移到另一端,随机统计四分体和微核数,将观察结果填入表55.1中,每个处理组和对照组至少观察5张片子,统计1 500个四分体。

若观察时间超过8 h,可用石蜡-蜂蜡混合剂(石蜡2份和蜂蜡1份融成)将盖玻片四周封住,置低温下暂时保存。欲长期保存,可做成永久制片。

7. 制片关键及微核统计标准

严格选择早期四分体时期的花蕾压片是实验成功的关键。早期四分体的直径为18~22 μm,外面具有一层包膜,细胞核大而明显。一个花序只采用一个含早期四分体的适龄花蕾供制片用即可。

一个四分体的微核数从零到几个不等,微核的直径为0.5~3 μm,呈圆形或椭圆形,分布在主核周围,着色与主核一致。以下情况的微核不应统计:①四分体以外的微核;②由于分裂期延缓所造成的特别大的四分体中的微核;③已死亡的四分体中的微核;④雄蕊毛、花药壁以及花丝细胞中的微核。

表 55.1 紫露草微核实验记录表

实验组：　　　　　　固定日期：　　　　　　镜检日期：

片号	微核数 类别	微核分布										合计	微核率 /%
		0	I	II	III	IV	V	VI	VII	VIII	IX		
1	四分体数												
	微核数												
2	四分体数												
	微核数												
3	四分体数												
	微核数												
4	四分体数												
	微核数												
5	四分体数												
	微核数												
6	四分体数												
	微核数												

平均微核率：　　　　　　　　　　　　标准差：

备注

镜检者：

五、结果评价

通常每张片子要统计 300 个四分体，作为一个标准的样品群体。在每个实验组中，把 1 500 个四分体中的微核数全部加起来，求出微核率。

由于对照组有本底微核，利用"平均值差的标准误差"公式，可以判断处理组和对照组间微核率差异的显著程度。

$$S_d = \sqrt{(SE_t)^2 + (SE_c)^2}$$

式中：S_d 为平均值差的标准误差值；SE_t 为处理组的标准误差值；SE_c 为对照组的标准误差值。

当平均值差等于或大于平均值差的标准误差值两倍时，表示处理组的平均值与对照组平均值差异显著（5% 以下的几率）。据此，可对水质是否受到诱变剂污染及污染水平进行科学的评价。

六、注意事项

(1) 必须严格选择早期四分体时期的花蕾进行压片，这是实验成功的关键。

(2) 实验所用紫露草的本底微核率不得超过 10%。另外，如同一处理组的重复实验微核率相差 2% 以上，应该重做。

实验56 有机磷农药对鱼 Na^+-K^+-ATP 酶的影响

一、目的与要求

从酶活性水平角度研究鱼类对有机磷农药中毒的生化机理,以了解发现农药在环境中对鱼类造成危害的分子标志物。要求加深理论知识的学习,掌握实验操作技术。

二、原理

Na^+-K^+-ATP 酶几乎存在于所有动物的细胞中,是组成 Na^+-K^+-ATP 泵活性的主要组成部分。农药、多氯联苯、洗涤剂等环境污染物对鱼鳃、肝、肾和脑的 Na^+-K^+-ATP 酶均有制毒作用,可改变细胞的渗透性,干扰正常的水盐代谢,中断氧化磷酸化的耦联过程,使细胞不能提供正常活动所需要的能量。严重情况下,可导致鱼类的死亡。

Na^+-K^+-ATP 酶促反应将三磷酸腺苷(ATP)水解为二磷酸腺苷(ADP)和无机磷。实验中,以无机磷的释放量来表示 Na^+-K^+-ATP 酶的活力水平。

三、实验条件

1. 仪器设备

721 型分光光度计,恒温水浴,高速台式离心机,玻璃匀浆器,解剖器具。

2. 试剂

(1)线粒体提取液和洗涤液。甘露醇(0.35 mol/L),牛血清蛋白(1 mg/L),蔗糖(0.25 mol/L),EDTA(0.001 mol/L),pH=7.2,Tris-HCl 缓冲液(0.01 mol/L)。

(2)悬浮液。同于线粒体提取液和洗涤液(1),不加牛血清蛋白。

(3)酶反应混合液。pH 值为 7.5,30 mmol/L Tris-HCl 缓冲液,3 mmol/L ATP,110 mmol/L NaCl,3 mmol/L $MgCl_2$,10 mmol/L KCl。

(4)磷标准曲线制定试剂。0.001 mol/L Na_2HPO_4,20% 三氯醋酸,硫酸亚铁-钼酸铵(5 g 硫酸亚铁+10% 硫酸钼酸铵 10 mL(硫酸钼酸铵用 10 g/L 的 H_2SO_4 溶液配制)+H_2O 稀释到 70 mL)。

3. 生物材料处理

参照有机磷农药对鱼的 96 h LC_{50} 值,再以 1/2~1/6 LC_{50} 浓度的有机磷农药为试液,将体长 10~15 cm 的鲤鱼在试液中培养 96 h(流水式)。

四、实验步骤

1. 制作磷标准曲线

磷标准曲线制作程序见表56.1。

表 56.1　磷标准曲线制作程序

试剂/mL	无机磷浓度/($\mu g \cdot (mol \cdot mL)^{-1}$)				
	0.1	0.2	0.3	0.4	0.5
Na_2HPO_4	0.1	0.2	0.3	0.4	0.5
H_2O	2.8	2.7	2.6	2.5	2.4
三氯醋酸	0.1	0.1	0.1	0.1	0.1
硫酸亚铁-钼酸铵	2.0	2.0	2.0	2.0	2.0

2. 制备酶匀浆

经处理后的鱼样品,杀死后取其脑、肝、鳃、肾。每克样品加入 4 mL,1~4 ℃ 冷线粒体提取液,研磨或匀浆 5 min,700 r/min 离心 10 min,以去细胞碎片。上清液以 12 500 r/min 离心 20 min,得线粒体沉淀。将线粒体沉淀物溶于 1 mL 冷线粒体悬浮液中,以供测定 Na^+-K^+-ATP 酶活力使用。

3. 测定 Na^+-K^+-ATP 酶酶活力性水平

1 mL 冷线粒体悬浮液加入 2 mL 酶反应液,37 ℃ 下保温 15 min,加入 0.1 mL 20% 三氯醋酸终止反应。加 1.9 mL 硫酸亚铁-钼酸铵试液,2 min 后,于 660 nm 处测光密度,在标准曲线上查得相应的 Na^+-K^+-ATP 酶活性。酶活性水平以每小时每毫克蛋白水解 ATP 释放出的无机磷(mol 磷/mg 蛋白·h^{-1})量表示。

五、实验结果

1. Na^+-K^+-ATP 酶活力计算公式为

$$酶活性水平 = A_{660} \times \frac{V}{V_1} \times \frac{60}{t}$$

式中:V 为反应体积,mL;V_1 为取样体积,mL;A_{660} 为根据样品反应后测得的光密度,从标准曲线上查得的无机磷量,mol/(mg·h^{-1});t 为反应时间,min;60 为小时换算成分钟。

2. 记录表格

表 56.2　Na^+-K^+-ATP 酶实验记录表格

实验日期:

项目 \ 测定组	处理组样品							对照组样品						
	1	2	3	4	5	6	7	1	2	3	4	5	6	7
A_{660}														
V/mL														
V_1/mL														
酶活性水平/(mol/mg·h^{-1})														
95% 可信限														
t 检验														
说明														

记录人签名

六、实验结果与讨论

(1) Na^+-K^+-ATP 酶是位于细胞膜上的一种糖蛋白,不对称地镶嵌在细胞膜上,易受损伤因子的攻击,活性下降。Na^+-K^+-ATPase-ADP 系统和 ATP-腺苷酸环化酶-cAMP 系统是能量代谢的中心环节,是维持细胞正常功能和膜通透性的关键。因此,研究农药、环境内分泌干扰物等污染物对 Na^+-K^+-ATPase 的影响有助于对其作用机理的认识,并且最大限度地减轻这些污染物可能对人类产生的危害。

(2) Na^+-K^+ 泵的功能是:①维持细胞的渗透性,维护细胞的正常体积;②维持低 Na^+ 高 K^+ 的细胞内环境,维持细胞的静息电位。

(3) 本实验显著性分析采用 t 检验法,$P<0.05$ 为具有显著性差异,$P<0.01$ 为具有非常显著性差异。

七、注意事项

(1) 实验应选用规格相近的同龄同种鱼。
(2) 处理组与对照组鱼数各不少于 6 条。
(3) 线粒体制备过程应快速操作,制备液温度为 1~4 ℃。
(4) 实验记录表格中"说明"一栏,应记录采用的有机磷农药名称、中毒时间、污染物浓度,记录在实验中所发生的值得注意的现象。
(5) 酶蛋白质含量测定方法在本实验中没有列出,可参照 Folin 法进行。

实验57 紫露草雄蕊毛突变生物测试

一、目的与要求

(1) 了解紫露草(tradescantia clone)4430号植株的生物特性、培育及紫露草雄蕊毛突变生物测试的基本原理。

(2) 掌握紫露草雄蕊毛突变生物测试的操作方法,以监测和评价环境诱变剂的遗传毒性效应。

二、实验原理

紫露草4430号是 hirsutiflora Bush 和 subacaulis Bush 种间杂交产生的一种二倍体杂合体($2n=12$),具有蓝/红等位基因,红色为隐性,花瓣和雄蕊毛均为蓝色。通常每朵花有6个雄蕊,每个雄蕊约有50~150个雄蕊毛,每个雄蕊毛含有20~35个细胞组成的单链,链顶端细胞能一次成功地进行大量的重复分裂,可获得7 500~18 000个雄蕊毛细胞。雄蕊毛细胞对放射性、化学诱变剂极为敏感,易产生基因损伤,从而引起雄蕊毛发生红色突变。

紫露草雄蕊毛突变法,是利用红色紫露草与蓝色紫露草杂交产生的杂合体——紫露草4430号为检测植物材料,以其雄蕊毛细胞基因发生红色突变为遗传毒性终点,雄蕊毛细胞从蓝变成红为监测指标。当雄蕊毛细胞在发育过程中受诱变剂作用,雄蕊毛细胞基因发生突变,雄蕊毛细胞由蓝变成红。该雄蕊毛细胞突变的频率可反映出环境诱变剂的遗传毒性。

三、仪器与试剂

(1) 体视显微镜(25×)。

(2) 计算器。

(3) 50%甘油(含少量乙醇),乙醇。

(4) hoagland溶液:配制为1/3 hoagland溶液。

(5) 待测物:视需要而定。待测溶液用培养液(1/3 hoagland solution)配制。

(6) 实验生物:紫露草4430号,由美国 Ma. T. H 教授提供,经广西植物研究所、青岛海洋大学生命学院培养,为无性繁殖植株。地栽、盆栽或水培,最适温度19~21 ℃(±0.50 ℃),相对湿度60%~80%,光照强度1800~2 000 lx 16~18 h,则常年可开花供检测之用。

四、实验步骤

1. 待测物浓度的选择

采用等间距对数浓度或百分浓度,经预实验后确定5~6个浓度组,并设阳性、阴性各一对照组。每组设3个平行样。

2. 花序采集

选用含有8~9个花蕾,生长良好的早期花序(约在1周以后才能开花的幼嫩花序),长约15~20 cm,每一处理组用20~25个花序,置 hoagland 培养液中,冷藏备用。

3. 花序处理

将配制好的各待测物溶液,阳性、阴性对照组溶液分别盛入 500 mL 烧杯中,并编号。各插入 20~25 个花序,进行处理培养,处理时间视待测物毒性而定,6 h 至数天不等,一般处理 6~8 h。

4. 恢复培养

花序经处理后,移到不含诱变剂的 1/3 hoagland 培养液中,在光线充足、空气洁净的环境中恢复培养 8~14 天,每隔两天更换一次培养液,且每天摇动培养液充氧,使花序得以正常生长。

5. 制片与观察

当其花充分开放时,在突变高峰期从阴性对照组随机取 3 朵花,置冰箱中冷冻 30~60 min,使雄蕊毛膨胀易于观察。每朵花取出相间的 3 个雄蕊,置于载玻片上含少量酒精的 50% 的甘油水溶液中,应避免互相重叠,影响观察。用 25 倍的体视显微镜观察记录每朵花的 3 个雄蕊的雄蕊毛数,乘以 2 使得到 3 朵花的雄蕊毛总数,再除以 3 便得到每朵花的雄蕊毛平均数。在稳定的生长环境中该数值可在 1 周至 1 个月内使用。

每处理组在突变高峰期即恢复培养第七到第九连续 3 天中,每天在该处理组的 20~25 个花序中收集 10~15 朵花,观察记录突变次数。

6. 观察与计数

观察红色突变的次数。每当观察到一个或一串相连的红色雄蕊毛细胞,计算为一次;不相连的红色细胞,各计算为一次。每一朵花平均有 300 个雄蕊毛,可以看做一个样品群。以每 1 000 个雄蕊毛的突变次数称为突变率,以千分率(‰)表示。

五、结果处理

1. 结果计算

根据观察计算得到下列各项:
(1) 每朵花的平均雄蕊毛数 H。
(2) 第 i 朵花的突变次数 E_i。
(3) 第 i 朵花的突变频率 $X_i = E_i/H$。
(4) 各处理的突变频率 $X = \sum X_i/H$。

2. 结果处理

(1) 根据样本结果,计算其平均值和标准差。
(2) 各处理突变频率的标准差为

$$\delta = \sqrt{\frac{\sum (X_i - X)^2}{N - 1}}$$

经 F 方差检测和 t 检测,分析各处理组与阳性、阴性对照组之间在 0.05 水平上的显著性差异。

六、注意事项

(1) 注意选用无性繁殖、幼期花序的紫露草 4430 号。
(2) 在制片时需使雄蕊间保持一定距离,避免影响观察。

实验58 人体外周血淋巴细胞姐妹染色单体互换实验

一、目的和要求

姐妹染色单体互换(sister chromatid exchange, SCE)实验是检测化学物质所致的染色体同源位点上 DNA 复制产物互换频率的实验方法,与 DNA 的断裂和复合有关。遗传学终点是原发性 DNA 损伤。SCE 分析已作为一个灵敏的指标用于检出 DNA 损伤,已成为毒理、临床、环境监测等领域不可缺少的灵敏的遗传学指标。通过实验,要求掌握 SCE 的吖啶橙荧光染色法和 Giemsa 染色法。据此评价环境污染物质的致突变性。

二、原理

姐妹染色单体交换是近年来细胞遗传学研究的一个新方法,其原理是,当细胞接触到 5-溴脱氧尿嘧啶核苷(Brdu)时,Brdu 可作为核苷酸前体物,专一替代胸腺嘧啶掺入到新合成的 DNA 链中,只要通过两个细胞复制周期,就可使姐妹染色单体中的一条单体的 DNA 双链中,有一股链是掺入有 Brdu 的,而另一条单体的 DNA 双链中,两股链全掺入有 Brdu。这样的细胞经过分化染色处理,即可见到同一条染色体的两条姐妹染色单体有明显的差异,有一条单体为深色,另一条为浅色。若姐妹染色单体发生了互换,结果使深染的单体上出现浅色片段,而浅染的单体上出现深色片断,发生的互换频率可以在显微镜下进行直接观察、计数和分析。体外和体内实验结果分别说明受试物引起培养哺乳动物细胞及啮齿类骨髓细胞 DNA 损伤的能力。

三、试剂和材料

1. 试剂

(1) 卡那霉素(500 IU/mL)。

(2) 小牛血清。最好经过透析处理。

(3) 秋水仙素(30 μg/mL)。称取秋水仙素 3 mg 溶于 100 mL 灭菌 0.85% NaCl 溶液中,4 ℃保存,用时稀释 5 倍。

(4) Brdu 溶液(1 mg/mL)。用无菌青霉素瓶在普通条件下,用分析天平称取 Brdu 2 mg,然后在无菌室加入无菌 0.85% NaCl 溶液 2 mL 使溶解,用黑纸避光放冰箱中保存,最好现配现用。

(5) RPMI 1640 培养液。称取 10.5 g 1640 粉剂溶于 1 000 mL 重蒸水中,加 1% 酚红液 1 mL(如产品中已有酚红则可不再加),通入 CO_2,然后用碱调节至橘红色,使完全溶解,用 6 号砂蕊,漏斗过滤。

(6) 肝素溶液。用无菌的 0.85% NaCl 配制成 500 μg/mL 溶液,于 4 ℃冰箱保存。

(7) 2×SSC 溶液。称取 17.53NaCl,8.82 g 含两分子结晶水柠檬酸三钠($Na_3C_6H_7O_7 \cdot$

H_2O),溶于 1 000 mL 重蒸水中。

(8)0.075 mol KCl 溶液。称取 0.559 g 氯化钾,溶于 100 mL 重蒸水中。

(9)甲醇:冰醋酸(3:1)固定液。注意临用时配制。

(10)pH=6.8 磷酸缓冲液。取 1/15 mol 磷酸二氢钾液 50.4 mL 及 1/15 mol 磷酸氢二钠溶液 49.6 mL 混合。

(11)Giemsa 原液。按常规法制成原液。

(12)0.1% 吖啶橙贮存液。称取 0.1 g 吖啶橙溶于 100 mL 蒸馏水中,放置在棕色瓶中,4 ℃ 冰箱保存。

(13)3.5% $NaHCO_3$ 溶液。称 3.5g $NaHCO_3$,用 100 mL 重蒸馏水溶解,4.54 kg 15 min 高压灭菌。

(14)植物血凝素(PHA)。取 PHA 20 mg,用灭菌的 0.85% NaCl 溶液 2 mL 溶解,即制成 10 mg/ml 的 PHA。上海生物制品所产品,每安瓿可配制成 1 mL 生理盐水的溶液。

2. 材料

30 W 紫外光灯,黑光灯(或黄色日光灯),消毒设备,6 号砂蕊漏斗,青霉素瓶,注射器(10 mL),滴管,吸管(5,1,0.1 mL),盖玻片,载玻片,染色缸,荧光显微镜(附照相设备),普通显微镜(附照相设备),恒温水浴锅,恒湿培养箱,电热干燥箱,离心机。

受试物溶液应在加入培养系统前临时配制,它可以用培养液或其他合适的溶剂配制,在培养系统内溶剂的最终浓度应对细胞的存活、生长速率以及对 SCE 频率无明显影响。

至少应设置 3 个梯度浓度的受试物剂量水平,最高浓度应使细胞仍能产生复制而毒性效应又较明显。对易溶于水而无毒性的受试物,其最大浓度应根据具体情况而定;受试物相对不溶于水时,应用其在溶剂中的极限浓度作为最大实验浓度。必要时阳性反应应用浓度范围较窄的实验来证实。每个实验点至少有双份培养,并设阳性对照、空白和溶剂对照。以下物质可以作阳性对照物:环磷酰胺(间接作用物)、丝裂霉素 C(直接作用物)。

四、内容和操作步骤

(1)在无菌条件下,吸取 4.7 mL 培养液(其中 RPMI 1640 80%、小牛血清 20%)放置于 10 mL 青霉素瓶内,加 0.1 mL 的 PHA,卡那霉素 0.2 mL,肝素 1 滴,用 3.5% $NaHCO_3$ 调节 pH 值为 7.2~7.4。

(2)用少量肝素润湿针筒,每瓶培养基中加入 0.3 mL 静脉血,轻轻摇匀,置 37 ℃ 温箱培养。培养 24 h 后,在每个培养瓶中加入受试物溶液,对照瓶不加受试物,并加入 Brdu 使最终质量浓度为 10 μg/mL,用黑纸或锡箔遮光,置 37 ℃ 温箱继续培养 48 h。

(3)停止培养前 4 h 后,加入 1~3 滴秋水仙素,继续培养 4 h。收集细胞,用吸管将细胞悬液转入离心管中,并用 0.075 mol KCl 少量洗培养瓶后一加入离心管,以 1 000 r/min 离心 10 min。

(4)去上清液,吸取 5 mL 0.075 mol KCl 于离心管内,用吸管吹打成悬液,然后置 37 ℃ 恒温水浴中保温 10 min,使细胞膨胀。再以 1 000 r/min 离心 10 min,弃去上清液,沿离心管壁轻轻地滴入 4 mL 新鲜配制的甲醇:冰醋酸(3:1)固定液,固定两次,每次 15 min。

(5)向有沉淀的离心管中加入数滴新鲜固定液,并用吸管充分混匀细胞使成细胞悬液。滴 2~3 滴细胞悬液于冰水浸泡过的载玻片上,立即嘴轻轻吹散,然后用电热吹风,使标本迅速干燥。

(6)用荧光染色法和Giemsa染色法观察制成的标本。

①吖啶橙荧光染色法。将标本自然老化1~2天后,放在pH=6.8磷酸缓冲液中浸5 min。进行染色前,按0.1%吖啶橙原液:pH=6.3磷酸缓冲液=1:8稀释后,染色6 min。在盛有50 mL磷酸缓冲液的染色缸中滴入数滴0.1%吖啶橙原液,再将玻片浸泡15 min。用pH=6.8磷酸缓冲液洗涤。取出玻片,放在滤纸上,立即用镊子加上盖玻片,注意慢慢地不要使气泡产生,并用蜡封片,在荧光显微镜下进行观察。

观察计数SCE频率,选择第二个细胞周期的中期分裂相,要求细胞轮廓完整,染色体展开良好,染色单体区分清晰。每个培养物至少分析25个中期分裂细胞,凡是染色体端部发生互换,记为一次互换;凡在染色体中间出现互换,记为二次互换;凡在着丝粒部位发生的互换,由于无法判明是否着丝粒部位的扭转,故一般不计数。然后计算出每个细胞的平均值,此即为姐妹染色单体互换频率。

②Giemsa染色法。将(5)步制得的标本放入78℃干燥箱中烘烤2~3 h。待自然冷却后,将染色体标本置于培养皿中,上盖擦镜纸,滴加2×SSC液使标本湿润。将培养皿置45℃水箱上,用30 W紫外灯于60 cm处垂直照射10~15 min,用蒸馏水冲洗,并使之自然干燥。将Giemsa原液用磷酸缓冲液(pH=6.8)稀释成4%,染色5 min,在普通光学显微镜下观察。

五、结果评价

实验结果以表格形式表示,所有实验组和对照组的每个中期分裂细胞的SCE都应单独列出,最后计算每个染色体的平均SCE频率以及每份培养物的平均每个细胞的SCE频率。

用单侧界限t检验进行统计学分析实验组的数据与对照组数据。如果细胞的平均SCE频率随受试物浓度的增加而增加或者至少在一个测试浓度得到可重复的、SCE频率有统计学意义的增高,且具统计学意义,则实验结果为阳性。否则,则可认为该受试物在该测试系统的实验结果为阴性。

表58.1 姐妹染色单体互换实验记录表

样品编号:　　　　　　　　　受试物名称:
镜检日期:　　　　　　　　　镜检者:

观察分析的细胞总数	姐妹染色单体互换总数	平均每个细胞的SCE频率	每个染色体的平均SCE频率

六、注意事项

(1)培养液太酸或太碱均不利细胞生长,培养瓶口必须塞紧,以免培养液pH值发生较大变化。培养过程中培养液如向酸性变化,培养液逐渐呈黄色,此时可加入适量灭菌的1.4% $NaHCO_3$溶液调整,或再加入2~3 mL培养液来校正。

(2)在细胞培养过程中,应注意无菌操作,培养用液体和器材应彻底灭菌消毒。

(3) Brdu 溶液最好现配现用，一次使用不完必须用黑布或锡箔包好避光，4 ℃冰箱中保存。Brdu 是一种强突变剂，使用浓度不宜太高。否则会产生细胞毒性，质量浓度达 30 μg/mL 时 SCE 数目明显升高。

(4) 不论在采血或接种培养时，都应注意不要加入太多的肝素。肝素含量过多时往往抑制淋巴细胞的转化。但肝素量也不宜太少，以免采血时血液发生凝血现象或培养时培养物出现纤维蛋白形成的膜状结构。

实验 59　大肠杆菌感受态细胞的制备与转化

本实验以氯化钙法制备 E. coli DH5α 感受态细胞,转化为 pBR322 或 pUCl9 质粒,并用含抗菌素的平板培养基筛选转化体。

通过本实验,了解细胞转化的概念,及其在分子生物学研究中的意义;学习氯化钙法制备大肠杆菌感受态细胞和外源质粒 DNA 转入受体菌细胞并筛选转化体的方法。

一、原理

转化(transformation)是将异源 DNA 分子引入另一细胞品系,使受体细胞获得新的遗传性状的一种手段。它是微生物遗传、分子遗传、基因工程等研究领域的基本实验技术。

转化过程所用的受体细胞一般是限制性修饰系统缺陷的变异株,即不含限制性内切酶和甲基化酶的突变株,常用"R^-、M^-"符号表示。受体细胞经过一些特殊方法(如电击法、$CaCl_2$、RuCl 等化学试剂法)的处理后,细胞膜的通透性发生变化,成为能容许带有外源 DNA 的载体分子通过的感受态细胞(competence cells)。在一定条件下,将带有外源 DNA 的载体分子与感受态细胞混合保温,使载体 DNA 分子进入受体细胞。进入细胞的 DNA 分子通过复制、表达,实现遗传信息的转移,使受体细胞出现新的遗传性状。将经过转化后的细胞在选择性培养基中培养,即可筛选出转化体(transformant),即带有异源 DNA 分子的受体细胞。

本实验以 E. coli DH5α 菌株为受体细胞,用 $CaCl_2$ 处理受体菌使其处于感受态,然后与 pBR322(或 pUCl9)质粒共保温,实现转化。pBR322 质粒携带有抗氨苄青霉素和抗四环素的基因,因而使接受了该质粒的受体菌具有抗氨苄青霉素和抗四环素的特性,常用 Amp^r 和 Tc^r 表示。将经过转化后的全部受体细胞经过适当稀释,在含氨苄青霉素和四环素的平板培养基上培养,只有转化体才能存活,而未受转化的受体细胞则因无抵抗氨苄青霉素和四环素的能力而死亡(若用 pUCl9 质粒,则只具有抗氨苄青霉素的特性,即 Amp^r)。

转化体经过进一步纯化扩增后,可再将转入的质粒 DNA 分离提取出来,进行重复转化、电泳、电镜观察,并做限制性内切酶图谱、分子杂交或 DNA 测序等实验鉴定。

二、主要仪器、材料和试剂

1. 仪器和材料

恒温摇床,电热恒温培养箱,无菌操作超净台,电热恒温水浴,分光光度计,卧式离心机,带盖离心管,移液管或移液枪,Eppendoff 管等。

E. coli DH5α 受体菌:R^-,M^-,Amp^r,Tc^r。

pBR322(或 pUCl9)质粒 DNA:购买商品或实验室分离提纯所得样品。

2. 试剂

LB 培养基,氨苄青霉素 25 mg/mL,四环素 12.5 mg/mL。

加抗菌素的 LB 平板培养基:将配好的 LB 固体培养基高压灭菌后,冷却至 60 ℃左右,加入氨苄青霉素和四环素贮存液,使最终质量浓度分别为 50 μg/mL 和 12.5 μg/mL(若做

pUCl9 转化,则只加氨苄青霉素)。摇匀后铺板。

0.1 mol/L CaCl₂ 溶液:每 100 mL 溶液含 CaCl₂(无水、分析纯)1.1g,用双蒸水配制,灭菌处理。

三、操作步骤

1. 大肠杆菌感受态细胞的制备

(1)从新活化的 E. coli DH5α 菌平板上挑取一单菌落,接种于 3~5 mL LB 液体培养基中,37 ℃振荡培养 12 h 左右,直至对数生长期。将该菌悬液以 1:100~1:50 接种于 100 mL LB 液体培养基中,37 ℃振荡扩大培养,当培养液开始出现混浊后,每隔 20~30 min 测一次 $A_{600\,nm}$,至 $AA_{600\,nm} \leqslant 0.7$,停止培养。

(2)培养液在冰上冷却 10 min 后,转入离心管中,于 0~4 ℃,4 000 r/min 离心 1 min。

(3)倒净上清培养液,用 600 μL 冰冷的 0.1 mol/L CaCl₂ 溶液轻轻悬浮细胞,冰上放置 15~30 min。

(4)0~4 ℃,离心 10 min(4 000 r/min)。

(5)弃去上清液。加入 200 μL 冰冷的 0.1 mol/L CaCl₂ 溶液,小心悬浮细胞,冰上放置片刻后,即制成了感受态细胞悬液。

(6)以上制备好的感受态细胞悬液可在冰上放置,24 h 内直接用于转化实验,也可加入占总体积 15% 左右高压灭菌过的甘油,混匀后分装于 Eppendorf 管中,置于 -70 ℃ 条件下,可保存半年至一年。

2. 细胞转化

(1)取 200 μL 摇匀后的感受态细胞悬液(如是冷冻保存液,则需化冻后马上进行下面的操作),加入 pBR322(或 pUCl9)质粒 DNA(含量不超过 50 ng,体积不超过 2 μL),此管为转化实验组(参见表 59.1)。

表 59.1 细胞转化溶液配置表

	质粒 DNA/1 μL (pBR,322 或 pUCl9)	感受态细胞/μL	无菌(r)/μL	0.1 mol/L CaCl₂/μL
1. 样品	2	100	—	—
2. 对照	—	100	2	—
3. 对照	2	—	—	100

同时做两个对照管。

① 受体菌对照组:100 μL 感受态细胞悬液 +2 μL 无菌双蒸水。

② 质粒 DNA 对照组:100 μL 0.1 mol/L CaCl₂ 溶液 +2 μL pBR322(或 pUCl9)质粒 DNA 溶液。

(2)将以上各样品轻轻摇匀。冰上放置 30 min 后,于 42 ℃水浴中保温 2 min,然后迅速在冰上冷却 3~5 min。

(3)上述各管中分别加入 400 μL LB 液体培养基,使总体积约为 0.5 mL,该溶液称为转化反应原液,摇匀后于 37 ℃温浴中 15 min 以上(欲获得更高的转化率,则此步也可振荡培养),使受体菌恢复正常生长状态,并使转化体产生抗药性(Amp^r,Tc^r)。

3. 稀释平板培养

(1)将上述经培养的转化反应原液摇匀后进行梯度稀释,具体操作见表59.2。

表 59.2　细胞转化后溶液梯度稀释放表

试管号	1	2	3	4	5	6	7	8	9	10
加入样品液/mL	原液 0.1	稀释液1 0.1	稀释液2 0.1	稀释液3 0.1	稀释液4 0.1	稀释液5 0.1	稀释液6 0.1	稀释液7 0.1	稀释液8 0.1	稀释液9 0.1
稀释液(LB液体培养基)/mL	0.9	0.9	0.9	0.9	0.9	0.9	0.9	0.9	0.9	0.9
稀释质量分数	10^{-1}	10^{-2}	10^{-3}	10^{-4}	10^{-5}	10^{-6}	10^{-7}	10^{-8}	10^{-9}	10^{-10}
稀释倍数	10^1	10^2	10^3	10^4	10^5	10^6	10^7	10^8	10^9	10^{10}

(2)取适当稀释度的各样品培养液0.1~0.2 mL,分别接种于含抗菌素和不含抗菌素的LB平板培养基上。涂匀。

①pBR322质粒参考转化量:1~20 ng;涂板时取转化反应原液0.2 mL。

②pUCl9质粒参考转化量:0.5~5 ng;涂板时取转化反应原液0.2 mL。

以上各步操作均需在无菌超净台中进行。

(3)菌液完全被培养基吸收后,倒置培养皿,于37 ℃恒温培养箱内培养24 h左右。待菌落生长良好而又未互相重叠时停止培养。

4. 检出转化体和计算转化率

统计每个培养皿中的菌落数,各实验组培养皿内菌落生长状况见表59.3。

表 59.3　各实验组在培养皿内菌落生长状况及结果分析

	不含抗菌素培养基	含抗菌素培养基	结果说明
受体菌对照组	有大量菌落长出	无菌落长出	本实验未产生抗药性突变株
质粒DNA对照组	无菌落长出	无菌落长出	质粒DNA溶液不含杂菌
转化实验组	有大量菌落长出	有菌落长出	质粒进入受体细胞便产生抗药性

由表59.3可知,转化实验组含抗菌素培养基平皿中长出的菌落即为转化体,根据此皿中的菌落数则可计算出转化体总数和转化频率,计算公式为

转化体总数 = 菌落数 × 稀释倍数 × (转化反应总体积/涂板菌液体积数)

转化频率 = 转化总数/加入质粒DNA的质量

再根据受体菌对照组不含抗菌素平皿中检出的菌落数,则可求出转化反应液内受体菌总数,进一步计算出本实验条件下,由多少受体菌可获得一个转化体。

四、结果讨论

(1)为提高转化率,实验中要注意以下几个重要因素:

①细胞生长状态和密度。细胞生长密度以每毫升培养液中的细胞数在$5×10^7$个范围为最佳(可通过测定培养液的$A_{600\,nm}$控制)。密度不足或过高均会使转化率下降。不要使用已

经过多次转接及贮存在 4 ℃ 的培养菌液,否则效果欠佳。

②转化的质粒 DNA 的质量和浓度。用于转化的质粒 DNA 应主要是共价闭环 DNA(即 cccDNA,又称超螺旋 DNA);转化率与外源 DNA 的浓度在一定范围内成正比。但当加入的外源 DNA 的量过多或体积过大时,则会使转化率下降。

③试剂的质量。所用的试剂,如 $CaCl_2$ 等,应是高质量的,且最好保存于干燥的暗处。

④防止杂菌和其他外源 DNA 的污染。所用器皿,如离心管、分装用的 Eppendorf 管等,一定要洗干净,最好是新的。整个实验过程中要注意无菌操作。少量其他试剂在器皿中残留或 DNA 的污染,会影响转化。

(2)实验中凡涉及溶液的移取、分装等需敞开实验器皿的操作,均应在无菌超净台中进行,以防污染。

(3)衡量受体菌生长情况的 $A_{600\,nm}$ 值和细胞数之间的关系随菌株的不同而不同,因此不同菌株的合适 $A_{600\,nm}$ 值是不同的。

(4)本实验方法也适用于其他 E. coli 受体菌株和不同质粒 DNA 的转化,但它们的转化效率是不一样的,有的重组质粒转化率很低。筛选转化体时,甚至需将加入的恢复生长活性的液体培养基的体积减小,以增加转化体浓度,便于筛选和准确计算转化率。

计算公式为

转化率=含抗菌素平皿中的菌落数/不含抗菌素平皿中的菌落数

(5)在对照组不该长出菌落的平皿中长出了一些菌落,首先确定抗生素是否已失效,若排除了这一因素,则说明实验有污染。如果长出的菌落相对于转化实验组的平皿中长出的菌落而言,数量极少(一般在 5 个以下),则此次转化还算成功,可继续以后的实验;如果长出的菌落很多,则需要设计对照实验,找出原因后,再重新进行转化。

(6)根据所需质粒 DNA 的特性,选择相应的选择性培养基进行筛选,有的可能还需进行多步筛选。

实验60 双向电泳法评估海洋环境中过氧化物酶体增殖污染物

海洋环境的污染越来越受到人们的关注。应用蛋白质组学方法对海洋污染进行监测是评估环境污染对生态影响的一种新方法。某些河湾里水生生物特别容易接触到各种污染物,其中包括过氧化物酶体增殖污染物(peroxisome proliferadng poilutant)。氧化物酶体增殖污染物的评估方法很多,特殊的过氧化物酶反应和普通的生物标记反应都会受到生物或非生物因素的影响,而利用蛋白质组学技术可以高通量地评估蛋白质,克服了其他方法的缺陷。本实验通过双向电泳技术分析消化腺过氧化物酶体蛋白质组,比较受污染的样本和对照组的双向电泳图谱。上调和下调的蛋白质构成了与暴露于过氧化物酶体增殖污染物相关的蛋白质表达特征标签(protein expression signature,PES)。

一、概述

生物检测是通过对一些已知的、可对污染物的毒性作用发生反应并产生改变的生物参数进行监测而进行的。有些化合物已被证明可以诱导过氧化物酶体形态及功能上的改变。以及过氧化物酶体的增殖。实验证明,过氧化物酶体增殖污染物暴露可诱导乙酰辅酶A氧化酶(AOX)活性增高。但是,目前任何单一的生物标记物都难以将污染相关的改变鉴定出来。

蛋白质组学技术引入这一领域改善了对海洋污染物的评估与鉴定。如蛋白质表达特征标签(PES)的方法已被应用于贻贝暴露于铜、多氯联苯和渗透压变化,彩虹鳟暴露于敌匹硫磷、壬基酚、评估过氧化物酶体增殖污染物所造成的海洋污染。蛋白质组学方法的优越性在于不需要知道蛋白质组学是近期发展起来的一种方法,可获得一套复杂的蛋白质表达特征标签,用于异丙氧磷和污水处理厂的排出物,以及蛤暴露于模式污染物等的研究。过氧化物酶道污染物的作用机制。

通过密度梯度离心法分离富集过氧化物酶体,沉淀过氧化物酶体蛋白,再通过2-DE分离过氧化物酶体蛋白。最后利用各种软件包对2-DE图谱进行分析、量化,包括胶的识别、检测,蛋白质点的量化,胶的匹配,数据分析和数据整合等。从而获得那些暴露于污染环境后发生表达改变的蛋白质,最终构成蛋白质表达特征标签。

二、实验材料与试剂

1. 富含过氧化物酶体组分的分离

所使用的缓冲液都需新鲜配制,并在冰浴中操作。

缓冲液(HM):250 mol/L 蔗糖,5 mmol/L 3-(N-吗啡啉)丙磺酸(MOPS)。1 mmol/L EDTA-Na_2,0.1% 乙醇,0.2 mmol/L 苯甲基磺酰氟(PMSF),2 μmol/L 亮抑蛋白酶肽(1eupepfin),2 μmol/L 抑胃酶肽(pepstatin),1 mol/L ε-氨基醋酸(ε-a minocaprioic acid),0.2 mmol/L DTT,pH值为7.2。

碘克沙醇（iodixanol）梯度缓冲液：250 mol/L 蔗糖，30 mmol/L MOPS，6 mmol/L EDTA-Na$_2$，0.6%乙醇，pH 值为 7.2。

28%和50%质量分数梯度的碘克沙醇溶液（由60%的碘克沙醇商业溶剂 Optiprep 用碘克沙醇梯度缓冲液稀释而成）。

2. 蛋白质的沉淀

体积分数为 20%的 TCA（trichloroacetic acid）/冷丙酮，0.07%β-巯基乙醇，−20 ℃贮存；100%丙酮，−20 ℃贮存。

3. 促溶与水化

促溶缓冲液：7 mol/L 尿素，2 mol/L 硫脲，2% CHAPS，0.5% Triton X-100，1%β-巯基乙醇，1% pharmalyte，1% DTT。

再水化缓冲液：8 mol/L 尿素，2% CHAPS，15 mmol/L DTr，1% 13-巯基乙醇，0.2% pharmalyte，0.95 mol/LIAA（碘代乙酰胺，iodoacetamide）。

4. 等电聚焦和平衡

平衡缓冲液（EQ）：6 moL/L 尿素，50 mmol/L Iris，30% 甘油，2% SDS，考马斯亮蓝，pH 值 8.8。含 1% DTr 的 EQ，含 4% IAA 的 EQ。

5. SDS. PAGE

最好使用预制胶和标准类型的 12.5% Tris. HCl。推荐用 1 cm 厚度的胶。

0.5% 琼脂糖，5× 电泳缓冲液：125 mmol/L Tris，960 mmol/L 甘氨酸，0.5% SDS，pH 值为 8.3。

6. 考马斯亮蓝染色

固定液：甲醇：醋酸：水为 45∶1∶54。

染色液：17% 硫酸铵，34% 甲醇，3% 磷酸，质量分数为 0.1% 的考马斯亮蓝 250。

三、操作步骤

1. 富含过氧化物酶体组分的分离

（1）分离 50 个贻贝的消化腺（约 5 g）。每克样品（湿重）加入 3 mL 冰 HM 缓冲液，研磨、匀浆。

（2）用低速冷冻离心机离心 10 min，取上清液。

（3）在沉淀中加入 2 mL/g 的冰 HM 缓冲液，再次匀浆、离心。取上清液，并将两次离心所得上清液混合，记为 A。

（4）用高速冷冻离心机离心 A 10 min（1 950 r/min），取上清液，再次离心 8 min（1 950 r/min）。沉淀（包含线粒体）记为 8，上清液记为 C。

（5）将上清液 C 离心 45 min（39 000 r/min）。弃上清液。加入 2 mL 冰 HM 缓冲液溶解沉淀，记为 D。D 中包括了富含过氧化物酶体和轻线粒体的组分。

（6）取 1 mL D 置于梯度液之上。梯度液包括 6 mL 体积分数为 28% 的碘克沙醇，5 mmol/L MOPS，0.1% 乙醇，1 mmol/L ElYrA-Na$_2$（pH 值为 7.3，密度 1.16 g/mL）和 1 mL 体积分数为 50% 的碘克沙醇，5 mmol/LMOPS，0.1% 乙醇，1 mmol/L EDTA-Na$_2$ 溶液（密度为 1.27 g/mL）。然后离心 2 h（40 000 r/min）。富含过氧化物酶体的组分将在 28% 和 50% 碘克沙醇溶液之间获得。

2. 蛋白质沉淀

(1)将1×体积的20% TCA 与1×体积的样本混合,TCA 终质量分数为10%。-20 ℃沉淀45 min。每隔15 min 搅拌1次。冷冻离心10 min(12 000 r/min)。

(2)取上清液,再次离心(12 000 r/min),除去剩余的 TCA。

(3)加入1 mL 冷丙酮(含0.07% B 巯基乙醇),混匀。低温离心10 min(12 000 r/min)。如果上清液为黄色,再重复此步骤。

(4)弃上清液,再次离心(12 000 r/min),除去剩余的丙酮。

(5)室温干燥20～30 min。

3. 促溶和再水化

(1)在上述沉淀样本中加入适量的促溶缓冲液。不同长度的 IPG 胶条,上样量不同:7 cm 胶条,上样量125 μL;11 cm 胶条,上样量185 μL;18 cm 胶条,上样量250 L。同时加入1 μL 质量分数为0.01% 的 CBB,室温振荡15 min。

(2)加入0.95 mol/L IAA(新鲜配制)终浓度为30 mmol/L,室温振荡15 min。

(3)加入适量的再水化缓冲液,室温振荡30 min,离心10 min(5 000 r/min)。

(4)测定蛋白质浓度,4 ℃保存。

4. 等电聚焦与平衡

(1)将蛋白质样品倒入聚焦盘中,将 IPG 胶条置于其上(胶条下不能有气泡)。

(2)将 IPG 胶条再水化12～15 h,快速升压。250 V 15 min;8 000 V 2.5 h;8 000 V 直到达到35 000 V。然后用矿物油覆盖胶条。

(3)等电聚焦后,马上平衡或-20 ℃贮存。

(4)将 IPG 胶条放入平衡液(含有 $t\%$ DTr)中,在摇床上平衡15 min。再将 IPG 胶条放入新的平衡液(含有4%IAA)中平衡15 min。

5. SDS-PAGE 电泳

(1)将 IPG 胶条置于 SDS-PAGE 胶上,中间不应有气泡。

(2)用0.5%的琼脂糖(溶于电泳缓冲液中)封住胶条。

(3)在这一过程在冷室中进行,用磁性搅拌棒保证电泳缓冲液维持在同一温度。电泳缓冲液溶液应与室温相同或更低。

(4)11 cm 的胶在120 V 下电泳,直到 CBB 到达胶的底部;18 cm 的胶则采用恒流电泳,前30 min 为16 mA,然后调至24 mA 直到 CBB 到达底部。

6. 考马斯亮蓝染色

在固定液中固定30 min,在考马斯亮蓝中染色12～18 min,在甲醇中脱色2～3 min,在水中脱色直到背景清晰,冷室中保存。

7. 图像获取和分析

(1)将凝胶用 Image Scanner 扫描。

(2)所得数据利用 Image Master 2D Platinum 6.0 软件进行分析,包括点的检测、点的量化、标准化、背景去除和点的匹配,然后进行统计学分析。

(3)每个蛋白质点的量通过点的体积来表达,定义为所有构成该店的像素密度的总和。

(4)为了校正 CBB 染色的差异,反映各点之间量上的差异,点的体积表示为该点占胶体所应占体积的百分比。不同样本间的所有点都通过这一百分比值进行显著性分析;污染区样本的 2-DE 图谱与对照组进行对比,通过 t 检验,显著性≥95%的蛋白质为差异表达。

四、讨论

(1) PMSF 属危险物,用异丙酮制备 100 mmol/L 的储液。

(2) 在配制促溶和水化缓冲液时,建议先用少量 MimQ 水溶解尿素,再加硫脲。尿素-硫脲溶液通过 10 mg/mL 离子交换树脂清洗。振荡后静置 10 min,移走上清液。

(3) 在 TCA 沉淀蛋白质时,蛋白质浓度不同,产率亦不同。蛋白质质量浓度大约在 1 mg/mL 时结果最好。

(4) SDS-PAGE 电泳时,要确保 IPG 胶条与胶面之间没有气泡。也可以先将琼脂灌在 SDS-PAGE 上。再放 IPG 胶条。电泳时,如果电泳缓冲液很冷,电泳进程会减慢很多;如果电泳缓冲液温度太高,胶会不连续。

实验61　FRAP-PCR检测环境污染物引起的基因表达的改变

FRAP-PCR(fluorescent RNA arbitrarily primed PCR)是一种改良的18 bp荧光RNA随机引物引发的PCR(RNA arbitrarily primed PCR,RAP-PCR),主要通过5'罗丹明标记的18 bp的随机引物对cDNA转录物进行荧光标记。这些随机引物特异结合于cDNA编码区,简化了下游对毒物相应基因的鉴定,这种方法已成功用于禽类的培养细胞和组织等基因表达的检测。它具有直接、安全、低成本的优点,是对放射标记的RAP-PCR方法的有效代替。

一、概述

毒理基因组学的出现将环境毒物的影响和转录组联系起来。RNA随机引物引发的PCR是一种相关的技术,将随机引物与RNA一起复制生成可重复的表达模式,用于检测表达的转录子的多态性。这项技术的应用不需要预先了解待测物种得基因组信息。它适用于实验室和野生条件下暴露于环境毒物的生物有机体,为新基因的发现创造了条件。迄今为止,RAP-PCR已被用于各类物种基因表达的检测。

FRAP-PCR是一种改良的RAP-PCR方法,将荧光素标记的随机引物引入PCR反应。这种方法适用于暴露在各种环境污染物下的不同物种和组织基因表达的检测,可广泛应用于多类物种,以鉴定环境污染物作用的新的分子机制。

二、实验材料与试剂

1. RNA的提取

TRIzol试剂(4℃保存)、氯仿、异丙醇、70%乙醇、焦炭酸二乙酯(DEPC)处理的水。

2. cDNA合成

Supm Script TM II,RNase H-反转录酶(200 U/μL),-20℃下可稳定贮存于两年以上;0.1 mmol/L二硫苏糖醇(DTT),贮存于-20℃;dNTP混合物:dNTP各10 mmol/L,贮存于-20℃;RNase OMTTM重组核糖核酸酶抑制剂(40 U/μL;Invitrogen),贮存于-20℃。

5×第一链合成缓冲液:250 mmol/L Tris-HCl(pH 8.3),375 mmol/L KCl,15 mmol/L $MgCl_2$,贮存于-20℃。

18碱基引物(25 μmol/L)

A3:5'-AATCATGAGCTCTCCTGC-3';B3:5'-CATACACGCGTATACTGG-3';C3:5'-CCATGCGCATGCATGAGA-3'。贮存于-20℃。

3. FRAP-PCR

Qiagen Taq DNA聚合酶(5 U/μL,Qiagen),贮存于-20℃;25 mmol/L $MgCl_2$,贮存于-20℃;焦炭酸二异酯(DEPC)处理过的水;dNTP各10 mmol/L,贮存于-20℃;5'端用罗丹明标记的随机引物(10 μmol/L;A3,B3或C3),贮存于-20℃,避光;PCR纯化试剂盒(Qiagen)。

Qiagen 10×PCR 缓冲液:Tris-HCl,KCl,$(NH_4)_2SO_4$,15 mmol/L $MgCl_2$,pH 8.7,贮存于 -20 ℃。

4. 凝胶电泳

TEMED,25% 过硫酸铵,Sigmacote 硅胶液(Sigma-Aldrich),贮存于 4 ℃。

制胶溶液:6% 丙烯酰胺(29:1 丙烯酰胺-bis 丙烯酰胺),含 7 mol/L 尿素和 1×TBE 缓冲液。

1×TBE 缓冲液:89 mmol/L Tris 碱,89 mmol/L 硼酸,2 mmol/L EDTA 二钠盐,pH 8.3。

FDD 上样缓冲液:99% 甲酰胺,1 mmol/L EDTA,pH 8.0,0.009% 二甲苯氰,0.009% 溴酚蓝。

FDD 垂直电泳系统,包含 60 孔梳子和低背景荧光的玻片(GenHunter),荧光成像扫描仪。

5. PCR 产物的分离、再扩增和克隆

胶原(20 μg/μL),贮存于-20 ℃;3 mol/L 醋酸钠;乙醇;焦炭酸二异酯(DEPC)处理过的水;LB 培养基;氨苄西林(10 mg/mL),贮存于-20 ℃;琼脂;X-gal(20 mg/mL),避光贮存于-20 ℃;QIAprep 小量质粒抽提试剂盒(Qisgen);PCR 试剂(注意:10 μmol/L 未标记的随机引物)。

M13 引物:正向:5'-GTAAAACGCGGCCAC-3';反向:5'-CAGGAAACAGCTATGAC-3',贮存于-20 ℃。

TOPO-TA 克隆试剂盒(Invitrogen),OneShot 感受态大肠杆菌贮存于-80 ℃,PCR TOPO 克隆载体贮存于-20 ℃。

SOC 培养基:2% 胰蛋白胨,0.5% 酵母提取物,10 mmol/L NaCl,2.5 mmol/L KCl,10 mmol/L $MgCl_2$,10 mmol/L $MgSO_4$,20 mmol/L 葡萄糖。

三、操作步骤

1. RNA 的提取

FRAP-PCR 方法不需要进行 mRNA 的纯化,但在 FRAP-PCR 前需要用 DNase 处理,适用于总 RNA 有限的情况下(如少量的细胞或组织)基因表达的检测。

(1)每 50~100 mg 组织加 1 mL TRIzol,匀浆 2 min。室温放置 5 min,使得核蛋白复合体完全解离。

(2)每 1 mL TRIzol 加入 0.2 mL 氯仿,剧烈震荡 15 s,室温放置 2~3 min,4 ℃ 离心 15 min(1 200 r/min)。

(3)取上清液,加入 1/2 倍体积的异丙醇,颠倒混匀。室温放置 10 min,4 ℃ 离心 20 min(1 200 r/min)。

(4)弃上清液,用 700 μL 70% 乙醇洗涤 RNA 沉淀,4 ℃ 离心 5 min(750~1 200 r/min)。

(5)室温干燥至乙醇挥发 RNA,用适量的 DEPC 处理过的水溶解。用分光光度计测定 RNA 的浓度。

(6)每 10 μL RNA 加 5 μL DNase I 缓冲液和 1 μL 重组 DNase I(2 U/μL)。37 ℃ 孵育约 30 min。

(7)加 10 μL DNase I 灭活剂,室温放置 2 min,离心 1.5 min(10 000 r/min),弃上清液,

用适量的 DEPC 处理过的水溶解。

(8)测定 RNA 质量浓度,稀释到 75 mg/μL,分装成小份,-80 ℃保存。

2. cDNA 的合成

该过程使用 18 bp 的随机引物而非 Oligo-dT 引物,使反转录产物不偏向于 3'端非翻译区,获得包括可读框的 RNA 序列的反转录产物,有利于基因产物的鉴定。该过程需设立对照(不加反转录酶),以确定模板中是否有基因组 DNA 的污染。

(1)取 10 μL 上述总 RNA,加入 1 μL dNTP 混合物和 1 μL 随机引物(A3,B3 或 C3;25 μmol/L)。65 ℃孵育 5 min,立即水浴。

(2)加入 4 μL 5×第一链合成缓冲液,2 μL DTT,1 μL RNA 酶抑制剂 Rnase Out 和 1 μL Super Script TM II 反转录酶。25 ℃孵育 10 min,然后 42 ℃孵育 50 min。

(3)70 ℃加热 15 min 终止反应。将 cDNA 分装成小份(每管 5 μL),-20 ℃保存。

3. FRAP-PCR

罗丹明是光敏性的染料,所以该操作过程需在暗处操作。

(1)25 μL 的反应体系应包括:5 μL cDNA,2.5 μL Qiagen 10×PCR 缓冲液,1.5 μL $MgCl_2$,0.5 μL dNTP 混合物,1.25 μL 罗丹明标记的引物(A3、B3 或 C3),0.1 μL Qiagen Taq DNA 聚合酶,14.5 μL DEPC 处理过的水。

(2)PCR 反应参数:94 ℃预变性 5 min,进入第一阶段循环(1 个循环):94 ℃变性 1 min,36 ℃退火 5 min,72 ℃延伸 5 min。进入第二阶段循环(30 个循环):94 ℃变性 1 min,54 ℃退火 2 min,72 ℃延伸 1 min。最后再 72 ℃延伸 10 min。

(3)用 Qiagen PCR 纯化试剂盒纯化 PCR 产物(操作见试剂盒说明书),纯化后的 PCR 产物 4 ℃暗处避光保存。

4. 凝胶电泳

(1)凝胶的制备。

(2)预电泳 45 min(1 500 V)。将 PCR 产物(包括对照)与 15 μL FDD 上样缓冲液混合,80 ℃孵育 2 min,各取 5 μL 上样,每份样品上样 3 个平行孔。

(3)1 700 V 电泳 6 h,取出凝胶,用 Typhoon 成像仪扫描(激发透镜为 532 nm,发射透镜为 580 nm BP30)。

(4)打印凝胶图谱出来。将凝胶用保鲜膜包裹,防止水分蒸发。

(5)回收目的条带。

5. PCR 产物的分离、再扩增和克隆

(1)将回收目的条带(割取的胶条)置于 1.5 mL 离心管中,加入 100 μL 水浸泡 10 min,95 ℃以上孵育 15 min,离心 2 min。

(2)取上清液,加入 10 μL 3 mol/L NaAc,2.5 μL 胶原(20 μg/μL)和 450 μL 无水乙醇。-80 ℃放置 30 min 以上。

(3)离心 10 min,弃上清液,用 500 μL 85% 冰乙醇洗涤沉淀,离心出去乙醇。用 10 μL DEPC 水溶解沉淀。

(4)取 4 μL 用于再扩增。除未标记的引物(10 μmol/L)之外,其他试剂与 FRAP-PCR 相同。PCR 循环条件:94 ℃变性 30 s;54 ℃退火 1 min;72 ℃延伸 1 min,共 30 个循环。琼脂糖凝胶(1%)电泳检测第二次 PCR 反应产物。

(5)用 TOPO TA 克隆试剂盒将 PCR 产物克隆到 pCR 2.1 TOPO 载体上,具体操作见说明书。

(6)室温下孵育 5 min,-20 ℃ 贮存。

(7)将 2 μL 连接产物和 25 μL One Shot 感受态大肠杆菌轻轻摇匀。冰浴 5~30 min。42 ℃ 加热 30 s,立即置于冰上。加入 125 μL SOC 培养基,37 ℃ 振荡培养 1 h(200 r/min)。在含有 50 μg/μL 氨苄青霉素和 40 μg/μL X-gal 的 LB 琼脂板上涂板,37 ℃ 培养过夜。

(8)选取 3 个白色克隆菌落,挑取其边缘,分别溶于 50 μL 水中,各取 1 μL 用 M13 引物进行 PCR 反应,以鉴定阳性克隆。

(9)选取阳性转化克隆,在 LB 培养基(含 50 μg/μL 氨苄青霉素)中 37 ℃ 培养过夜。

(10)用 QIAprep 小量质粒抽提试剂盒提取质粒,测序。

四、讨论

(1)细胞培养需要严格在无菌条件下进行,移去培养基后,应于-80 ℃ 保存。组织的收集必须用无菌、无 Rnase 污染并用 3% 过氧化氢处理过的器具,组织样本需要用液氮迅速冻存,防止 RNA 的降解。

(2)去除 DNA 的污染是 FRAP-PCR 成功的关键。在扩增反应时基因组 DNA 可与 cDNA 竞争导致 RNA 指纹图谱出现假阳性,可用 DNA-Free Kit 去除基因组 DNA,并在随后的 PCR 反应中设置非转录反应的对照。

(3)RNA 和 cDNA 应分成小份保存,避免后续实验时反复冻融影响样品的质量。总 RNA 样品反复冻融后电泳条带的亮度会有所降低。

(4)FRAP-PCR 最佳的总 RNA 用量需进行预实验获得。

(5)第一链 cDNA 合成后,要进行一步低保真度的 PCR 步骤,以利于随机引物结合到 PCR 产物的两端,确保后面高保真 PCR 中 cDNA 产物的最佳扩增效果。

(6)FRAP-PCR 中 18 bp 引物的最佳退火温度非常重要。这里 A3、B3 的理想退火温度是 54 ℃,C3 是 56 ℃。如果使用其他引物,需要分析软件确定其溶解温度、GC 含量及最佳 PCR 温度之后,再确定 PCR 反应条件。

(7)罗丹明标记的 PCR 产物如不纯化,电泳时在上样孔附近将会出现大量的非特异性的条带。用 QIAquick PCR 纯化试剂盒纯化后,可除去拖尾,大大改善了电泳结果的分辨率。

(8)一些看上去代表单一产物的条带在用于筛选的琼脂凝胶上会呈现多条带,用 QIAquickPCR 纯化试剂盒纯化,或者增加测序胶电泳的时间,以提高单个条带的分辨率。

实验62 果蝇伴性隐性致死实验

一、目的与要求

通过实验要求了解果蝇伴性隐性致死实验测试受试物致突变性的基本原理。掌握实验的操作步骤及实验结果的分析、评价方法。

二、原理

x染色体连锁遗传的基本机理是隐性基因在伴性遗传中具有交叉遗传特征,即雄蝇的x染色体传给F_0代雌蝇,又通过F_1代雌蝇传给F_2代雄蝇。位于x染色体上的隐性基因能在半合型雄蝇表现出来。处理野生型雄蝇(红色圆眼、正常蝇)与3只BE(棒眼、杏眼和鳞片状特征的缩写)雌蝇交配,藉眼色性状为标记来判断实验结果,即根据孟德尔定律应产生四种不同类型的F_2代来判断。雄蝇的x染色体(红色圆眼标记),在F_2中容易识别,x染色体平衡者,Base 携带有明显B(棒眼)基因,在纯合和半合时形成狭眼,而杂合时形成肾形眼,基因Wa(白杏黄色)为隐性,纯合时为杏眼型。隐性基因SC(鳞片)的表现为致死或胸毛不同程度的减少。

在检测隐性连锁致死突变实验中,因雌性果蝇x染色体上携带有隐性致死基因,如果处理过的雄性果蝇有诱发致死突变,那么F_2代雄蝇将不出现红色圆眼。使用此基因标志可容易地确定化学物质的诱发突变性。

三、设备与材料

电热恒温干燥箱,电热恒温孵育箱,电冰箱,立体解剖显微镜,放大镜,空调机,麻醉瓶,牛奶瓶,大、小指管(3 cm×8 cm、2 cm×9 cm),指管盘及架,自磁板,海绵垫,毛笔,海绵塞。

实验用黑腹果蝇为野生型品系有Oregon-R等,果蝇的发育是全变态。在气温25 ℃,相对湿度60%时其生活周期为胚胎发育1天,第一幼虫龄1天,第二幼虫龄1天,第三幼虫龄2天,预蛹4 h,蛹4.5天,共9~10天。

实验用果蝇的日龄差别不能太大,一般推荐用3~4天龄的雄蝇,雌蝇用Basc(Mwller-5)品系的处女蝇,每只指管中处女蝇数不超过25只。雄性果蝇的特征是腹部有5节环纹,腹部末端钝而圆,色深,前肢跗节上有一排特别粗大的刚毛为性梳,无外生殖器。雌性果蝇腹部有7节环纹,腹部尖,色浅,无性梳,可见外生殖器。推荐用3~5天龄的雌蝇,可观察2~3天时有无卵或早龄幼虫孵出,以检查是否有非处女蝇混入。

试剂:乙醚,76%酒精,丙酸。

培养基:蔗糖26 g,琼脂3 g,加水200 mL,煮沸使之成溶液,倒入含玉米粉34 g,酵母粉2.8 g的150 mL水中,混匀煮沸,然后加入丙酸2 mL搅匀分装于指管内备用(每管10 mL),放入冰箱备用。

四、操作步骤

1. 实验准备

(1) 溶解度实验。受试物应首先进行溶解度实验，首选水做溶剂，如果不溶于水则可溶于 DMSO、乙醇、醋酸或丙酮，其质量分数不超过 2%。

(2) 可口性和毒性实验。可口性实验(pahtability testing)是用来判断果蝇对受试物的摄入情况。因有些化学物有气味，果蝇往往拒食或回避，为了解果蝇对受试物的摄入量，可将受试物溶液中加入食用色素，很快可在果蝇的肠道和粪便中显色。

(3) 毒性实验。以不同浓度的受试物喂饲 24 h 或吸入染毒一定时间，然后移至新鲜培养基的瓶内。再观察 24 h 后，计存活蛹数，求出 LC_{50}。

(4) 繁殖力实验。

①3-2-2。即雄蝇分别相隔 3 天、2 天、2 天与新处女蝇交配，共 3 窝，分别代表对精子、精细胞和精母细胞的效应。

②2-2-2-2-2。即雄蝇分别相隔两天与新处女蝇交配，共 5 窝，分别代表对成熟精子、后期精细胞、早期精细胞、精母细胞和精原细胞的效应。

③2-3-3。即雄蝇分别相隔 2 天、3 天、3 天与新处女蝇交配，共 3 窝，分别代表对精子、精细胞和精母细胞的效应。

以上任一程序每一批交配的雄雌都以 1:3 的比例进行。

繁殖力实验又称生育力实验(fertility testing)，常以 LC_{50} 的浓度染毒雄蝇，然后与雌蝇交配，观察后代数目，并与对照组比较。如有不育情况，则实验浓度应降低。

2. 实验步骤

(1) 雌雄处理。以喂饲法染毒时，用受试物染毒雄蝇，应在染毒前将雄蝇分装于空试管中，每管 5 只，饥饿 4 h，然后将其倒入置有浸有受试物的滤纸片的培养瓶中，连续数天，每 24 h 更换一次新培养瓶。以吸入染毒的雄蝇可不饥饿。每一实验组需用 60 只处理雄蝇。阳性对照组可只用 10 只。

(2) 交配。由于化学物质对生殖细胞的各期有明显的阶段特异性，即在细胞发育的不同时期产生不同的致突变作用。因此，将染毒的雄蝇按一定时间(2~3 天)与处女雌蝇交配，就可检测出各期生殖细胞的损伤。常用的交配程序有三种：

待 F_1 孵出后，仔细检查 F_0 雌蝇，每窝选取 10 只肾形红眼雌蝇和"Basc"F_0 雄蝇按雌与雄 1:1 进行 F_1-P_2 交配。

(3) 观察结果。观察 F_1 代各培养瓶中没有圆眼、红眼雄蝇的数目。按照每一实验组和阴性对照组各 60 只染毒雄蝇，阳性对照组 10 只，如按 2-3-3 方案进行交配，则最后察观察 F_1 代的培养瓶总数为 7 500 个，见表 62.1。

表 62.1 实验需用培养瓶数

实验分组	I窝	II窝	III窝	总计
	1 d,2 d	3 d,4 d,5 d	6 d,7 d,8 d	
低浓度	600	600	600	1 800
中浓度	600	600	600	1 800
高浓度	600	600	600	1 800
阴性浓度	600	600	600	1 800
阳性浓度	100	100	100	300

3. 结果分析和评价

(1)结果的判断标准。对 F_2 代结果的判断标准是根据 Wurgler 等人(1977)提出的：

①每一培养瓶在多于 20 个 F_2(雌和雄)中,没有圆眼、红眼野生型雄蝇为阳性。如有 2 只以上的圆眼、红眼野生型雄蝇为阴性。

②每一培养瓶中少于 20 个 F_2 或只有 1 只野生型雄蝇为可疑,需进行 F_2 代观察。

③仅有雌、雄亲本,而无仔蝇者为不育。

④如果在 F_2 代有一些阳性管来源于同一只处理雄蝇,属于假阳性,它只表示 P_1 雄蝇分化的精原细胞所发生的自发突变,在最后计数时应剔除。

(2)统计处理及评价。

①计算致死率。根据受试染色体数(即 F_1 交配的雌蝇数减去不育数)与致死阳性管数,求出致死率。

$$致死率(\%) = 致死管数/受试染色体数 \times 100\%$$

将染毒组与对照组的致死率进行比较,只要对照组和染毒组的突变总数小于 100,直接查 Kaateabaun _ Bowman teat(1970)表进行检验;如总数大于 100,则按卡方测验计算有无显著性。

②染毒组突变率明显增到自发突变率的两倍,又有剂量-反应关系,可考虑为阳性。

③近几十年来许多实验室报道 SLRL 自发突变率均未超过 0.4%,故认为受检物引起致死率若超过 0.4%,可认为是诱变剂。

五、注意事项

(1)培养基的供应、F_1 代的交配,特别是处女蝇的供应,均有一定时间要求,必须按计划完成,不得延缓和遗漏。

(2)识别雌雄蝇尤其对处女蝇的选择仔细观察,如 F_1 出现淡杏黄色棒眼雌蝇,不能用 F_1-P_1 的交配。

(3)实验室气温控制在 25 ℃,否则影响正常实验进行。

(4)作好预示中毒性及不育实验,正确选择剂量。如发现不育率很高则需重新设计剂量组。

实验63 整体原位杂交检测环境干扰下组织特异性基因的表达

整体原位杂交是观察完整生物体内细胞基因表达的有效方法。通过比较不同环境条件下生物体基因表达区域的差别,探明环境干扰对细胞和组织的特异性影响。这项技术是基因表达谱技术的补充。整体原位杂交可以在整个生物体内检测表达某个特殊基因的细胞分布情况。自动化技术的出现使整体原位杂交方法与高通量的基因组研究技术一样被人们广泛接受。整体原位杂交和计算机辅助图像分析技术相结合,可以对如亚致死剂量环境毒素暴露后导致的组织和基因的微小变化进行有效的定量。

一、概述

随着工农业的发展和科技的进步,一些负面影响也随之而来,大量的化学物质进入饮用水源、地下水和天然水体,成为环境污染的主要因素。目前对这些化学物质潜在的环境效应进行评价已得到公众的关注。传统的毒理学分析可提供急性毒性(如死亡)相关的参数;但其得到的 LC50 并不能鉴别低剂量长期作用下导致的有害效应。如果将胚胎暴露于一些化学物质下,即使是很低的浓度,也会导致其发育异常,直接影响后续生命活动的各阶段以及器官成熟和繁殖能力。此外,越来越多的证据表明,外部形态的异常并不是繁殖能力下降的必要特征。因此,传统的分析方法不一定能鉴别由环境化学物质引起的所有潜在问题。

研究环境毒素干扰下的胚胎小规模和大规模基因表达谱,可使我们深入理解常规的细胞毒性机制,有利于我们建立对化合物家族毒性的预测模型。原位杂交可使我们更加直观地观察细胞和组织特异性基因的表达。通过与 mRNA 互补的反义基因探针标记细胞而产生彩色沉淀物来进行检测。可以用来评价多类化合物对脊椎动物和非脊椎动物胚胎发育可能造成的影响。

这种对大样本中大量基因表达谱进行分析的能力可使我们发现那些可能不会对胚胎发育造成显著的病理性变化,而只能通过统计分析的方法鉴定的化合物。计算机辅助显微镜和图像分析软件可对如基因表达或形态学测定等数据进行自动化采集。大量样本的分析满足了数据统计显著性的要求,使在定性方法中无法发现的微小变化得以鉴别。

二、实验材料与试剂

加热板(heat block),原位杂交仪,六孔板,平头镊子,玻璃移液管。

1. 地高辛探针的制备

线性质粒(含目的基因),10×DIG 标记混合物(10 mmol/L ATP,10 mmoL/L CTP,10 mmol/L GTP,6.5 mmol/L UTP,3.3 mmol/L DIG-dUTP),转录缓冲液和牛血清白蛋白/二硫苏糖醇,苯酚/氯仿/异戊醇(25:24:1),氯仿/异戊醇(24:1),醋酸钠(3 mol/L),无水乙醇,70% 的乙醇。

2. 胚胎准备

4% PFA-PBS 溶液:80 mL 的 1×PBS(含 4% 多聚甲醛),缓慢加入 NaOH 至多聚甲醛完全溶解,用 HCl 调节至 pH 值为 7.2,加蒸馏水至 100 mL。4 ℃或-20 ℃贮存。

5×PBS:40 g NaCl,1 g KCl,14.4g Na_2HPO_4,2.4 gKH_2PO_4。加入 DEPC 处理过的水至 800 mL,用 HCl 调节至 pH 值为 7.4,加 DEPC 处理过的水至 1 L。用时稀释至 1×PBS。

3. 整体原位杂交

PBS Tween(0.1% Tween-2,1×PBS),蛋白酶 K(50 μg/mL),探针。

甘氨酸溶液:用 1×PBS 配制 2.7 mmol/L 甘氨酸。

5×预吸收的 anti-DIG 抗体溶液:anti-DIG 抗体 1:1 000 比例稀释,2% 小牛血清,2 mg/mL BSA 和在 1×PBST 中固定的 20~50 个胚胎,溶液室温放置 1 h 或者 4 ℃过夜。贮存于 4 ℃,使用时用 PBS Tween 稀释至 1×。

20×SSC:3 mol/L NaCl,0.3 mol/L 柠檬酸钠,pH 7.0,高压灭菌。

杂交液:50% 甲醛,5×SSC,0.1% TWeen-20,50 μg/mL 肝素,100 μg/mL 酵母 tRNA,9 mmol/L 柠檬酸,贮存于-20 ℃。

杂交后混合液:50% 甲醛,5×SSC,0.1% TWeen-20,50 μg/mL 肝素,9 mmol/L 柠檬酸,贮存于-20 ℃。

封闭液:2% 小牛血清,2 mg/mL 的 BSA,用 PBS Tween 加至终体积。

染色缓冲液:100 mmol/L Tris-HCl,pH 9.5,50 mmol/L $MgCl_2$,100 mmol/L NaCl,0.1% Tween-20,0.4 mmol/L 左旋咪唑。

NBT 贮存液:70 mg/mL 淡蓝四唑(NBT)溶解于二甲基甲酰胺中,4 ℃避光保存。

BCIP 贮存液:50 mg/mL 对甲苯胺蓝(BCIP)溶于 70% 二甲基甲酰胺中,4 ℃避光保存。

胚胎保存液:含 0.025% 叠氮钠的 1×PBS。

三、操作步骤

1. 地高辛标记探针

(1)选择适当的内切酶消化 10 μg 质粒 DNA(包含目标序列)制备 DNA 模板。内切酶应在目标序列的 3'端酶切以合成反义探针,在 5'端酶切合成正义对照探针。

(2)制备的 DNA 模板用纯化柱系统或用等体积的氯仿异戊醇抽提纯化。加入 1/10 体积的 3 mol/L 醋酸钠和 2 倍体积预冷的无水乙醇,轻柔振荡后,12 000 r/min 离心 30 min。

(3)沉淀用 70% 的冷乙醇洗涤,空气干燥,用 10 mL DEPC 水溶解。用分光光度计或琼脂糖凝胶电泳定量模板的浓度。

(4)探针的合成:总体积不能超过 20 μL。反应体系包含 1 μL 的线性 DNA 模板,1×DIG 标记混合液,1×转录缓冲液(含转录酶),DTT 或 BSA,40 U RNasin,20~50U 的 RNA 聚合酶。根据所用 RNA 聚合酶选择合适的温度和时间进行孵育(一般 1 h)。

(5)再加入 20~50 U RNA 聚合酶孵育 1 h。

(6)加入 40 u 的 DNaseI,37 ℃孵育 10 min。

(7)加入终浓度为 0.02 mol/L 的 EDTA,0.5 mol/L LiCl,70% 乙醇,-80 ℃ 1.2 h 或过夜。沉淀探针。

(8)4 ℃离心 30 min(12 000 r/min)。

(9) 用70%的乙醇洗涤沉淀,干燥空气,加入适量的DEPC水溶解沉淀,电泳检测探针质量,-80 ℃贮存。

2. 斑马鱼胚胎制备

(1) 用4% PFA固定去除外膜的胚胎,4 ℃过夜。

(2) 脱水前用1×PBS洗涤胚胎,-20 ℃贮存于甲醇中。胚胎在-20 ℃贮存于甲醇中可放数年。

(3) 贮存于甲醇中的胚胎在做原位杂交之前至少放过夜。

3. 整体原位杂交

(1) 选取胚胎,在以下溶液中孵育重新水化:75% MaOH-25% PBS。50% MeOH-50% PBS,25% MeOH-75% PBS 各5 min,PBS Tween孵育5 min。

(2) 24 h或更老的实验胚胎在含蛋白酶K(0.1 μg/mL)的PBS Tween中处理一定时间。

(3) 迅速用PBS Tween洗涤胚胎,在含2 mg/mL甘氨酸的PBS Tween中孵育5 min。4% PFA-PBS固定胚胎20 min,再用PBS Tween洗涤。

(4) 将胚胎移至1.5 mL离心管中,在杂交缓冲液中65 ℃预杂交1 h。再用含有探针(1~2 μL/100 μL)的新鲜杂交液65 ℃杂交过夜。

(5) 将胚胎移至原位杂交蓝中,下列溶液中65 ℃各孵育10 min:

75%杂交后混合液-25% 2×SSC;

50%杂交后混合液-50% 2×SSC;

25%杂交后混合液-75% 2×SSC;

100% 2×SSC。

(6) 将胚胎在60 ℃,0.2×SSC中洗涤两遍(30 min)。然后在下列溶液中室温孵育各5 min:

75% 0.2×SSC-25% PBS Tween;

50% 0.2×SSC-50% PBS Tween;

25% 0.2×SSC-75% PBS Tween;

100% PBS Tween。

4. 染色和检测

(1) 将胚胎放在密闭液中室温孵育1~4 h,然后在预吸收anti-DIG抗体(1:500)中室温孵育3~4 h。

(2) 用PBS Tween洗涤胚胎。然后用染色缓冲液预孵育5 min。

(3) 在含0.4 mmol/L NBT和0.4 mmol/L BCIP的染色缓冲液中进行染色反应,每15~30 min观察染色反应以确定适当的染色时间。在原位杂交蓝中的胚胎可以用标准立体切割显微镜观察。染色过程应在黑暗中操作,尽量避免见光。

(4) 染色后,用PBS Tween洗涤胚胎。再用4% PFA固定2 h(室温)或者40 ℃过夜。

(5) 用PBS洗涤胚胎,并贮存于含0.025%叠氮钠的PBS中,4 h长期保存。

5. 原位杂交信号的定量

通过数字光学显微镜和相对基本的图像分析软件进行原位杂交信号的定量。为避免主观因素的影响,成像和分析可采用双盲法进行。在图像采集前应保证所有胚胎都处于相似的排列方式,避免因视角的变化而引起图像获得的数据发生改变。成像前可将胚胎固定在铺了一层琼脂的培养皿上。应用一致的光强,保证原位杂交的色彩值在各个样本之间可以尽量统一。

获得图像后,用图像分析软件包进行分析,这些软件包括:

Adobe Photoshop(www. adobe. com)

NIH Image(http://rsb. info. nih. gov. nih-image)

这些软件都能测定图像参数(面积、长度、密度等),都能将数据输出成可识别格式。在使用图像软件选择的光谱颜色(通常在 NBT/BCIP 染色中选择蓝色)后,软件就会根据所选图像像素确定测量值。

四、讨论

(1)实验中所使用的固体试剂的包装必须是未开封的,而且只用于无 RNase 的操作。DEPC 水是在蒸馏水中加入 0.1% 的 DEPC,剧烈振荡溶解 DEPC 后,放置 1 h,再高压灭菌,冷却后方可使用。贮存瓶和其他器具都具有 RNase 去污剂处理。

(2)用于 RNA 探针体外转录的质粒必须包含 RNA 聚合酶启动子位点如 T7、T3 或 SP6。

(3)用于准备预吸收抗体的胚胎应该与进行原位杂交的胚胎处于同一发育阶段,胚胎可以切碎加入溶液中。预吸收的抗体需静置 24 h 或者低速离心去除溶液中的胚胎碎片。

(4)左旋咪唑贮存液应新鲜制备。左旋咪唑可以降低胚胎组织内的碱性磷酸酶活性,具有降低染色的作用,但也会降低染色过程的整体效率。所以背景颜色不高时,可以不加左旋咪唑。

(5)试剂应尽量避光保存。

(6)应尽量避免酶切后出现 3' 突出端。因为这种情况会显著降低体外转录反应的效率。

(7)在凝胶中检测探针时,仅有一个条带的探针效果更佳,但观察到一片模糊的片段时,也可使用。

(8)在使用蛋白酶 K 时,应根据实验检测每批蛋白酶 K 贮存液活性,来确定最佳的孵育时间。一般 24 h 的胚胎孵育 1 min,48 h 的胚胎孵育 2~4 min,成体组织孵育 5~10 min。胚胎在蛋白酶 K 中孵育时间过长很容易解体,孵育时间不足,会导致染色信号急剧降低。

(9)胚胎可以放在 PBS Tween 中 4 ℃ 过夜。

(10)染色时,如果 3 h 胚胎还未被染色(胚胎应该被染成紫色),应改换新鲜的染色液和 BCIP-NBT 重新染色。胚胎也可以放在染色液中 4 ℃ 过夜。

(11)所需溶液体积应按准备放入仪器的样本数计算。

实验64　浮萍的生态毒理学实验

一、生长抑制毒性实验

首先需要确定受试物的理化性质和水溶解性、挥发性。对于水溶解性不高的化学物质要事先用适当的有机溶剂配制成高浓度的储备液,实验中,再用浮萍培养液稀释到所选择的实验浓度,同时要进行有机溶剂的对照组实验。由于浮萍培养液中存在镁、铁、钙及硫酸根等离子,因此要注意受试物是否与这些离子产生沉淀反应而影响实验,如果有沉淀反应的存在,需要调节 pH 值或改变离子浓度以减少沉淀反应的发生。挥发性高的受试物需要在实验期间频繁更换实验液以保证受试物的浓度稳定。在对培养液的配方进行修改时,需要浮萍在无受试物的培养液中培养一段时间,观察浮萍的生长状态是否良好,只有浮萍而无受试物的条件下培养。

下面以浮萍的生长抑制毒性实验为例。

急性毒性实验是浮萍环境生物毒理学实验的基础性实验,是慢性实验、蓄积实验、联合毒性实验和其他实验的基础,为这些实验的设计与控制提供受试物的毒性作用的初步信息。慢性毒性实验可以检测受试物对浮萍生理生化指标的影响以及浮萍对受试物的蓄积能力。如果建立以浮萍为生产者的食物链,可以观察受试物在食物链上的生物放大现象。

(1)急性毒性实验步骤。急性毒性实验一般分为预备实验和正式实验两个阶段。

预备实验阶段选择较少的几个受试物浓度梯度,低浓度以刚刚出现毒性作用为准,高浓度以全部受试植物死亡为准,再取中间 1~2 个浓度值,了解受试物对浮萍产生毒性伤害的大致浓度区间范围,同时掌握受试物溶剂对浮萍的影响。

正式实验阶段依据预备实验阶段了解的受试物对浮萍毒性作用的浓度范围,选择受试物的 5~7 个浓度,并且浓度呈对数比例增长,低浓度组以浮萍出现较小程度的毒性反应为准。高浓度组以浮萍出现较强程度的毒性反应为准,并且在毒性反应指标 50% 上下的浓度组各占一半。每一浓度做至少 3 个平行样,这样可以减小实验中出现的随机误差,有利于进行数据的统计分析。

根据实验的目的和内容,实验时间可以持续 4~8 天。光周期可以是全光照或选择不同比例的明/暗周期。

(2)慢性毒性实验。以急性毒性实验的数据为依据,选择较低的受试物浓度,其他实验条件和急性毒性实验相同,实验时间可以持续 1 个月或更长,由于浮萍数目的增长很快,因此慢性毒性实验中,浮萍的数目会非常大,因此必须仔细记数浮萍的叶片数。

(3)数据记录。每两天更换实验液,同时计数浮萍的叶片数和植株体数。当可以看到叶的边缘时,即计为一片叶子。在实验结束时,将浮萍叶片用吸水纸吸干水分,称重,测定叶片的叶绿素含量。

(4)数据处理。浮萍急性毒性实验所得的数据,可以计算出受试物对浮萍的半数生长抑制率(IC_{50})。

生长速率 V_n 的计算公式为

$$V_n = [\ln(N_t/N_0)]/t$$

二、生理生化指标的检测

浮萍属于水生维管束植物,可以应用一般的植物生理学方法进行生理生化指标的检测。本书主要介绍以下几种指标的检测方法。由于浮萍体积较小,给生理生化指标的检测造成一定程度的困难和测量误差,因此尽可能地采集数量多的浮萍是保证测量结果准确的良好方法。

(一)硝酸还原酶活性的测定

1. 原理

硝酸还原酶存在于细胞质内,属于胞内酶,硝酸还原成亚硝酸的反应是在细胞质中完成的。产生的 NO_2^- 可以从组织内渗透到外界溶液中,并积累在溶液中,测定反应溶液中 NO_2^- 的含量,即可表明酶活性的大小。测定 NO_2^- 含量的方法是用磺胺比色法,这种方法非常灵敏,能测定每毫升 0.5 μg 的 $NaNO_2$。

2. 主要试剂

磺胺:15% HCl 含 1% 磺胺。

乙二胺:15% HCl 含 0.01% N-1-萘乙二胺盐酸盐。

分光光度计。

3. 测定方法

(1) 亚硝酸钠浓度标准曲线的绘制。将 1 g $NaNO_2$ 溶于 1 000 mL 蒸馏水中,得到 1 g/L 的溶液,用时稀释为每毫升分别含 $NaNO_2$ 1.0 μg、2.0 μg、5.0 μg、8.0 μg、10.0 μg、15.0 μg、20.0 μg,取上述溶液各 1 mL 于比色管中,加 2 mL 磺胺溶液、2 mL 乙二胺溶液,混合均匀,静置 30 min,以 1 mL 蒸馏水为空白对照,在 520 nm 波长处测定吸光度。以吸光度与亚硝酸钠浓度作线性回归,得到亚硝酸钠标准曲线。

(2) 硝酸还原酶活性的测定。取实验液 1 mL,加入磺胺和乙二胺试剂各 2 mL,显色 15 min,在分光光度计上测定 520 nm 处的吸光度。

以 1 μg$NaNO_2$/(L·A_{520}) 作为酶活单位。$NaNO_2$ 的浓度可根据亚硝酸钠标准曲线计算得到。

将染毒组的酶活与对照组的酶活相比,得出相对酶活。

抑制百分率 Iu 的计算公式为

$$Iu = [(U_0 - U)/U_0] \times t$$

式中:U 为染毒组硝酸还原酶活性;U_0 为对照组硝酸还原酶活性;t 为实验时间。

用 Iu 与浓度的对数进行线性回归,求出半抑制浓度(IC_{50})。

(二)过氧化氢酶活性的测定

过氧化氢酶属于血红蛋白酶类,它的组成中含有铁。过氧化氢酶存在于动植物的器官中。它能催化过氧化氢分解为水和分子氧。在此过程中,辅基中的铁原子进行氧化和还原的交替变化。

过氧化氢能够以同等程度释放和吸收电子。也就是说它既是氧化剂又是还原剂(总氧化还原电位差为 0.30 V)。因而,过氧化氢酶与过氧化氢的作用分两阶段进行。在第一阶段的反应中过氧化氢作为氧化剂：
$$R(Fe^{2+})_2 + H_2O_2 = R(Fe^{3+}OH^-)_2$$
第二阶段过氧化氢作为还原剂：
$$R(Fe^{3+}OH^-)_2 + H_2O_2 = R(Fe^{2+})_2 + 2H_2O + O_2$$

第一阶段所形成的氢氧根离子，能从反应环境中排除氢离子，因而，能促进第二反应阶段，降低过氧化氢的氧化电位。这两个阶段合在一起可用下列反应式表示：
$$2H_2O_2 = 2H_2O + O_2$$

因为过氧化氢酶直接参与反应。所以根据在单位时间内被分解的过氧化氢量就能够判断酶的数量。过氧化氢酶作用的适宜 pH 值为 7 左右。

多数植物体的反应环境与中性很少有差别，因此，加入缓冲液是不必要的。在不知道植物材料的 pH 值或为酸性时，在研碎样品时，必须加入 pH 值为 6.8~7.0 的缓冲液或中和酸性的碳酸钙（0.2~0.3 g）。过氧化氢酶具有极强的特异性——它仅能作用于过氧化氢。氰氢酸、硫化氢、氢氧化铵、叠氮钠可抑制过氧化氢酶的活性。它在酸性环境中不稳定，在 pH 值低于 3 的条件下便会破坏。温度高于 10 ℃，随着温度的升高，过氧化氢对过氧化氢酶的破坏作用逐渐增强。被磨碎的样品必须保存在低于 10 ℃ 的条件下，并且不要超过 1 h。

1. 实验仪器

分析天平，容量瓶（100 mL），移液管（1,2,5,10 mL），锥形瓶（250 mL），水浴锅，研钵，秒表，滴管，酸式滴定管，匀浆器。

2. 实验试剂

0.1 mol/L 过氧化氢溶液：取 0.67 mL 30% 的过氧化氢溶液，用蒸馏水稀释至 100 mL。溶液有效期为 3~5 天。

硫酸溶液（1∶9）：烧瓶中注入 90 mL 水，边搅拌边加入相对密度为 1.84 的硫酸 10 mL。

20% KI 溶液：称取 20 g KI（分析纯），溶于水，加 1 mL 2 mol/L NaOH 溶液，用水加至 100 mL，保存在暗色瓶中。

0.5% 淀粉溶液：称取 2.5 g 可溶性淀粉和 10 mg HgI（为了防腐），放入盐钵，加少量水研磨，倒入 500 mL 开水中煮沸 1 min。

2 mol/L 的氢氧化钠溶液：在粗天平上称 8 g 分析纯的 NaOH，溶解到 100 mL 蒸馏水中，加热至沸，并煮沸 30 min。然后冷却，用无氨蒸馏水补足到 100 mL。混匀，并保存在有良好瓶塞的玻璃瓶中。

10% 的钼酸钠溶液：称取 10 g $Na_2MnO_4 \cdot 2H_2O$，溶解到 100 mL 的蒸馏水中，加入 0.5 mL 2 mol/L 的 NaOH 溶液，加热至沸，并煮沸 15 min。然后冷却，补充无氨蒸馏水至 100 mL，保存在好的磨口塞的玻璃瓶中。

0.1 mol/L 硫代硫酸钠溶液的配制：称取 25 g $Na_2S_2O_3 \cdot 5H_2O$，溶于预先溶有 0.2 g Na_2CO_3 的水中，然后用蒸馏水把体积加至 1 L，仔细混匀。

0.02 mol/L 的硫代硫酸钠溶液：此液是用 0.1 mol/L 的硫代硫酸钠溶液稀释 5 倍而得。

3. 实验原理

研究材料加水研磨，用蒸馏水稀释到一定容积。取一部分悬浮液，加温到 20 ℃ 后，再加入过氧化氢。经过 5 min，用碘量法测定未被分解的过氧化氢残留量。在钼酸铵存在时（作为催化剂）过氧化氢与碘化钾起反应，同时释放出碘，碘可用硫代硫酸钠滴定：

$$H_2O_2 + 2KI + H_2SO_4 = I_2 + K_2SO_4 + 2H_2O$$
$$I_2 + 2Na_2S_2O_3 = 2NaI + Na_2S_2O_6$$

实验前用滴定对照溶液的办法求得过氧化氢的数量。根据对照和实验之差可求得被分解的过氧化氢数量,这一数值的大小可说明过氧化氢酶的活性。

4. 实验步骤

用天平称量待测的浮萍样品约 1 g。将样品装在匀浆器中,加 2 mL 蒸馏水仔细地进行研磨。将匀浆器中的内含物转移到 100 mL 容量瓶中,并用水冲洗干净。用蒸馏水稀释至刻度,摇匀。用移液管吸取匀浆器中溶液 10 mL,转移到锥形瓶内,用蒸馏水稀释到 20 mL,将试管置于金属架上,在 20 ℃的水浴中加热。当装有 20 mL 水的对照锥形瓶的温度达到 20 ℃时,用移液管向各试管分别加入 0.1 mol/L 的过氧化氢 5 mL,摇匀,停放 5 min(从加入过氧化物时起用秒表计算时间)。经过 5 min 加入 5 mL 硫酸(1 : 9)(终止反应)。再加入 1 mL 20% 的碘化钾溶液,3 滴 10% 的钼酸铵溶液作为催化剂。释放出的碘量,在 1 mL 0.5% 的淀粉存在下,用 0.02 mol/L 的硫代硫酸钠滴定至蓝色消失为止。

同时重复进行对照滴定。为此,取与实验同量的悬浮液装入锥形瓶中,加入 5 mL 硫酸,摇匀。这种情况下酶受到抑制。向混合液中加入 5 mL 0.1 mol/L 的过氧化氢,1 mL 20% 的碘化钾溶液,3 滴钼酸铵,用 0.02 mol/L 的硫代硫酸钠滴定。由获得的结果根据下列公式计算出酶的活性:

$$A = [10 \times 100(a-b)/10 \times n \times 5] = 20 \times (a-b)/n$$

式中:A 为过氧化氢酶的活性(1 g 分析物质,20 ℃下,1 min 内所分解的过氧化氢的物质的量(μmol));100 为分析材料悬浮液体积,mL;n 为分析物质的质量,g;10 为测定酶活性所取的悬浮液体积,mL(注:公式分子上);5 为反应进行时间,min;10 为 0.02 mol/L 过氧化氢溶液的体积(mL)换算成质量(ug)的系数;a 为用于对照滴定消耗的 0.02 mol/L 的 $Na_2S_2O_3$ 溶液体积,mL;b 为用于样品滴定的 0.02 mol/L 的 $Na_2S_2O_3$ 溶液体积,mL。

(三)过氧化物酶活性的测定

过氧化物酶是卟啉环中含有铁的金属蛋白质。它在许多植物中都有,且常含有较高的浓度(如棘根后植物中)。过氧化物酶与过氧化氢形成一种化合物,在这种化合物中的过氧化物被活化,并能氧化酚和芳香氨,其作用如同氢的受体一样。在过氧化物酶存在时,过氧化氢能够氧化邻苯二胺、白色碱式碳酸铝、联苯胺、胆红素、没食子酚、愈创木酚、邻苯二酚、对苯二酚、邻甲酚、间甲酚、对甲酚、酪氨酸和肾上腺素。

过氧化物酶相对分子质量较低,约 40 000,由此它易于通过滤纸。过氧化物酶可被氰酸钠、叠氮钠、硫化氢、硫脲、氢氧化铵、一氧化氮、酸式亚硫酸钠以及过量的过氧化氢所抑制。加水研磨植物材料时,大部分酶沉淀,而不能变为溶液。如果用碱金属或碱土金属的盐溶液处理沉淀,酶则全部转移到溶液里。

1. 实验仪器

分析天平,容量瓶(50 mL),移液管(1,2,5,10 mL),比色管,水浴锅,研钵,秒表,漏斗,锥形瓶(250 mL),吸管,722N 可见分光光度计。

2. 实验试剂

5% 硝酸钙溶液:取 12.5g $Ca(NO_3)_2 \cdot 4H_2O$(分析纯)溶于 100 mL 蒸馏水中,用水稀释至250 L,混匀,即成 5% 的溶液。

0.3%愈创木酚溶液:如果愈创木酚为固体,应装入容器浸于热水中事先溶化,冷却后用移液管吸取 0.75 mL,加入 100 mL 蒸馏水置于 250 mL 容量瓶中,摇荡至愈创木酚溶解,用蒸馏水稀释至 250 mL,混匀,保存于暗色瓶中。

0.05 mol/L过氧化氢溶液:取 0.33 mL 30%的过氧化氢溶液,用蒸馏水稀释至 100 mL。溶液的有效期为 3~5 天。

3%过硫酸铵溶液:称取 3 g 未变质的$(NH_4)_2S_2O_3$(化学纯)溶解到蒸馏水中,稀释至 100 mL。有效期为一昼夜。

硝酸银标准液:取纯的未变质的 $AgNO_3$ 结晶,在分析天平上称取 0.196 8 g,用蒸馏水溶解到 250 mL 容量瓶中,加水至刻度,摇匀,保存在暗色瓶中。

3. 实验原理

在盛有硝酸钙的研钵中研磨新鲜的植物材料,稀释到一定体积后,停放 30 min,用愈创木酚法测定滤液中的过氧化物酶的活性。此法是最灵敏和最快速的。在过氧化物酶积极参加的条件下,愈创木酚能被过氧化氢所氧化是该方法的基础。这时,愈创木酚被氧化成四愈创木酚。

溶液带红褐色,经过一定时间之后,可测定该颜色的强度。如果以过硫酸铵作为氧化剂时,银离子同过氧化氢酶一样,也有催化愈创木酚的氧化。

愈创木酚在中性溶液中缓慢地被过硫酸铵氧化成四愈创木酚。硝酸银能强烈地加速这一反应的进行。在不同的持续时间和不同温度条件下比较过氧化物酶活性和银的活性时曾确定:酶和银的浓度以及酶的活性在 20 ℃条件下持续 15 min 是一致的。因此,根据对银所作的标准曲线,即可求得被氧化的愈创木酚数量,而后再计算出酶的活性(以 1 g 研究物质氧化愈创木酚的质量(pg)表示之)。

4. 实验步骤

标准曲线的绘制:在一组试管中,分别加入硝酸银溶液 1,2,3,4,5 mL,每毫升含 Ag 0.5 mg,并注入蒸馏水至 7 mL,再加 1 mL 3%的愈创木酚溶液,混匀。试管浸入 20 ℃水中。各试管每间隔 1 min 加入 1 mL 3%的过硫酸铵溶液,加入过硫酸铵溶液后立即摇匀试管中的内含物,保存于 20 ℃的水中。第一个试管在加入过硫酸铵后精确地经过 15 min,测定溶液颜色的强度,其余试管的测定亦复如此,每次间隔 1 min,用厚度 10 mm 的比色皿,在波长 440 nm 下测定光密度。根据得到的测定值制作标准曲线。

剪碎待测的浮萍样品,混匀,称取 0.5 g 样品转移到瓷研钵中,加入 2 mL 5%的硝酸钙,进行研磨。其后再加入 5 mL 5%的硝酸钙溶液,研磨 1 min,所得的悬浮液转移到 50 mL 的容量瓶中,用硝酸钙溶液洗涤研钵,并补至 50 mL。将瓶中的内含物充分摇匀,停置 20~30 min,用漏斗滤入干燥锥形瓶中,弃去最初滤下的滤液(5~10 mL)。根据预测的酶活性大小,用吸管吸取所得滤液 1 mL 或更多一点,置入干燥比色管中,加入 7 mL 蒸馏水,1 mL 0.3%愈创木酚,摇匀,浸入 20 ℃水中,当对照试管的温度达到水浴温度时,加入 0.5 mol/L 的过氧化氢溶液 1 mL。此后将溶液立即摇匀,并仍放入水浴中。加入过氧化氢后 15 min,用波长 440 nm 比色皿厚度 10 mm 的分光光度计,准确测定光密度。取与实验相同量的分析滤液作为对照溶液,用蒸馏水稀释至 10 mL,进行同样测定。将结果与银标准曲线比较,根据相应的银量,按下式计算出过氧化物酶的活性:

$$A = 50 \times 10 \times 2.53 \times c/15 \times n \times a = 84.3 \times c/n \times a$$

式中:A 为过氧化物酶的活性(1 g 分析物质,20 ℃下,1 min 内所氧化的愈创木酚的物质的量(μmol));c 为根据曲线求得的银质量浓度,mg/mL;a 为为了与愈创木酚反应所取得的分析液体积,mL;n 为分析物质的质量,g;50 为由样品 n 得到的提取液体积,mL;15 为酶作用时间,min;2.53 为 30 ℃下 1 μg 银存在时,15 min 所氧化的愈创木酚的物质的量,μmol;10 为比色液体积,mL。

(四)多酚氧化酶活性的测定

多酚氧化酶是一种含铜氧化酶(含铜近 0.17%)。它催化空气中的氧氧化二酚的反应,例如邻苯二酚很快变成邻苯二醌。

酶作用的最适酸度 pH 值为 6.0,形成的邻苯二醌能够再次被抗坏血酸还原。

因此,少量的邻苯二酚能够不断地氧化还原多次。其作用可作为氧的中间载体。在这种情况下,不断的需要氧,同时抗坏血酸以等价被氧化。多酚氧化酶存在于马铃薯、糖甜菜、苹果及其他植物中。多酚氧化酶可被氢氰酸、硫化氢抑制。

1. 实验仪器

分析天平,容量瓶(50 mL),移液管(1,5,10 mL),锥形瓶(250 mL),水浴锅,酸式滴定管,研钵,匀浆器。

2. 实验试剂

0.2% 邻苯二酚溶液:用天平粗略称 0.2 g 邻苯二酚,溶解于蒸馏水,稀释到 100 mL。准备用 1~2 天,装于棕色玻璃瓶中,放在冷凉处。

1 mol/L NaOH 溶液:取 10 g NaOH 于烧杯中,加蒸馏水溶解,转移至 250 mL 容量瓶中,用蒸馏水稀释到刻度,混匀。

0.002 mol/L 碘酸钾溶液:用分析天平称取 0.356 6 g KIO_3,用蒸馏水溶解于 1 L 的容量瓶中,加 5 mL 1 mol/L 的 NaOH 溶液和 2 g KI,溶解,用蒸馏水稀释到刻度。混匀,保存于棕色瓶中。

pH 值为 6.4 的缓冲液:称取 KH_2PO_4 盐(化学纯)2.72 g,溶解到无碳酸的水中(取自来水于烧杯中,用加热套加热至沸,冷却后可用),加 5 mL 1 mol/L 的 NaOH 溶液,用无碳酸的水稀释至 100 mL,保存于好的磨口玻璃瓶中。

0.02 mol/L 抗血酸溶液:用天平粗略称取 0.35 g 抗坏血酸,溶解到蒸馏水中,用水稀释至 100 mL,混匀。溶液备用 1 天。

5% 的磷酸溶液:取 17 mL H_3PO_4 溶液于 100 mL 容量瓶中,用蒸馏水稀释至刻度,混匀,保存于磨口玻璃瓶中。

0.5% 的淀粉:称取 0.5 g 可溶性淀粉放入研钵中,加少量水研磨,倒入 100 mL 开水中煮沸 1 min。

3. 实验原理

pH 值为 6 左右的分析物质悬浮液,在抗血酸和邻苯二酚存在时,于 20 ℃下振荡 2 min,这时抗坏血酸被氧化。精确地经过 2 min 后加入磷酸以终止反应,用碘酸钾进行滴定,测得剩余的抗坏血酸。由得到的数据求出被氧化的抗坏血酸量,并计算出酶活性(以 1 g 分析物质 1 min 内氧化抗坏血酸物质的量(mol)表示)。

4. 实验步骤

称 1 g 待测的浮萍,加蒸馏水于匀浆器中研磨,转移到 50 mL 量筒中,定容到刻度。吸取 10 mL 悬浮液,放入 250 mL 锥形瓶中。将锥形瓶浸入 20 ℃ 水中使全部溶液达到 20 ℃。加入 1 mL pH 值为 6.4 的磷酸缓冲液,再加 5 mL 0.02 mol/L 的抗坏血酸溶液,混匀。加入 5 mL 0.2% 的邻苯二酚溶液,同时开始计时,并振荡溶液。为使空气中氧气进入,均匀地振荡 2 min。精确地经过 2 min 后,加入 5 mL 5% 的磷酸溶液以停止反应。在 1 mL 0.5% 淀粉溶液存在下,用 0.002 mol/L 的碘酸钾溶液滴定抗坏血酸的剩余物,直至蓝色消失为止。

同时进行对照滴定。为此吸取悬浮液 10 mL 注入锥形瓶中,加 5 mL 磷酸、5 mL 0.02 mol/L 的抗坏血酸,再加入淀粉,用 0.002 mol/L 的 KIO_3 溶液滴定之。根据得到的资料按下式计算多酚氧化酶的活性:

$$A = [50 \times 5(a-b)]/10 \times n \times 2 = 12.5 \times (a-b)/n$$

式中:A 为多酚氧化酶的活性(1 g 分析物质,20 ℃ 下,1 min 氧化抗坏血酸物质的量,mol);50 为分析材料悬浮液体积,mL;n 为分析物质的质量,g;10 为测定酶活性所取的悬浮液体积,mL;2 为反应进行时间,min;5 为 0.02 mol/L 抗坏血酸溶液的体积(mL)换算成质量(μg)的系数;a 为用于对照滴定的 0.02 mol/L 的 KIO_3 溶液体积,mL;b 为用于样品滴定的 0.02 mol/L 的 KIO_3 溶液体积,mL。

(五)叶绿素含量的测定

在每次的毒性实验结束后,称量一定质量的浮萍的叶片,放入匀浆器中,加入 3 mL 的无水乙醇进行匀浆,匀浆液移入 10 mL 离心管,用无水乙醇洗涤匀浆器,清洗液并入离心管,4 000 r/min 离心 15 min,上清液定容至 5 mL,在冰箱中放置 24 h 后,在分光光度计上于 645 nm、663 nm 处测定吸光度,计算叶绿素含量,计算公式为

$$C_{a+b} = (20.2 A_{645} + 8.02 A_{663}) \times 0.005 / G$$

式中:C_{a+b} 为叶绿素的含量;A_{645} 为 645 nm 处的吸光度;A_{663} 为 663 nm 处的吸光度;G 为质量。

(六)叶片中糖含量的测定

1. 实验原理

碳水化合物及其衍生物经浓硫酸处理后,脱水形成羧醛,继续脱水形成环后,产生糠醛衍生物(如在六碳糖中形成甲基糠醛),蒽酮即与之缩合而成有色物质,利用分光光度法可以测定糖的含量。

2. 主要试剂

蒽酮试剂:100 mL 浓硫酸中含有 0.2 g 蒽酮和 1 g 硫脲。

标准曲线的制作:配制 10 mg/L、20 mg/L、40 mg/L、60 mg/L、80 mg/L、100 mg/L 的葡萄糖标准溶液各 10 mL。取若干试管,将试管编号,依次将每管内加入 1 mL 上述葡萄糖标准溶液及 5 mL 冷的蒽酮试剂,振荡使之完全混合,在沸水浴中加热 10 min,取出后在自来水中冷却。20 min 后,在分光光度计上于 620 nm 处测定各溶液的吸光度。以吸光度为纵坐标,糖溶液浓度为横坐标,绘制标准曲线。

3. 样品测定

称量一定质量的浮萍叶片,在 50 ℃ 下烘干,放入匀浆器中,加入 3 mL 80% 乙醇进行匀浆,匀浆液移入 50 mL 三角瓶,清洗匀浆器,清洗液并入三角瓶,三角瓶在 50 ℃ 下温浴 30 min 后,将溶液移入离心管,在 4 000 r/min 离心 15 min,上清液定容至 5 mL,取 1 mL 进行糖含量的测定。

(七)叶绿体活性的测定

1. 实验原理

叶绿体是植物进行光合作用的器官。从绿色植物叶片中提取出的叶绿体,当悬浮在适当的反应介质中,有氧化剂(如2,6-二氯酚靛酚,简称2,6-D或PCPIP)存在时,在光照下会放出氧气,同时将氧化剂还原,这就是叶绿体中进行的光还原反应。2,6-D被还原后,颜色从蓝色变为无色,因此根据溶液吸光度的变化,来测定叶绿体的活性。

2. 主要试剂

Tris-HCl 缓冲溶液:0.01 mol/L,pH 7.8;0.35 mol/L NaCl;1 mmol/L 2,6-D(2,6-二氯酚靛酚);分光光度计。

3. 实验步骤

(1)叶绿体的提取。称量一定质量的浮萍叶片,放入匀浆器中,加入预冷的5 mL 0.35 mol/L NaCl 和 0.5 mL Tris 缓冲溶液在冰浴中进行匀浆,匀浆液移入10 mL 离心管,用 Tris 缓冲液清洗匀浆器,清洗液并入离心管,1 000 r/min 离心 2 min,取出上清液并在 4 000 r/min 下离心 5 min,取出沉淀并悬浮于 1 mL 0.35 mol/L 的 NaCl 溶液中,即为叶绿体提取液,放入冰箱保存。

(2)叶绿体活性的测定。1 cm 比色皿中加入 1.5 mL pH 值为 7.3 的磷酸缓冲溶液,1 mL 叶绿体提取液,0.5 mL 2,6-D,立即将溶液摇匀,在分光光度计中于 620 nm 测定初始吸光度,然后将比色皿在 12 000 lx 光强下照光,每隔 2 min 快速读取吸光度的变化,严格控制光时间。该过程在弱光环境下完成。

(3)叶绿体活性的计算公式为

$$Np = (A_{620-0} - A_{620-5}/G_{chl}) \times t$$

式中:Np 为叶绿体活性;A_{620-0} 为 620 nm 处的初始吸光度;A_{620-5} 为 5 min 时 620 nm 处的吸光度;G_{chl} 为叶绿素含量,mg/g(叶绿素/浮萍)。

实验65　T淋巴细胞功能检测实验

T淋巴细胞(T lymphocyte)简称T细胞,来源于骨髓的淋巴样干细胞,在胸腺内发育成熟为T细胞,随后定居在外周淋巴组织如脾脏、淋巴结。T细胞执行特异性细胞免疫应答,它在抗感染特别是胞内的细菌、病毒、寄生虫的感染上,抗肿瘤免疫,迟发型超敏反应,移植排斥,某些自身免疫反应等均起重要作用。有许多方法可用来检测T淋巴细胞功能,包括T淋巴细胞表面标记、细胞毒性T细胞的杀伤功能、T淋巴细胞的增殖功能、迟发型超敏反应、皮肤移植排斥等。

小鼠外周血T淋巴细胞酸性伊醋酸萘酯酶(ANAE)染色法

淋巴细胞内含有多种酶,如α-醋酸萘酯酶(ANAE)、酸性磷酸酶(ACP)、碱性磷酸酶等。不同的淋巴细胞亚群所含酶类及含量均不同,如淋巴母细胞富含ACP,而成熟的T细胞则含ANAE。利用细胞化学方法检测ANAE阳性细胞,以此代表T细胞总数。外周血中ANAE阳性细胞为60%～80%。

一、原理

小鼠及人成熟T细胞胞浆内含有ANAE,在弱酸条件下能使底物α-醋酸萘酯水解成醋酸和α-萘酚,后者与六偶氮副品红偶联,生成不溶的红色沉淀物,沉积在T细胞浆内酯酶所在部位。光学显微镜下计数ANAE阳性细胞数。

二、材料

(1)BALB/C、ICR、昆明品系等小鼠,6～8周龄,18～22 g。
(2)α-醋酸萘酯,乙二醇单甲醚,副品红,亚硝酸钠,甲基绿,孔雀绿,醋酸缓冲溶液(0.2 mol/L),1/15 mol/L磷酸盐缓冲溶液。
(3)恒温水浴,扭力天秤,染色缸,显微镜。

三、试剂配制

(1)1/15 mol/L磷酸盐缓冲溶液(pH值为7.6)。甲液:取Na_2HPO_4 9.74 g溶于1 000 mL蒸馏水;乙液:取KH_2PO_4 9.08 g溶于1 000 mL蒸馏水。取87 mL甲液与13 mL乙液充分混合即为pH值为7.6的磷酸盐缓冲溶液。
(2)2%副品红溶液。取2 g副品红溶于100 mL 2 mol/L盐酸中,溶解后置4 ℃冰箱内备用。
(3)4%亚硝酸钠溶液。取无水亚硝酸钠200 mg,溶于5 mL蒸馏水中,现用现配。
(4)六偶氮副品红溶液。临用前取4%亚硝酸钠溶液3 mL,慢慢滴入到3 mL副品红溶液中,边滴边摇,充分振摇,颜色由棕红色变成淡黄色,再振摇1 min,备用。

(5) 2% a-醋酸萘酯液。取 a-醋酸萘酯液 100 mg 溶于 5 mL 乙二醇单甲醚中,现用现配。

(6) 孵育液。取 1/15 mol/L pH 值为 7.6 的磷酸盐缓冲溶液 89 mL,缓缓滴入六偶氮副品红溶液 6 mL,充分混匀后再慢慢滴入 2% a-醋酸萘酯溶液 2.5 mL,边滴边摇,最后为琥珀色有油状沉淀物的溶液,调 pH 值为 5.8~6.4。

(7) 复染液。取 1% 孔雀绿溶液 0.6 mL,2% 甲基绿溶液 0.3 mL,置于 15 mL 0.2 mol/L 的醋酸盐缓冲溶液中(pH 值为 4.8),再加 15 mL 蒸馏水。

(8) 0.2 mol/L 醋酸盐缓冲溶液(pH 值为 4.8)。甲液:取 16.4g 醋酸钠溶于 1 000 mL 蒸馏水中;乙液:取 11.4 g 冰醋酸溶于 1 000 mL 蒸馏水中。取甲液 6 mL、乙液 4 mL 充分混合,即为 pH 值为 4.8 的醋酸盐缓冲溶液。

四、操作步骤

(1) 取小鼠尾血做涂片,自然干燥。

(2) 将干燥涂片置染色缸内,每缸最多放 10 张涂片,倒入 50 mL 孵育液,置 37 ℃ 水浴 3 h,孵育完后用自来水充分冲洗,冲去玻片上的沉淀物。

(3) 将玻片倒扣在染片架上,用复染液染片 10~30 min。

(4) 显微镜油镜下记数 100~200 个淋巴细胞。

(5) 结果表示。以 ANAE 阳性细胞的百分数来表示。ANAE 阳性淋巴细胞,在胞浆边缘或胞浆内有 1 个至数个棕红色颗粒或斑块。ANAE 阴性淋巴细胞,胞浆内无红色颗粒。

五、方法评注

该方法是一种细胞化学染色法,方法简便,只须做一张血涂片和一些化学试剂即可完成,是检测 T 细胞总数的方法。方法虽简便,但要得到好的结果,需注意以下几点:

(1) 涂片要均匀且薄厚适宜,否则会给读片带来困难。

(2) 读片应按头、体、尾水平方向移动,应做到盲法阅片。

(3) 50 mL 孵育液最多孵育 10 张血涂片,否则会由于孵育液中基质浓度不足,造成淋巴细胞 ANAE 阳性细胞率降低,出现假阴性。

(4) 用 ANAE 细胞化学法检测 T 细胞,有明显的种属差异,目前公认此法可用于检测小鼠和人的 T 细胞。

T 淋巴细胞亚群的检测

T 淋巴细胞在机体免疫系统中是十分重要的细胞,按其表面标志及功能不同,可分为若干亚群,其中辅助性 T 细胞(Th)与抑制 T 细胞(Ts)在免疫调节中起十分重要的作用。

许多外源化合物如接触苯女工、急性有机磷农药中毒患者、接触 TCDD 的动物等,临床上有些疾病如肿瘤、白血病、自身免疫性疾病、变态反应疾病等患者外周血淋巴细胞亚群百分率及二者比值均有一定变化,因此有必要对 T 细胞亚群进行检测。通常 T 细胞表面有 CD3 抗原,它代表总 T 细胞,辅助/诱导 T 细胞表面有 CD4 抗原,抑制/细胞毒性 T 细胞表达 CD8 抗原,通过检测 T 细胞表面抗原来了解 T 细胞亚群数的变化。检测方法主要有 3 种:

S-P免疫酶标法、免疫荧光法、荧光激活细胞分类仪(FACS)检测法。

1. S-P 免疫酶法

S-P(biotin-streptavidin-peroxidase)法即生物素-链霉亲和素-过氧化物酶连接法。该法由美国 Zymed 公司于 1986 年首建,以后则由我国引进关键试剂及方法,研制了 T 淋巴细胞。亚群检测试剂盒,给 T 淋巴细胞亚群检测带来很大的方便。

(1)原理。T 淋巴细胞表面抗原分别与鼠抗人 CD3、CD4、CD8 单克隆抗体结合,再与生物素偶联的兔抗鼠 IgG 第二抗体结合,然后与过氧化物酶标记的链霉亲和素结合,最后通过过氧化物酶底物显色,显微镜下计数阳性细胞。

(2)材料。试剂盒组成:①试剂 A(鼠抗人 CD3 单抗);试剂 B(鼠抗人 CD4 单抗);试剂 C(鼠抗人 CD8 单抗);②试剂 1(生物素-兔抗鼠 IgG);③试剂 2(链霉亲和素-HRP);④试剂 3(底物 1);试剂 4(底物 2);试剂 5(底物 3);⑤试剂 6(复染液)。

自备材料:

①PBS-Tween(10 mmol/L,pH 值为 7.4);②30% 过氧化氢;③95% 乙醇;④淋巴细胞分离液;⑤肝素;⑥离心机;⑦显微镜。

(3)试剂配制。

①PBS-Tween(10 mmol/L,pH 值为 7.4):NaCl 8 g,KCl 0.2 g,Na_2HPO_4 1.44 g,KH_2PO_4 0.24 g,加蒸馏水到 1 000 mL,调 pH 值至 7.4,再加 0.5 mL Tween20。

②过氧化氢乙醇溶液:95% 乙醇 59 mL,30% 过氧化氢 1 mL 充分混合,现用现配。

③底物混合液(显色液):取试剂 3、4、5 各 1 滴加到 1 mL 蒸馏水中,现用现配。

(4)操作步骤。

①取肝素(25 U/mL)抗凝外周血 1~2 mL,用不含 Tween20 的 PBS 稀释 1 倍,缓缓沿管壁加于含有 2~3 mL 淋巴细胞分离液的 10 mL 离心管上层。

②置水平离心机离心 15~20 min(2 000 r/min),吸取血浆和分离液交界面白色云雾状单个核细胞层于另一 10 mL 离心管。

③加 PBS 10 mL,离心 1 000 r/min,10 min。

④重复步骤③一次,尽量倾去上清液,余下少量液体约 50~100 μL,将沉淀细胞混悬。

⑤取细胞悬液滴于用特种铅笔画好直径为 5~6 mm 的圈内,使细胞分散,室温中吹干。

⑥将干的细胞涂片置于盛有过氧化氢乙醇的玻璃染色缸中 1 min,PBS 淋洗 3 次。

⑦擦干细胞涂片圈外水分,分别加入抗 T 细胞亚群单克隆抗体试剂 A、B、C 约 10~15 μL,置湿盒中 37 ℃ 30 min,用 PBS-Tween 20 洗 4 次,擦干圈外水分。

⑧加试剂 1(生物素兔抗鼠 IgG)10~15 μL 培育、洗涤同上(用 PBS-Tween 20 洗)。

⑨加试剂 2(链霉亲和素-HRP)10~15 μL 培育、洗涤同上(用 PBS 洗)。

⑩加底物混合液 1 滴显色,37 ℃ 5~15 min 或室温 15~20 min,低倍镜下观察,待细胞膜上出现明显红色,用蒸馏水淋洗中止显色。

⑪加试剂 6(复染液)1 滴,复染 1~3 s,用 PBS 淋洗净。

⑫观察结果。高倍镜下计数 200 个淋巴细胞中阳性细胞的百分比。阳性细胞:细胞表面呈红色,阳性程度取决于淋巴细胞膜上抗原量的多寡。阴性细胞:表面无着色反应,呈淡蓝色。

(5) 方法评述。该方法具有染色时间短、灵敏度高、特异性强的优点,而且操作方便,标本易保存,不需任何特殊仪器设备,易于推广应用。实验中应注意以下几点:①玻片要绝对无油,洗净后应用95%乙醇泡30 min脱脂去污。②为防止试剂受污染,加样器吸头应为一次使用,每加一种试剂均应更换吸头。③涂片浸入过氧化氢乙醇进行固定时,应严格按说明书规定时间进行,在1 min内完成。④淋洗后,加试剂前必须擦干细胞圈外水分,以免试剂流散。

2. 荧光激活细胞分类仪(FACS)检测T细胞亚群

流式细胞术(flow cytometry, FCM)是一种在液相系统中,对单个细胞表面分子、胞内信号传递、胞浆、核内物质以及细胞周期等进行快速、准确鉴定的技术。荧光激活细胞分类仪(fluorescence activated cell sorter, FACS)是用于流式细胞术的一种先进的自动分析仪器,具有对细胞分析和分选的功能。由于单克隆技术迅速发展,尤其是人类白细胞抗原分化群——CD(cluster of differenciation)系列单克隆抗体大量出现,新的荧光染料的产生,大大促进FCM在免疫学上的应用。对T细胞亚群的测定就是流式细胞术与传统免疫学方法相结合。

(1) 原理。细胞表面抗原可特异的与相应的单克隆抗体结合,将针对细胞表面抗原单克隆抗体,用单一的荧光素标记(如CD4单抗-FITC)或两种标记抗体(如CD4单抗-FITC及CD8单抗-PE),根据不同荧光物质的最大激发和发射波长不同,可定量每种荧光物质强度,从而推出相应细胞表面抗原的表达量。

(2) 材料。待测细胞(如接触者外周血淋巴细胞),抗CD4单抗-FITC(异硫氰酸荧光素),抗CD8单抗-PC(藻红蛋白),PBS缓冲溶液,PBS-Tween20缓冲溶液,PBA缓冲溶液,牛血清白蛋白,叠氮钠,FACS管,离心机,FACS仪。

(3) 试剂配制 PBA缓冲溶液:于100 mL PBS缓冲溶液中,加入2 g牛血清白蛋白,0.1 mL叠氮钠。

(4) 操作步骤。

①人外周血单个核细胞悬液制备,同S-P法操作步骤①②③。

②将分离细胞悬浮在1 mL的PBA缓冲溶液中,计数细胞,调整细胞为1×10^6个/mL。

③取调整的细胞悬液200 pL,以冷PBA洗细胞,弃去上清液。

④加入用PBA稀释的抗CD4-FITC及抗CD8-PE各200 pL,其中有一组试管中加入同样荧光素标记的正常小鼠IgG(或IgM)作为对照,用微量加样器轻轻吹打混匀,4 ℃或置冰浴上孵育30 min。

⑤1 000 r/min 离心10 min,弃上清。

⑥加入冷PBS 200 pL,离心两次,以洗去未结合的抗体成分。

⑦将细胞重悬于200 μL PBS中,吹打混匀置FACS管中,4 ℃冰箱保存,待测。

⑧在FACS仪上进行测量。

⑨结果表示:测定结果以CD^{4+}细胞和CD^{8+}细胞的百分数来表示,并计算出CD^{4+}/CD^{8+}细胞的比例。通常外周血中CD^{3+}细胞占65%~78%;CD^{4+}细胞占40%~50%;CD^{8+}细胞占22%~33%;CD^{4+}/CD^{8+}为1.3~2.0。

(5) 方法评注 该方法是一种简便、灵敏、特异、快速检测T细胞亚群的方法,但需要有FACS仪。实验中应注意以下几个问题:①荧光染色受许多因素的影响,如温度、pH值、荧光染料浓度、溶剂的纯度等,因此实验温度应在 20 ℃ 以下,控制合适的 pH 值,选择适当的荧光染料浓度。②每次洗细胞时,离心速度不宜过高,时间不宜过长。③上 FACS 仪测定前,应将细胞用尼龙网过滤,以防细胞团块堵塞测量管道。

T 淋巴细胞增殖功能测定

T 淋巴细胞在体外经抗原或有丝分裂原刺激后,发生由小淋巴细胞转变成体积较大,代谢旺盛,并能进行分裂的淋巴母细胞,对淋巴母细胞可通过形态学方法、同位素掺入法及自色反应法进行检测。许多外源化学物都会由于影响细胞增殖反应而影响免疫功能,因此在免疫毒理学的研究上,检测淋巴细胞的增殖功能是一种常用的方法。

1. Con A 刺激淋转实验颜色反应法(MTT 法)

(1)原理 T 淋巴细胞经丝裂原 Con A 刺激后,发生增殖,活细胞特别是增殖细胞越过线粒体水解酶将 MTTE3((4,5-dimethyl-thiazol-zyl)2,5-diphenyl tetrazolium bromide)分为蓝紫色结晶,被称作甲䐶(formazan),根据颜色深浅来判断细胞的增殖。

(2)材料 RPMl 1640 培养液,小牛血清,刀豆素(Con A),2-巯基乙醇(2-ME),青、链霉素,MTT 试剂,Hanks 液,异丙醇,PBS 缓冲溶液(pH 值 7.2~7.4),CO_2 培养箱,超净工作台,酶联免疫检测仪。不锈钢筛网(200 目),带盖玻璃平皿或塑料平皿(直径 3.5 cm),带盖试管(10 mL),24 孔培养板,96 孔培养板(平底),解剖器械(眼科剪刀、直镊、弯镊)。

(3)试剂配制。

①完全培养液。RPMl 培养液过滤除菌,用前加入 10% 小牛血清,1% 谷氨酰胺(200 mmol/L),青霉素(100 U/mL),链霉素(100 μg/mL)及 5×10^3 mol/L 的 2-巯基乙醇,用无菌的 1 mol/L HCl 或 1 mol/L NaOH 调 pH 值至 7.0~7.2,即完全培养液。

②L-谷氨酰胺(200 mmol/L)。称取 2.92 g 的 L-谷氨酰胺,加双蒸水至 100 mL,待均匀溶解后,过滤除菌分装成小瓶(2 mL/瓶),-20 ℃ 保存。

③2-巯基乙醇(2-ME)。贮备液(5×10^{-2} mol/L 的 2-ME)。取 20 mL 2-ME 加入 5 mL 生理盐水中(1:250 稀释),此溶液可在 4 ℃ 避光,密闭保存 2 周。

应用液(5×10^3 mol/L 的 2-ME)。使用前,取 2-ME 贮备液用生理盐水作 10 倍稀释,按 1% 加入培养液中,则培养液中 2-ME 的浓度为 5×10^{-2} mol/L。2-ME 属剧毒品,并有恶臭味。配制时应在通风柜中进行。

④MTT 液。将 5 mgMTT 溶于 1 mL pH 值为 7.2 的 PBS 中,现用现配。

⑤酸性异丙醇溶液。96 mL 异丙醇中加入 4 mL 1 mol/L 的 HCl,用前配制。

(4)操作步骤。

①无菌取脾。用颈椎脱白法处死小鼠,将小鼠全身用 75% 的酒精消毒,无菌条件下取脾,放入盛有适量无菌 Hanks 液的小平皿中。

②用镊子或不锈钢筛网轻轻将脾脏撕碎或研磨,制成单个细胞悬液,然后将细胞悬液移入带盖的无菌试管中,用 Hanks 液洗 3 次,每次 1 000 r/min 离心 10 min。

③将洗过 3 次的细胞,悬浮于 5 mL 完全培养液中,进行计数,将细胞调成 2×10^6 个/mL,用酞酚蓝拒染法计数活细胞数,活细胞应在 95% 以上。

④每个细胞悬液样本分别加 1 mL 于 24 孔培养板中,一孔加 50 mL Con A 液(相当于

5pg/mL)，另一孔不加 Con A 作为对照。在 37 ℃ CO_2 培养箱中培养 68 h。

⑤从培养箱中取出培养板，加入 MTT(5 mg/mL)50 μL/孔，培养箱中继续培养 4 h。

⑥培养结束后，从各孔尽量弃去培养液，每孔加入 1 mL 酸性异丙醇，吹打混匀，使孔底蓝紫色结晶完全溶解。

⑦将上述溶液转至 96 孔平底培养板中，每个孔分装 3~6 孔作为平行样，每孔 200 pL。在酶联免疫检测仪上 570 nm 处比色。也可将 24 孔板上每孔 1 mL 的样品直接移入 1 mL 比色杯中，在 722 型分光光度计上进行比色测定。

⑧结果表示结果以波长 570 nm 处的光密度值来表示。用加 Con A 孔的光密度值分别减去不加 Con A 的光密度值代表 T 淋巴细胞的增殖功能。

(5)方法评注 在免疫毒理学研究中，颜色反应法是一种较好的检测淋巴细胞增殖功能的方法，它在与其他方法如 PFC、细胞表面标记一起能提高其预测价值。它较形态学方法客观、灵敏，并避免同位素污染。实验中应注意以下 4 点：

①不同来源或批号的小牛血清，在支持淋巴细胞生长和转化上有很大的差别，实验前应选择合格的小牛血清。

②通过预实验，选择加入 Con A 的最适量，Con A 浓度过高会产生抑制作用。

③制备脾细胞悬液时动作要轻，离心速度不要太快，细胞处在压紧状态下时间不要过长，以保证细胞存活率在 90% 以上。

④整个实验在严格的无菌操作下进行，防止细菌、霉菌污染。

2. Con A 刺激淋转实验(同位素掺入法)

(1)原理。T 淋巴细胞在 Con A 刺激下发生增殖，同时发生代谢活化，DNA 和 RNA 合成明显增加，如在培养液中加入 3H-胸腺嘧啶核苷(3H-TdR)，通过其掺入到淋巴细胞 DNA 合成的量来判断淋巴细胞增殖的程度。

(2)材料。MTT 法所用的所有材料除 MTT、异丙醇盐酸外，尚需以下材料：3H-TdR，闪烁液，液体闪烁仪，多头样品收集器，49 型玻璃纤维滤纸。

(3)试剂配制。

①RPMl 1640 完全培养液、L-谷氨酰胺、2-ME 的配制同 MTT 法。

②闪烁液 2,5 二苯基噁唑(PPO)0.59 g，1,4-双-(5-苯基咪唑)-苯(POPOP)0.25 g，加到 500 mL 二甲苯中混合。

(4)操作步骤。

①脾细胞悬液的制备。同 MTT 颜色反应法。

②细胞计数用 RPMl 1640 完全培养液将细胞数调成 $2×10^6$ 个/mL(用台盼蓝计数活细胞，细胞存活率在 95% 以上)。

③将脾细胞加入到 96 孔平底培养板中，每孔 200 pL，每一样品分装 6 个孔，其中 3 为对照组，不加 Con A；另 3 个孔加入 ConAl0pL(100 μg/mL)，每孔终浓度为 1 pg/孔。

④在 CO_2 温箱 37 ℃ 培养 72 h。终止培养前 4 h，每孔加入 3H-TdR20btL，使其终浓度 $(3.7~18.5)×10^4$ Bq/mL。

⑤用多头细胞收集仪将细胞收集在 49 型玻璃纤维滤膜上，用蒸馏水洗每个孔 5 次。

⑥从多头细胞收集仪上取下滤纸，待充分干燥后，用镊子将每个样品滤纸取下，放装有 7 mL 闪烁液的瓶中。在液闪仪上测样品每分钟脉冲数(cpm)。

⑦结果表示。液闪仪测得的每分钟脉冲数(cpm)表示增殖能力。也可用刺激指(S.I)表示。S.I=实验组平均cpm/对照组平均cpm。

(5)方法评注。该方法是一种检测淋巴细胞增殖客观、灵敏的方法,但需有较昂贵的液晶闪烁仪,并有同位素污染的问题,在应用上有一定困难。在整个实验中应避免同位素污染,对污染器皿要严格按同位素的处理办法。

实验 66　哺乳动物细胞体外恶性转化实验

哺乳动物细胞体外恶性转化实验是指利用培养的哺乳动物细胞接触化学物后,观察该细胞恶性转化的一种检测方法。本实验观察终点是恶性变细胞,在此过程中观察细胞生长过程的变化,包括细胞形态、细胞生长力、生化特性、细胞间接触抑制等变化,以及将细胞移植到动物体内能形成肿瘤的能力。

恶性转化实验常用细胞种类有:①叙利亚仓鼠胚胎细胞(SHE 细胞)和人体纤维细胞等原代或早代细胞;②BALB/C-3T3、C3H/10T1/2 和 BHK-21 细胞系;③RLV/RE 细胞系(即劳舍尔白血病病毒感染的 Fisher 大鼠胚胎细胞)和 SA7/SHE 细胞系(即猿猴腺病毒感染的 SHE 细胞)。下面以 BALB/C-3T3 细胞的恶性转化实验为例说明。

一、目的与原理

该实验的目的是了解化学物质能否使体外培养的细胞生长自控能力丧失。因此本实验能够评价某一种受试化学物潜在的致癌能力。

BALB/C-3T3 小鼠细胞在培养中能形成单细胞层(具有接触抑制能力),若将这些细胞注射到同系裸鼠皮下,不会产生肿瘤。若这些单层生长细胞用化学致癌物处理产生转化细胞灶,将转化细胞注射至同系裸鼠皮下,则可产生肿瘤。因此,观察受试物处理的单层细胞是否出现转化细胞灶及其数量,并与对照组比较,可预测受试物潜在的致癌能力。

二、操作步骤

(1)细胞选择自发转化频率低的克隆,贮存于液氮中,经常检查,保证无支原体污染。细胞培养液为 DMEM(含 10% 小牛血清)。

(2)分组阴性对照组除不加受试物外均同受试物实验组。阳性对照组采用已知致癌物(如 MCA,剂量 5 μg/mL)代替受试物。固体受试物若不溶于培养液,可用二甲基亚砜助溶(二甲基亚砜在培养液中质量分数不超过 1%),这时需设置溶剂对照组。

(3)受试物剂量选择从 1 mg/mL(或 1 μg/mL)作为最高剂量开始,按 2 倍稀释法递减 15 个剂量水平,每个剂量用 3 个培养皿,接种 200 个细胞,24 h 后加入受试物培养 3 天,洗涤细胞,在不含受试物的培养液中再培养 4 天,倒掉培养液,用姬姆萨法染色,计数细胞集落数目,并与阴性对照组比较,得到相对存活率,转化实验中所用的最高剂量组的相对存活率应大于 50%,还应选择 4 个低剂量组(至少有 2 个无毒性剂量)。

(4)转化实验。用底面积为 25 cm^2 的培养瓶,每瓶接种 10^4 个细胞,培养 24 h,然后按阴性对照、阳性对照和 5 个受试物剂量组分别处理,培养 3 天,洗涤细胞,继续培养 4 周,每周 2 次培养液。细胞层用甲醇固定,吉姆萨染色,显微镜观察、计数转化细胞灶数目。

(5)转化细胞灶计数。正常细胞为圆形的、染色一致的单层细胞。转化细胞灶的形态特征是:由紧密堆积的细胞所组成,周围呈不规则的、方向杂乱的成纤维细胞,或者中心部位有坏死,或者中心无坏死但呈杂乱状态的细胞重叠。

有些转化细胞灶不要计数:①大转化灶近出现的小灶化;②无细胞方向不规则者。
为了确证选出的是否为转化细胞,可将其注射至裸鼠皮下,观察是否产生肿瘤。

三、结果与评价

(1)阴性对照数据除了本实验获取者外,还应结合以往的资料来分析,至少应有100~150个阴性对照皿的数据。

(2)某一剂量水平受试物的结果与阴性对照组比较,必须达到95%可信度以上具有显著统计学差异才认为该受试物具有转化活性。

(3)本实验中出现转化细胞灶数目一般不随剂量增加而成比例增加。剂量如达到毒性剂量,转化灶数目可能减少。

四、注意事项

以下条件是进行结果评价的前提:

(1)阴性对照组应是连续单层细胞。出现不连续单层细胞,提示培养条件不佳,这样的条件不能检测出较弱的转化物质。

(2)阴性对照组每个培养基其转化细胞灶不应超过2个,否则需分离自发转化频率低的细胞原种(BALB/C-3T3亚克隆)。

(3)阳性对照组每个培养皿平均转化细胞灶数在95%可信度以上与阴性对照组有显著差异。

(4)每个实验组至少有8个培养皿的分析才有效。受试物至少须有4个剂量。

五、转化细胞的进一步鉴定

对转化细胞及其恶性程度的进一步鉴定可采用凝集实验、软琼脂培养和裸鼠接种等方法。这里简单介绍凝集实验和软琼脂培养的实验方法。

1. 刀豆球蛋白凝集实验

(1)原理。细胞膜表面ConA与受体相互作用时,细胞可发生凝集现象,凝集程度和快慢与ConA加入浓度及细胞膜表面受体数目相关。转化细胞和癌细胞膜表面ConA受体数目明显增加,因此当在一定ConA浓度下,转化细胞之间比相应正常细胞之间其凝集反应加快,凝集度大。

(2)操作步骤。用含0.02%蛋白酶E的PBS溶液将细胞消化下来,离心收集,用PBS制成细胞悬浮液,取一滴细胞悬浮液和1滴ConA。使ConA体积分数分别为100,50,25,…,0 μL/mL。显微镜下观察凝集现象,记录开始凝集时间和凝集程度最大时间,并照相存档。

2. 软琼脂培养

(1)原理。正常细胞具有贴壁纸依赖性,而转化细胞失去了这一特性,故能在软琼脂中生长,并形成细胞集落。

(2)操作步骤。

①琼脂的制备。用三蒸水分别制备1.2%和0.7%琼脂液,高压灭菌后置于4℃备用。

②无菌制备2×DMEM(含20%小牛血清),保存于37℃。

③琼脂底层制备。按1∶1比例将1.2%琼脂和2×DMEM混匀,取3 mL注入直径6 cm平皿中,自然冷却凝固,置CO_2培养箱中备用。

④制备细胞悬液,计数细胞密度。

⑤制备琼脂顶层。按1∶1比例将0.7%琼脂和2×DMEM在无菌试管中混匀,加入0.2 mL细胞悬液,充分混匀后加在底层琼脂之上,待上层琼脂凝固后,置37 ℃的CO_2培养箱中培养10~14天。

⑥在倒置显微镜下观察上层软琼脂中是否有细胞集落形成,并计数集落数。

实验 67　普鲁卡因小鼠腹腔注射 LD_{50} 的测定

一、目的与原理

通过实验学习测定药物 LD_{50} 的方法、步骤及计算过程,观察受试药品一次给予动物后所产生的急性毒性反应和死亡情况。

药物(或毒物)给药剂量与动物死亡率间呈正态分布,以对数剂量为横坐标、死亡率为纵坐标作图,可得到一对称 S 型曲线,其两端较平坦,中间较陡,说明两端处剂量稍有变化时死亡率的改变不易表现出来;在 50% 死亡率处斜率最大,说明该处剂量稍有变动时,其死亡率变动最明显,即最灵敏,在技术上也最容易测得准确,所以人们常选用 LD_{50} 值作为反映有毒物质的指标。若将死亡率换算成几率单位,则对数剂量与几率单位呈直线关系,用数学方法可拟合其回归方程式,可精确地计算 LD_{50} 及引起任何死亡率的剂量及相关数据。

2. 器材

注射器(1 mL),天平,小鼠笼,苦味酸,盐酸普鲁卡因,18～22 g 健康小鼠 60 只以上,雌雄各半(雌鼠应无孕),实验前禁食 12 h,不禁水。

二、方法

1. 预实验

目的是寻找引起 0% 和 100% 动物死亡的剂量范围,以便正式实验时确定各组剂量。一般是取小鼠 9～12 只,分 3～4 组,选择组距较大的一系列剂量腹腔注射给药,观察出现的症状并记录死亡数,找出引起 0% 及 100% 死亡率的剂量范围,至少应找出引起 20%～80% 死亡率的剂量范围,以保证剂量-效应曲线跨越足够的范围。普鲁卡因小鼠腹腔注射(ip)引起 0% 和 100% 动物死亡的剂量范围的参考值为:最小剂量(D_{min})121.3 mg/kg,最大剂量(D_{max})290 mg/kg。

2. 剂量计算及药液配制

(1)剂量计算　根据预试结果找出 D_{max} 及 D_{min}。设正式实验的剂量组数为 n,剂量公比为 r,则

$$r = \sqrt[n-1]{\frac{D_{min}}{D_{max}}}$$

各组剂量为 $D_{max} \cdot r^{k-1}$,k 为第几组,一般选用 4～5 组动物,r 为 0.6～0.85 为宜。

例　已知普鲁卡因 D_{min} = 121.3 mg/kg,D_{max} = 290 mg/kg。

当 n = 6 时,r = 0.84,各组剂量为:

①290 mg/kg;

②290 mg/kg×0.84 = 243.6 mg/kg;

③290 mg/kg×0.84² = 204.6 mg/kg;

④90 mg/kg×0.84³ = 171.9 mg/kg;
⑤90 mg/kg×0.84⁴ = 144.4 mg/kg;
⑥90 mg/kg×0.84⁵ = 121.3 mg/kg。

(2) 药液配制。

①药源充足时的配药方法。

例 最高浓度药液(母液)的配制：小鼠腹腔注射体积为 0.2 mL/kg，每组药液量为4 mL 左右，为留有余地，各组动物所需药液体积定为 6 mL。求出所需母液体积(V)及母液所需药量(M)，即

$$V/\text{mL} = \text{各组动物所需药液体积}/(r-1) = 6/(1-0.84) = 37.5$$

$$M/\text{mg} = V \times D_{max}/(20 \text{ mL/kg}) = 37.5 \times (290 \text{ kg})/(20 \text{ mL/kg}) = 543.75$$

各剂量组药液按下法稀释：

543.75 mg+生理盐水至 37.5 mL，混匀→第一组取 6 mL
↓
31.5 mL+生理盐水 6 mL，混匀→第二组取 6 mL
↓
31.5 mL+生理盐水 6 mL，混匀→第三组取 6 mL
↓
31.5 mL+生理盐水 6 mL，混匀→第四组取 6 mL
↓
31.5 mL+生理盐水 6 mL，混匀→第五组取 6 mL
↓
31.5 mL+生理盐水 6 mL，混匀，为第六组药液

②药源紧张时的配药法。各组所需母液体积(mL)为：

第一组　6　　　　第三组　6×r^2　　　　第五组　6×r^4
第二组　6×r　　第四组　6×r^3　　　　第六组　6×r^5

母液总体积 $V = 6 \times (1 + r + r^2 + r^3 + r^4 + r^5)$

总药量 $M = $ 母液总体积 $\times D_{max}/(20 \text{ mL/kg})$

计算出 V、M 后，取药量 M，用生理盐水稀释至 V mL，用移液管精密吸取各组所需的母液量，加生理盐水稀释至 6 mL，即为各组实验药液。

(3) 动物分组。将小鼠雌、雄分开。分别称重，同一重量段(如 18.0～18.9 g)小鼠放入一个笼内，标记小鼠。雌、雄小鼠分别按重量顺序随机分为 6 组，使不同性别和体重的小鼠能均匀分配于各组，每组 10 只。

(4) 给药。各组动物分别腹腔注射相应的药液 0.2 mL/10 g，立即详细观察。记录动物反应情况、死亡时间和数目。在 24 h 内作多次观察，以后每天观察 1 次以上，连续观察 7～14 天。按 Bliss 法及其他方法计算 LD_{50} 和 95% 可信度。

三、结果

记录于实验表 67.1。

表 67.1 结 果

组别	剂量/(mg·kg^{-1})	对数剂量/X	动物数/只	死亡动物数/只	死亡率/%	几率单位/Y	LD_{50} 及95%置信度
1							
2							
3							
4							
5							
6							

四、注意事项

(1) 随机性实验中能控制的因素尽量使之均衡化,难以控制的因素也应力求严格随机化。分组时应先将不同性别分开,再将不同体重分开,然后随机分配,此法称为分层随机分组法。

(2) 剂量按几何级数排列,转换为对数后,剂间为等距,便于计算结果,估计误差。相邻高低剂量之比一般为 1:0.6~1:0.85,剂距小,结果较精确,但过小易出现反应率颠倒的情况。剂距的大小也与给药途径有关,静脉给药时,剂距可偏小,灌胃给药时可适当偏大。

(3) 药物及给药途径应以静脉注射、腹腔注射和灌胃给药为主,选取的途径必须包括推荐临床给药途径。

(4) LD_{50} 受实验中多种因素的影响,如动物的品系、性别、年龄、饥饱以及环境因素中室温、湿度、光照、时间(上、下午)等。当进行两药的毒性比较时,应尽可能在相同条件下进行,以减少抽样误差。

(5) 在实验过程中应详细记录动物的中毒症状及可能致死原因,必要时解剖死亡动物进行肉眼观察,如发现有组织病变时,可进行组织学检查,通常动物死亡多出现在给药后 1~2 日内,但全部实验应观察 7 日以上,如遇有迟发性或进行性中毒反应时,需根据实际情况延长观察时间。若发现中毒反应和死亡率对不同动物性别有明显差别,则应选择比较敏感的性别进行实验。

(6) 当受试物毒性小,以最大浓度和最大体积给药后仍测不出致死毒性时,可测定最大耐受量,即用临床实验的给药途径,以动物能耐受的最高浓度、最大容积的剂量次或 1 日内连续 2~3 次给予动物(小白鼠至少 20 只,雌雄各半),连续观察 7 天,详细记录动物反应情况,以不产生死亡的最大剂量为最大耐受量。

实验68　RLGS检测基因突变

一、概述

限制性酶切标记基因组扫描(RLGS)技术实现了基因组酶切后的DNA片段二维分离,可用于检测体细胞和生殖细胞组织中的自发突变和诱导突变。

改进后的RLGS方法是将DNA样本用两个限制性内切酶如EcoRV(GAT|ATC)和Not I(GC|GCCCGC)进行消化。Not I的消化位点由DNA聚合酶对末端进行^{32}P特异性标记补平,并进行了2-DE分离。DNA样品首先在琼脂糖圆盘凝胶中按相对分子质量进行分离。然后将DNA片段在凝胶中用第三个内切酶Hinf I(G|ANTC)消化成更小的片段,再进行聚丙烯酰胺凝胶电泳,垂直分离DNA片段。凝胶干燥后,Not I片段经放射自显影显示。再对两个不同DNA样品的RLGS图谱进行比较。这种方法可用于检测暴露于环境污染物后基因组中的突变。此外,对差异RLGS片段的后续分离和测序可用于突变发生的特异性位点的鉴定。

二、实验材料与试剂

1. 偶发性损伤修复

DNA聚合酶I(4U/μL),-20 ℃贮存;dCTP[α]S,dGTP[α]S,ddATP,ddTTP(Amersham),-20 ℃贮存。

TE缓冲液:10 mmol/L Tris,1 mmol/L EDTA,pH 8.0,4 ℃贮存。

高浓度缓冲液(10×HB):0.5 mol/L Tris-HCL,pH 7.4,100 mmol/L MgCl$_2$,1 mol/L NaCl,10 mol/L DTT,-20 ℃贮存。

RAD储液:130 μL 10×HB,13 μL 1 mol/L DTT,30 μL 1 mmol/L ddATP,30 μL 1 mmol/L ddTTP,24 μL 10 mmol/LdCTP[α]S和24 μL 10 μmol/LdGTP[α]S。

分装后于-20 ℃贮存。

2. 限制性酶切和同位素标记

Not I(20 U/μL),EcoRV(20 U/μL)(TOYOBO),-20 ℃贮存;[α-^{32}P]dCTP,[α-^{32}P]dGTP(3 000 Ci/mmol;Amersham);测序酶Ver 2.0(12 U/μL;USB,Cleverland),-20 ℃贮存。

Not I添加物:100 μL 5 mol/L NaCl,20 μL 1 mol/L MgCl$_2$,65 μL 1% BSA,6.5 μL 10% Triton X-100,4 μL 1 mol/LDTT和805 μL H$_2$O,-20 ℃贮存。

终止液:50 mmol/L EDTA,pH 8,含50%蔗糖和0.5%溴酚蓝(BPB)及二甲苯蓝(Xylene Cyanol,XC),室温贮存。

3. 二维电泳

(1)一向电泳。分离1~5 kb片段的第一向电泳缓冲液(10×Boyer buffer):1 mol/L Tris,0.4 mol/L 醋酸钠,0.36 mol/L NaCl,40 mmol/L EDTA,pH 8.15。硝酸纤维素膜(0.45 μm)过滤,室温贮存。

分离 5~12 kb 片段的第一向电泳缓冲液(10×marathon TBE buffer):1.35 mol/L Tris,0.45 mol/L 硼酸,0.1 mmol/L EDTA,pH 8.8,硝酸纤维素膜(0.45 μm)过滤,室温贮存。

0.6%的琼脂糖浓缩胶:2.5 g 蔗糖,0.3 g Seakem Gold 琼脂糖(FMC),5 mL 10×第一向电泳缓冲液,加水 40 mL,煮沸溶解,溶化后加适量温水至起始质量。冷却至 65 ℃,硝酸纤维素膜(0.45 μm)真空过滤,分装(每管 30 mL),4 ℃贮存。

1~5 kb 片段的 0.9%琼脂糖分离胶:10 g 蔗糖,0.9 g Seakem Gold 琼脂糖(FMC),0.9 g Seakem GTG 琼脂糖(FMC),20 mL 10×Boyer buffer,加水至 200 mL,煮沸溶解,融化后加适量水至起始质量。冷却至 65 ℃,硝酸纤维素膜(0.45 μm)真空过滤,分装(每管 30 mL),4 ℃贮存。

5~12 kb 片段的 0.7%琼脂糖分离胶:10 g 蔗糖,0.4 g Seakem Gold 琼脂糖(FMC),1 g Seakem GTG 琼脂糖(FMC),20 mL 10×marathon TBE buffer,加水至 200 mL,煮沸溶解,融化后加适量水至起始质量。冷却至 65 ℃,硝酸纤维素膜(0.45 μm)真空过滤,分装(每管 30 mL),4 ℃贮存。

双滴定管夹固定架,注射器(1 mL 和 6 mL),针头(10 cm 长,19 目,平头),三通管(配注射器),硅胶管(内径 3 mm 和 5 mm),去头的吸头(配注射器),DNA 分子质量标准:混合 3 μL 1kb ladder(500 μg/μL;NEB),30 μL 终止液,67 μL H_2O,4 ℃贮存。

(2)原位限制性内切酶消化。0.01%的 BPB 溶液,室温贮存;Hinf I(20 U/μL),-20 ℃贮存。

Hinf I 缓冲液(10×):200 mmol/L Tris-HCl,pH 8.3 1 mol/L NaCl,100 mmol/L $MgCl_2$,10 mmol/L DTT,-20 ℃贮存。

反应管:长 36 cm,内径 2.7 mm 的 Teflon 管接到 3 cm 长的硅胶管(内径 3 mm)上,做好号码标签。

(3)二向电泳。剥离硅烷 ES,胶带,50%的甘油,室温贮存,10%的过硫酸铵(新鲜配制),四甲基二乙胺(TEMED),水饱和正丁醇,室温保存。

TBE 缓冲液(5×):108 g Tris,55 g 硼酸,9.3 EDTA-Na_2·H_2O,加水至 2 L,硝酸纤维素膜(0.45 μm)过滤,室温贮存。

30%的丙烯酰胺贮存液:290 g 丙烯酰胺(纯度 99.9%)和 10 g N,N'-亚甲基双丙烯酰胺,加水至 1 000 mL,硝酸纤维素膜(0.45 μm)过滤,4 ℃贮存。

蓝色连接凝胶溶液:0.5 g Seakem Gold 琼脂糖溶于 100 mL 含 0.05% BPB 和 XC 染料的 1×TBE 缓冲液,分装于 3 个 Falcon 50 mL 离心管,4 ℃贮存。

4. 放射自显影

干胶仪,滤纸(35 cm×43 cm,0.7 mm 厚),塑料保鲜膜(50 cm 宽),X 射线胶片(35 cm×43 cm),35 cm×43 cm 胶片的曝光盒,X 射线胶片洗片机,增感瓶(35 cm×43 cm)。

三、操作步骤

1. 偶发性损伤修复

(1)取 0.3 μL DNA 聚合酶 I 和 1.8 μL RAD 储液,轻柔混匀,置于冰上(勿振荡)。

(2)在上述溶液中加入 7 μL DNA(约 2 μg)样品,轻柔混匀。16 ℃孵育 30 min 后,再 65 ℃孵育 30 min。

2. 限制性酶切消化和同位素标记

(1) 在 1(2) 溶液中加入 Not I 和 EcoRV 各 1 μL,37 ℃孵育 3 h。

(2) 每个反应管依次加入 1.6 μL [α-^{32}P]dCTP,1.6 μL [α-^{32}P]dGTP,0.2 μL 1 mol/L DTT,0.3 μL 测序酶,充分混合,37 ℃孵育 30 min。

(3) 加入 5 μL 终止液,置于冰上。

3. 双向电泳

(1) 第一向电泳。

① 琼脂糖圆盘凝胶的制备。

a. 溶解分离胶和浓缩胶,70 ℃保温备用。

b. 将接有三通管的注射器(6 mL)通过 3 cm 长硅胶管(内径 5 mm)与持胶器连接。将持胶器的底部插入分离胶溶液约 1 cm,慢慢吸入分离胶溶液至距底部 57 cm 处的第一条线。吸入后,保持 30 s,再转移至铁架台上,凝固 10 min。

c. 旋转旋塞打开左边进口,小心移走注射器。

d. 用预热的平头针头的注射器(1 mL)灌分离胶至 59 cm 处的第二条线,轻敲持胶器上端,保证凝胶表面平整,凝固 3 cm。

e. 灌浓缩胶溶液至 60.5 cm 处的第三条线,轻敲持胶器的上端,保证凝胶表面平整,凝固 10 min。

f. 用 1×第一向电泳缓冲液充满持胶器,并通过硅胶塞(直径 5 mm)将持胶器置于阳极槽中。

g. 向底部槽加入 350 mL 1×第一向电泳缓冲液。顶部槽置于底部槽上,并注入 300 mL 1×第一向电泳缓冲液。

② 电泳。

a. 每条胶上样 10 μL DNA 样品(包括含 1 μg 放射性同位素标记的 DNA 和 DNA 分子质量标准)。

b. 上样完成后,盖上顶部槽盖,联通电极和电源。

c. 恒压电泳:1~5 kb 的 DNA 片段,130 V 电泳 19 h 后,再 140 V 电泳 24 h,直至溴酚蓝迁移了 50 cm;15~20 kb 的 DNA 片段,可 70 V 电泳 1 周,直至染料 XC 迁移 50 cm。

(2) 原位限制性内切酶消化。

① 电泳结束后,关闭电源,拔出电极,揭开顶盖,吸走阴极槽的缓冲液,从阴极槽中取出持胶器,用去离子水清洗胶的底部,去除放射性同位素。

② 将有 DNA 分子质量标准的胶挤入 50 mL Falcon 离心管中,加入 30 mL EB 溶液(0.5 μL/mL)染色 20 min,用凝胶成像系统观察并拍摄,用透明标尺记录各标准条带之间的距离。并在持胶器上距胶顶部 7 cm 和 39 cm 处做好标记。

③ 用 1 mL 配有去头吸头的注射器吸取 BPB 溶液,并缓慢通过 BPB 溶液挤压凝胶,当蓝色溶液到达第一条 7 cm 线处,切除挤出的凝胶。将挤出的 39 cm 处,切断凝胶。

④ 室温平衡凝胶 30 min,每隔 10 min 更换一次缓冲液,不时摇晃离心管。

⑤ 将凝胶连同缓冲液转移至倾斜 10°放置的托盘中。

⑥ 注射器前装上吸头,并用 3 mm 内径、3 cm 长硅质套管将枪头连到 2.7 mm 内径、33 cm 长的 Teflon 管上,将胶条小心吸入 Teflon 管中,尽量除去凝胶中的缓冲液。

⑦将600 μL含400 U Hinf I和0.01% BSA的1×Hinf I缓冲液加入到2 mL圆底离心管,将溶液吸入Tefion管中,使Hinf I混合液浸没凝胶表面。

⑧移去注射器,用3 cm硅质套管将Teflon管首尾连接成环,放入尼龙袋,37 ℃孵育4 h。

(3)第二向电泳。

① 制胶。

a. 仔细清洗玻璃胶板,用玻璃硅烷处理倾斜面的表面。

b. 放好装置,用粘胶带密封底部洞口。

c. 在烧杯中加入348 g 30%丙烯酰胺贮存液,504 g 5×TBE,23.3 g 50%甘油,15 g APS和1 110 g水,制备5.15%丙烯酰胺凝胶(1.25×TBE),分装两个1 L真空装置。

d. 抽空溶液中的气体,加入210 μL TEMED混合均匀。

e. 从装置的底部进口处将凝胶溶液注入电泳装置中。当溶液到达距玻璃板顶端1 cm处,用夹子夹住进口处套管。用水饱和的正丁醇封住液面。

f. 聚合1 h后,用1×TBE代替凝胶上层溶液。

g. 用保鲜膜封住凝胶的TBE溶液,室温放置。

② 电泳。

a. 融化蓝色连接琼脂糖,70 ℃保温备用。

b. 将原位限制性内切酶消化过程中的Hinf I消化好的每个条带,挤入装有20 mL 1×TEB缓冲液的50 mLFalcon离心管中,平衡10 min,弃去缓冲液,将胶条拉直转移至凝胶上部上样平台的边缘。

c. 将蓝色连接琼脂糖加到凝胶顶部至玻璃的倾斜处。

d. 用刮铲将胶条沿胶板滑到玻璃上。在胶条覆盖足够的琼脂糖,凝固10 min,移走平台。

e. 每个槽中加入2.5 L 1×TBE缓冲液,移去封洞胶带,让凝胶和缓冲液接触。

f. 接通电源,150 V电泳40 h,直至分子质量标准染料XC移至35 cm处为止。

4. 放射自显影

(1)电泳结束后,关闭电源,拔出电极,移走电泳缓冲液,放平装置,撤掉塑料盖板。

(2)用刮铲缓慢撬开顶部的玻璃板。

(3)在凝胶上放置一块滤纸(35 cm×43 cm,比凝胶宽2 cm),轻按使凝胶附于滤纸上,用手术刀切除凝胶的3 cm部分。

(4)按住滤纸的边缘,迅速翻转凝胶于干燥器上的另一张滤纸上,用保鲜膜覆盖凝胶,避免折痕和气泡。80 ℃真空干燥凝胶。

(5)在滤纸的边缘做好标记和标上编号。

(6)将凝胶曝光X胶片,-80 ℃放射自显影1周,洗片。

四、讨论

(1)完整的高分子DNA是黏稠的,很难用移液器定量。可用EcoRV等限制酶消化基因组DNA,利用部分消化的DNA代替高分子质量DNA。

(2)一般缓冲液和试剂都是用18MΩ的Milli-Q水配制,也可用去离子水或者蒸馏水。

(3)所有的限制酶都贮存于-20 ℃冰箱。

(4)在配制琼脂糖凝胶时,应在煮沸前后称量琼脂糖溶液的质量,以便煮沸后用水补充至原质量。

(5)丙烯酰胺和甲叉双丙烯酰胺通常含有金属离子,可以向每升贮存液中加入1g离子交换树脂搅拌过夜达到纯化。定期应重新制备新鲜溶液。

(6)在同位素标记之前消化物4 ℃保存,但不能冷冻。

(7)制胶时应仔细检查凝胶缓冲液中有无气泡,如果有,可用1 mL配有平头阵的注射器轻轻吸除。

(8)电泳时,如果时间仓促,短的DNA片段可用130 V电泳2 h,改用200~250 V电泳。长的DNA片段可用100 V电泳2~3 h后,改用150 V电泳。采取低电压会得到更高分辨率和更清晰的斑点。

(9)实验过程中,离心管和凝胶应做好标记和编号。

(10)制胶时,玻璃胶板上应避免粘有油脂和灰尘,以免制胶时形成气泡。调节TEMED的量,以便凝胶在灌注后10 min凝固。

实验69 单细胞凝胶电泳

一、原理

单细胞凝胶电泳实验,是用来检测包括 DNA 断裂、DNA-DNA 交联、DNA-蛋白质交联,以及碱性不稳定性 DNA 损伤等真核细胞 DNA 损伤的方法。它的优越性在于方法简单、敏感度高、细胞需要量少,以及数据获得容易等。但是,该实验对温度、缓冲液体积和 pH 值等条件的变化非常敏感,会导致结果有较大的波动。

该实验的第一步是从制备目的细胞的单细胞悬液开始。细胞需经过活性测试,稀释到适当的浓度,再与融化的琼脂糖凝胶混合,平铺到磨砂玻璃上,或者注入固定在 Gelbond 醋酸纤维素膜上的独立分割的塑料小室内,后者可清除用玻璃片操作带来的一系列问题,如琼脂糖凝胶不能黏附到玻璃片上,或在贮存过程中琼脂糖凝胶皱缩等,并且可提高产率和效率。细胞-琼脂糖悬液固定后,将整个 Gelbood 胶或玻片胶复合物置于含有盐离子和去垢剂的裂解缓冲液中,裂解细胞膜,使细胞核暴露。再用碱性或中性缓冲液浸泡,使 DNA 解旋。然后电泳,电泳后,在中性缓冲液中稳定凝胶,再用乙醇脱水。

二、实验材料与试剂

1. 所需溶液

10×磷酸盐缓冲液(PBS):1.31 mol/L NaCl,50 mmol/L Na_2HPO_4,16 mmol/L KH_2PO_4。室温避光贮存,用前稀释至10%,pH 值调至 7.4。

0.75%琼脂糖:750 mg 的低熔点琼脂糖(LMP),100 mL 1×PBS,4 ℃贮存。实验时可将装有琼脂糖的离心管加热,融化琼脂糖,然后 42 ℃保温。

1.0%琼脂糖:1.0 g 的琼脂糖(NMP),100 mL 1×PBS,4 ℃贮存。实验时可将装有琼脂糖的离心管加热,融化琼脂糖,然后 42 ℃保温。

裂解缓冲液:2.5 mol/L NaCl,100 mmol/L,100 mmol/L 乙二胺四醋酸四钠盐,10 mmol/L Tris 碱,1% 十二烷基肌氨酸钠。振荡,缓慢加入 1 L 双蒸水,搅拌,pH 值调至 10.0。室温避光保存。实验前 30 min 加入 1% TritonX-100 至预设体积,4 ℃保存。

电泳缓冲液 A:0.3 mol/L NaOH,10 mmol/L 乙二胺四醋酸四钠盐,0.1% 8-羟基喹啉,2% DMSO。缓慢加入双蒸水,搅拌,边混匀边加 DMSO,pH 值调至 13.1±0.1。实验当天配制。

中性缓冲液:1 mol/L 醋酸铵,用 NaOH 或 HCl 调节 pH 值至 7.0。

荧光素二醋酸酯储液(5.0 mg/mL 丙酮),-20 ℃保存。

EB 储液(200 μg/mL PBS),4 ℃避光保存。

双重染色活性工作液:1.2 mL PBS,7.5 μL 荧光素二醋酸酯储液,50 μL EB 储液,pH 值调至 7.4,现配现用。

DNA 染色液(SYBR Gold 染液):5.0 μL 的 SYBR Gold 染料,50 mL 超纯水,4 ℃避光保存。

三、实验仪器与备品

移液器,吸头,刻度烧瓶,量筒,烧杯,培养皿,洗瓶,冰盒,冻存管,离心管,带旋盖的离心管(50 mL),塑料/玻璃盘,载玻片,盖玻片,镊子,剪子,pH 计,分析天平,搅拌器和搅拌棒,电源,水平电泳仪,Gelbond 胶,Lab Tek II 小室,水浴锅,图像分析软件,荧光显微镜,滤光片。

四、操作步骤

1. 校准

单细胞凝胶电泳实验的校准可通过评判电离辐射或化学处理后引起的细胞 DNA 损伤来实现,制作剂量-效应曲线来判断实验的敏感性。每次使用新物种和不同细胞系都需要校准,也可通过设置阳性对照(如放射或化学处理)来保证每次实验的一致性。

2. 细胞活性检测

凋亡或坏死的细胞并不表现出典型的彗星图像。它们的头部很小或根本没有。彗尾大且弥散,这些细胞被称为泪滴状细胞、鬼影细胞或刺猬细胞。这类细胞可通过细胞毒物或非遗传毒物诱导产生,分析时应该排除这类细胞。细胞暴露于遗传毒物也会产生这种类型的图像,是我们分析的主要内容。所以,需对细胞悬液进行细胞毒性的同期测定,确定细胞受损的原因,明确哪些数据属于分析之列。

细胞活性检测常用的方法有两种:一是双重染色活性实验。将等体积的细胞悬液和双重染色活性工作液混合,滴在血细胞计数板的两边(10 μL),通过荧光显微镜计数。活细胞通过细胞酯酶可将荧光素二醋酸酯转化成代谢荧光素,显现绿色荧光;死细胞则由于细胞膜通透性改变,DNA 被溴化乙锭染色,显现红色。二是台盼蓝排除实验。将等体积的细胞悬液和台盼蓝溶液混合,分别滴在血细胞计数板的两边(10 μL),通过普通显微镜在一定时间内(通常是 2~5 min)计数死细胞及活细胞,着色的细胞为死细胞,无色透明的细胞为活细胞。一般的,样本中阴性对照的活细胞比例在 70%~75% 以下的应排除,不进行后续分析。

单细胞凝胶电泳实验的前提是真核的活细胞,但某些生物种属的细胞(如鸟类)中,全血不适于该实验,因为超过 80% 的细胞表现为泪滴状细胞。白细胞需从有核红细胞中分离后才能进行该实验。两栖类的全血细胞无此现象,适于该实验。

3. 损伤程度评判参数

受损细胞会呈现出类似星空中彗星的图像。有一条含 DNA 的长尾巴从受损细胞的核中央迁移出去。损伤程度的评判主要有 3 个重要参数:彗尾长度、尾矩(彗尾长度与彗尾中 DNA 百分比的乘积)或 Olive 尾矩(彗尾重心到彗星头部中心位置的距离与彗尾中 DNA 的百分含量的乘积)以及尾部 DNA 的百分含量。

当暴露于低剂量遗传毒物时,尾长会迅速增加;遗传毒物浓度较高时,尾长的变化会到达一个平台。在彗尾区域 DNA 的百分含量会随着遗传毒物剂量的增加而持续增加,理论上从 0~100%。所以,随着遗传毒物剂量的增加,彗尾密度持续增加,而不是尾长增加。有人认为彗尾密度或者彗尾 DNA 百分含量应作为最好的衡量遗传毒性的标准。

4. 冻存样本

用于实验的样本可以放在合适的细胞冻存液中,冷冻保存(在液氮中)。一般血液样本,细胞冻存液为 PBS 加上 10% DMSO,或者 PBS 加上 10% DMSO 和 20 mmol/L EDTA。实验时,样本在室温下水浴解冻后,立即用于实验。但是解冻样本的实验数据不能直接与非解冻样本的数据相比较。因为解冻过程提高了 DNA 迁移的背景值。所以,对照实验也应当控制在相同条件(冷冻)下。

5. Gellbomd 胶碱性单细胞凝胶电泳实验

(1) 将含有 0.75% 低熔点琼脂糖胶的离心管用微波炉高火加热 10~20 s,融化后,置于水浴锅中 42 ℃ 预热。

(2) 将 Lab-Tek Ⅱ 小室压 30s 固定在 Gelbond 上。

(3) 取 30 μL 稀释的细胞悬液(包括阴性对照)加入到 270 μL 融化的琼脂胶中,轻轻混匀。取 120 μL 细胞-琼脂糖胶悬液加入两孔小室中的一孔,取 120 μL 细胞-琼脂糖胶悬液加入另一个固定在其他 Gelbond 胶上的小室。重复此步骤。

(4) 琼脂糖胶凝固后,小心移去 Lab-Tek Ⅱ 小室,将 Gelbond 胶放入装有 75 mL 裂解液的塑料盒中,4 ℃ 放置过夜。

(5) 校准 pH 计。制备电泳液。

(6) 取培养皿放入水槽中,缓慢加入干净的水。用镊子将 Gelbond 胶从裂解液中取出,放入培养皿小心洗涤大约 30 s,除去裂解液。

(7) 将 Gelbond 胶放入电泳仪,加入电泳液至超出胶面 1 cm,平衡 30 min。

(8) 根据样本类型调整电压和时间,进行恒压电泳。

(9) 在培养皿中缓慢加入干净的水。用镊子将 Gelbond 胶从电泳仪中取出,放入培养皿中反复洗涤约 30 s,除去电泳液。然后将 Gelbond 胶转移到装有 75 mL 中和液的盘中,平衡 30 min。

(10) 洗涤后,把胶放入 75 mL 85% 的乙醇中至少 2 h,取出胶,晾干过夜。风干的胶放入信封中储藏。

(11) 配制 DNA 染色液装入 50 mL 管中,另一管中装水。将其中一个 Gelbond 胶切成含有两个样本的小条,做好标记,染色。

(12) 染色后,用镊子取出 Gelbond 小条,放入装水的管中洗 2~3 次。

(13) 将胶放在载玻片上(胶面向上),盖上盖玻片。用纸巾吸去多余的水分,形成密封。在盖玻片上加一滴甘油,显微镜下观察。每个玻片上最少统计 50 个细胞。

五、讨论

(1) 在单细胞凝胶电泳实验时凝胶内细胞密度不宜过高,否则可能出现重叠的影像。影响测量结果。通常将细胞样本用 PBS 稀释至 $2\times10^5 \sim 4\times10^5$ 个/mL。

(2) 在中性条件下,只能检测到 DNA 双链断裂损伤。pH 值高于 13.1 时,绝大多数损伤都能检测到。与辐射相比,遗传毒物引起的双链断裂要比单链断裂低得多。所以,碱性单细胞凝胶电泳实验在该领域更有用。但是在某些特殊情况下,细胞(如精子)本身可能就有高水平的碱性不稳定位点,在碱性条件下这些位点会出现 DNA 单链断裂,实验中不宜用碱性缓冲液。在这些情况下,应使用中性缓冲液(Tris-醋酸 EDTA 或者 Tris-硼酸 EDTA;pH 值 7~8)。

(3) 电泳时如果电压过低,时间过短,DNA 就不能从彗星头部迁移。相反,如果电压差过高,电泳时间过长,未受损细胞中的 DNA 也会大面积迁移。所以,必须优化条件使只有损伤才能被检测到。通常 5%～10% 的阴性对照会出现彗尾,并且彗尾长度不超过 15～20 μm。应根据被测细胞的种属、类型,使用的设备,所需电泳缓冲液漫过胶面的体积来确定电压和电泳时间。

(4) 生殖细胞和体细胞的裂解缓冲液不同。生殖细胞的裂解液成分为:2.5 mol/L NaCl,100 mmol/L 乙二胺四醋酸四钠,10.0 mmol/L Tris-HCl,pH 10.0。避光保存。在实验当天,加入 1% 的 TritonX-100 和 4 mmol/L DTT 至所需体积。混匀,不需冷藏,约 1 h 后。倒出缓冲液加入含有 0.1 mg/mL 蛋白酶 K 的新鲜缓冲液,37 ℃过夜。

(5) 当染色强度减弱时,可多次补充 DNA 染色液。每次用后需要新配制染色液,并用活性炭处理废弃染料。

(6) 随着使用次数的增加小室底部的黏性会减弱,可以在小室底部加入 1% 琼脂糖溶液并可重复利用。琼脂糖使小室得以密封。

(7) 如果是冷冻样本,将样本从 -80 ℃ 冰箱取出后,室温水浴融解,轻轻混合,置于冰上。

(8) 胶中如果残留有裂解液,裂解液中的盐成分会使电泳时彗星的形态发生变化,影响图像,所以样本需要适当漂洗。

(9) 哺乳动物和鸟类的白细胞及哺乳动物的精细胞需染色 10～15 min,两栖类全血细胞需染色约 30 min。

实验70 环境微生物菌群指纹图谱的建立

一、原理

细胞生物标记物的分子微生物生态学方法的发展，使微生物群落组成和功能的监测可不依赖于微生物的培养。微生物生态学可以应用核糖体小亚基 RNA(SSU,RNA；细菌和古细菌的 16S rRNA,真核生物的 18S rRNA)和对应的基因作为生物标记物，以这些分子作为靶点，利用先进的分子生物学技术监测不同环境下总的细菌、古细菌和真核生物群落，以及特定的微生物种类。SSU rRNA 基因检测常被用于在分子微生物生态学中快速检测不同时间或空间中微生物群落组分的变化。

目前，梯度凝胶电泳已被有效地应用于环境样本中微生物群落的观察。常用的有变性梯度凝胶电泳（DGGE)、温度梯度凝胶电泳（Temperature GradienI Gel Eleetrophoresis,TGGE)和将 DGGE 和 TGGE 相结合的时间温度梯度凝胶电泳（TemporaJ Tempemture Gm.61ent Gel Electrophoresis,TrGE)。DGGE 是一种利用序列差异来分离相同长度 DNA 片段混合物的技术。其原理是基于 DNA 片段在含有变性梯度聚丙烯酰胺凝胶中变性剂浓度梯度的不同，不同序列的 DNA 片段将停留在不同的位置，从而实现相同长度 DNA 片段混合物的分离。

二、实验材料与试剂

DNA 分离试剂盒(Fast DNA SPIN Kit)，10×PCR 缓冲液，Taq DNA 聚合酶，dNTP，$MgCl_2$(50 mmol/L)，上游引物，下游引物。

50 ×TAE 溶液:242 g Tris,57.1 mL 冰醋酸,100 mL 0.5 mol/L EDTA,pH 8.0。

100% 变性剂,8% PAG 溶液:200 mL 40% 的丙烯基-甲叉双丙烯酰胺(37.5∶1),400 mL甲酰胺,10 mL 50×TAE 缓冲液,20 mL 甘油,421.6 g 尿素,缓慢加热至手温,搅拌,溶解,加双蒸水至 1 L,室温避光保存。

0% 变性剂,8% PAG 溶液:200 mL 40% 的丙烯基-甲叉双丙烯酰胺(37.5∶1),10 mL 50×TAE缓冲液,20 mL 甘油,加双蒸水至 1 L,室温避光保存。

8×Cairns' 定影液:200 mL 96% 乙醇,10 mL 醋酸,40 mL 软化水。将 50 mL Cairns,8×定影液加入 350 mL 软化水中。

银染溶液:0.4 g $AgNO_3$ 溶于 200 mL 1×Cairns,定影液。

显影液:一小称量勺 $NaBH_4$(约 10 mg),250 mL 1.5% NaOH,750 μL 甲醛。

Cairns' 保存液:250 mL 96% 乙醇,100 mL 甘油,650 mL 软化水。

离心管,加热器,搅拌器,电泳装置,电源。

三、操作步骤

1. DNA 的分离提取

用 DNA 分离试剂盒分离提取土壤微生物 DNA。具体操作见说明书。

2. DGGE-PCR

（1）PCR 循环参数。PCR 循环参数见表 70.1。

表 70.1　土壤微生物菌群 DGGE-PCR 循环参数

反应程序		细　菌	古细菌	原核菌群
预变性		2 min 95 ℃	5 min 94 ℃	5 min 94 ℃
35 个循环	变性	30 s 95 ℃	30 s 94 ℃	30 s 94 ℃
	退火	40 s 56 ℃	40 s 52 ℃	45 s 56 ℃
	延伸	1 min 72 ℃	60 s 68 ℃	130 s 72 ℃
后延伸		5 min 72 ℃	5 min 68 ℃	10 min 72 ℃

（2）DGGE-PCR 引物。不同微生物菌群常用的 DGGE-PCR 引物见表 70.2。

表 70.2　不同微生物菌群常用的 DGGE-PCR 引物

引　物		序　列
细菌	Baet-968-G C-F	5'-CGC CCG GGG CGC GCC CCG GGC GGG GCG GGG GCA CGG GGG G 从 CGC GAA CCTTAC-3'
	L1401-R	5'-GCG TGTCTA CAAGAC CC-3'
	Bact-0357-F-GC	5'-CCG GGGGCG CGC CCC GGG CGG GGC GGG GGC ACG GGG GGC CTA CGGGAG GCA G-3'
	Bact-0518-R	5'-ATT ACC GCG GCTG G-3'
	Bact-0954-F-GC	5'-CGC CGGGGG CGC GCC CCG GGC GGGGCG GGG GCA CGGGGGGGC ACAAGC GGTGGAGCA TGTGG-3'
	Bact-1369-R	5'-GCC CGGGAA CGT ATT CAC CG-3'
古细菌	Arch-109-F	5'-ACTGCT CAG TAA CAC GT-3'
	Uni-515-GC-R	5'-CGC CCGGGG CGC GCC CCG GGC GGGGCG GGG GCA CGGGGGGATCGTATRACCGCGGCR CAC-3'
真核菌群	EuklA	5'-CrG GTrCATCCT ccC AG-3'
	Euk516r-GC	5'-CCC CCGGGG CGC GCC CCG GGC GGG GCG GGG GCA CGG GGG CAC CAGACTGC CCT CC-3

3. DGGE-PCR 产物的电泳分离具体操作同 2，DGGE 梯度混合比例见表 70.3。

表 70.3　DGGE 梯度混合比例表

梯度/%	0%/mL	100%/mL	终体积/mL	TEMED/μL	10% APS/μL
0	9.00		9	13	50
30	9.10	3.90	13	13	50
31	8.97	4.03	13	13	50
32	8.84	4.16	13	13	50
33	8.71	4.29	13	13	50
34	8.58	4.42	13	13	50
35	8.45	4.55	13	13	50
36	8.32	4.68	13	13	50

续表 70.3

梯度/%	0%/mL	100%/mL	终体积/mL	TEMED/μL	10% APS/μL
37	8.19	4.81	13	13	50
38	8.06	4.94	13	13	50
39	7.93	5.07	13	13	50
40	7.80	5.20	13	13	50
41	7.67	5.33	13	13	50
42	7.54	5.46	13	13	50
43	7.41	5.59	13	13	50
44	7.28	5.72	13	13	50
45	7.15	5.85	13	13	50
46	7.02	5.98	13	13	50
47	6.89	6.11	13	13	50
48	6.76	6.24	13	13	50
49	6.63	6.37	13	13	50
50	6.50	6.50	13	13	50
51	6.37	6.63	13	13	50
53	6.11	6.89	13	13	50
54	5.98	7.02	13	13	50
55	5.85	7.15	13	13	50
56	5.59	7.41	13	13	50
58	5.46	7.54	13	13	50
59	5.33	7.67	13	13	50
60	5.20	7.80	13	13	50

4. DGGE 凝胶图谱的统计分析

DGGE 凝胶经过染色和过夜干燥后,400 DPI 分辨率扫描,并用软件如 Bionumerics 4.0 进行分析。通过计算条带的有无,或者用 Pearson 积差相关法比较图谱的光密度曲线等方法得到相似性指标。多变量数据分析(如 CANOCO 软件)也可用于 DGGE 图谱分析。

四、讨论

(1) GC 夹可以连到上游和下游引物的 5'端。

(2) DGGE 凝胶的电泳和显影过程中所用的化学试剂有高毒和致癌物质。操作时应佩戴手套,当被污染时,及时更换。

(3) 玻璃板应仔细清洗,以防灌胶时产生气泡。

(4) 操作应在通风柜中进行。

(5) 凝胶也可以用 SYBR GOLD 或 EB 染色。

参考文献

[1] 焦安英,李永峰,熊筱晶.环境毒理学教程[M].上海:上海交通大学出版社,2009.
[2] 焦安英,李永峰,那冬晨,等.环境分子生物学实验教程[M].哈尔滨:哈尔滨工业大学出版社,2010.
[3] 岳莉然,李永峰,韩伟.环境生物学教程[M].上海:上海交通大学出版社,2009.
[4] 李永峰,那冬晨,魏志刚,等.环境分子生物学教程[M].上海:上海交通大学出版社,2009.
[5] 韩伟,刘晓烨,李永峰.环境工程微生物学[M].哈尔滨:哈尔滨工业大学出版社,2010.
[6] 杨传平,姜颖,郑国香,等.环境生物技术原理与应用[M].哈尔滨:哈尔滨工业大学出版社,2010.
[7] 刘晓烨,程国玲,李永峰.环境工程微生物学研究技术与方法[M].哈尔滨:哈尔滨工业大学出版社,2011.
[8] 李龙,陈家坤.现代毒理学试验技术原理与方法[M].北京:化学工业出版社,2006.
[9] 庄志雄.毒理学试验方法与技术[M].北京:人民卫生出版社,2007.
[10] 孔志明,杨柳燕,尹大强,等.现代环境生物学实验技术与方法[M].北京:中国环境科学出版社,2005.
[11] 刘国廉.细胞毒理学[M].北京:军事医学科学出版社,2001.
[12] 史志诚.生态毒理学概论[M].北京:高等教育出版社,2005.
[13] 李永峰,刘雪梅,熊筱晶,等.基础生物化学简明教程[M].哈尔滨:哈尔滨工业大学出版社,2011.
[14] 顾祖维.现代毒理学概论[M].北京:化学工业出版社,2006.
[15] 孔志明.环境遗传毒理学[M].南京:南京大学出版社,2009.